Patriota

Patriota

Memorias

Alexéi Navalni

Traducción de Ana Camallonga y Gemma Deza

Ariel

Obra editada en colaboración con Editorial Planeta - España

Título original: *Patriot*

Publicado con la autorización de The Robbins Office, Inc.
Gestión de derechos internacionales: Susanna Lea Associates.

Todas las fotografías son cortesía de la familia Navalni, salvo indicación contraria.

Realización Planeta - fotocomposición

Bajo el sello editorial ARIEL M.R.
Avenida Presidente Masarik núm. 111,
Piso 2, Polanco V Sección, Miguel Hidalgo
C.P. 11560, Ciudad de México
www.planetadelibros.com.mx
www.paidos.com.mx

Primera edición impresa en España: octubre de 2024
ISBN: 978-84-1100-294-3

Primera edición en formato epub: noviembre de 2024
ISBN: 978-607-569-885-4

Primera edición impresa en México: noviembre de 2024
ISBN: 978-607-569-876-2

Impreso en los talleres de Impregráfica Digital, S.A. de C.V.
Av. Coyoacán 100-D, Valle Norte, Benito Juárez
Ciudad De Mexico, C.P. 03103
Impreso en México - *Printed in Mexico*

Índice

Tercera parte
LA OBRA

Cuarta parte
LA CÁRCEL

Primera parte

AL FILO DE LA MUERTE

Capítulo 1

En verdad, morir no dolía. De no haber estado exhalando mi último aliento, no me habría tumbado en el suelo junto al lavabo del avión, pues, como es de suponer, no estaba especialmente limpio.

Volaba hacia Moscú desde Tomsk, en Siberia, y tenía buen ánimo. Al cabo de dos semanas se celebraban elecciones regionales en diversas ciudades siberianas y con mis colegas de la Fundación Anticorrupción estábamos decididos a derrotar al partido gobernante, Rusia Unida. Eso transmitiría el trascendental mensaje de que, a pesar de llevar veinte años afincado en el poder, Vladímir Putin no era omnipotente (ni siquiera particularmente apreciado) en esa región de Rusia, por más que incontables ciudadanos hubieran contemplado allí a bustos parlantes cantar las alabanzas del capitoste nacional por televisión las veinticuatro horas del día, los siete días de la semana.

Hacía varios años que me prohibían postularme a las elecciones. El Estado no reconocía el partido político que encabezaba; de hecho, hacía poco nos había denegado permiso para registrarlo por novena vez en ocho años. Al parecer, nunca «rellenábamos bien los formularios». Y en las rarísimas ocasiones en las que uno de nuestros candidatos lograba que su nombre figurara en las papeletas, hallaban los pretextos más inverosímiles para impugnar su elegibilidad. De ahí que el desafío que afrontaba nuestra red —que en su máximo apogeo fue una de las mayores del país, con unas ochenta delegaciones regionales, lo cual la sometía al embate incesante del Estado— exigiese una habilidad esquizofrénica para ganar unos comicios a los cuales teníamos prohibido presentarnos.

En nuestra autoritaria nación, donde durante más de dos décadas el régimen había convertido en su máxima prioridad inculcar al electorado la convicción de que estaba indefenso y carecía de fuerza para cambiar la situación, no resultaba fácil convencer a la población de acudir a los colegios electorales. Sin embargo, contábamos con la baza de que su renta llevaba siete años seguidos menguando. Si conseguíamos que al menos un tercio de los ciudadanos que estaban hartos del régimen acudiera a las urnas, ninguno de los candidatos de Putin tendría la más mínima posibilidad. Pero ¿cómo espolear a la gente a votar? ¿Persuadiéndola? ¿Ofreciéndole recompensas? Nos decantamos por la opción de cabrearla.

Mis colegas y yo llevábamos varios años rodando un culebrón infinito sobre la corrupción en Rusia. En los últimos tiempos, casi todos los episodios habían registrado entre tres y cinco millones de visionados en YouTube. Dada la realidad de Rusia, desde buen principio decidimos descartar el enfoque periodístico cauteloso de recurrir a la ristra inacabable de adjetivos calificativos sinónimos de «supuesto», «posible» o «presunto» que tanto gustan a los asesores legales. Llamamos «ladrones» a los ladrones y «corrupción» a la corrupción. Si alguien tenía una finca enorme, no nos limitábamos a señalar su existencia, sino que grabábamos imágenes en vídeo con drones y mostrábamos la propiedad en todo su esplendor. Investigábamos cuál era su valor y lo yuxtaponíamos con los modestos ingresos que el burócrata de turno que era su propietario declaraba oficialmente.

Se puede teorizar tanto como se quiera sobre la corrupción, pero yo prefiero adoptar un abordaje más directo, como estudiar las fotografías de la boda del secretario de prensa del presidente y centrarme en el espectacular reloj que le asoma bajo el puño de la camisa mientras besa a la novia. Y después conseguir que un proveedor suizo nos certifique que ese reloj cuesta 620.000 dólares y revelárselo a la ciudadanía de un país donde una de cada cinco personas vive por debajo del umbral de la pobreza o, para ser más precisos, por debajo del «umbral de la indigencia», con solo 160 dólares al mes. Entonces, una vez has enfurecido lo suficiente a los espectadores con la desvergüenza de los funcionarios corruptos, los rediriges hacia un sitio web con una lista de los candidatos de su región a los que deberían votar si no quieren continuar financiando la vida de lujo de esos burócratas.

Funcionó.

Entretuvimos a nuestros espectadores a la par que los indignamos mostrándoles imágenes de la vida que llevan los «humildes patriotas que gobiernan nuestro país», explicándoles cómo funcionan los mecanismos de corrupción y llamándolos a emprender acciones prácticas para infligir el máximo daño al sistema de Putin. Nunca nos faltó material.

Mientras miraba por la ventanilla del avión, pensaba que contábamos con metraje suficiente para publicar en YouTube dos o tres vídeos sobre la corrupción en ciudades siberianas. Los verían varios millones de personas, centenares de miles de las cuales vivían en Novosibirsk y Tomsk. No solo las verían, sino que les sublevarían tanto que responderían a nuestro llamamiento a acudir a las urnas y votar en contra de los candidatos de Putin.

Sonreí irónicamente recordando las estrategias que habían desplegado las autoridades estatales, conocedoras de lo que nos traíamos entre manos, para desbaratar nuestros planes. Para funcionarios de todos los niveles, mis viajes por Rusia eran como un capote rojo para un toro. Consideraban mis visitas una amenaza e inventaban incontables infracciones penales que atribuirme para obstaculizar mis desplazamientos por el país, ya que un acusado en una causa penal no puede abandonar la región en la que reside. Desde 2012, había pasado un año bajo arresto domiciliario y otros más bajo un requerimiento que me impedía salir de Moscú.

Dos meses antes, por instigación del canal televisivo propagandístico controlado por el Estado Russia Today, habían abierto contra mí otra causa penal ridícula acusándome de «calumniar a un veterano de guerra» y una segunda que me prohibía salir de Moscú. Como consideraba tal restricción ilegal, le hice caso omiso y fui a Siberia en aquel último viaje de investigación. Mis colegas y yo nos traíamos de vuelta centenares de gigabytes de metraje, incluidas entrevistas a líderes de la oposición local e imágenes de una residencia que un diputado parlamentario favorable al Gobierno poseía en una isla privada. Habíamos encriptado y subido aquellos vídeos al servidor y ya estaban listos para montarlos.

Albergaba esperanzas de derrotar a Rusia Unida en Tomsk y al menos asestarle un buen golpe en Novosibirsk. Me reconfortaba pensar que, a pesar de las crecientes intimidaciones —durante los dos últimos años habían sometido nuestras oficinas a más de trescientos registros en los que personas con máscaras negras habían serrado los marcos de las puertas, lo habían registrado todo y habían confiscado nuestros teléfonos y ordenadores—, lo único que habían conseguido era hacernos más fuertes. Como es natural, cuanto más me complacía eso a mí, más molestaba al Kremlin, y a Putin a título personal. Probablemente fuera eso lo que lo impulsara a dar la orden de «emprender medidas activas». Es la expresión que suelen utilizar las autoridades del KGB y del Servicio Federal de Seguridad (FSB) cuando escriben sus memorias. Deshacerse de la persona y deshacerse del problema.

Cualquiera puede afrontar multitud de adversidades en su vida cotidiana. Incluso te puede devorar un tigre. O alguien de una tribu enemiga puede clavarte una lanza por la espalda. Es posible amputarse un dedo de manera accidental mientras presumes de habilidades culinarias ante tu pareja o perder una pierna manejando una sierra mecánica sin prestar atención. Te puede caer un ladrillo en la cabeza o incluso puedes caerte por una ventana. Y luego están los habituales infartos y otras tragedias, que provocan aflicción, pero no sorpresa.

Pocos de mis lectores, o eso espero, habrán sido alcanzados por una lanza por la espalda o se habrán precipitado por una ventana, pero es bastante fácil imaginar lo que se debe de sentir. Nuestras vivencias y la observación de los demás nos permiten tener un conocimiento vívido de tales sensaciones. Al menos, eso es lo que yo pensaba antes de embarcar en aquel avión.

Por deferencia a las convenciones de la novela policíaca, intentaré relatar todo lo ocurrido aquel día con la máxima precisión posible, aplicando el tradicional principio de que el menor de los detalles puede proporcionar la clave para resolver el misterio.

Es 20 de agosto de 2020. Estoy en mi habitación de hotel en Tomsk. Suena la alarma a las 5.30. Me despierto sin esfuerzo y me dirijo al cuarto de baño. Me doy una ducha. No me afeito. Me cepillo los dientes. Se me ha acabado el desodorante. Me froto el plástico seco por las axilas y luego tiro el aplicador a la papelera, donde mis colegas lo hallarán horas más tarde cuando vengan a registrar la habitación. Me envuelvo en la toalla más grande que hay colgada en el aseo, regreso a la habitación y pienso en lo que me voy a poner. Necesito ropa interior, calcetines y una camiseta. Soy de esas personas que caen en un ligero estupor a la hora de escoger la ropa que van a ponerse, de manera que me quedo contemplando mi maleta abierta unos diez segundos.

Se me pasa por la cabeza un pensamiento bochornoso. ¿Puedo volver a ponerme la camiseta de ayer? Al fin y al cabo, estaré de vuelta en casa dentro de cinco horas, y allí me ducharé otra vez y me cambiaré de ropa. No, no estaría bien. Uno de mis colegas podría darse cuenta y pensar que el jefe se comporta como un vagabundo.

La lavandería del hotel me había devuelto mi ropa lavada el día anterior, de manera que saco una camiseta y unos calcetines del paquete. En la maleta tengo una muda limpia. Me visto y compruebo la hora en el reloj: son las 5.47. No puedo perder el avión: es jueves y soy esclavo de los jueves. Cada jueves, pase lo que pase, me conecto en directo a las 20.00 horas para exponer mi opinión acerca de los acontecimientos de la última semana en Rusia. *La Rusia del futuro con Alexéi Navalni* es una de las emisiones en *streaming* más populares del país, vista en directo por entre 50.000 y 100.000 espectadores, y con más de 1,5 millones de visionados después de su emisión. En todo el año, en ningún momento hemos tenido menos de un millón de espectadores. De no ser jueves, me quedaría en Siberia un par de días más. Hoy dos colegas viajarán conmigo y unos cuantos se quedarán allí para concluir el trabajo.

Son las 6.01 horas. Detesto llegar tarde, pero, como de costumbre, me he dejado cosas fuera de la maleta: mi cinturón cuelga del respaldo de la silla. Tengo que abrir la maleta, meterlo dentro y efectuar la clásica maniobra para cerrarla que todo aquel que se haya excedido con su equipaje conoce bien. Me dejo caer sobre ella con todo mi peso, cierro la cremallera y rezo por que no reviente cuando quite la mano y deje de ejercer presión.

A las 6.03 bajo hasta el vestíbulo del hotel, en la planta inferior, donde Kira Yarmysh, mi secretaria de prensa, e Iliá Pajómov, mi asistente, me esperan ya. Nos subimos a un taxi que Iliá ha pedido y ponemos rumbo al aeropuerto. De camino, el taxista hace un alto en una gasolinera; no es lo más habitual, porque normalmente se reposta combustible entre carreras, pero no le doy más importancia.

En el aeropuerto nos topamos con el mismo sistema absurdo habitual en toda Rusia: hay que pasar por un detector de metales con el equipaje antes incluso de entrar en el edificio. Esto comporta tener que hacer dos colas y pasar por dos puntos de control. Es un proceso muy lento y siempre te toca detrás del tipo al que se le olvida sacarse el móvil del bolsillo. El escáner pita. También se le ha olvidado quitarse el reloj. El escáner vuelve a pitar. Maldiciendo mentalmente al muy imbécil, paso por el detector y, cómo no, el escáner pita. Se me ha olvidado quitarme el reloj.

—Perdón —me disculpo con el pasajero que hace cola detrás de mí mientras leo en sus ojos exactamente lo mismo que yo estaba pensando diez segundos antes.

No voy a dejar que una chorrada como esa me cambie el humor. No tardaré en llegar a casa, la semana laboral habrá concluido y pasaré el fin de semana con mi familia. Qué podría haber mejor.

Kira, Iliá y yo enseguida nos hallamos en medio de la terminal, el clásico grupo de personas en viaje de negocios por la mañana temprano. Falta una hora para el despegue. Miramos a nuestro alrededor preguntándonos qué hacer hasta que nos llamen para embarcar.

—¿Por qué no vamos a tomarnos un té? —propongo.

Y lo hacemos.

Debería beberme el té con más elegancia, porque hay un tipo sentado a tres mesas de distancia que está grabando furtivamente un vídeo. Publicará mi figura encorvada en Instagram con el pie de foto: «Navalni visto en el aeropuerto de Tomsk» y después ese vídeo se visionará un número imposible de veces y se analizará segundo a segundo. Mostrará a una camarera acercándose a mí y entregándome un té en un vaso desechable rojo. Nadie más toca el vaso.

Me dirijo a una tienda del aeropuerto llamada Souvenirs de Siberia y compro caramelos. Al ir a pagar, intento pensar en el chiste que le contaré a mi mujer, Yulia, cuando se los regale al llegar a casa. No me viene nada a la mente. Da igual, ya se me ocurrirá algo.

Anuncian el inicio del embarque. A las 7.35 horas enseñamos nuestros pasaportes y subimos al autobús que recorrerá los 150 metros que nos separan del avión.

El vuelo va lleno y se produce una cierta conmoción en el autobús. Un tipo me reconoce y me pide un selfi. Claro, cómo no. Después de eso, otras personas aparcan su timidez y unas diez más se abren camino hacia mí para hacerme fotos. Sonrío alegre a los teléfonos de otras personas y, como siempre en esos momentos, me pregunto cuántas de ellas saben en realidad quién soy y cuántas han decidido sacarme una instantánea solo por si soy alguien famoso. Es una ilustración perfecta de la definición de una celebridad menor que formula Sheldon Cooper en *The Big Bang Theory*: «En cuanto explicas quién es, mucha gente lo reconoce».

Mientras nos encaminamos al avión, siguen las fotografías, y Kira, Iliá y yo somos de los últimos en llegar a nuestros asientos, lo cual me inquieta porque llevo una mochila y una maleta que hay que guardar en el compartimento superior. ¿Qué pasará si ya están todos llenos? No quiero ser el triste pasajero que va corriendo por la cabina pidiéndole a la tripulación que le ayude a encontrar hueco para su equipaje de mano.

Al final no pasa nada. Hay espacio para la maleta y coloco la mochila a mis pies, debajo del asiento delantero. Mis colegas saben perfectamente que prefiero sentarme junto a la ventanilla para poder aislarme de cualquiera que pueda querer hablar sobre la situación política en Rusia. Por lo general, no me molesta charlar con la gente, pero no me gusta hacerlo en un avión. Siempre hay mucho ruido de fondo y no me provoca especial placer la perspectiva de tener un rostro a veinte centímetros de distancia gritándome: «Así que investiga usted la corrupción, ¿eh? Pues déjeme que le cuente mi caso».

Rusia está construida sobre la corrupción y todo el mundo tiene un caso que contar.

Estoy de buen humor, y la perspectiva de pasar las próximas tres horas y media completamente relajado lo hace mejorar aún más. Primero voy a ver un episodio de *Rick y Morty* y luego leeré.

Me abrocho el cinturón y me quito las zapatillas deportivas. El avión empieza a desplazarse por la pista. Hurgo en mi mochila, saco el ordenador y los auriculares, abro la carpeta de *Rick y Morty* y elijo una temporada al azar y luego un episodio. Vuelve a sonreírme la suerte: es ese en el que Rick se convierte en un pepinillo. Me encanta.

Pasa un azafato y me mira de reojo, pero no me indica que cierre el portátil, tal como exige una anticuada normativa de seguridad en los aviones. Es una de las ventajas de ser una celebridad menor. Hoy todo parece ir como la seda.

Y entonces deja de ser así.

Gracias a ese amable azafato, sé exactamente el momento en el que noté que algo no iba bien. Un tiempo después, tras dieciocho días en coma, veintiséis días en cuidados intensivos y treinta y seis días en el hospital, me pondría guantes, limpiaría el portátil varias veces con una toallita con alcohol, lo encendería y descubriría que habían pasado veintiún minutos desde el principio del episodio.

Hace falta un acontecimiento extraordinario para que yo deje de ver *Rick y Morty* durante el despegue —unas turbulencias no bastarían—, pero miro la pantalla y no consigo concentrarme. Empiezo a notar un sudor frío en la frente. Me pasa algo raro, algo muy raro. Tengo que cerrar el portátil. Gotas de sudor gélido me resbalan por la frente. Sudo tanto que me giro hacia Kira, que va sentada a mi izquierda, para pedirle un pañuelo. Está absorta en su *e-book* y, sin alzar la vista, saca un paquete de clínex del bolso y me lo da. Utilizo uno. Y luego otro. Me pasa algo, estoy seguro. Nunca he experimentado nada parecido. Ni siquiera tengo claro qué me ocurre. No me duele nada. Simplemente, tengo el extraño presentimiento de que todo mi organismo está fallando.

Me convenzo de que me habré mareado al mirar la pantalla durante el despegue. Confuso, le digo a Kira:

—Me pasa algo. ¿Te importa hablar conmigo un rato? Necesito concentrarme en el sonido de la voz de alguien.

Es una pregunta rara, lo sé, pero, tras la sorpresa inicial, Kira empieza a hablarme del libro que está leyendo. Y entiendo lo que me explica, pero me exige un esfuerzo casi físico hacerlo. Mi concentración se desvanece por segundos. Al cabo de un par de minutos, solo la veo mover los labios. Escucho sonidos, pero no entiendo lo que dice, por más que tiempo después Kira me dirá que mantuve el tipo durante cinco minutos farfullando «ajá» y «ah» y que incluso le pedí que me aclarara lo que había dicho.

Aparece un azafato en el pasillo empujando un carrito. Bebidas. Intento pensar en si debería tomar agua. Según Kira, el azafato se quedó allí, esperando. Lo miré en silencio durante diez segundos, hasta que ambos empezaron a incomodarse. Y entonces dije:

—Creo que lo que necesito es levantarme.

Decidí salir e ir a echarme agua fría en la cara a ver si me recuperaba un poco. Kira le dio un codazo a Iliá, que estaba dormido en el asiento del pasillo, y me dejaron salir. Iba en calcetines. Pero no porque no hubiera tenido fuerzas para volverme a calzar las zapatillas, sino porque en aquel momento me daba igual.

Por suerte, el lavabo estaba libre. Cada acción requiere una reflexión, aunque normalmente no nos demos cuenta de ello. Por aquel entonces yo tenía que hacer un esfuerzo consciente por comprender lo que estaba sucediendo y lo que debía hacer a continuación. Estoy en el lavabo. Tengo que encontrar el pestillo. Hay cosas de distintos colores. Esto probablemente sea el pestillo. Lo deslizo hacia aquí. No, hacia allá. Bien, ahí está el grifo. Tengo que presionarlo. ¿Cómo lo hago? Con la mano. ¿Dónde está mi mano? Aquí. Agua. Tengo que lavarme la cara. En mi mente, no obstante, no hay más que un pensamiento, que no exige ningún esfuerzo y desplaza a todos los demás: «No aguanto más». Me aclaro la cara, me siento en el inodoro y caigo en la cuenta por primera vez: me muero.

No pensé «quizá me muera». Sencillamente, lo supe.

Cuando uno se toca la muñeca con un dedo de la mano contraria, nota algo porque el cuerpo libera acetilcolina y una señal nerviosa notifica la acción al cerebro. Lo ve con sus propios ojos y lo identifica mediante el tacto. Si, en cambio, prueba a hacer lo mismo con los ojos cerrados, no ve el dedo, pero puede determinar con facilidad si se está tocando la muñeca o no. Eso sucede porque cuando la acetilcolina transmite una señal entre las células nerviosas el cuerpo secreta colinesterasa, una enzima que detiene esa señal una vez concluida la acción. La colinesterasa destruye la acetilcolina «utilizada» y, con ella, todo rastro de la señal transmitida al cerebro. De no ser así, el cerebro recibiría señales acerca del contacto con la muñeca una y otra vez, millones de veces. Sería parecido a un ataque de denegación de servicio distribuido (DDoS) contra un sitio web: al hacer clic una vez, la página se abre; si se clica en ella un millón de veces por segundo, se bloquea.

Para combatir un ataque DDoS se puede volver a cargar el servidor o instalar uno más potente. En el caso de los seres humanos, no es tan fácil. Bombardeado por miles de millones de señales falsas, el cerebro queda completamente desorientado, no es capaz de procesar lo que sucede y se desconecta. Al cabo de un tiempo, la persona deja de respirar, ya que, a fin de cuentas, la respiración también la regula el cerebro.

Así es como funcionan los agentes nerviosos.

Hago un esfuerzo más y reviso mentalmente mi cuerpo. ¿El corazón? No me duele. ¿El estómago? Está bien.

¿El hígado y otros órganos internos? No noto ni una ligera molestia. ¿El resumen? Pavor. Esto me supera. Estoy a punto de morir.

Con dificultad, me lavo la cara por segunda vez. Quiero regresar a mi asiento, pero no creo que vaya a ser capaz de salir del lavabo por mí mismo. No podré encontrar el pestillo. Veo con claridad. Tengo la puerta delante. El pestillo también está ahí. Tengo fuerza suficiente, pero mantener enfocado el pestillo, alargar la mano hasta él y deslizarlo en la dirección correcta me cuesta horrores.

No sé cómo, pero me las apaño para salir. Hay una cola de personas en el pasillo y me doy cuenta de que no están precisamente contentas. Probablemente he estado en el lavabo más tiempo del que creo. No me comporto como un borracho; no me tambaleo, nadie me señala. Soy otro pasajero más. Después Kira me dirá que abandoné mi sitio junto a la ventanilla con total normalidad, salvando su asiento y el de Iliá sin problemas. Lo único raro era que estaba muy pálido.

Estoy de pie en el pasillo y me digo que tengo que pedir ayuda. Pero ¿qué puedo pedirle al azafato si ni siquiera soy capaz de determinar qué me pasa o qué necesito?

Vuelvo la vista atrás, hacia los asientos, y luego miro otra vez al frente. Me encuentro de cara al *galley* del avión, la zona de la cocina, cinco metros cuadrados llenos de carritos con comida, el lugar al que uno se dirige durante un vuelo largo si quiere beber algo.

Los escritores de verdad son personas excepcionales. Cuando a mí me preguntan qué se siente al morir por un arma química, son dos las asociaciones que me vienen a la mente: los dementores de *Harry Potter* y los Nazgûl de *El Señor de los Anillos* de Tolkien. El beso de un dementor no duele: la víctima simplemente nota que la vida se le va. El arma principal de los Nazgûl es su aterradora habilidad de quitarte la voluntad y la fuerza. De pie en ese pasillo, un dementor me besa y tengo a un Nazgûl junto a mí. Me apabulla la imposibilidad de entender qué sucede. La vida se me escapa y no tengo voluntad para resistirme. Me muero. Ese pensamiento se impone de manera rápida y potente al «No aguanto más».

El azafato me mira con ojos interrogantes. Al parecer, es el mismo tipo que ha fingido no ver mi portátil. Hago un esfuerzo más por dar con las palabras que quiero verbalizar. Para mi sorpresa, consigo articular:

—Me han envenenado y estoy a punto de morir.

Me mira sin alarma ni sorpresa, ni siquiera preocupación. De hecho, dibuja una media sonrisa.

—¿Qué quiere decir? —pregunta.

Su expresión cambia radicalmente al ver que me tumbo a sus pies en el suelo del *galley*. No me caigo, no me desmayo, no pierdo la conciencia. Pero tengo la sensación imperiosa de que permanecer de pie en el pasillo carece por completo de sentido, que es una estupidez. A fin de cuentas, me estoy muriendo y, que me corrijan si me equivoco, la gente muere tumbada.

Me tiendo de costado. Me quedo mirando la pared. Ya no me noto raro. Tampoco estoy nervioso. La gente empieza a correr a mi alrededor. Oigo exclamaciones de alarma.

Una mujer me grita al oído:

—Dígame, ¿se encuentra mal? ¿Está teniendo un infarto?

Niego débilmente con la cabeza. No, no me pasa nada en el corazón.

Me da tiempo a pensar «Todo lo que dicen de la muerte es mentira». No me pasa una sucesión de imágenes de mi vida por el pensamiento. Tampoco se me aparecen los rostros de mis seres queridos. Nada de ángeles ni de una luz cegadora. Me muero mirando una pared. Las voces se confunden y las últimas palabras que oigo son las de esa mujer gritando:

—No se duerma. No se duerma.

Y entonces muero.

Spoiler: en realidad, no me morí.

Capítulo 2

Si alguien se imagina que salir de un coma es algo más o menos instantáneo, como nos hacen creer en el cine, me temo que voy a desengañarle. Me encantaría poder decir que en un momento estaba muriéndome en aquel avión y al siguiente abrí los ojos y me vi en un hospital, contemplando el rostro de mi amada esposa o con al menos un equipo de médicos esperando impacientes a que despertara. Pero no fue eso lo que pasó. Regresar a la vida normal me llevó varias semanas de visiones muy desagradables y persistentes. Todo el proceso fue como un viaje eterno y de un gran realismo a través de los círculos del infierno. De hecho, no me sorprendería que ese concepto lo idearan personas que habían estado en coma y habían visto lo mismo que vi yo. Sufrí una sucesión ininterrumpida de alucinaciones, aunque tuve algún atisbo esporádico de realidad. A medida que fue pasando el tiempo, la realidad se impuso poco a poco a los desvaríos.

Solo recuerdo momentos aislados de los primeros días. En uno de ellos estoy sentado en una silla de ruedas y alguien me está afeitando. No consigo mover ni un dedo. En otro, una persona amable me lava las manos, supongo que un médico. Me dice:

—Alexéi, por favor, di una palabra, cualquier palabra. Yo la anotaré y te la enseñaré.

Me hacían esa petición día tras día, hasta que empecé a encontrarle sentido. Primero entendí que Alexéi era yo, y luego que aquello era un ejercicio que el médico me pedía que hiciera y que lo que me correspondía era decir algo, lo que fuera. Tenía las cuerdas vocales intactas; el problema era que no se me ocurría ninguna palabra. Por más que me esforzaba, no conseguía conectar con la zona de mi cerebro responsable del habla. Y para colmo, no podía explicarle al médico que no se me ocurría ninguna palabra porque para eso también necesitaba hacer uso de palabras y no me venía ninguna al pensamiento. Era capaz de responderle preguntas sencillas a la enfermera asintiendo con la cabeza, pero recordar y pronunciar una palabra entera excedía mis capacidades.

Poco a poco empecé a entender un poco mejor lo que sucedía e incluso comencé a decir algunas cosas. Luego me dieron un lápiz y me pidieron que escribiera algo, y entonces volvió la angustia: no tenía ni idea de cómo escribir.

Quien me visitaba con más frecuencia era mi médico. Un neurocirujano japonés muy reputado y respetado, un profesor. Me hablaba durante largo rato, en voz baja, explicándome minuciosamente qué tipo de tratamiento podía esperar, durante cuánto tiempo necesitaría rehabilitación y cuándo podría ver a mi familia. Me impresionaban muchísimo tanto su profesionalidad como su autoritarismo. Es la primera persona a quien recuerdo con claridad tras despertar del coma. Era un tipo estupendo, apuesto, aunque con una calvicie incipiente, serio y muy inteligente. Sin embargo, por algún motivo, también exudaba una tristeza infinita.

Las enfermeras me explicaron que su hijo de dos años había fallecido en un accidente; lo había atropellado un coche en Japón. El profesor había intentado salvarle la vida, él mismo lo había operado, pero, de manera trágica, el crío había muerto en sus brazos. Durante una de sus visitas, el profesor me leyó un haiku que había escrito en recuerdo de su hijo. No había oído nada tan bello en toda mi vida. Cuando se fue, no conseguía sacarme aquellos desgarradores versos de la cabeza; lloré en silencio varios días mientras los rememoraba.

No obstante, cuando el profesor venía a verme, me ponía la coraza de valiente, entre otras cosas porque estábamos trazando un plan para que volviera a ponerme en pie, y yo estaba encantado con eso. La semana siguiente, el profesor me informó de que me pondrían unas nuevas piernas biónicas en sustitución de las mías, que evidentemente había perdido. Después me sometería a una peliaguda operación neuroquirúrgica para reemplazarme la médula. La nueva sería una gran mejora porque tendría cuatro tentáculos mecánicos gigantes acoplados, como el doctor Octopus de la serie *Amazing Spider-Man*. Yo estaba eufórico.

Imagina mi decepción cuando me dijeron que no había ningún profesor japonés y que todas nuestras charlas, planes y largas conversaciones no habían sido más que una gran alucinación provocada por los seis medicamentos psicotrópicos que me administraban de manera simultánea. Me quedé tan perplejo que exigí ver a todo el personal hospitalario. Quizá me había confundido con alguno de los detalles y no se tratara de un neurocirujano, sino de un especialista en resucitación, por ejemplo. Por desgracia, nadie en el Charité, mi hospital, encajaba con la descripción. Di muestras de aceptar que, tal como me decían los médicos y mi familia, todo había sido producto de mi imaginación. Aun así, invertí varias horas en buscar en Google el nombre de neurocirujanos japoneses famosos por si alguno de ellos había perdido un hijo en un accidente de tráfico. En caso contrario, tendría que afrontar el hecho de que me había pasado tres días llorando a moco tendido conmovido por un haiku que yo mismo había compuesto.

No recuerdo la primera vez que vi a Yulia al salir del coma. No hubo un momento en el que alguien entrara en mi habitación, yo abriera los ojos, contemplara a una bella mujer y pensara: «Oh, Yulia está aquí. ¡Qué bien!». No reconocía a nadie y no entendía lo que sucedía a mi alrededor. Me pasaba el día tumbado, incapaz de concentrarme. Sí que recuerdo, no obstante, que el momento cumbre de cada día era aquel en el que «ella» se materializaba a mi lado. Sabía mejor que nadie cómo ahuecarme la almohada y cómo hablarme. No lloriqueaba exclamando «Ay, pobre Alexéi». Sonreía y reía, y eso me hacía sentir mejor.

En la unidad de cuidados intensivos había una gran pizarra blanca en la pared de enfrente de mi cama. Había algo escrito en ella, pero, por más que me esforzase, no atinaba a descifrar lo que ponía. Me la quedé mirando hasta que, de repente, vi que había dibujados unos corazoncitos. Tiempo después aprecié que el número de corazones aumentaba. Y más tarde aún empecé a contarlos y caí en la cuenta de que, durante todo el tiempo que había pasado en cuidados intensivos, Yulia me había visitado y había ido añadiendo un corazón nuevo cada día. Mirándolos, un día logré escribir algo en un trozo de papel que me había dado Yulia. Cuando me lo enseñó al salir del hospital, vi que no había texto, sino algo parecido a la línea de un cardiograma. Durante un tiempo solo fui capaz de escribir en una columna. Aprendí a escribir bien, en horizontal, unas semanas más tarde, pero mucho tiempo después seguía alterando el orden de las letras en las palabras.

Un día, cuando ya tenía más control de la realidad e incluso comenzaba a recordar algo de inglés, le pedí a la enfermera un vaso de agua. Me contestó que me lo daría en cuanto escribiera la palabra y me tendió un bolígrafo. Recordaba cómo decir «agua» en inglés, pero no tenía ni idea de cómo escribirlo, por más que lo intentara. Comenzaba a irritarme y, molesto, volví a pedir agua.

—Intente escribirlo una vez más —me dijo la enfermera.

Garabateé algo en el papel, me puse hecho una furia y, en un arrebato de ira, escribí la palabra que de repente me salió del subconsciente: «*fuck*» ('joder'). Con gesto vengativo, pero también con una cierta sensación de orgullo, le entregué el papel a la enfermera. Me miró con compasión. Había escrito «*fkuc*».

Intento relatar mis recuerdos de manera secuencial, pero lo cierto es que todo era un único mosaico de fragmentos de realidad y sueños: el profesor japonés, el papel y el bolígrafo, yo sin piernas, los corazones en la pizarra, el horrible accidente que había sufrido, Yulia, estar en la cárcel.

Y ahí estaba ahora, sentado en una celda en prisión. Las reglas de la cárcel estaban escritas en las paredes de mi alrededor, solo que no eran las típicas normas, sino canciones de Krovostok, un famoso grupo de rap ruso. Los guardias me ordenaban que leyera en voz alta las normas, es decir, aquellas letras de canciones, una y otra vez, mil veces. Era una tortura y, en el sueño, yo me ponía hecho un basilisco. Más tarde, cuando recuperé la cordura, lo mencioné en una entrevista y los miembros de Krovostok me enviaron una respuesta en Twitter: «Liosh,* perdón por el mal viaje».

De la pared de mi habitación de hospital colgaba un televisor enorme, el cual presentaba otro reto, solo un poco

* Diminutivo habitual para Alexéi, igual que Lesha o Liosha, que se utilizarán más adelante.

menos espantoso que mis delirios recurrentes. A medida que fui recuperando la conciencia, el personal médico intentó todo lo imaginable para mantenerme entretenido. Un día pensaron que podía disfrutar viendo un partido de fútbol. El problema es que yo no siento ni el más remoto interés en ese deporte. Al cabo de un rato, mi amigo Leonid Vólkov, que había venido a visitarme, se percató de la situación.

—¿Por qué le ponen fútbol? Lo odia.

Enseguida apagaron el televisor y, aunque por entonces no era demasiado consciente de nada, sentí un gran alivio.

Yulia y Leonid intentaron relatarme lo que me había ocurrido varias veces. Al principio, no tuvieron demasiado éxito. Era como si llamaran con los nudillos a una puerta cerrada tras la cual estaba mi cerebro, que no respondía. Me contaron que me habían envenenado, que me había quedado inconsciente en el avión y que me habían trasladado a un hospital en Omsk, que estaba repleto de agentes del FSB. También me refirieron que durante mucho tiempo el régimen no permitió que me trasladaran del hospital, me hablaron de la evacuación a Alemania... y, mientras me daban todas aquellas explicaciones, yo me limité a permanecer sentado, mirándolos. Me explicaron con todo lujo de detalle que Putin había intentado asesinarme mientras viajaba por Siberia y que unos laboratorios independientes habían confirmado que me habían envenenado y, además, con el mismo agente químico que los servicios secretos rusos habían empleado para envenenar a los Skripal en Salisbury. En un momento dado, cuando repitieron por enésima vez la palabra «novichok», los miré de hito en hito y dije:

—Pero ¿qué cojones? ¿Cómo pueden ser tan estúpidos?

Leonid asegura que en ese momento supo que me recuperaría.

Poco a poco fui siendo más consciente de lo ocurrido y recordé los momentos previos. No obstante, por fascinantes y desconcertantes que fueran los detalles de mi intento de asesinato, lo que más me interesaba era saber cómo habían ido las elecciones en Tomsk y Novosibirsk. ¿Habíamos hecho públicas nuestras investigaciones? ¿Las había visto la gente? ¿Habían votado? ¿Habíamos conseguido derrotar a Rusia Unida? ¿Qué porcentaje del voto habían obtenido nuestros candidatos? La noche del recuento de papeletas, le pedí a Yulia que leyera en voz alta todo mi canal de Twitter. Luego, arrastrando las palabras, le dicté unos mensajes para que se los enviara a nuestros colegas.

Los resultados de los comicios superaron todas nuestras expectativas. En Tomsk ganaron diecinueve de los veintisiete candidatos a quienes habíamos apoyado, incluida la coordinadora de nuestra delegación allí, Ksenia Fadéieva, y su segundo de a bordo, Andréi Fatéiev. En Novosibirsk, doce de los candidatos a quienes respaldamos fueron elegidos diputados, entre ellos el director de nuestra oficina local, Serguéi Boiko.

Aun así, no volví del todo a la realidad hasta que no me permitieron levantarme de la cama por primera vez y dar unos pasos por mí mismo, sin ayuda. Durante mucho tiempo no me dejaron hacerlo, porque quería huir; de hecho, lo había intentado ya varias veces. Mientras recuperaba poco a poco la cordura, constaté que siempre había personas montando guardia fuera de mi habitación y observándome a través del cristal. No parecían médicos y, cuando me enteré de lo que había pasado, me explicaron que eran guardias de seguridad. Un día intenté convencer de Yulia de que les quitara el arma y me ayudara a escapar. Sentía una necesidad imperiosa de huir. No se me facilitó ningún arma. Decidí acto seguido tomar las riendas del asunto: cuando me dejaron a solas, me arranqué todos los catéteres y tubos que llevaba puestos, montando una sangría en la habitación, e intenté ponerme en pie. Enseguida acudieron los médicos y volvieron a meterme en la cama. Pero yo no me rendí tan fácilmente: en los días siguientes volví a intentar escaparme varias veces.

Cuando al fin, con el permiso de los médicos, pude levantarme de la cama por mí mismo y dar unos pasos vacilantes hasta el lavabo, de repente lo recordé todo. Quería lavarme, pero las manos no me obedecían, y entonces me acordé de que unas semanas atrás había intentado lavarme la cara en el lavabo de aquel avión entre Tomsk y Moscú. Volví a la cama, me tumbé y clavé la vista en el techo, devastado. Parecía un frágil anciano, incapaz de recorrer sin problemas los tres metros que me separaban del lavabo, incapaz de abrir un grifo. Me asustaba quedarme así para siempre.

En un principio, pareció que iba a ser así. Recuperar la normalidad exigió un esfuerzo ingente. Cada día venía a visitarme una fisioterapeuta. Era una mujer agradable, pero me obligaba a hacer las cosas más difíciles que he hecho en toda mi vida. Me pidió que me sentara a una mesa y me entregó dos vasos. Uno de ellos contenía agua y el otro estaba vacío. Me entregó una cuchara y me pidió que traspasara el agua del vaso lleno al vacío a cucharadas. Para entonces yo ya era capaz de hablar con bastante fluidez y le dije:

—Vale, pasaré cinco cucharadas.

Pero ella me pidió lo imposible:

—No, necesito que pases siete.

Al final, con una dificultad tremenda, conseguí llenar siete cucharadas y verterlas en el otro vaso. Me sentía como si hubiera corrido una maratón.

Todavía me faltaba aprender a caminar con normalidad, a sostener cosas y a coordinar mis movimientos. Tenía que atrapar una pelota al vuelo cien veces al día. Era agotador. Durante muchas semanas, me costaba incluso pasar de estar de pie a tumbarme en el suelo y luego volver a levantarme. Solo conseguía hacerlo tres veces como máximo, y con mucha dificultad.

Supongo que el momento más luminoso del tiempo que pasé en cuidados intensivos fue cuando nuestros hijos, Dasha y Zajar, volaron desde Moscú para verme. Aunque luego vivimos el clásico momento incómodo. No podían abrazarme, porque yo tenía el cuerpo festoneado de cables y tubos. Y, además, tampoco estaba claro de qué podíamos hablar en una situación como aquella, de manera que ellos se limitaron a quedarse sentados en la habitación y yo a mirarlos, y me sentí inmensamente feliz.

El 23 de septiembre fue mi último día en el Charité, donde había pasado más de un mes. Nos preparamos para marcharnos, hicimos las maletas y, por primera vez, me quité la bata del hospital y me puse ropa normal. Estaba previsto que me dieran el alta a las tres de la tarde, pero luego me pidieron que me esperara hasta las seis porque mi médico quería visitarme una última vez. Se abrió la puerta y entró el médico, seguido por una mujer que me resultaba vagamente familiar.

Era Angela Merkel, la canciller alemana. Fue una sorpresa monumental. Ya me habían dicho que había desempeñado un papel determinante en salvarme la vida presionando a Putin para que autorizara mi traslado a Berlín. Me habría gustado darle la mano o incluso un abrazo (después del envenenamiento me volví durante un tiempo más sentimental), pero enseguida pensé que mis pantalones de chándal y mi camiseta ya representaban todo un desafío al estricto protocolo alemán y que no me convenía tentar a la suerte. Durante la hora y media siguiente hablamos sobre todo de política rusa. Merkel estaba sorprendentemente bien informada al respecto y me impresionó el detalle con el que conocía nuestras investigaciones, en particular las últimas realizadas en Siberia.

El hecho de que Merkel viniera a verme me pareció un gesto personal conmovedor y un movimiento político inteligente. Estaba claro que iba a sacar de quicio a Putin. Al despedirnos, le agradecí todo lo que había hecho por mí. Me preguntó qué planes tenía. Le respondí que me gustaría regresar a Rusia lo antes posible.

—No hay ninguna prisa —contestó ella.

Pero yo estaba obsesionado con la idea de volver a Moscú en cuanto pudiera. Quería recibir el Año Nuevo en casa. Yulia me frenó.

—Esperemos a que estés recuperado del todo.

Permanecimos en Alemania otros cuatro meses.

---

*21 DE SEPTIEMBRE DE 2020**

Una reflexión sobre el amor.

Yulia y yo celebramos nuestro aniversario de bodas el 26 de agosto. Llevamos veinte años casados. En cierto modo, me alegro de habérmelo perdido para poder escribir esto hoy, porque hoy sé un poco más sobre el amor de lo que sabía hace un mes.

Habréis visto la escena un centenar de veces en películas y la habréis leído otras tantas en libros: una persona se encuentra en coma y su pareja, por medio de su amor y sus

* Algunas de las publicaciones de Alexéi en Instagram se han editado para mayor claridad y para eliminar repeticiones. No todas las entradas que hizo Alexéi durante el periodo de tiempo que abarca esta obra se han incluido en el libro.

cuidados incesantes, consigue devolver al ser amado de nuevo a la vida. Eso es exactamente lo que ha ocurrido en nuestro caso, de acuerdo con los cánones del cine clásico sobre el amor y el coma. Yo dormí, dormí y dormí. Y Yulia (@yulia_navalnaya) vino a verme, me habló, me cantó y me puso música. No mentiré: yo no recuerdo nada.

Pero os diré lo que sí recuerdo. Tal vez ni siquiera pueda describirse en sí como recordar. Es más bien una especie de recopilatorio de mis primeras sensaciones y emociones. Pero fueron tan importantes para mí que se me han quedado grabadas en el pensamiento para siempre.

Estoy tumbado. He despertado del coma, pero no reconozco a nadie y no entiendo lo que sucede. No puedo hablar; ni siquiera sé lo que significa hablar. Mi único pasatiempo es esperar a que ella venga. No estoy seguro de quién es. Tampoco sé bien qué aspecto tiene. Si atino a ver algo con mi difusa visión, no recuerdo la imagen. Pero ella es distinta, eso lo tengo claro. De manera que sigo allí tumbado, esperando a que venga. Cuando entra, inunda con su presencia la habitación. Me ahueca la almohada y hace que me resulte muy cómoda. No me habla con voz grave, compasiva, sino con una voz alegre. Ríe. Me cuenta algo. Cuando la tengo cerca, mis alucinaciones absurdas parecen retroceder. Me siento genial cuando ella está conmigo. Luego, cuando se va, me entristezco mientras espero su regreso.

No albergo ninguna duda de que existe una explicación científica a todo esto. Como, por ejemplo, no sé, que al reconocer el tono de la voz de mi mujer mi cerebro segregara dopamina y yo empezara a sentirme mejor. Cada una de sus visitas era, literalmente, terapéutica, y el efecto de esperar a que viniera potenciaba el refuerzo de la dopamina. Ahora bien, por más impresionante que suene la ex-

plicación científica y médica, estoy convencido, por mi propia vivencia, de que el amor cura y te devuelve la vida.

Yulia, me has salvado, y creo que esto también habría que incluirlo en los libros de texto de neurobiología.

Segunda parte

FORMACIÓN

Capítulo 3

Los soldados en la carretera iban completamente envueltos en unos inusuales trajes blancos. Llevaban máscaras de gas que los hacían parecer una extraña especie de animal. Provengo de una familia militar, y desde luego teníamos una máscara de gas en casa, aunque para lo único que servía era para que se la pusieran los hijos de los amigos de mis padres cuando venían de visita. Corrían por todo el piso fingiendo que eran un elefante y chillando de emoción. Era algo que solo podía hacerse durante unos tres minutos, porque la máscara de gas daba mucho calor. Los soldados ni jugaban ni se lo estaban pasando demasiado bien. Lo curioso es que detenían a los coches y solo los dejaban continuar tras haber revisado las ruedas con una varilla metálica especial. Yo tenía nueve años y observaba la escena a través de la ventana del Lada 6 de mi padre. Es uno de mis recuerdos de infancia más vívidos. Los trajes de los soldados no sorprendieron a mis padres en el asiento delantero. Me explicaron que eran para proteger a los soldados de la radiación y de sustancias químicas peligrosas. Todo aquello era necesario porque acababa de producirse una explosión en la planta nuclear de Chernóbil, a setecientos kilómetros de distancia. Nosotros vivíamos en una ciudad militar cerca de Óbninsk, una población de acceso restringido en la que se había construido el primer reactor nuclear soviético. Íbamos de camino a comprar comida a esa población, que estaba bien abastecida gracias a todos los científicos atómicos que vivían allí. «Abastecimiento» era un término soviético importante que yo ya conocía. Indicaba la calidad que tendrían los productos en las tiendas. Alguien en los confines más recónditos del sistema de planificación estatal soviético había dispuesto que debía haber un 60 por ciento más de probabilidades de encontrar salchichas en una tienda de alimentación de Óbninsk que en el único colmado de nuestra unidad militar.

Las varillas metálicas que llevaban los soldados en las manos servían para medir el nivel de radiación en las ruedas de los coches. El Gobierno no había reconocido aún que la negligencia era la causa del desastre de Chernóbil, así que la explicación oficial para esos controles tan visibles era localizar a los saboteadores. Por ese motivo, se habían extremado las medidas de seguridad en todas las ciudades que tenían una planta nuclear. Si los espías (estadounidenses, claro) estaban circulando por el país con la intención de hacer volar por los aires una estación nuclear tras otra, nuestras fuerzas armadas los encontrarían gracias a los rastros de radioactividad en los neumáticos.

Mi madre señaló, no obstante, que hasta los menos avispados de nuestra población sabían la verdadera razón de los controles. Los científicos nucleares de Óbninsk que trabajaban en Chernóbil entendieron de inmediato de la magnitud del desastre. Pese a todas las mentiras de los informativos, muchos se habían apresurado a meter a sus familias en coches y llevarlas de vuelta a Óbninsk. Las medidas estaban pensadas para tratar de identificarlos a ellos: sus coches, su ropa y ellos mismos emitirían radiación. Las autoridades mentían cuando decían que aquello no constituía ninguna amenaza, y trataban desesperadamente de evitar que la radiación se extendiera.

—Basta ya del tema —dijo mi padre enfadado.

No quería hablar de eso.

En casi cada ciudad y pueblo de la antigua URSS hay un monumento a los que murieron en la Segunda Guerra Mundial. Con frecuencia, el monumento incluye una lista con los nombres de las personas de la localidad que nunca regresaron. Si visitaras el monumento de Zalesie, Ucrania, un pueblo a pocos kilómetros de la central nuclear de Chernóbil, podrías leer, entre otros nombres: «Navalni, Navalni, Navalni, Navalni». Aunque no hay manera de saber cuáles de ellos son miembros de mi familia y cuáles simplemente tienen el mismo apellido.

Mi padre nació en ese pueblo. Cuando acabó la escuela decidió alistarse en el Ejército y apuntarse a una academia militar. Lo destinaron a varias ciudades militares rusas y nunca volvió a vivir en Ucrania. Sus dos hermanos mayores y su madre se quedaron en Zalesie. Yo iba a pasar todos los veranos con mi abuela, y mis parientes siempre mostraban su desaprobación por mi palidez y delgadez de moscovita, y decían que tendrían que cebarme con buena manteca de cerdo ucraniana. Durante todo el verano, me ofrecían comida en cantidades que envidiaría un luchador de sumo. Yo me transformaba en un bronceado chico de pueblo ucraniano que casi olvidaba el ruso.

Mi abuela era una mujer religiosa. Rezaba sus oraciones y yo las memorizaba, aunque no tenía ni idea de lo que significaban. En otoño me enviaban de vuelta con mis padres, y mi apariencia física se usaba como prueba en el debate inacabable y socarrón de la hora de la comida sobre las relativas ventajas y desventajas de ucranianos y rusos. Mi madre había nacido en Arjánguelsk, al norte de Rusia, y se había criado en Zelenograd, un distrito de Moscú, y estaba claro que era miembro de una minoría étnica. Cuando por enésima vez me preguntaban si era ucraniano o ruso, yo hacía lo que podía para evitar una respuesta directa. Era como si te preguntaran a quién querías más, si a tu padre o a tu madre, una pregunta para la que no hay una respuesta sensata posible.

Chernóbil era la ciudad más cercana a Zalesie. Era el lugar al que todo el mundo iba a comprar y donde trabajaban muchos lugareños. Era también donde estaba la iglesia que oficiaba más cercana y allí, sin que mi padre lo supiera, mi abuela hizo que me bautizaran. Como cualquier otro soldado del Ejército soviético, él era, por necesidad, miembro del Partido Comunista de la Unión Soviética (PCUS) y, en consecuencia, y por definición, ateo. Mi abuela temía que se supiera que mi padre tenía un hijo bautizado, y que eso provocara su expulsión del partido. Pero le temía más a Dios, de modo que, aun así, me llevó a la iglesia e hizo que me bautizaran. Huelga decir que el secreto no tardó en revelarse. Mi madre y mi padre pronto se enteraron del bautizo a través de otros miembros de la familia, pero, contrariamente a lo que temía mi abuela, no se enfadaron, sino que les hizo gracia que ella hubiera estado tan preocupada.

Zalesie era un paraíso en la tierra. Tenía un riachuelo y árboles cargados de cerezas. Cuando los pastores traían de vuelta las vacas al pueblo, yo me quedaba a cargo de la enorme vaca de la abuela y, en cumplimiento de mis funciones, la guiaba hasta el establo. Eso me hacía sentir muy mayor. Me rodeaban las personas más alegres y maravillosas: mis tíos, primos, padrinos y otros parientes cuyo estatus y grado de parentesco precisos a menudo era imposible de discernir.

El 26 de abril de 1986, a la una y media de la madrugada, el paraíso quedó destruido al producirse una explosión en el cuarto reactor nuclear de la central de Chernóbil. Para el resto del mundo fue un gran desastre nuclear. Para la URSS, una de las razones del derrumbe de un país que ya estaba pasándolo mal a causa de la crisis económica del «socialismo plenamente desarrollado». Para la rama ucraniana de nuestra familia, una terrible tragedia que acabó con su antigua forma de vida. Para mí, el primer acontecimiento, la primera lección de mi vida que tuvo un impacto formativo en mi actitud. La radiación podía quedar lejos, pero la hipocresía y las mentiras inundaron todo el país.

Unos días después de la explosión, el Gobierno soviético, ya plenamente consciente del grado de contaminación, envió a las personas que vivían en los pueblos de los alrededores de Chernóbil, mi familia entre ellos, a plantar patatas a los campos. Adultos y niños en edad escolar se pusieron a cavar en la tierra en la que el polvo radioactivo acababa de depositarse. Desde luego, los lugareños sabían que algo estaba pasando. Muchos iban a trabajar a Chernóbil y sin duda algunos tendrían amigos trabajando en la planta. La noticia de la explosión corrió como la pólvora.

Las autoridades, por supuesto, lo negaron rotundamente. Estaba claro que el régimen escondía algo, lo que quería decir que había algo que esconder, pero eso no era algo que pudiera decirse en voz alta. En 1986, nadie podía imaginar que la Unión Soviética y su amplio dispositivo para controlar ideas y palabras estuviera a punto de dejar de existir. Así que, si a uno le decían que fuera a plantar patatas, eso era lo que tenía que hacer. ¡Era lo más peligroso y perjudicial que nadie podría haber sugerido, pero se hizo para que no cundiera el pánico entre la población!

La respuesta estándar y absurda de las autoridades soviéticas —y, por lo tanto, rusas— a cualquier crisis es decidir que la población lo que necesita es que se la mienta interminablemente. ¡De otro modo, según su razonamiento, seguro que los ciudadanos saldrían corriendo de sus casas, irían de un lado a otro en plena anarquía, prenderían fuego a los edificios y se matarían unos a otros!

La verdad es que nunca ha ocurrido nada parecido. En la mayoría de las crisis la población está preparada para comportarse de un modo racional y disciplinado, sobre todo si se les explica la situación y se les dice lo que hay que hacer. Pese a ello, y lo he visto muchas veces desde entonces —a una escala menos dramática—, la primera reacción oficial siempre es mentir. Para los funcionarios no supone ningún beneficio práctico hacerlo; no es más que una norma: ante una situación complicada, miente. Resta importancia a los daños, niégalo todo, échate un farol. Más adelante ya se resolverá todo, pero ahora mismo, en el momento de crisis, los funcionarios no tienen otra opción que mentir, porque la población, que creen idiota, no está preparada para la verdad.

En relación a lo ocurrido en Chernóbil, es inútil buscar un ápice de racionalidad. En ningún momento se pensó en pedir a la población que se confinara durante una semana y no saliera a menos que fuera absolutamente necesario. En Kiev, la capital de Ucrania, con una población de millones de personas, se celebró el desfile del Primero de Mayo solo cinco días después de la explosión, con ese mismo objetivo propagandístico: fingir que no pasaba nada. Hoy sabemos cómo se tomaron esas decisiones. Los líderes del Partido Comunista, sentados en sus despachos, querían ante todo asegurar que ni la ciudadanía soviética ni —Dios nos libre— los extranjeros supieran nada del desastre atómico. Se sacrificó la salud de decenas de miles de personas en aras de una cortina de humo que era ridícula, porque la lluvia radioactiva llegó tan lejos que la detectaron laboratorios del mundo entero.

Muchos años después, durante mi paso por un centro de detención especial tras uno de mis muchos arrestos, me senté en mi celda a leer una serie de documentos oficiales que acababan de salir a la luz. Eran informes secretos de la rama ucraniana del KGB en los que se documentaba con orgullo una operación especial relacionada con un periodista de *Newsweek* que había visitado Ucrania tiempo después del accidente. Una veintena de individuos habían participado en esa operación, incluidos miembros de unidades especiales de la milicia y agentes jubilados del KGB. La agencia de inteligencia se las arregló para que todas las personas a las que entrevistó el periodista fueran agentes suyos, y todos ellos le aseguraron que las consecuencias del accidente fueron mínimas, y que la población estaba impresionada y encantada con la forma tan eficiente con la que el partido y el Gobierno habían lidiado con el asunto. Se había dedicado una considerable cantidad de recursos a engañar a un solo periodista, porque se consideró que era lo apropiado. De ninguna manera podíamos permitir que periodistas enemigos criticaran la realidad soviética a fuerza de tergiversar los hechos. Así que era mejor que tergiversáramos un poco los hechos nosotros mismos.

Ninguna de esas artimañas tuvo mayor efecto que las tristemente famosas tiendas de frutas y verduras de Corea del Norte, colocadas en lugares estratégicos para que los extranjeros que circulan en dirección al aeropuerto vean que hay plátanos y naranjas a disposición de todo el mundo sin ningún coste. Los extranjeros llevan años haciéndoles fotos a esos tenderetes, como una atracción turística más. «¡Eh, ahí está! ¡La famosa fruta de mentira!»

Los habitantes de Washington, Londres y Berlín sabían paradójicamente más sobre lo que de verdad estaba pasando que quienes vivían en la zona contaminada. Nuestra familia no sabía toda la verdad, pero sabía más que la mayoría: cuando el partido y el Gobierno negaron firmemente las «despreciables insinuaciones de la propaganda de Washington» sobre una explosión en Chernóbil, nuestros familiares nos llamaron y nos dijeron que todo el mundo en la región estaba al corriente de que se había producido una explosión en la planta nuclear y de que había soldados por todas partes.

Luego empezó la pesadilla. Pronto empezaron a evacuar a todos los habitantes en un radio de treinta kilómetros de la planta nuclear y, pese a que la televisión estatal hablaba en términos elogiosos de una operación bien coordinada, no era eso lo que nos llegaba a nosotros. A nuestro tropel de parientes los habían dispersado por toda Ucrania, a cualquier lugar donde hubiera alojamientos libres, campamentos de la Organización de Pioneros incluidos. La gente estaba desesperada. Es insoportable que a uno lo obliguen a abandonar su granja, un hogar que ha levantado con sus propias manos, sobre todo porque esa gente podía considerarse acaudalada para los estándares soviéticos. Nosotros éramos los parientes pobres, y eso que mi padre estaba en el Ejército y tenía un sueldo por encima de la media. La nuestra era una vida soviética estándar en una unidad militar, con un piso y un salario, mientras que ellos, con sus huertos y sus vacas y sus parcelas privadas de tierra estaban mejor abastecidos, por lo menos en cuanto a comida. Y ahora metían a sus hijos en autobuses y se veían expulsados permanentemente a quién sabe dónde, solo con sus documentos identificativos y lo mínimo de ropa. Había vacas mugiendo y perros ladrando, igual que en las películas bélicas. Un par de días después los soldados pasaron por los pueblos disparando a los perros. Una vaca hambrienta se morirá sin más, pero los perros se vuelven salvajes, forman manadas y pueden atacar a los pocos que se queden atrás.

Todo aquello fue un caos monstruoso, imposible de ocultar. Una de nuestras anécdotas familiares más recordadas da una idea del grado de estupidez y confusión de aquellos días. Pocas horas antes de la evacuación, mi abuela se acordó de que tenía pescado secándose en el desván. Lo estaba perdiendo todo, pero a su hijo pequeño le gustaba mucho el pescado seco y ella estaba decidida a dárselo. Lo llevó a la oficina de correos, lo metió en una caja, puso en ella nuestra dirección y lo entregó. Había personas con trajes protectores por las calles de la ciudad, y los altavoces avisaban de que todo estaba contaminado y de que nadie debía llevar consigo nada a menos que fuera absolutamente vital. Pero, para su sorpresa, la oficina de correos, cuyas horas también estaban contadas, aceptó tramitar el paquete. El pescado llegó con puntualidad a nuestra casa en la región de Moscú. Tenía un aspecto muy apetitoso y mi padre decidió que iba a disfrutarlo con una cerveza. Solo cuando mi madre armó un escándalo aceptó ir a buscar un medidor de radiación. El pescado emitía tanta radioactividad como si le hubiera caído encima una bomba atómica. Mi madre se lo llevó al bosque y lo enterró.

Se evacuó a un total de 116.000 personas. Necesitaban nuevas viviendas, nuevos trabajos y que les indemnizaran por los terrenos que habían abandonado. Incluso para un país rico y desarrollado algo así habría sido un reto enorme. Para la URSS, con su economía planificada, fue una pesadilla. Hacían falta viviendas; hacían falta coches.

A Ronald Reagan le gustaba contar chistes soviéticos. «¿Sabíais que en la Unión Soviética para comprar un coche tienes que pagar por adelantado y luego esperar diez años?», empezaba uno de ellos. «En esto que viene un hombre, pone ahí todo su dinero y el tipo que está a cargo de aquello le dice: "De acuerdo, vuelva dentro de diez años a recoger su coche". Y el hombre pregunta: "¿Por la mañana o por la tarde?". Y el individuo de detrás del mostrador le dice: "Bueno, de aquí a diez años, ¿qué más da?". Y él le dice: "A ver, es que por la mañana viene el fontanero".» Aquello no estaba lejos de la verdad. Un coche era la posesión más preciada de una familia. El objeto más valioso que legalmente era posible tener, y en casos como ese uno se veía en la situación de tener que abandonar la pequeña posibilidad que tenía de comprarse otro. La lista de espera para comprar un Fiat anticuado fabricado en la URSS por la marca VAZ era nada menos que de diez a quince años.

La Unión Soviética era asombrosamente eficaz difundiendo propaganda y contando mentiras, pero lo que se necesitaba en este caso era construir casas a toda prisa, y eso era algo que apenas supo hacer y, sobre todo, que no supo hacer bien. Se reclutó a soldados y trabajadores de todo el país, y la calidad de las viviendas resultantes fue pésima. Había que proporcionar a los ciudadanos posesiones materiales que sencillamente no estaban disponibles. Lo que el Estado sí podía hacer era transferir rublos soviéticos a tu cuenta en el Sberbank, el banco de ahorros de titularidad estatal, pero ¿cómo se suponía que ibas a reemplazar esas botas fabricadas en Yugoslavia para las que habías viajado especialmente a Moscú y hecho cola durante cinco horas? No había nada igual en las tiendas. ¿Y qué me dices de ese chándal fabricado en la República Democrática de Alemania con la palabra «Puma» estampada en la espalda? El que tenías lo has perdido y ¿quién va a coserte uno nuevo, Karl Marx? Había una grave escasez de cualquier cosa de buena calidad: ropa, zapatos, papel pintado, váteres. La economía planificada no era capaz de satisfacer la demanda de las necesidades más básicas. Los 275 millones de ciudadanos hacían cola cada día para comprar algo que necesitaban, y ninguno de ellos iba a dejar que las víctimas de Chernóbil se saltaran la fila.

Se envió a soldados y más soldados a la zona del accidente. Se los llamó «liquidadores», un uso de la palabra que iba a convertirse en parte permanente del vocabulario de la población soviética y, más adelante, de la rusa. Llegaban cada vez más rumores de lo que pasaba en Chernóbil, cada uno más aterrador que el anterior. A mí me chocaba la diferencia que había entre ellos y los informativos de la televisión.

La cuestión más desconcertante incluso para a mi yo de diez años era por qué las autoridades mentían de ese modo cuando todo el mundo a mi alrededor sabía la verdad. ¿Qué clase de patético intento de engaño era aquel? Si uno va a mentir, al menos debería esperar beneficiarse de algún modo de ello. Si dices que estás enfermo, no vas a clase; eso al menos tiene sentido. Pero ¿qué finalidad tenían aquellas mentiras? Es muy conocido lo que dijo sobre el funcionamiento de la Unión Soviética el escritor Vasili Shukshín: «Mentiras, mentiras, mentiras... La mentira como redención, la mentira como expiación de la culpa, la mentira como objetivo alcanzado, la mentira como carrera, como prosperidad, como medallas, como un piso... ¡Mentiras! Rusia entera está cubierta de mentiras, como una costra». Una descripción excelente de la situación.

Si el desastre de Chernóbil no hubiera ocurrido nunca, seguramente yo habría oído hablar menos de política. Habría sido una cuestión menos personal, sin duda, y mis ideas políticas habrían sido un poco diferentes. Pero las cosas sucedieron como sucedieron y, muchos años después, siendo yo ya un hombre adulto, mientras veía en la televisión al recién nombrado presidente en funciones de Rusia, un Vladímir Putin de cuarenta y siete años, lejos de compartir el entusiasmo de los demás por el nuevo «vigoroso líder» del país, yo no podía dejar de pensar: «Miente sin parar, igual que pasaba cuando yo era niño».

Supongo que, en cierto sentido, soy un producto de la ciudad y del campo. Mi padre, Anatoli, que era el pequeño de su familia, quiso desde el principio salir del pueblo ucraniano en el que vivía. No era una meta fácil. Hasta 1965, a los trabajadores de las granjas colectivas no se les expedían pasaportes, una forma de servidumbre en una Unión Soviética que proclamaba la igualdad para todo el mundo y prohibía que cualquier persona explotara a otra. Una manera de escapar era unirse a las fuerzas armadas. Mi padre era un buen estudiante y no le costó demasiado reunir los requisitos necesarios para entrar en la Escuela Militar de Comunicación de Kiev. Tras su graduación, lo destinaron a las Fuerzas de Defensa Antimisil, que formaban una triple corona protectora alrededor de Moscú. Los estrategas militares lo que vieron era que blindar el vasto territorio de la Unión Soviética contra los misiles enemigos iba a ser imposible, pero que, al manos, sí era factible proteger la capital. Enviado a una unidad militar de los alrededores de Moscú, mi padre, un joven oficial, acabó acompañando a un grupo de soldados que se dirigía a sus posiciones en transporte público, en concreto, a bordo de un tren de cercanías. Entró en un vagón y vio a Liudmila, la que sería mi madre. Ella vivía en Zelenograd, el Silicon Valley de la URSS, un distrito de Moscú destinado a las empresas del sector electrónico soviético. Los habitantes de Zelenograd hacían grandes esfuerzos para que se notara su nivel educativo superior y su pertenencia a la élite científica. Hasta su cine se llamaba Electron. Tras graduarse en el Instituto de Gestión de Moscú, mi madre empezó a trabajar en una compañía de tecnología punta, el Instituto de Microdispositivos. Mis padres se casaron en 1975 e iniciaron su vida en común trasladándose a una de las muchas guarniciones militares de la triple corona que protegían la capital de nuestra madre patria de los misiles del agresivo bloque militar de la OTAN que se decía que apuntaban en su dirección. Al año siguiente llegué yo y en 1983 mi hermano, Oleg.

Aquellas ciudades militares —pasé por tres en total— eran todas muy parecidas. Había un bosque y dentro una valla que rodeaba varias unidades militares, alojamientos residenciales, una escuela, una tienda y un club de oficiales que hacía las veces de cine y de espacio para las grandes celebraciones. Una parte crucial de la infraestructura era el puesto de control de acceso seguro; tenías que solicitar permiso para que tus familiares pudieran venir de visita. A la manera típicamente soviética, lo estricto del sistema se compensaba siempre con un agujero en la valla por el que podía entrar y salir cualquiera que, por una razón u otra, no hubiera conseguido un pase de antemano. La persona designada para guiar a los demás a través del agujero solía ser yo, un papel del que me sentía enormemente orgulloso. Eso es algo que no ha cambiado. Mis padres siguen viviendo en una ciudad militar con un sistema de acceso de alta seguridad. Siempre que voy a verlos tengo que hacer cola para conseguir un pase especial. Una directiva, en la pared del interior del puesto de control, informa de que las personas extranjeras solo podrán entrar si disponen de una orden firmada por el ministro de Defensa. Pese a ello, la ciudad está llena de emigrantes extranjeros que trabajan en las obras que se realizan en el emplazamiento. Y está claro que no han entrado gracias a una orden personal del ministro de Defensa.

Mi padre trabajaba como oficial de enlace y mi madre o bien en alguna empresa civil como auditora o, cuando no había empleos disponibles en las proximidades, como contable en una unidad militar.

Era importante saberse todos los números. Los números desempeñan un papel fundamental en la vida de una ciudad militar. Todas las indicaciones, los lugares de trabajo y otras cuestiones esenciales tenían asignado un código. Para que te entendieran, tenías que decir: «Mi padre trabaja en 25573». Mi madre era «contable en 20517». Se estaba construyendo un nuevo bloque residencial en 3328, lo que significaba que pronto habría pisos allí, y se sabía que la unidad médica 2713 tenía el mejor protésico dental. Dime qué número tienes y te diré quién eres.

Había una sola guardería y una única escuela. Cuando nació mi hija y mi mujer me dijo que había que empezar a pensar en escoger colegio, juro que no entendí a qué se refería. ¿Qué escuela íbamos a elegir? La que quedara más cerca, evidentemente. Estaba acostumbrado del todo a la idea de que hubiera un solo colegio y ningún margen de decisión.

Para un niño, lo mejor de vivir en una ciudad militar era lo relativamente fácil que resultaba acceder a elementos que podían dispararse y hacer estallar. Eso a mí me encantaba, y me aficioné muchísimo a provocar explosiones. Podías encontrar una caja de detonadores eléctricos en el vertedero situado junto a la unidad y activarlos con unos cables y una pila normal y corriente. Podías conseguir que los soldados te dieran cartuchos a cambio de comida o de una insignia de la guardia soviética. Por algún motivo, se consideraba una señal de distinción especial volver a casa tras dos años en el Ejército con una de esas insignias en el pecho. Muy pocas veces se ponían a la venta en el economato, así que el truco consistía en pedirle a tu padre que te consiguiera una y luego intercambiarla por cartuchos. Cuando pienso en los experimentos que hacía entonces, doy gracias por seguir teniendo los dos ojos y todos los dedos.

La última ciudad militar en el que viví, Kalíninets, era el paraíso de los pirómanos. La primera vez que me junté con los chicos que vivían allí, me hicieron una propuesta desconcertante:

—Venga, vamos a pescar cartuchos.

—¿Y eso cómo lo hacéis? —pregunté.

—Pues yendo al río, cómo si no.

Equipados con un imán y un trozo de cuerda, fuimos hacia el campo de tiro, dejamos caer el imán en el río desde un puente cercano y lo sacamos cubierto de cartuchos. Yo no daba crédito. Mi padre me explicó más tarde que la división motorizada de fusiles Taman había estado estacionada en ese pueblo y necesitaba realizar prácticas de tiro. El oficial encargado de llevar a sus soldados al campo de tiro muchas veces se lo encontraba ocupado por otras unidades, lo que significaba que no podían practicar. Otras veces completaban el ejercicio y les sobraban cartuchos. En ambos casos, las normas exigían que la munición que no se había usado se trajera de vuelta y se devolviera a su lugar de origen siguiendo un determinado procedimiento por el que había que rendir cuentas de cada bala. Huelga decir que nadie se molestaba en hacerlo. No podían tirar cartuchos en el bosque, donde buscadores de setas o niños podían toparse con ellos, así que la mejor solución era tirarlos al río. Ese método de eliminación de residuos, considerado infalible en el mundo adulto, no suponía ningún inconveniente real para unos niños con un poco de ingenio. Los cartuchos probablemente ya no eran útiles como munición, pero, una vez secos, demostraron ser ideales para provocar explosiones.

Las consecuencias de un acceso tan fácil a artefactos peligrosos eran las previsibles. En una ciudad militar cuatro chicos intentaron detonar un proyectil lanzándolo a una hoguera. Uno murió, otro perdió las dos piernas y los otros dos resultaron heridos de gravedad. En la ciudad en el que completé mi educación secundaria, un compañero de clase perdió un 90 por ciento de visión y quedó con el rostro terriblemente desfigurado al disparar una bengala que había cogido de un transporte blindado de personal.

Mis padres hacían la vista gorda ante mis experimentos pirotécnicos explosivos, cuya verdadera escala ignoraban hasta el día en que invité a mi padre a detonar en el balcón de casa una bomba que había fabricado. Probablemente pensó que era un artilugio hecho de cerillas. Ja, ja, ja. En realidad, había construido una bomba de magnesio-manganeso. Para ello, había ido al helipuerto y había rascado durante largo rato el disco de la rueda de un helicóptero, hecha de aleación de magnesio. Hicimos explotar la bomba de noche, en la oscuridad. Cuando, al cabo de unos minutos, los círculos de colores dejaron de flotar ante nuestros ojos, mi padre me echó una bronca tremebunda. Decidí que, en el futuro, lo mantendría al margen de mis experimentos químicos, pero, lejos de llevarme a dejar las explosiones, aquel éxito supuso para mí un enorme incentivo.

Yo no sabía muy bien lo que hacía mi padre en el Ejército. Su trabajo parecía consistir sobre todo en dos actividades. La primera era correr a su puesto para dar la señal de inicio de un simulacro de emergencia cada día a las nueve de la noche —al mismo tiempo que los demás oficiales corrían a los suyos—, que era cuando empezaba a sonar una sirena por todo el pueblo y los oficiales que en ese momento estaban en sus casas se dirigían hacia sus unidades con un gesto de contrariedad en el rostro. A los soldados no les hacía ninguna gracia, pero en otros sentidos la sirena resultaba muy práctica, porque era la señal de que todos los niños debían volver a casa. El día se dividía entre «antes de la sirena» y «después de la sirena», y era imposible fingir que no la habías oído, porque sonaba a un volumen demencial.

Su otra actividad era atrapar a soldados fugitivos. Todo empezaba con una llamada de teléfono. Mi padre o mi madre contestaban, escuchaban durante unos segundos al oficial de guardia que al otro lado gritaba que otro soldado se había escapado y mi padre salía en su búsqueda. A veces el soldado que desertaba iba armado, con lo que aquello pasaba a ser una situación de emergencia. Yo no conseguía que los adultos me explicaran por qué nadie querría escaparse. ¿Adónde iban?

Había soldados por todas partes. Se los utilizaba como mano de obra de todo tipo, para barrer las calles, para conducir coches y para transportar cosas de un lado a otro. Otros estaban siempre desfilando en algún sitio. Abordaban a menudo a los niños en edad escolar junto a las tiendas y les pedían que entraran a comprarles algo. Temían que, en caso de entrar ellos, los viera una patrulla en busca de soldados ausentes de su unidad sin permiso. Los soldados no parecían especialmente felices, pero tampoco se los veía tan descontentos como para estar pensando en huir al bosque.

Como supe después, huían por el acoso (el llamado *dedovshchina*) al que los demás soldados los sometían. En los ochenta, el hostigamiento a los soldados novatos por parte de los veteranos alcanzó tales cotas que en 1982 el ministro de Defensa tuvo que dictar una orden secreta, «Para luchar contra las relaciones no reguladas», reconociendo así que se trataba de una práctica generalizada. Las novatadas se convirtieron en un sistema que se autorreplicaba. Se unía uno al Ejército, y empezaban a pegarle palizas, a robarle el dinero y a obligarlo a limpiar suelos y a hacerles la colada a los soldados «veteranos» que habían llegado allí un año y medio antes que tú. Tras todas esas humillaciones, uno esperaba que le llegara el turno de darle una paliza a los novatos, porque las cosas eran así, y aquello era una parte necesaria de la vida militar, algo que transformaba a un civil pusilánime en un hombre de verdad. El sistema contaba con el apoyo tácito de los oficiales, que lo veían como un método autorregulado de entrenamiento y disciplina. Por ejemplo, imaginemos a un imbécil de pueblo que se une al Ejército, no entiende las órdenes más elementales, presenta un aspecto desaliñado y, en general, parece no tener remedio. El sargento, acto seguido, le da un par de puñetazos en el pecho («en el alma»), que es algo que duele de verdad —no puedes darle un puñetazo en la cara, porque se le verían las marcas—, y él de inmediato entra en razón y empieza a comportarse como un soldado veterano.

No hace falta decir que esa práctica idiota no ayudaba en nada a mejorar la disciplina, y que minaba el respeto hacia el Ejército. Los soldados que volvían a casa tras dos años de servicio militar explicaban historias escabrosas a quienes aún no habían sido llamados a filas. Se parecían mucho a lo que contaban quienes volvían de la cárcel. Las madres escuchaban horrorizadas y no sentían el menor deseo de enviar a sus hijos al Ejército. De vez en cuando, después de que algún desgraciado joven, incapaz de soportar más novatadas, se quitara la vida o disparara a sus maltratadores, el Ejército lanzaba una campaña antiacoso, lo que nunca sirvió de nada. La práctica está institucionalizada y solo puede combatirse cambiando la institución, fundamentalmente creando un Ejército en el que soldados profesionales reciban un salario para defender a su país. Lo que no se necesita es un Ejército que dependa de desdichados jóvenes arrancados de sus familias (durante dos años en la URSS, en la actualidad uno) y obligados a regalarle su tiempo a una institución que no es más que una extraña escuela de supervivencia.

Lo curioso es que el Ejército en cierto modo se enorgullece de su constante estupidez, como empecé a notar a medida que me hacía mayor. Se decía a menudo que nuestros soldados y oficiales estaban tan acostumbrados a las órdenes absurdas —vi, por ejemplo, con mis propios ojos a unos soldados pintando la hierba de verde antes de una inspección— que, en la batalla, llevarían a cabo milagros de disciplina. Al vivir en condiciones de tanta pobreza y estar tan habituados a las adversidades, no podía haber duda de que, en caso de guerra, los mimados soldados estadounidenses, con sus lujosos barracones y sus apartamentos individuales para los oficiales, no tendrían ninguna posibilidad frente a ellos.

No soporto la palabra «mentalidad», para mí es un concepto absolutamente artificial, pero no deja de ser cierto que algún tipo de carácter nacional ruso existe, y esa bravuconería sobre soportar privaciones que podrían evitarse tan fácilmente es uno de sus aspectos fundamentales. Vivimos en condiciones terribles, criticamos a las autoridades y nos quejamos de ellas, pero al mismo tiempo nos las arreglamos para sentirnos orgullosos de ser capaces de sobrevivir en esas condiciones tan espantosas, y las consideramos una gran ventaja competitiva en una hipotética confrontación entre países. Bueno, sí, decimos, los japoneses fabrican buenos automóviles, pero habría que verlos intentando montar un coche capaz de ponerse en marcha a partir de las partes sobrantes de otros tres y un trozo de chapa oxidada, como hizo nuestro vecino Vasili. Lo veo en mí también cuando viajo al extranjero y comparo lo que hacen los opositores políticos rusos y lo que hacen los europeos. «Me pregunto cómo te iría como político si después de cada mitin electoral te tuvieran detenido un mes», me veo a punto de decir. Es como si me enorgulleciera de vivir en un entorno tan nefasto, y donde la política es tan real que no tengo más remedio que ir a la cárcel.

No hace falta ser un gran psicólogo para darse cuenta de qué hay en el origen de todo ello: los rusos ansiamos tener una vida normal, y somos muy conscientes de que todos los problemas que tenemos nos los hemos buscado nosotros mismos. Pero no podemos reconocer ser tontos, así que buscamos algo de lo que alardear, aunque en realidad no haya nada de lo que enorgullecerse.

En nuestro hogar se discutía de política constantemente, y en general la actitud hacia las autoridades era muy crítica. Parecía ocurrir lo mismo en otras familias que yo conocía, lo que quizá suene extraño, porque todos los oficiales del Ejército estaban obligados a ser miembros del Partido Comunista de la Unión Soviética, y la propaganda en el Ejército y el control que se ejercía sobre su lealtad política eran una de las máximas prioridades del Estado. Esas directrices tenían el efecto radicalmente opuesto al que buscaban. El título de «trabajador político» (el oficial responsable del trabajo ideológico) iba siempre acompañado de un deje de ironía. Los demás se reían de ellos a sus espaldas, porque todo el mundo sabía que su única obligación profesional era contar mentiras. Las discrepancias abismales entre lo que decían los trabajadores políticos y la realidad de la vida cotidiana eran evidentes incluso para un niño, cuando esos tipos se presentaban en la escuela para hablarnos de las maravillas del sistema soviético. Uno que había servido en Cuba describía las estratagemas de los estadounidenses y lo maravillosa que había pasado a ser la vida en la «isla de la libertad» tras la victoria de la revolución, pero todos los niños querían saber si era verdad que allí podías entrar en una tienda y comprarte una Coca-Cola y también cómo podían sus padres tener la suerte de que los enviaran a trabajar a cualquier país mientras fuera extranjero.

Si el capitalismo era tan terrible que debíamos llorar de felicidad por la suerte que teníamos de haber nacido niños soviéticos, ¿por qué mi tesoro más preciado eran dos latas multicolores de cerveza importada, tan bonitas y diferentes que todo el mundo que venía a casa, no solo los niños sino también los adultos, las cogía y las admiraba? Las películas extranjeras que solo muy de vez en cuando se veían en el club de oficiales, y que hablaban de la dura lucha de la clase obrera contra sus opresores, desconcertaban a la audiencia porque todos los oprimidos llevaban pantalones vaqueros, acudían a bares y conducían coches. Dice mucho que el clásico estadounidense *Las uvas de la ira*, que cuenta el dramático destino de los granjeros que se arruinaron durante la Gran Depresión —una película ideológicamente perfecta para la propaganda soviética—, se retirara de la circulación poco después de adquirirse los derechos de distribución en la URSS, y solo pudiera verse en determinados círculos de la élite. Era difícil buscar una explicación convincente para las amplias masas de la población soviética sobre cómo una familia estadounidense sumida en la mayor de las pobrezas podía ser propietaria de un coche y parecer mucho más feliz con la vida que le había caído en suerte que cualquier granjero colectivo soviético.

De ese tipo de cosas se hablaba constantemente alrededor de la mesa de la cocina de mi casa, pero con una peculiaridad. A mí lo del cojín me impresionaba mucho. A todos los ciudadanos soviéticos les encantaba criticar a las autoridades, pero también temían al KGB (al que en las ciudades militares solían llamar *osobisti*, 'agentes especiales'). Lo que más les preocupaba eran las escuchas telefónicas. Desde luego no era posible que el KGB pudiera tener personal suficiente como para escuchar las conversaciones de todas las viviendas. Aun así, cuando mi padre recibía la visita de sus amigos y, tras unos cuantos vodkas en la cocina, empezaban a quejarse de las autoridades, mi madre tapaba el teléfono con un cojín. Parecía extraño y, cuando yo le preguntaba por qué lo hacía, ella esquivaba la pregunta diciendo que nunca se sabía lo que podría decir alguien y quién podría oírlo. A mí eso me parecía rarísimo. No eran más que adultos hablando de asuntos absolutamente cotidianos, como de la imposibilidad de encontrar kétchup búlgaro en las tiendas o de tener que ponerse en la cola de la carne a las cinco de la madrugada. Yo era incapaz de entender de qué había que tener miedo. Todos los niños en edad escolar habían visto las largas colas, y sabían que la palabra más utilizada del léxico soviético era «escasez». Eso significaba que debía de haber personas impidiéndote decir lo que era una verdad meridiana. Es más: por lo visto contrataban a otras personas para que te escucharan a través del teléfono de tu casa, lo que nos obligaba a usar un cojín para protegernos. Qué ironía que mi primer recuerdo del uso de ese cojín se remonte a 1984.

La gente se mostraba crítica con el régimen y, como me contó mi madre más adelante, hasta ella tenía en casa un ejemplar de *Archipiélago Gulag*, de Solzhenitsyn, una obra que le había pasado, con gran secretismo, alguien del trabajo a una de mis abuelas. Pero nada de eso podía ni remotamente describirse como disidencia ni como sentimiento antisoviético. Cuando murió Brézhnev, mi madre lloró. No es que mi madre lo quisiera mucho, pero lloró todo el mundo. Recuerdo muy bien ese día.

Fue un día en el que vacilé junto al tocadiscos, tratando de decidir qué disco poner a todo volumen. Lo tenía claro. ¿Qué sentido tenía escuchar música si nadie más podía oírla? Es un principio que abracé a los seis años y observé religiosamente hasta los veinte. ¿Qué lleva a alguien que escucha rock a poner un altavoz frente a una ventana abierta? No tengo ni idea, pero siempre sentí ese impulso. Quizá por amor a mis vecinos.

Por aquel entonces, en 1982, la ausencia de la música rock entre los discos que tenía mi familia era total, pero vivíamos en una planta baja, y me gustaba pensar que todo el mundo podía escuchar la música que sí teníamos. Recuerdo, como si fuera ayer, que escogí un disco de Adriano Celentano. El pop italiano era popular y no estaba prohibido. Saqué el vinilo con cuidado de su funda y situé suavemente la aguja en el surco anterior al tema que había seleccionado. Mis padres me dejaban poner el tocadiscos tanto como quisiera, y ya le tenía cogido el tranquillo. La voz ronca y tan poco rusa del juerguista italiano se elevó para llenar el espacio circundante. Yo estaba encantado. Pero apenas un minuto y medio después, antes de que terminara la canción, mi madre entró en tromba. Venía corriendo desde algún lugar cercano a la entrada del piso. Quedó claro por el modo en que jadeaba.

—¿Estás loco? —gritó.

Yo estaba aterrado, y ni siquiera supe decir «¡Pero me dijiste que podía!». La expresión de la cara de mi madre dejaba claro que yo había hecho algo que anulaba aquel consentimiento previo, que, además, parecía improbable que se me volviera a conceder.

—¡Quita eso ahora mismo!

Incapaz de esperar a que yo saliera de mi estado de estupefacción, mi madre apartó ella misma la aguja del disco. Sobra decir que lo hizo mal, y oí un sonido chirriante que me dio a entender que quedaría una rayadura maligna en mi tema favorito, «Stivali e colbacco» (Botas y gorro de pelo).

—¿Has perdido la cabeza? ¿Te has vuelto loco?

Yo no tenía ni idea de qué era lo que había hecho mal, pero estaba claro que era algo grave, y estaba asustado. Aunque, como siempre, el miedo se manifestó en forma de agresividad, y dije:

—¡Pero si siempre la pongo así!

—¿De qué estás hablando? ¿Qué haces poniendo música? ¡BRÉZHNEV HA MUERTO! El país está de duelo y tú pones la música alta para que la oiga toda la ciudad, como si estuviéramos celebrándolo. Ya verás cuando tu padre se entere de esto.

La única historia verdaderamente antisoviética que oí fue una que me contaron entre risas sobre la conversación que mantuvieron el mayor de mis primos ucranianos y mi abuela. Un día Sasha, mi primo, vino de viaje a Moscú y lo llevaron, claro, al mausoleo de Lenin, una visita turística muy habitual para un niño soviético. Cuando volvió a casa, muy emocionado, corrió hacia la abuela gritando:

«¡He visto a Lenin!». A lo que ella contestó, sombría: «Bueno, ¿y por qué no le escupiste a la cara?». La rama ucraniana de nuestra familia se partía de risa con esa historia, pero a mí me horrorizaba. Pese a la actitud generalmente crítica hacia la propaganda soviética, Lenin era sacrosanto. Decir «Te lo juro por Lenin» era mucho más contundente que decir «Te lo juro por mi madre». En un libro de texto podías dibujarle un bigote (el de Hitler era especialmente popular) a cualquier cara, pero no a la de Lenin. Me llevó un tiempo reunir el valor necesario para preguntar por qué mi querida abuela le tenía tan poco aprecio al «mejor de todos». Resultó estar relacionado con la historia de su familia. Mi abuela tenía diez hermanos: ella no solo era la más joven, sino la única chica. La granja de su familia, con once hombres trabajando en ella de sol a sol, era próspera. Su casa fue la primera del pueblo con tejado de hierro, y hasta levantaron un molino, un signo de riqueza inaudito. Luego llegaron las granjas colectivas. Aunque la familia de mi abuela consiguió esquivar la deportación a Siberia que les cayó en suerte a otras familias de *kulaks* (campesinos ricos), sí que se vieron expulsados de su casa y obligados a vivir en lo que había sido su granero. El techo de hierro, que había sido la envidia de todo el pueblo, se lo llevaron a la ciudad, donde lo vendieron y, según la leyenda familiar, el dinero «se lo gastaron en bebida en el consejo municipal». Yo esa parte no me la creía entonces, pero ahora no tengo ninguna duda de que es verdad. Aun así, por respeto a mi abuela, no hablé nunca de Lenin con ella, y concentré todos mis esfuerzos ideológicos en intentar demostrarle que Dios no existe.

La fuente crucial de sabotaje ideológico que me trastocó y me convirtió en un pequeño disidente fue la música. Nosotros no teníamos reproductor de radiocasete, pero quienes sí lo tenían podían acceder a un rock absolutamente alucinante, condenado por las autoridades por inmoral y que se pensaba que embrutecía a la juventud. Yo me quedaba mirando boquiabierto los programas que aparecían en televisión demonizando la música occidental, porque aparecían en ellos pequeños ejemplos de lo que se demonizaba, y molaban mucho; mucho más, sin duda, que los ganadores de nuestro premio a la Canción del Año. En una ocasión, cuando al Partido Comunista obviamente le pareció que a los jóvenes atraídos por la música occidental les hacía falta una severa reprimenda, emitió un programa especial de propaganda. El título era algo así como «En el cruel mundo del espectáculo». Uno de los principales ejemplos escogidos para alertar a la juventud de la perniciosa influencia de Occidente era la banda de rock Kiss, a cuyos integrantes se describía como militaristas y belicistas. Se destacaba la doble ese al final del nombre: «Observen, estimados telespectadores, que el estilo de la imagen es exactamente el mismo que el de la insignia fascista alemana». Los rostros de los miembros de la banda, con su icónico maquillaje combativo, aparecieron en la pantalla. Durante unos breves y maravillosos instantes, Gene Simmons sacó su característica lengua curvada. Yo esperé con impaciencia a que repitieran el programa para reforzar el efecto de la propaganda (como solía ser habitual en la televisión soviética). Pero, por desgracia, los propagandistas habían reconocido su metedura de pata y no hubo repetición. Aun así, adorné una buena cantidad de vallas con el logo de Kiss.

Hasta mi sexto año escolar yo no había visto nunca en persona a nadie que hubiera viajado al extranjero, con la única excepción de mi tía Lena, una de las amigas de mi madre. Trabajaba en una fábrica de material electrónico de

Zelenograd y una vez, «bajo los auspicios del sindicato», fue de viaje a Yugoslavia. Huelga decir que todos los que viajaban al extranjero —una oportunidad completamente fuera del alcance del 99,9 por ciento de los ciudadanos soviéticos— estaban bajo la obligación moral de adquirir regalos fabricados en el extranjero para todo el mundo. También huelga decir que era imposible adquirir regalos suficientes para conseguirlo, pero al menos algo simbólico, por pequeño que fuera, resultaba fundamental. Yo tuve la suerte de recibir un sobre de azúcar del avión con la palabra «Aeroflot» escrita en inglés. Técnicamente ni siquiera era en realidad un regalo del extranjero, pero era tan elegante y exótico que ocupó de inmediato un lugar de honor en mi colección de tesoros.

Cuando nos trasladamos a una ciudad militar donde estaba estacionada la división Taman, mi fe en el sistema soviético sufrió el golpe definitivo. Allí había muchos niños cuyos padres servían en el Grupo Occidental de Fuerzas Soviéticas en Alemania, Polonia y Hungría. Así que ahora eran mis propios compañeros de clase los que hablaban de las grandes ventajas de vivir en el extranjero. Lo respaldaban con pruebas apabullantes. El chicle era el plato fuerte de su colección de tesoros; con mis dos latas de cerveza vacías yo quedaba como un completo idiota. Además de chicle, tenían ropa de muy buena calidad y siempre, siempre, un vaso que, al echarle agua caliente, desnudaba a la mujer que aparecía dibujada en él. Había un bolígrafo parecido que, cuando se le daba la vuelta, transformaba, para deleite de todos, una doncella recatada en una sensual ramera.

Aún molaban más esos niños cuyos padres eran altos oficiales que habían vuelto de Afganistán. Sus hogares contaban con radiocasetes de doble pletina Sharp nunca vistos hasta entonces o incluso, lo más de lo más, televisores Sony. Sus mujeres desnudas estaban también en otra liga que las que procedían de la Alemania del Este: eran siempre mujeres japonesas en calendarios. Colgado en el baño, el calendario era un indicio seguro de que el propietario de la casa o sus amigos acababan de volver del extranjero. La obsesión por parte de los turistas soviéticos por los recuerdos de temática sexual y erótica tenía una explicación muy sencilla: «No hay sexo en la URSS».* De modo que, por supuesto, todo el mundo quería traer un poco de vuelta cuando viajaba al extranjero.

Aunque, por lo general, lo que molaba más era el chicle. Los paquetes de importación de algunos niños no solo de caramelos duros multicolores procedentes de los países del bloque soviético, sino de chicle fabricado en la Alemania Occidental o incluso en Estados Unidos. Los paquetes llevaban una especie de tarjetas encartadas con escenas de la vida del Pato Donald que todos los niños soviéticos soñaban con tener. El chicle llegado de Afganistán era literalmente de otro mundo: venía con imágenes de *La guerra de las galaxias*, lo que hacía que quisieras llorar de envidia.

No soy capaz de entender por qué el chicle en particular se convirtió hasta tal punto en un símbolo de la superioridad de otras partes del mundo respecto a la Unión Soviética. En la URSS también se fabricaba chicle; empezó a aparecer antes de los Juegos Olímpicos de Moscú de 1980 y se encontraba en las tiendas con relativa facilidad, pero las aburridas láminas de naranja o menta perdían el sabor enseguida. La variedad importada era un chicle que podías mascar durante mucho tiempo. Conservaba el sabor y po-

* La frase la pronunció una mujer soviética que participaba en una videoconferencia con estadounidenses, y se convirtió en un latiguillo ruso.

días hacer globos con él. Si había tres personas mascando chicle y solo una podía hacer un globo, que estallaba estruendosamente, estaba claro quién molaba allí. Lo que los estraperlistas soviéticos estaban más interesados en comprar de los visitantes extranjeros era chicle. Muchos años después, hacia el final de la perestroika, los nostálgicos de la URSS solían lamentarse diciendo: «Con lo que era este país..., y lo vendieron por vaqueros y chicle».

La nostalgia de la URSS es una característica importante de la Rusia actual, y un factor político que no debe subestimarse. Mucho antes del llamamiento de Donald Trump a «hacer que Estados Unidos vuelva a ser grande» (*«make America great again»*), Vladímir Putin ya había anunciado la consigna oficiosa de su reinado: «Nos respetarán y temerán tanto como a la URSS». Es la retórica empleada desde sus primeros pasos al llegar al poder. A mí me pareció risible y creí que no le funcionaría, pero me equivocaba. Es una banalidad, pero es verdad que el cerebro humano está diseñado de modo que uno solo recuerda lo bueno del pasado. Quienes sienten nostalgia de la URSS en realidad sienten nostalgia de su juventud, de una época en la que todo estaba por llegar, en la que jugaban a voleibol en la playa en compañía de sus amigos y por la noche bebían vino y preparaban kebabs y no les preocupaban ni la criminalidad ni el paro ni las perspectivas inciertas de futuro. Incluso absurdeces tan típicamente soviéticas como que a uno lo enviaran a «desenterrar patatas» al campo, algo que era obligatorio para escolares, estudiantes y trabajadores de empresas urbanas en los últimos años de la URSS, se recuerdan como una mera distracción, horrible pero divertida. En la época, tener que escarbar en la tierra helada «para ayudar a los trabajadores de las granjas colectivas a salvar la cosecha» era un fastidio para todo el mundo y no hacía más que demostrar el fracaso total del sistema agrícola soviético. Pero quién recuerda las botas de goma que apretaban, la suciedad bajo las uñas y la sensación de inutilidad total de la tarea cuando todo lo eclipsa una imagen en tu cabeza de una compañera de clase dirigiéndote una sonrisa deslumbrante desde la parcela de al lado.

En las escuelas a las que fui a los alumnos nos llevaban a cosechar patatas, zanahorias y remolachas. Las zanahorias eran lo mejor, claro, porque podías pelarlas con un cuchillo y comértelas allí mismo en el campo. Con las patatas lo único que podías hacer era lanzárselas a alguien, que es algo que hacíamos a todas horas, y de lo que tengo recuerdos felices. Por aquel entonces a mí, que era un niño, me parecía que el mío era el país más fuerte y poderoso del mundo y, pese a no tener ni chicles ni vaqueros, todo el mundo sabía que, en caso de que hubiera una guerra, nosotros los ganaríamos a todos, igual que nuestros deportistas ganaban a todos los demás en los Juegos Olímpicos. Yo encima tenía una familia intacta, con unos padres cariñosos, y todo el mundo a mi alrededor se hallaba más o menos en mi misma situación. Esa era evidentemente una de las características de la vida en una ciudad militar: el divorcio estaba mal visto y era muy poco frecuente. Cuando fui a estudiar a una universidad civil, me sorprendió que tantísimas de las personas que había allí hubieran crecido en familias monoparentales.

Cuando eres un niño o un adolescente todo parece estar bien, y los políticos a menudo se aprovechan de esa ley de vida para ensombrecer nuestra imagen del futuro a base de presentar una imagen falsa del pasado. Así que es importante que nos comportemos como seres humanos y no como peces de colores, cuya memoria todo el mundo dice que es incapaz de retener más allá de los últimos tres segundos. Lanzarles patatas a mis amigos en el campo fue, claro que sí, divertido, pero, aun así, el recuerdo más vivo de mi infancia en la URSS es el de hacer cola para comprar leche. Mi hermano nació en 1983. Un hogar con un niño pequeño necesita un suministro constante de leche y durante varios años fui el responsable de comprarla. Cada día, después del colegio, iba a la tienda y hacía cola durante al menos cuarenta minutos para comprar la leche de las narices. Muchas veces aún no había llegado a la tienda, y me quedaba allí de pie, en compañía de decenas de adultos cabizbajos, esperando al reparto. Si no era puntual, a veces ya se había vendido toda la leche, y esa noche mis padres no estarían contentos. Por eso no tengo ganas de volver a la época de la URSS. Un Estado incapaz de producir leche suficiente para sus ciudadanos no se merece mi nostalgia.

A mí me ha ayudado el hecho de trazar una distinción entre mi país y el Estado, que es algo que me transmitieron mis padres. Mi familia amaba profundamente a nuestro país y era patriótica hasta la médula. Pero nadie sentía el menor interés por el Estado, al que contemplaban como una especie de molesto error, uno que habíamos cometido nosotros mismos, pero, aun así, un error. No se habló nunca de emigrar, y no se me ocurre en qué circunstancias podría haberse hablado de ello. ¿Cómo va uno a emigrar cuando su país está aquí, cuando la lengua que habla está aquí y los rusos son las personas más maravillosas del mundo? Unas buenas personas con un mal Estado.

Uno de los mejores libros sobre los últimos años de la URSS es obra de Alexéi Yurchak, un profesor de Berkeley. Se titula *Everything Was Forever, Until It Was No More* [Todo era para siempre, hasta que dejó de serlo]. El título es una maravilla, y refleja de forma inmejorable lo que le pasaba entonces al país, a sus ciudadanos y a mí personalmente. La Unión Soviética parecía eterna. El Partido Comunista de la URSS tenía el apoyo del 99 por ciento de la población. Lenin era un santo; la revolución, sagrada. Y entonces todo eso se terminó, sin aspavientos. No se abrieron las puertas del cielo; no se produjeron sucesos portentosos. Se describe muy bien en una excelente película alemana, *La vida de los otros*, que es una historia sobre la vida en la Alemania del Este. La todopoderosa Stasi, la agencia de inteligencia equivalente al KGB, vigilaba a todo el mundo, escuchaba sus conversaciones, se colaba en sus hogares. Al final de la película un personaje le dice a otro, amargamente insatisfecho con la situación: «Esto es para siempre». La cámara se desplaza hasta un periódico que hay sobre el asiento del coche. En primera plana aparece una foto de Mijaíl Gorbachov.

Capítulo 4

Mijaíl Gorbachov era impopular en Rusia, y también en nuestra familia. Por lo general, eso es algo que a los extranjeros, cuando se lo cuentas, les sorprende mucho, porque Gorbachov está considerado el hombre que le devolvió la libertad a la Europa del Este e hizo posible la reunificación de Alemania. Desde luego, todo eso es cierto, y la historia hará justicia a su talla personal, pero dentro de Rusia y de la URSS no era un dirigente especialmente querido. Gorbachov se desmarcaba, para bien, de sus geriátricos predecesores, Brézhnev, Yuri Andrópov y Konstantín Chernenko; entre 1982 y 1985, los líderes soviéticos fueron muriendo uno tras otro en lo que popularmente se conoció como la «carrera de coches fúnebres». Aun así, la cálida bienvenida inicial al nuevo líder no duró mucho. Apenas dos meses después de su llegada al poder, Gorbachov cometió el calamitoso error de poner en marcha una campaña contra el alcohol.

La verdad es que, desde un punto de vista histórico, aquella campaña contra el alcohol era algo que había que hacer. Hasta el día de hoy, Gorbachov sigue siendo el único dirigente de la historia de Rusia que se ha atrevido a hacer algo en relación a la monstruosa embriaguez que ha estado destruyendo a nuestra gente durante siglos.

Desde la década de los setenta, la URSS vivía atenazada por una prolongada crisis de alcoholismo. Hay estudios que dan a entender que casi un tercio de todas las muertes estaban relacionadas con el alcohol. El consumo compulsivo de bebidas alcohólicas se había convertido, si no en un estándar cultural, sí en algo totalmente habitual. Expresiones como «a este lo han programado»,* «iba pedo» o «sufrió un *delirium tremens*» no se veían como algo fuera de lo común ni resultaban chocantes. Había alcohólicos en casi todas las familias. Ídolos de toda una generación, como el cantante y actor Vladímir Visotski, murieron a causa de esta enfermedad. Uno de los libros rusos más importantes de la segunda mitad del siglo XX —y uno de mis favoritos, lo habré leído cien veces— fue *Moscú-Petushkí*, una oda al alcoholismo. Por eso Gorbachov tenía que hacer algo.

La campaña contra el alcohol de Gorbachov no consiguió que la tasa de mortalidad dejara de superar la de nacimientos, pero al menos mejoró enormemente la situación. La mortalidad entre los hombres cayó un 12 por ciento, y un 7 por ciento entre las mujeres. Esas cifras incluyen muertes por enfermedad, accidentes de tráfico, accidentes laborales y asesinatos provocados por el alcohol. Los métodos empleados por la campaña fueron, no obstante, terribles e indignaron a decenas de miles de personas. En la mejor tradición de la Unión Soviética, la propaganda era lo principal, así que las escenas de consumo de alcohol fueron eliminadas de las películas preferidas de todo el mundo. No se podía servir alcohol en los banquetes de boda y lo

* La «programación» era un tratamiento contra la adicción, habitual en Rusia y en el bloque soviético, en la que el profesional intentaba ayudar a los pacientes a abstenerse de consumir sustancias tóxicas amedrentándolos con la idea de que volver a recurrir a ellas tendría consecuencias adversas para ellos o incluso podría matarlos.

mismo pasaba en los convites para celebrar ocasiones especiales y cumpleaños. Fue un triunfo de la hipocresía. Por todo el país, los jefes amenazaban con despedir a sus trabajadores por servir alcohol en las fiestas, al mismo tiempo que ellos bebían con toda libertad y se reían de sus propias órdenes. Recuerdo muy bien a mis padres y sus amigos disimulando la risa mientras se preparaban para celebrar el Año Nuevo en nuestra unidad militar y hablaban de traer el vino y el vodka en teteras. Todo el mundo sabía muy bien lo que sucedía en realidad, pero cumplía con el requisito formal de que no hubiera alcohol en las mesas. La gente se limitaba a beber «té».

En las regiones vinícolas, se destruyeron viñas salvajemente y a gran escala. Los precios de las bebidas alcohólicas subieron de forma significativa y las tiendas solo podían venderlas a partir de las dos de la tarde. Los organizadores de la campaña pensaron que, al reducir la disponibilidad física del alcohol, obligarían a la gente a beber menos. En la práctica, quienes más lo sufrieron fueron quienes bebían de forma moderada. El desabastecimiento se extendió al vino y los licores, y comprar una botella de champán para celebrar un cumpleaños pasó a ser un problema. Las necesidades de los bebedores menos exigentes, en cambio, provocaron un auge en la producción de aguardiente. En esta ocasión, la «mano invisible del mercado» demostró funcionar incluso en la economía socialista de la Unión Soviética. Por decirlo sin rodeos, todo aquel que quería emborracharse siguió haciéndolo, solo que ahora bebiendo poco menos que aguarrás. En *Moscú-Petushkí* —escrito un poco antes—, aparece esta brillante observación: «Por algún motivo, nadie en Rusia sabe por qué murió Pushkin, pero, ah, destilar cera para muebles lo sabe hacer todo el mundo». Ciertamente, las técnicas para convertir casi cualquier fluido en alcohol bebible o al menos no letal eran universalmente conocidas. Para luchar contra el destilado casero, las autoridades prohibieron la venta de levadura. Pero se necesita levadura para hacer pan y pasteles, y en un país donde no es fácil comprar comida y gran parte de la alimentación depende de la comida casera, aquello no dejaba de ser relevante. De la noche a la mañana, Gorbachov se ganó la antipatía de millones de amas de casa que deberían, en teoría, haber sido sus principales valedoras, porque el objetivo de la campaña era que sus maridos dejaran de beber.

Las autoridades al final consiguieron reducir el consumo de alcohol. Según las estadísticas oficiales, la venta de bebidas alcohólicas cayó un 60 por ciento. A efectos prácticos fue menos, porque las cifras no tienen en cuenta el uso de aguardiente como sustitutivo. Sin embargo, el relativo éxito de Gorbachov con la campaña fue a costa de cualquier apoyo y respeto que se le pudiera brindar. Pasó pronto a ser el blanco de bromas malintencionadas y su popularidad no se recuperó nunca. De hecho, el propio sistema soviético, que siempre había hecho grandes esfuerzos por mostrarse completamente indiferente hacia lo que la población pudiera pensar, flaqueó frente al drástico aumento de la insatisfacción. Apenas dos años después, en 1987, la campaña tuvo un fin gradual. Nadie se ponía a calcular índices de aprobación ni llevaba a cabo sondeos sobre la popularidad del régimen en aquella época, pero estoy seguro de que la campaña contra el alcohol, pese a ser, en términos generales, una medida positiva, fue, paradójicamente, una de las causas de la caída de la URSS. Es algo atribuible a la desacralización general del régimen, al que había pasado a ser habitual ridiculizar, y no solo en los círculos disidentes sino entre amplias capas de la población.

El principal problema de Gorbachov, que en última instancia acabó siendo un problema para la URSS, era su indecisión y la tibieza de sus acciones. Quería ser un reformista, pero le preocupaban sobremanera las posibles consecuencias de una verdadera reforma. Anunciaba grandes cambios solo para después intentar evitarlos. Entreabrió la puerta a la libertad, pero, cuando todo el mundo quiso atravesarla a toda prisa, la atrancó con el pie y luego empujó con todo su peso para evitar que la puerta se abriera más. El problema era que lo que la gente quería era una puerta abierta de par en par, no un resquicio por el que poder echar una miradita al otro lado.

Mi madre y yo nos tragábamos todos los nuevos programas que derribaban las viejas normas de la censura y que se emitían gracias a la glásnost de Gorbachov. Nos indignaba cualquier insinuación de que él, con la ayuda de Leonid Kravchenko, el repugnante responsable del Comité Estatal de Radio y Televisión de la Unión Soviética, estaban intentando poner freno a la libertad de expresión y aferrarse a lo que quedaba de la censura. La gratitud hacia Gorbachov por permitir la libertad de expresión enseguida se vio mil veces eclipsada por la indignación que causaba la sospecha de que no estaba permitiéndola del todo. Recuerdo muy bien los arrebatos de ira en nuestra familia. «Por el amor de Dios, despide al desgraciado de Kravchenko. ¿No ves que es lo que quiere todo el país y que tendrás su apoyo?»

El afecto de Gorbachov por su mujer, que hoy se ve como algo bonito, fue recibido con puñales desenvainados por parte una sociedad soviética patriarcal y atrasada. «Es un calzonazos. Siempre detrás de su mujer.» Aquello también hizo caer su popularidad. Aunque Raísa Maksímovna, con su permanente expresión altiva, no le hizo ningún favor. Pero ¿cuál fue el resultado final? Fue un marido cariñoso y un buen padre de familia y vivieron juntos durante toda su vida.

Gracias a Gorbachov, mucha gente en Europa consiguió disfrutar de una verdadera libertad. Escribo este capítulo en Alemania, donde me estoy recuperando tras el envenenamiento, y eso aquí es palpable. Hace poco, en noviembre, se celebró el trigésimo primer aniversario de la caída del Muro de Berlín. El papel de Gorbachov en ese acontecimiento histórico fue fundamental. Berlín está lleno de monumentos que lo conmemoran, en el Museo del Muro, en Checkpoint Charlie y en el lugar en el que murió tiroteada en 1989 una de las últimas personas que intentó escapar al otro lado. Cuando el Muro cayó, la gente consiguió, si no ser libre al instante, al menos un camino breve y claro hasta la libertad. Aquí se deshacen en alabanzas hacia Gorbachov y con toda la razón.

Trabajó incansablemente a favor del desarme. Fue su personal campaña de relaciones públicas mundial, y consiguió reducir la probabilidad de una guerra nuclear casi a cero. Introdujo nuevos estándares políticos en las actitudes sobre esta cuestión. Tras Gorbachov, se hizo imposible hablar de armas nucleares fuera del contexto de la «reducción» y la idea de darles un uso, aunque fuera limitado, se convirtió en tabú.

También liberó a los presos políticos, aunque con muchas dudas, a su manera indecisa y tibia marca de la casa. (Andréi Sájarov describe muy bien en su libro cómo Gorbachov al principio quiso imponerle unas condiciones absurdas en relación con las solicitudes de indultos y luego simplemente desapareció, poco dispuesto a seguir hablando del tema.) Es más, aquellos eran sus presos políticos, encarcelados por su KGB para defender a su Partido Comunista. No fue Václav Havel, un disidente, humanista y dramaturgo, el que concedió esa libertad, sino alguien que, según la transcripción del politburó, en un debate sobre si permitir emigrar a Sájarov, soltó comentarios como: «Este, camaradas, es el rostro del sionismo global».

Pero los rusos y los demás ciudadanos de la URSS ¿qué consiguieron? Se proclamaron la «perestroika», la «aceleración», la «glásnost» y la «homologación estatal», un montón de consignas vacías en la tradición de las campañas soviéticas de «alcanzaremos y superaremos a Occidente». Todo el mundo se mofaba de las consignas. Se daba a entender que con ese nuevo enfoque (perestroika), ahora que la crítica estaba permitida (glásnost), la población y las empresas empezarían a trabajar más rápido y de forma más eficaz (aceleración), y la calidad de su trabajo sería monitorizada por unas comisiones especiales imparciales (homologación estatal).

Hay una ocurrencia muy típica de la época. Una persona que está comprando tartas se sorprende por el aspecto que tienen, así que le pregunta al vendedor:

—Disculpe, pero ¿por qué sus tartas son cuadradas?

—Es la perestroika.

—De acuerdo, pero ¿por qué no las han horneado?

—Es la aceleración.

—¿Y por qué alguien les ha dado un mordisco?

—Es la homologación estatal.

La tragedia de Gorbachov y, en consecuencia, la de la primera generación de reformistas de la era de Borís Yeltsin, es que se vieron obligados a introducir reformas porque heredaron una economía destruida por el régimen comunista, pero se los acusó de haberla destruido ellos. La economía planificada soviética se estaba descomponiendo a ojos vistas. No había bienes suficientes para todos. Se introdujeron los cupones de racionamiento, que había que presentar en las tiendas para confirmar que tenías derecho a comprar un producto que escaseaba. Recuerdo ver los cupones en casa, sobre la mesa, junto al dinero que mis padres me dejaban para mis incursiones a las tiendas. Se necesitaban para comprar jabón, azúcar, té, huevos, cereales y aceite vegetal.

La única forma de poner remedio a la situación era a través de las reformas políticas y económicas, pero la población entendió causa y efecto al revés. Creyó que no eran ni el PCUS, ni el Comité Estatal de Planificación de la Unión Soviética, ni el KGB quienes habían llevado al país al punto en que la perestroika era esencial para su rescate, sino al contrario: pensaron que las reformas destruían su antigua forma de vida, tan estable, y empeoraban la escasez, hacían necesarios los cupones y agudizaban su pobreza. La palabra «reforma» se convirtió en un insulto. Aún sigue siéndolo. «Ya nos conocemos vuestras reformas. ¡Nos acordamos muy bien de los cupones y de cómo acabamos todos como mendigos!» El mismo destino corrieron las palabras «democracia», «economía de mercado» y «capitalismo».

La verdad es que Gorbachov hizo todo lo que estaba en sus manos para verse en esa situación. Un grupo de trabajo liderado por un joven economista, Grigori Yavlinski, propuso un programa de 500 días. Era un plan de reforma política y económica que, leído a día de hoy, resulta ingenuo, pero que al menos se pensó a fondo. En esa época en la que a las personas calificadas de economistas se las había adoctrinado en los «fundamentos del marxismo-leninismo», a nadie se le podría haber ocurrido nada mejor. Gorbachov accedió a aplicar el programa, al que se le dio mucha publicidad en todos los periódicos, pero luego le entraron las dudas y, tal como solía hacer, propuso en su lugar un cadáver inerte de ilusiones sobre un sistema económico en el que el socialismo, con su forma de dirigir el Estado tan centrada en la planificación, coexistiría con negocios privados e iniciativas de emprendedores. No hay más que imaginar a los concienzudos trabajadores de las granjas colectivas levantándose al alba para trabajar noblemente para el Estado e intercambiando saludos amistosos con el granjero privado que trabaja para sí mismo. El viejo plan estatal (malo) sería reemplazado por un nuevo plan estatal (bueno) y al socialismo se le daría un rostro humano.

Las críticas que se le hicieron a Gorbachov —que era indeciso, débil, pusilánime, tibio, huidizo— eran todas ciertas. Igual que fue cierto que se las ganó en su oposición a los demócratas radicales, a los que yo idolatraba en la época. El bando de los que odiaban a Gorbachov se dividía entre aquellos a los que no les gustaban las reformas y aquellos a los que no les gustaba el hecho de que Gorbachov estuviera introduciéndolas tan despacio. Los segundos, entre los que me contaba, lo odiábamos con mucho más fervor: teníamos una meta que podíamos ver en otros sitios —libertad de expresión total, capitalismo y democracia— y eso nos convirtió en críticos activos y machacones. Lo privamos además del apoyo del único sector de la sociedad con el que podía contar. Así que cuando, a su debido tiempo, tras dejar escapar todas las oportunidades, Gorbachov dejó de tener miedo y se presentó a las elecciones (antes de eso solo había sido elegido por órganos colegiados, como congresos y sóviets supremos, cuyo carácter subordinado eliminaba el riesgo de perder), obtuvo un irrisorio 0,51 por ciento del voto.

Cuanto más pasaban los años, peor toleraba a Gorbachov, a pesar de que ahora mi visión de él es positiva, aunque solo sea porque demostró ser completamente incorruptible. En eso fue único. Las personas que ocuparon posiciones de poder durante la transición del socialismo al capitalismo trataron de quedarse con el trozo más grande del pastel que pudieron. Los líderes comunistas de las repúblicas centroasiáticas de la URSS pasaron a ser dueños de países enteros y no tardaron en convertirlos en Estados totalitarios. Los ministros se hicieron con sectores enteros, los mismos que habían tenido bajo su responsabilidad. Los directores de las fábricas encontraron formas imaginativas de convertirse en sus propietarios. Miembros de pies ágiles de la Liga de las Juventudes Comunistas, cuyas voces resonantes habían jurado su disposición a dar la vida por el partido, recurrieron a su capacidad de influencia y sus contactos para convertirse en oligarcas.

Cuando Gorbachov dejó la presidencia, no se llevó nada consigo, pese a que tuvo oportunidades sin fin de hacerse rico. Nadie habría movido ni una ceja si un par de grandes fábricas hubiesen acabado transferidas a empresas en paraísos fiscales con el pretexto de alguna *joint venture*. Podría haberse apropiado de propiedades estatales en el extranjero. Habría sido muy fácil desviar dinero del partido a sus cuentas personales. Pero no hizo nada de eso. La gente puede decir todas las veces que quiera que fue porque no tuvo oportunidad, pero el caso es que no se esforzó por tenerla. Tal como yo lo veo, fue porque era un tipo diferente de persona. Una no avariciosa.

Cuando me pongo a pensar en Gorbachov y en cómo ha influido en mi destino personal, paso a acordarme de inmediato de Lev Tolstói, y de mi libro favorito, *Guerra y paz*, donde Tolstói, con una obsesión maníaca, niega el papel del individuo en la historia. No habría cambiado nada, sostiene, si no hubiera habido nunca un Napoleón o un líder militar como Mijaíl Kutúzov. No fue Napoleón quien llevó a los franceses hasta Rusia, sino que fueron más bien un millón de circunstancias, detalles, vidas, palabras, deseos, miedos y esperanzas los que conspiraron para que los franceses acabaran viéndose con sus pantalones blancos en medio de los bosques rusos en invierno.

Siguiendo esa lógica, la URSS, con o sin Gorbachov, habría dejado de existir. Rusia habría empezado a introducir la democracia y el capitalismo, pero las cosas no habrían salido bien. Se habría producido una reacción. El curso de la historia. El papel del individuo en la historia es cero.

Pese al respeto que le tengo a nuestro gran clásico, me permito discrepar. La URSS, sin ninguna duda, estaba históricamente condenada a desaparecer. Pero sagaces analistas extranjeros pronosticaban en 1985 que le quedaba por lo menos un siglo. Creo que, de no haber sido por la personalidad de Gorbachov, ese edificio desvencijado seguiría en pie y seguiría oprimiendo a sus residentes. Cuba y Corea del Norte están aún más condenadas históricamente a desaparecer. No son países, sino una especie de monstruo de Frankenstein. Y aun así siguen existiendo. Han sobrevivido a su mecenas, la URSS, y han encontrado a otro en China.

Con toda probabilidad, mi URSS también podría haber aguantado quince años de precios bajos del petróleo al mismo tiempo que reprimía con dureza a los insatisfechos. Podría haberse arrastrado sobre el vientre, haber hecho carreritas cortas y llegar al final del siglo. Para entonces, el dinero del petróleo volvería a fluir como un torrente y todo habría estado bien.

Yo le estoy de lo más agradecido a Gorbachov por haber podado esa rama de la historia para mí. Como joven miembro de la Organización de Pioneros, mi destino habría sido unirme, a los dieciséis años, a la Liga de las Juventudes Comunistas. Los chicos un año mayores que yo lo hicieron, pero yo no.

Yo también me habría unido, claro. Cualquier otra cosa habría sido impensable. Vivía en una ciudad militar y, como sabes, mi padre era un oficial. ¿Qué habría hecho yo en esas circunstancias sin Gorbachov? Seguramente habría acabado en una cárcel soviética por distribuir *Archipiélago Gulag* o *Doctor Zhivago*. Habría tenido, espero, el coraje de actuar y de alzar la voz del modo en que lo hicieron los disidentes soviéticos, sin obtener demasiada simpatía ni apoyo. Mis padres lo pasarían mal cuando sus amigos les preguntaran: «¿En qué anda metido Alexéi ahora?».

Es una versión sombría de mi futuro, pero es la única que no me abochorna. Es más probable que hubiera entrado en el Ejército, como mi padre. Habría estudiado y aprobado exámenes sobre la teoría del marxismo-leninismo. Habría tenido a cargo a subalternos incompetentes y cumplido las órdenes de superiores imbéciles. Al hablar de las últimas promociones, habría repetido junto a los demás, por enésima vez, la broma de que el hijo de un coronel no puede ascender por encima del rango de coronel, porque un general también tiene hijos. Es sumamente embarazoso pensar en lo que podría haber sido un futuro «de éxito» para mí en la URSS. Mi capacidad para escribir y para aprender idiomas me habría llevado hacia el periodismo internacional o incluso la diplomacia. Mi vida habría sido una pelea diaria con otros como yo por la oportunidad de un destino en Rumanía o Mongolia. Mi vida laboral habría sido una combinación de mentiras e hipocresía y, si era bueno en lo que hacía y además estaba dispuesto a informar al KGB sobre mis amigos y compañeros de trabajo, entonces, quién sabe, tal vez me hubieran enviado a la Alemania del Este. En mis sueños más locos, incluso puedo imaginar un viaje a Estados Unidos. Desde allí podría enviar informes sobre la crisis del capitalismo y sobre hasta qué punto todos los trabajadores de allí envidiaban a los que vivíamos en la Unión Soviética. Tras pergeñar mi cuota semanal de mentiras, me compraría unos tejanos y un radiocasete. (Aunque probablemente sería ya un reproductor de CD; en casa, en Moscú, sería imposible conseguir CD, así que también habría que traerlos de fuera.)

Sabría que cuando apareciera en el reencuentro de mi promoción de la escuela, todas las molestias quedarían compensadas por el hecho de que, por un momento, mi entrada haría que todo el mundo guardara un silencio respetuoso. El mero hecho de plantarme allí con un gorro de lana y una chaqueta de cuero y botas hechas en la República Democrática de Alemania ya provocaría un reajuste inmediato en el orden jerárquico de los asistentes. Algo que de verdad se les daba bien a los ciudadanos soviéticos era establecer, a partir de unos indicios mínimos, dónde trabajaba alguien, aproximadamente cuánto ganaba y la gama de productos alimenticios que habría en la bolsita de obsequios que le entregaban cada mes bajo mano.

Por eso es por lo que, al pensar en ese repugnante posible futuro, le estoy tan agradecido a Gorbachov por haberlo hecho desaparecer. No es que fuera esa su intención. Metió la pata, y es justo eso lo que tengo que agradecerle. Creyó que el edificio tambaleante del Estado soviético podría arreglarse con reparaciones cosméticas en la fachada y añadiendo un jardín en la azotea, y se puso, lleno de entusiasmo, a sembrar el jardín, lo regó copiosamente e incluso dejó que entraran meros mortales. Pasó por alto el hecho de que el riego no solo ayudaba a crecer las flores en la azotea, sino que también erosionaba las paredes, en las que ya no quedaba cemento porque lo habían robado en la época en la que las estaban construyendo. Pasó por alto el hecho de que invitar a todo el mundo al jardín no llevaría a un debate deferente con la élite plagado de alusiones indirectas y que dejaría al margen las cuestiones polémicas, sino que, al contrario, al ver que ahora podían hablar sin recibir una paliza, los habitantes del sótano subirían en masa hasta la azotea y dirían sin rodeos que no tenían agua que beber ni nada que comer. El peso de sus palabras, la reverberación del pisoteo de sus botas y la indignación de sus corazones haría que todo se viniera abajo.

No lo lamenté lo más mínimo. Después de todo, ¿qué había perdido yo? Rusia, mi país, seguía allí. Seguía teniendo mi idioma, Tolstói y Dostoievski. Moscú, Kazán y Rostov. El Ejército seguía allí, y el Estado. Incluso los burócratas seguían donde habían estado. Kiev, Tallin y Riga no se desvanecieron en el aire. Todo estaba donde había estado siempre. Podías ir a esas ciudades si querías. Lo que había cambiado era que ahora se podía elegir, había libertad. Lo que queda de esa libertad en la Rusia de hoy de Putin, que intenta fingir que es la URSS, es, de hecho, mucho más de lo que había entonces. Ahora uno puede elegir su profesión, dónde quiere vivir y su estilo de vida. Ya no hace falta complicarse la vida con un concurso de quién puede ser más hipócrita solo para que te dejen viajar al extranjero. Es posible comprar un billete e irse, sin más.

En este punto, casi siempre alguien dice: «Solo que ahora necesitas tener dinero» y se pone a recordar las garantías sociales y la igualdad de la URSS. En realidad, no había nada de todo eso. El abismo social que había entre un granjero en una explotación colectiva y un miembro del comité del Partido Comunista regional no era menor que el abismo que existe entre un oligarca y un trabajador tenaz en la actualidad. La vivienda y el coche eran, por orden de importancia, menos accesibles entonces de lo que lo son hoy. Sí, mucha gente recibía alojamiento gratuito, pero para conseguirlo tenían que esperar veinte años. Sin duda alguna, hay una enorme diferencia entre el techo para el lujo y la riqueza que había antes y el que hay ahora. En la URSS, el techo estaba en el primer piso de una dacha en una «aldea para escritores» a las afueras de Moscú. Ahora no hay techo; ha desaparecido en una lejanía inimaginable, atravesando los tejados de los chalés franceses y los rascacielos junto al Central Park de Nueva York.

Eso, claro, es un problema. Pero no cambia el hecho indiscutible de que, pese a que la masa de la población tal vez se haya sentido conmovida por la tectónica sombría, como habría querido Tolstói, fue Gorbachov, sin embargo, quien empezó a intentar arreglar algo, aunque al final le diera un mal golpe a un clavo y se viniera todo abajo. Sobre esas ruinas, a todo el mundo se le dio la oportunidad de vivir una vida decente, sin las mentiras y la hipocresía perpetuas. Si la querían, claro.

La guerra de Afganistán proyecta una larga sombra sobre mis recuerdos de infancia, pero otra aún más larga sobre el destino de la nación. Junto con Chernóbil y la crisis económica, el envío de tropas soviéticas a Afganistán en 1979 y los subsiguientes y absurdos diez años de enfrentamiento bélico cavaron la tumba de la URSS. La guerra era visible para mí sobre todo en las estrellas de un rojo brillante ceremonioso a la entrada de los bloques de pisos. Iban invariablemente acompañadas de una inscripción que rezaba: «Aquí vivía tal y tal persona, que cayó heroicamente en cumplimiento de su deber internacional en la República Democrática de Afganistán». Recuerdo también la muerte allí del hijo de una de nuestras profesoras. La noticia corrió como la pólvora por toda la escuela, y al principio los niños guardamos un apropiado silencio. Pero los niños son niños y a la hora del recreo ya estábamos chillando y lanzándonos cosas entre nosotros como siempre. Una de las profesoras, la más tranquila de todas, salió al patio. Nunca antes la había oído levantar la voz, pero aquel día nos reprendió a gritos y nos llamó sinvergüenzas.

Aun así, la guerra parecía algo remoto que no tenía nada que ver conmigo o con mi familia. Ni siquiera recuerdo que habláramos de ello. Probablemente sea porque la edad de reclutamiento a mí me quedaba lejos, pero también porque, al pertenecer a la familia militar, uno tenía la sensación de que todo estaba bajo control.

En esos años, todas las madres y los padres de chicos en edad militar vivían aterrorizados por la posibilidad de que enviaran a sus hijos a luchar a Afganistán. Era una espantosa lotería en la que el país entero estaba obligado a participar. El horror no hizo más que aumentar a medida que más y más «doscientos» —la jerga militar para los ataúdes de zinc sellados, los Cargo 200, en los que llegaban los cuerpos— volvían a casa. A mi primo lo llamaron a filas, y recuerdo que mis familiares estaban muy preocupados por que pudiera acabar en Afganistán, sobre todo porque el chico, muy patriótico pero no especialmente avispado, pidió que lo enviaran allí. Por suerte, no ocurrió.

Si uno vivía en una ciudad militar, todas las personas que lo rodeaban estaban en el Ejército. De modo que cuando a esa persona la llamaban a filas su destino se acordaba en función de un pacto entre caballeros. Solo era probable que acabara en Afganistán si de verdad lo quería, salvo en el caso de mi primo. Otra cosa muy distinta era que enviaran al padre de uno a Afganistán. Él era, al fin y al cabo, militar de carrera, así que no tenía nada de sorprendente. Desde la perspectiva de un niño, hasta molaba, porque volvería trayendo consigo un radiocasete de doble pletina. Su mujer pensaba, sobra decirlo, no en radiocasetes sino en la posibilidad de que le devolvieran a su marido en un ataúd de zinc.

La guerra se convirtió en un tema principal de nuestra vida cultural. Había canciones a guitarra sobre Afganistán por doquier. Las oficiales (que sonaban también por televisión) hablaban del sentido del deber y del valor de un soldado; las semiprohibidas, de muertes, amigos que no volvían y las dificultades de la vida en el Ejército, y eran mucho más populares.

Las canciones «bárdicas», compuestas por cantautores que no formaban parte del *establishment* soviético, eran muy populares. Constituían el único respiro en un Estado en el que cualquier obra de arte debía ser aprobada por un comité artístico. En el apogeo de la guerra, una proporción no desdeñable del repertorio de los guitarristas que tocaban en cafés o alrededor de fuegos de campamento hablaban de Afganistán. La temática acabó colándose por todos los rincones; en su centro, la gran pregunta que nadie podía pronunciar en voz alta pero que era imposible no hacerse: ¿por qué narices estaban muriendo allí nuestros chicos?

Los editoriales periodísticos sobre nuestro sagrado deber internacional no obtenían la reacción esperada. Nadie era capaz de entender qué tipo de obligación teníamos hacia un montón de gente que vivía en las montañas a miles de kilómetros de distancia, que nunca había hablado ruso ni tenía nada que ver con nosotros. La línea oficial era que la Unión Soviética siempre había tenido una postura anticolonial y antiimperialista, pero en realidad el mensaje era: «Nosotros decidimos lo que pasa en medio mundo». A la población soviética ese era un mensaje que le gustaba oír. Pero, en este caso, ni la alusión a la dominación mundial sirvió de nada. Enviar a las tropas a Checoslovaquia o Hungría era algo que algunos lo veían con buenos ojos, pero ¿dónde encajaba Afganistán en todo eso? ¿Para qué narices la queríamos?

En la actualidad, con algunos de los documentos de la época disponibles, vemos con claridad que la guerra afgana fue la locura de la multitud de ancianos seniles que ocuparon el poder en los últimos años de la URSS. Y lo de seniles es literal. En 1979, el politburó del comité central del PCUS parecía nuestro propio Parque Geriátrico. Según cifras oficiales, en los diez años de la guerra, murieron 15.000 rusos. Según un estudio de los oficiales del Estado Mayor, la cifra total está en 26.000. Nadie tiene la menor idea de cuántos afganos murieron; las estimaciones van de los 600.000 a los dos millones. La gran mayoría eran civiles. Más de cinco millones de personas se convirtieron en refugiados.

La guerra consumió una gran cantidad de recursos financieros de una URSS que se estaba empobreciendo a toda velocidad. Al mismo tiempo, minó la moral tanto del Ejército como del país en su conjunto. El secretario general Brézhnev y los generales a los que se les ocurrió todo aquello querían jugar a la geopolítica y ganarle la mano a Estados Unidos, pero a la postre no hicieron más que infligirle una herida mortal a su propio país.

La guerra afgana fue trascendental no solo para nosotros, sino también para el resto del mundo. Seguimos padeciendo sus consecuencias a día de hoy. El actual extremismo islámico surgió en gran medida de allí. El Gobierno de Estados Unidos respondió a la estupidez criminal de los líderes soviéticos de forma no menos estúpida, haciendo todo lo posible por convertir una guerra de los muyahidines afganos contra la URSS en una yihad islámica. Por aquel entonces, en la década de los ochenta, voluntarios de todo Oriente Próximo acudieron en masa a la región, y la guerra pasó de ser una confrontación entre socialismo y capitalismo, como insistía la Unión Soviética que era, a ser una guerra santa contra los infieles. Solo que la idea de que a quienes habían tomado las armas en defensa de su religión se los podría apaciguar con una decisión política —que era tan fácil como decir «venga, ya está, hemos ganado, vayámonos todos a casa»— fue una gran equivocación. A las personas que se habían alzado bajo las banderas verdes del islam no les bastaba con echar a las tropas soviéticas. Ellos creían de verdad en las consignas que les habían inspirado. Tras expulsar a la URSS, exigieron la transformación de Afganistán en un país gobernado por la ley de la sharía. Osama bin Laden, a quien los estadounidenses habían donado dinero y armas, ya se estaba convirtiendo en su enemigo, porque los objetivos de ambos bandos empezaban a divergir. Estados Unidos estaba perdiendo el interés y no quería seguir financiando la yihad. Pero, para un fanático religioso, o estás conmigo o estás contra mí. Fue en Afganistán, adonde habían ido a luchar una guerra santa, donde líderes del Estado Islámico como Abu Bakr al-Baghdadi se convirtieron en quienes son. Esa guerra sigue estando viva a día de hoy.

De todo el abanico de reformas propuestas por Gorbachov, la glásnost fue la que funcionó de verdad y lo cambió todo rápidamente. A diferencia del resto, para alcanzarla no había que hacer algo, solo había que *no* hacer algo. No prohibir, no censurar, no echar a periodistas por los artículos que habían escrito. Empezaron a aparecer noticias en la prensa que hacían que uno se preguntara cómo habían llegado a publicarse. Pronto se hizo evidente que escribir la verdad era, de hecho, beneficioso: no había despidos, nadie extraía «conclusiones administrativas», uno se convertía en alguien muy popular y la circulación de las publicaciones para las que podía trabajar se disparaba. El dique ideológico había empezado a resquebrajarse, y aunque los líderes soviéticos trataron desesperadamente de apuntalarlo, no lo consiguieron. La noticia de la desaparición de un programa de la parrilla del canal de televisión nacional provocó un estallido de furia inmediato, como si esas mismas personas que protestaban no hubieran estado viviendo un año antes en un país en el que la censura era total. Cuando se eliminaron varios chistes sobre Gorbachov de un programa de humor llamado «El club de la alegría y el ingenio» esa censura se convirtió en motivo de preocupación nacional. De 1987 en adelante, la URSS fue a toda velocidad a por la victoria en el campeonato mundial de la libertad de expresión. La constatación de que ya no ibas a la cárcel por nada de lo que dijeras gustó tanto a todo el mundo que la gente trataba de recuperar los setenta años perdidos por la censura.

En octubre de 1987, el canal nacional empezó a emitir *Vzglyad* [Punto de vista], un programa que llegó a significarlo todo para mí. No creo que haya habido nada en mi vida que haya influido tanto en mis opiniones políticas. El programa se emitía por la noche, lo que ya en sí mismo molaba y lo diferenciaba de la televisión ordinaria, pero lo más importante es que en él ¡sonaba música rock! De hecho, fue por eso por lo que empecé a verlo. Presentadores jóvenes, también distintos de los vejestorios habituales, comentaban una amplia variedad de noticias y debatían sobre ellas en el estudio. Cada cierto tiempo, emitían vídeos de grupos como DDT, Alisa, Kino y Nautilus Pompilius. Era fantástico ver a músicos de rock, con sus canciones sobre temas de interés social y a menudo antisoviéticas, en la televisión nacional. Aquello ya no era una grieta en el dique de la censura, sino que más bien era como verlo bajo el fuego de la artillería pesada. Mi madre tampoco se perdía el programa, y tengo que agradecerle que se prestara a comentar la actualidad conmigo, que entonces tenía once años; alentó con ello mi interés en los temas sociales y políticos. Durante cuatro años, *Vzglyad* fue indiscutiblemente el programa más popular de la Unión Soviética. Sus periodistas y presentadores se convirtieron en superestrellas que determinaron la forma en la que evolucionaría la televisión. Sus destinos han sido marcadamente dispares.

Vladislav Listyev, el pilar de *Vzglyad*, murió tiroteado a la entrada del complejo de edificios en el que vivía. Artiom Borovik, que se había convertido en uno de los principales periodistas de investigación del país, falleció en un accidente aéreo en el año 2000; mi hija fue a un colegio que lleva su nombre. Aleksánder Lyubimov, el periodista de *Vzglyad* al que yo más admiraba, recorre ahora los estudios de la radio y la televisión estatales ejerciendo de diligente peón de Putin. En 2007, cuando la censura de Putin estaba en pleno apogeo, Lyubimov me invitó al programa de radio que presentaba en una emisora propiedad de la empresa de gas estatal Gazprom. Seguía siendo tan listo como siempre y hablaba del mismo modo que yo recordaba de cuando era niño, pero ahora defendía la línea oficial y tenía una idea muy clara de lo que se podía decir y lo que no. Yo lo miraba y durante todo aquel rato estuve muriéndome de ganas de decirle: «Por el amor de Dios, Aleksánder, he llegado a ser lo que soy gracias a ti y a tus compañeros. Y tú, por algún motivo, has traicionado todo aquello».

Tras *Vzglyad*, Konstantín Ernst presentó *Matador*, un programa de cine del que no me perdí ni una emisión. Ahora preside el primer canal de la televisión estatal y es uno de los grandes propagandistas de Putin. Se han emitido reportajes repugnantes y manipuladores durante su mandato, incluida la infame mentira sobre el niño ruso presuntamente crucificado por soldados ucranianos delante de su madre.

Iván Demidov, uno de los productores del programa y más tarde el presentador de un programa de música muy popular, se convirtió en uno de los primeros líderes de la Guardia Joven, la rama juvenil de Rusia Unida. Más adelante encabezó la división ideológica del partido de Putin, antes de convertirse en miembro de pleno derecho de la administración presidencial. Menuda ironía.

Cuesta creer que la mayoría de esos periodistas, que estaban a la vanguardia de la libertad de expresión en Rusia, no se hayan limitado a mantener la boca cerrada tras ceder a la tentación del dinero fácil, sino que hayan invertido la misma energía y hayan demostrado la misma iniciativa de sus primeras épocas a la hora de ejercer de propagandistas activos del nuevo régimen, echando espuma por la boca para defender actos de injusticia y corrupción.

Entre 1987 y1989, se estrenaron tres películas que dejaron anonadados a millones de ciudadanos soviéticos, sobre todo a los más jóvenes. Después de verlas, supe que no había vuelta atrás. Estábamos viviendo en un nuevo país cuyo nombre, por algún motivo, aún contenía las palabras «socialista» y «soviético», pero que ya no era ninguna de esas dos cosas. Las películas fueron extraordinariamente populares. El protagonista de *Vzlomschik* [El ladrón], era Konstantín Kinchev, el líder de Alisa, mi grupo favorito. El argumento tenía, tal como se estilaba entonces, una carga de crítica social, por poco imaginativo que fuera, aunque lo importante era que la película mostraba la vida de una banda de rock de Leningrado e incluía las actuaciones de grupos muy populares. Los punks rusos que salían en el escenario no tenían nada que envidiar a esos músicos extranjeros que ejercían una influencia maligna sobre la juventud socialista en aquel programa sobre los horrores del negocio del espectáculo occidental. Vi la película tantas veces como la pusieron en el cine de nuestro club de oficiales.

Según Wikipedia, *Assa* ha acabado siendo «uno de los máximos exponentes de los días de gloria del rock ruso de la segunda mitad de la década de los ochenta». Así fue, y en la escena final, Víktor Tsoi, el líder de Kinó, el grupo más popular de la época, empieza a cantar su gran éxito «My zhdiom peremen» (Esperamos cambios) ante el público de un restaurante y la acaba ante una enorme multitud. Víktor Tsoi protagonizaba también *Igla* [Aguja], el mayor éxito de taquilla de 1989. Las drogadicciones (un tema hasta entonces tabú), el desastre ecológico del mar de Aral (que era algo de lo que tampoco se hablaba en la URSS), la lucha contra la mafia y la música rock eran algunos de los elementos de la película. Su protagonista muere al final, y se adentra, a su pesar, en la oscuridad mientras suena de fondo la canción «Gruppa krovi» (Grupo sanguíneo).

Era como las escaleras del metro: la libertad de expresión y la creatividad iban para arriba y la situación económica para abajo. En nuestro mundo ya no tan hermético, los ciudadanos soviéticos empezaban a ser conscientes de lo pobres que eran en realidad. Eso no quiere decir que fueran más ricos en 1984 que en 1989 —si acaso era al revés—, sino que en los noventa tenían con qué compararse. La reforma económica, puramente cosmética, que proclamaba una economía mixta en la que las empresas privadas (a las que en la época aún se llamaba púdicamente «cooperativas» o «asociaciones de producción científica») podían coexistir en una economía socialista, no proporcionaba a la mayoría de la población la oportunidad de ganar dinero y enriquecerse. Aun así, toda una serie de individuos consiguieron aprovecharse de la situación. Causó un gran impacto en el país que Artiom Tarasov, el propietario de una cooperativa, se proclamara el primer millonario soviético, tras pagarse a sí mismo un sueldo de tres millones de rublos. Su socio en la cooperativa era un miembro del PCUS que pagó un total de 90.000 rublos de cuotas de afiliación al partido, en una época en la que mi padre tenía un sueldo mensual de 300 rublos y madre de 160.

Aparecían aquí y allá otros nombres, si bien no había ningún caso tan extremo. Algunos circulaban de repente en coches importados. A los ciudadanos soviéticos normales y corrientes todo aquello les resultaba incomprensible y se preguntaban de dónde salía el dinero. No pocas veces los «emprendedores de éxito» de la época eran dirigentes y funcionarios del Partido Comunista o miembros de la Liga de las Juventudes Comunistas, y eso parecía confirmar la sospecha entre la gente de que había corrupción y de que el origen de su riqueza no era tanto el emprendimiento y la iniciativa como el poder y el acceso a los recursos. A lo largo de sus setenta años de existencia, además, la Unión Soviética había estado inculcando en la población el desprecio hacia los embaucadores y hacia cualquiera que buscara su propio provecho personal. Alguien con un empleo en el sector del comercio podía vivir razonablemente bien en aquella época, pero daba más prestigio ser cosmonauta, militar o profesor. Sin embargo, de repente, los cosmonautas pasaron a ser nadie, simples mortales a los que recompensaban por su esfuerzo con un piso de tres habitaciones y un Volga de color negro, y los profesores apenas llegaban a fin de mes. Al mismo tiempo, cualquier propietario de cooperativa, y en realidad cualquiera que estuviera vendiendo algo en el mercado, era el amo del universo y tenía más dinero del que jamás había recibido un Héroe del Trabajo Socialista.

Resultó que ser pobre era mucho más soportable cuando todos los demás lo eran, pero que se volvía intolerable en cuanto veías que tu vecino era más rico que tú. Se oye hablar a menudo de la envidia que los rusos o soviéticos sintieron hacia los primeros emprendedores, y que eso es lo que hizo que el final de la década de los ochenta fuera una época tan crispada. Sin embargo, yo creo que el problema fue que no hubo igualdad de oportunidades. Si Gorbachov hubiera encontrado la manera de que fuera fácil para todo el mundo convertirse en emprendedor, si millones de personas se hubieran puesto a ello en lugar de solo decenas de miles de los más listos, o de los más astutos, o de los que se encontraron por casualidad en una posición ventajosa, las cosas habrían sido distintas. Pero el proceso de puesta en marcha primero de las cooperativas y luego de las primeras empresas se hizo que fuera monstruosamente complejo, además de que estaba bajo el control absoluto de la burocracia soviética. Para crear una empresa, había que pagar sobornos o tener contactos, o al menos ser dueño de la clase de carisma capaz de derribar muros. Durante muchos años eso fomentó la idea de que los empresarios eran personas tramposas y taimadas que se habían subido al carro del progreso por medios poco legítimos.

En el Ejército, la policía y el KGB, el resentimiento ante el declive de su estatus como funcionarios era especialmente acusado. Algo iba a tener que cambiar.

El 19 de agosto de 1991 salí de mi casa con un ánimo más bien sombrío. Mis padres me hacían ir a la dacha. La reforma era evidente en cuestiones como que a muchas personas les habían asignado una pequeña parcela de terreno de 600 metros cuadrados. Apenas llegaba a ser una dacha, pero había un cobertizo con unas cuantas herramientas de jardín, y me enviaban allí a excavar y serrar un poco. No se me ocurría nada peor. Recorrí 400 metros, dejé atrás el puesto de control de mi ciudad y me tocaba cruzar la carretera para ir al pueblo de al lado, que era donde teníamos el terreno. Pero aquello no iba a ser fácil, porque había tanques circulando.

Capítulo 5

En nuestra ciudad nadie se inmutaba al ver vehículos militares. De hecho, a los turistas les encantaba fotografiarse junto a nuestra señal vial por excelencia: «Cuidado con los tanques». Sin embargo, aquel día la sensación era distinta. Para empezar, los tanques circulaban por la carretera de asfalto, cosa que no solían hacer, porque después era probable que no quedara calzada. Además, parecían dirigirse de verdad a la guerra o a una operación especial de algún tipo. Reinaba un cierto caos. Lo más reseñable era que partían rumbo a Moscú. Feliz de haber hallado por fin una excusa para no ir a la dacha, volví a casa y encendí la televisión para averiguar qué pasaba. Estaban emitiendo una pieza de ballet, *El lago de los cisnes*. Cualquier soviético sabía interpretar aquello como una señal inequívoca de que algo muy serio había ocurrido. Desde bien pequeño yo sabía que si, en lugar de dibujos animados, en la televisión ponían un concierto de música clásica, era probable que hubiera muerto algún mandatario y aquello fuera el comienzo de una avalancha de demostraciones públicas de luto. No obstante, no resultaba obvio quién podía ser el difunto en aquellos momentos. Gorbachov era joven, y era imposible que por otra persona hubieran sustituido la programación habitual por bailarinas.

Enseguida se aclaró todo. Habían declarado el estado de emergencia nacional y el autodenominado Comité Estatal para el Estado de Emergencia aseguraba que todo el poder le había sido transferido. Gorbachov, que a la sazón ya no era el secretario general del PCUS, sino el presidente de la URSS, o bien había sido arrestado o bien se hallaba retenido de alguna otra manera en su dacha en Foros. Se leyeron por radio declaraciones del comité que se describían como «anuncios del liderazgo soviético». No tardé en inferir que una panda de vejestorios había perdido el juicio e intentaba hacerse con el poder. Resultaba evidente no tanto por lo que decían como por el estilo. Los comunicados estaban plagados de clichés soviéticos y expresiones como: «en aras de superar esta profunda crisis polifacética», «la necesidad de adoptar las medidas más resolutivas para evitar que la sociedad se precipite a una catástrofe» o «el caos y la anarquía que atenazan las vidas y la seguridad de los ciudadanos de la Unión Soviética». En nombre del «liderazgo soviético», la declaración estaba firmada por el primer ministro, Valentín Pávlov; el director del KGB, Vladímir Kriuchkov; el ministro de Defensa, Dmitri Yázov; el ministro del Interior, Borís Pugo, y una serie de personas cuyos nombres no me sonaban y que resultaba francamente desconcertante ver incluidos entre los líderes.

No recuerdo con exactitud qué opinamos mis padres y yo acerca de lo que estaba ocurriendo, pero sí me acuerdo de que tuve que ir a la dacha a trabajar de todos modos. De camino, maldije a aquella junta temporal, si bien desde buen principio no albergué ninguna duda de que no llegarían a ninguna parte. Su comité intentó meterle el miedo en el cuerpo a la población, pero lo único que consiguió fue causar hilaridad; o al menos, eso fue lo que me provocó a mí. Quizá en Moscú, cuando llegaron los tanques, la situación se viviera de otra manera, pero mi interpretación, como parte de una familia militar que vivía en una ciudad militar, no inducía a pensar que el Ejército, por muy insatisfecho que estuviera con el *statu quo*, y lo estaba, tuviera ninguna aspiración de volver a los tiempos en los que había que tapar el teléfono con un cojín para poder contarles un chiste a los amigos.

Resultó que tampoco en Moscú se asustó nadie. Una gran masa de gente empezó a dirigirse hacia la Casa Blanca, la Casa de los Sóviets de la Federación de Rusia, con la intención de proteger al presidente de la República Socialista Federativa Soviética de Rusia, Borís Yeltsin, y a su brazo legislativo, el Sóviet Supremo. En pocas palabras, nos hallábamos ante una confrontación entre Rusia, donde los opositores del PCUS ocupaban el poder, y la URSS.

Más tarde se leyó por radio un larguísimo discurso. Fue una alocución increíblemente ampulosa cada frase de la cual parecía extraída de un editorial del *Pravda* (y en 1991 los editoriales del *Pravda* eran sinónimo de una conglomeración de clichés, imbecilidad y falta de honestidad). Solo recuerdo que contenía vehementes condenas al florecimiento de la «especulación», una clara advertencia de que nuestra futura vida y bienestar bajo el capitalismo y una economía de mercado estaban en peligro. También recuerdo la frase: «Jamás en toda la historia de nuestro país la propaganda del sexo y la violencia ha asumido tal escala, llegando a poner en peligro la vida y la salud de las generaciones futuras». Era un ataque directo a los mayores logros de nuestra época. Tan pronto como habían aparecido imágenes de mujeres desnudas en nuestros periódicos y revistas, aquellas personas habían querido prohibirlas so pretexto de que representaban una amenaza para la salud. Para colmo, aquello era una repetición de los programas que años antes habían condenado la música rock por contener «propaganda desenfrenada de sexo y violencia». Saltaba a la vista que los autores de aquel discurso lo habían escrito con la intención de tocar la fibra sensible del pueblo soviético. Esperaban que, al escuchar hablar de prohibir el sexo y aumentar los beneficios, así como de la necesidad de aprovisionar a los lugareños con combustible y aceites lubricantes (otro elemento incluido por los golpistas), estos dieran un puñetazo en la mesa y exclamaran: «¡Los camaradas del Comité de Emergencia están obrando como toca! ¡Ya es hora de que se ayude a los campesinos y se prohíba el sexo!».

La frase de Vladímir Lenin de 1912, «están terriblemente alejados del pueblo», se ha repetido hasta la saciedad en la política rusa, a veces con gran efecto y otras sin ninguno, pero en este caso describía adecuadamente la situación. Los ancianos generales estaban convencidos de entender muy bien cómo se sentía el pueblo, cuando, como suele ocurrir, lo único que sabían era lo que les contaban sus chóferes y guardaespaldas, quienes solo les decían lo que querían oír, que era que nadie soportaba a Yeltsin, a los demócratas ni a los especuladores.

Y entonces, aquella misma noche, el comité golpista se hizo el harakiri. Convocaron una rueda de prensa y, por algún motivo, decidieron hacerla en directo. Lo que más llamó la atención fueron las manos temblorosas de Guennadi Yanáyev, el vicepresidente de la URSS. Era el rostro público de los conspiradores. La cámara enfocó una y otra vez el visible temblor de sus manos, que contradecía de manera directa el mensaje que aquellos extraños hombres vestidos de gris pretendían transmitir: «Somos el régimen de la mano firme y vamos a proceder a restaurar el orden». Junto a Yanáyev estaba sentado Pugo, el ministro del Interior y el hombre con el peinado más estrafalario del mundo (volví a verlo en la película *Drácula, un muerto muy contento y feliz*, donde lo lucía Leslie Nielsen en el papel del famoso conde). Había asimismo otros cuatro individuos ineptos, algunos de ellos muy exóticos, como el presidente del Sindicato de Campesinos de la URSS.

A la pregunta «¿Dónde está Gorbachov?» se obtenía la desconcertante respuesta de que estaba recibiendo tratamiento médico y, en cuanto estuviera recuperado, la política de reformas continuaría su curso. Era evidente que los conspiradores le temían incluso a él, cuya debilidad y falta de determinación habían sido la motivación principal de su acción. Los periodistas presentes hicieron escarnio de los participantes en aquella rueda de prensa, catalogando su acto de golpe militar y formulando preguntas al estilo de: «¿Les ha dado algún consejo Pinochet?». Todo el país estaba pegado al televisor, intentando descifrar qué pasaba. Como he dicho, aquel golpe de Estado no me pareció algo serio y, después de aquella rueda de prensa, quedó claro que los sublevados no se harían con el poder. No era un golpe, era una farsa. Incluso el término «golpistas» que se endilgó de inmediato al Comité Estatal para el Estado de Emergencia (en la historiografía rusa a los acontecimientos de aquellos días se los llama «golpe de agosto») añadía un cierto aspecto de viñeta cómica a lo ocurrido.

Durante el par de días siguientes, los golpistas no consiguieron ningún apoyo. En lugar de ello, se produjo una extraordinaria consolidación de la posición de Yeltsin y del Gobierno ruso democrático. Centenares de miles de ciudadanos tomaron las calles en Leningrado, mientras que en Moscú la gente no solo se reunió sin impedimentos alrededor de la Casa Blanca, sino que incluso erigió barricadas. Los golpistas dejaron a los soldados y oficiales que habían desplegado en Moscú sin órdenes y sin una estrategia clara. A resultas de ello, la gente trepó a los tanques y transportes blindados de personal y confraternizó con los soldados y les proveyó de comida (los conspiradores tampoco habían pensado en eso). Una conversación típica sería: «¿Y qué? ¿Entonces ahora vais a empezar a dispararnos?». Y la respuesta: «No, claro que no. ¿Cómo íbamos a disparar contra nuestra propia gente? Estamos del bando del pueblo». En un momento especial, un batallón se dirigió desafiante hacia donde se encontraba Yeltsin y giró sus diez vehículos de combate de tal manera que parecía estar protegiendo la sede del Gobierno. Aquel gesto arrobó a todo el mundo, sobre todo a mí, ya que eran de nuestra división de rifles motorizados Taman. Tuve la sensación de, pese a no haber contribuido personalmente a la victoria sobre los conservadores, al menos sí haber participado en ella. Fue a uno de nuestros tanques Taman al que se encaramó Yeltsin en su momento supremo de gloria para arengar a sus simpatizantes. Alguien cerca desenrolló una bandera, la tricolor de Rusia, no el martillo y la hoz soviéticos. Es la fotografía más famosa de aquel momento, y transmite a la perfección su significado. A partir de entonces, Yeltsin estuvo al cargo como presidente legítimo y el viejo régimen, Gorbachov incluido, dejó de existir.

Por ironías de la vida, veintisiete años después todo el mundo publicaría aquella fotografía otra vez, pero en esta ocasión en conexión con unos hechos relacionados conmigo. En pleno centro de la fotografía, sacándole una cabeza a Yeltsin, aparece uno de sus guardaespaldas, Víktor Zólotov. El 11 de septiembre de 2018, cuando me encontraba nuevamente arrestado, escuché por la radio que el general Zólotov, comandante de la Guardia Nacional, había grabado un mensaje en vídeo dirigido a Alexéi Navalni. Nuestra organización había investigado los chanchullos de corrupción de Zólotov y descubierto que estaba robando a sus oficiales y soldados pagando por los alimentos que les suministraba varias veces por encima del precio de mercado. Millones de personas, incluidos, sin duda, los 300.000 soldados de la Guardia Nacional rusa, vieron nuestro vídeo, en el que acusábamos a Zólotov de ladrón de coles y de patatas, con la consiguiente humillación para el general. Zólotov estaba fuera de sí y replicó con otro vídeo en el que, vestido con su uniforme de general y recortado sobre un fondo de banderas y soldados desfilando, amenazaba con vengarse de mí y aseguraba que me apoyaban fuerzas que preparaban un golpe de Estado inconstitucional. Huelga decir que, de inmediato, todo el mundo buscó aquella fotografía tomada casi treinta años antes en la que Zólotov aparece involucrado en lo que, desde el punto de vista del régimen soviético, fue un auténtico golpe de Estado.

Gracias a los archivos y a las memorias de quienes participaron en aquellos acontecimientos, sabemos que el Comité de Emergencia había elaborado un plan para irrumpir en la Casa Blanca de Moscú, si bien al final decidió no llevarlo a cabo para evitar que se perdieran vidas. Parecía que los conspiradores se dieron cuenta de que su estrategia era inviable, porque para entonces las unidades militares se habían negado en masa a acatar sus órdenes. No fue una confrontación lo que ocasionó la trágica muerte de tres personas la noche del 20 al 21, sino el caos y la mala gestión de las tropas.

El 21 de agosto, el ministro de Defensa soviético, Dmitri Yázov, ordenó a las tropas que se retiraran de Moscú. El Comité Estatal para el Estado de Emergencia había perdido y, con él, también la URSS. Al regresar de su dacha en

Crimea, Gorbachov esperaba, evidentemente, ser recibido con júbilo por las multitudes, como un héroe liberado. Y la gente se alegraba de volver a verlo, pero solo como una evidencia más de que el comité golpista había sido derrotado. La expectativa de Gorbachov de consolidar su autoridad con un repunte de sus apoyos quedó en agua de borrajas. Toda la admiración y el apoyo se los llevaron Yeltsin y un nuevo Gobierno, la gente que había asumido riesgos y había actuado con determinación. Esta postura se vio reforzada enseguida con la aparición de testimonios que insinuaban que Gorbachov podía haber participado en la preparación de la conspiración o que, al menos, había tenido noticia de ella de antemano y, como era su costumbre, había decidido no posicionarse del todo ni del bando de los conservadores soviéticos ni de los reformistas rusos, sino esperar a ver quién salía mejor parado. La indecisión es un pecado capital en tiempos de cambio. En un instante, Gorbachov lo perdió todo. Una vez más, como suele ocurrir en las revoluciones, había sucedido algo alucinante. El lunes, Gorbachov tal vez no fuera el más popular de los líderes, pero sí el hombre considerado universalmente como el presidente de un inmenso país, con poder sobre el mayor Ejército del mundo y sobre los sectores industrial y agrícola de un territorio que ocupaba una sexta parte de la superficie terrestre del planeta, además de con la capacidad de iniciar una guerra nuclear. El jueves no era nadie. Conservaba su limusina oficial, a sus secretarios y un teléfono especial, pero ya nadie lo llamaba.

Al margen de lo que documentaran unos estatutos aparentemente inalterables protegidos por la Constitución y un ejército de abogados, el centro del poder se había desplazado a Yeltsin, como transferido de manera intangible. Nadie sabía exactamente cómo había ocurrido, pero nadie dudaba tampoco de que tal transferencia de poder había tenido lugar.

El 8 de diciembre de 1991, la República de Bielorrusia, la República Socialista Federativa Soviética de Rusia y Ucrania desplegaron un espectacular artificio. Sus respectivos dirigentes, Stanislav Shushkévich, Borís Yeltsin y Leonid Kravchuk, se reunieron en un bosque de Bielorrusia, donde declararon que, dado que sus tres repúblicas eran las fundadoras de la URSS, tenían derecho a disolverla, cosa que procedían a hacer. En su lugar se instauraba la Comunidad de Estados Independientes. Desde su perspectiva, aquel ardid tenía todo el sentido del mundo: los presidentes de las repúblicas aspiraban a dejar fuera de toda reivindicación a Gorbachov y sus oficiales y a hacerse con un poder sin trabas. Tal era el objetivo último de su acto y, para hacerlo realidad, tenían que poner fin de manera formal a la indestructible URSS.

En la actualidad, la gente se queja de que aquella acción, el llamado Tratado de Belavezha, fue un error. Una de las personas que se lamenta en público es Vladímir Putin. Con gran efusividad y pasión, afirma que los acuerdos fueron «un colosal desastre geopolítico». Debo decir que, en aquel entonces, a mí no me lo parecieron (y no pretendo ser una fuente de la verdad objetiva, sino que me limito a exponer cuáles eran mis sensaciones). Fue otra noticia más del telediario, uno que quizá suscitara algo más de debate de lo habitual, pero que no presagiaba nada malo. Es posible que quienes se dieron cita en aquel bosque perpetraran una maniobra taimada y, siendo sinceros, bastante deshonesta y legalmente tortuosa, pero en realidad no hicieron más que confirmar algo que resultaba obvio: que la URSS había dejado de ser un país real.

Ni Yeltsin ni los líderes de Ucrania y Bielorrusia fueron los culpables de su desintegración. Quienes destruyeron a la Unión Soviética fueron el Partido Comunista y el KGB. El primero, por medio de las mentiras, la hipocresía y la gestión incompetente de sus líderes seniles, sumió el país en una crisis económica. Y el segundo, personificado en su presidente, Vladímir Kriuchkov, intentó dar un golpe de Estado tan chapucero como todo lo que había hecho en los años previos. La mayoría de los investigadores del golpe de agosto creen que el presidente Kriuchkov fue el cerebro de la conspiración. A la sazón, el teniente coronel Vladímir Putin, que trabajaba en la delegación de Leningrado del KGB, no andaba pataleando por los desastres políticos, sino que, en su búsqueda de dinero y nuevas oportunidades, abandonó alegremente las filas de su organización para unir su suerte a la del alcalde de Leningrado, Anatoli Sobchack, uno de los principales partidarios de Yeltsin. Dicho de otro modo, Putin fue, de manera incuestionable, una de las personas con un interés directo en la desintegración de la URSS, a la cual contribuyó y de la cual extrajo el máximo beneficio. No me gustaría exagerar el papel personal de Putin ni afirmar que traicionara particularmente a su organización. Se limitó a actuar en su propio interés. Un día estaba en las calles de Leningrado dando caza a disidentes que serían enviados a prisión acusados de hacer «propaganda antisoviética» y al siguiente era el portamaletas de uno de los partidarios más radicales del nuevo régimen.

Yo tuve suerte de encontrarme entre quienes no se vieron afectados por la onda expansiva del derrumbe. Si en lugar de en la región de Moscú, mi padre hubiera sido oficial del Ejército en Bakú, Nagorno Karabaj, Abjasia o los Países Bálticos, la historia habría sido distinta. Todos los resentimientos que se habían ido acumulando a lo largo de los años estallaron de repente en conflictos, incluso en guerras. De un día para otro descubrimos que los armenios y los azerbaiyanos se odiaban tanto que ya estaban enfrentados. Los georgianos y los abjasios tampoco eran vecinos amistosos que compartieran comidas, sino poblaciones que se expulsarían mutuamente de sus hogares. En cuanto a las causas subyacentes de lo que ocurría, cada país tenía las suyas. Visto desde Moscú, todo aquello parecía una locura absoluta. ¿Por qué nos enfrentábamos unos con otros? Habíamos convivido durante largos años en «la familia unida y plurinacional de pueblos soviéticos» y, sin embargo, allí andaban, haciéndose picadillo entre sí en conflictos territoriales e interétnicos.

Tal era el pensamiento egocéntrico e ignorante de alguien que, por un golpe de suerte, habitaba en un lugar donde no había guerra ni ningún conflicto nacional, solo unas ansias muy metropolitanas de dinero. Me resultaba imposible meterme en la piel de los armenios o los azerbaiyanos, y además no sentía el menor deseo de hacerlo. Por motivos igual de egocéntricos, el único problema interétnico que me interesaba era la situación desesperada de los rusos. De la noche a la mañana se convirtieron en la mayor nación dividida de Europa. Me habría resultado bastante fácil llevar a cabo un experimento mental. Supongamos que hubieran enviado a mi padre a servir con el 14.º Ejército, apostado en Moldavia, y que de repente yo formara parte de la «minoría de habla rusa». El cambio repentino como mínimo me habría disgustado y tampoco me habría apetecido pasar a ser considerado miembro de una nueva «minoría».

Los acontecimientos políticos en las antiguas repúblicas soviéticas estaban predestinados a beneficiar a las personas con convicciones nacionalistas. Era algo perfectamente natural que suele ocurrir tras el derrumbe de un imperio. Si uno quería que su partido obtuviera más votos, podía conseguir mayor apoyo electoral diciendo algo del estilo de «Ocupantes rusos, marchaos de nuestras tierras y regresad al Moscú de vuestros amores». Sin embargo, lo que pasó no fue que los distintos pueblos empezaran a odiar a los rusos de la noche a la mañana, fue que la URSS se había dedicado durante mucho tiempo a suprimir toda manifestación de nacionalismo y se había empeñado en lavarle el cerebro a la población con sus patrañas hipócritas acerca de la amistad entre los pueblos y la hermandad entre las quince repúblicas. Era inevitable que el péndulo oscilara en la dirección opuesta. El nacionalismo se puso de moda. Los años de tener a todo el mundo controlado desde Moscú condujeron al rechazo integral de todo lo que oliera a legado del imperio. «Por fin nos hemos liberado de la dictadura de Rusia, y todo aquel que viva en nuestro país y ensalce a Rusia es un quintacolumnista y un enemigo.»

Ese fue el verdadero desastre geopolítico, pero nadie se dio cuenta de ello hasta mucho después. Los nuevos dirigentes, entre los cuales Putin y los de su índole ocupaban el tercer o el cuarto escalón, desatendieron por completo el problema de los rusos varados fuera del país. Podría haberse evitado un gran número de conflictos y muchas vidas se habrían salvado si el Gobierno de entonces hubiera planteado siquiera los programas más básicos para el retorno de sus ciudadanos a territorio ruso, fuera el que fuese. Como es de suponer, nadie habría tenido prisa en regresar allí desde los prósperos Países Bálticos, y en ese sentido deberían haberse buscado otras fórmulas. Aun así, tendría que haberse dado alguna respuesta a las preguntas perplejas —¿de dónde soy ahora?, ¿qué se supone que debemos hacer?— de quienes vivían en Uzbekistán, Kirguistán y muchas otras repúblicas. Es extraordinario que incluso ahora, cuando el tema de la «rusofobia» y la vulneración de los derechos de los rusos se ha convertido prácticamente en la máxima prioridad de la agenda del Kremlin, todo siga resolviéndose con una insolencia, una demagogia y una hipocresía tras las cuales no hay ni una sola acción constructiva. Alguien nacido en el seno de una familia rusa fuera de Rusia puede volverse absolutamente loco intentando abrirse camino a través de la maquinaria burocrática antes de obtener la ciudadanía de su propio país. En 2008 presenté un proyecto de ley que estipulaba que cualquiera que tuviera algún ancestro ruso, o de cualquier otro pueblo indígena de Rusia, recibiera automáticamente la ciudadanía presentando un documento que confirmara dicha identidad nacional. Valía con el certificado de nacimiento de un abuelo. No era una propuesta revolucionaria. Era análoga a las leyes vigentes en Alemania e Israel. Pero ni aquella proposición de ley ni decenas de otras similares se han aceptado. El régimen actual prefiere hablar sin cesar de los rusos oprimidos mientras no hace nada por ayudarlos. Concedamos que, en 1991, Rusia tal vez fuera demasiado pobre para dar el paso de resolver este problema. Sin embargo, entre 2000 y 2020, tenía tanto dinero que el problema de su población en el extranjero podría haberse resuelto financiando escuelas rusas y apoyando que se hablara la lengua en algunos lugares, y devolviendo a la gente a su patria en otros.

Capítulo 6

¿Cómo me sentía yo respecto a la caída de la URSS? Bueno, yo no llegué a verlo; no lo viví de esa manera. Lo que estaba cayendo era el régimen y, como todo el mundo (o eso parecía en la época), me alegré cuando partes de él mordieron el polvo. Cuanto más grande el trozo, mayor mi alborozo.

¿Y qué hay de las manifestaciones de protesta en las repúblicas bálticas? Vistas *a posteriori*, señalaron claramente la temida disolución de la Unión Soviética. Las personas que protestaron hombro con hombro en Tallin y Vilna exigían ante todo la independencia de sus repúblicas, y eso quería decir acabar con la URSS tal como era entonces.

Pero, en la práctica, las personas sensatas de la época vieron todo aquello como una batalla contra un «partido» repugnante que proclamaba su propia magnificencia por tierra, mar y aire. Estaban en contra de las mentiras incesantes en la televisión y en los periódicos, en contra de las estanterías vacías en las tiendas, en contra de la hipócrita élite del partido con sus gorros de piel de visón. Aunque lo más importante era que manifestarse en contra de la URSS era luchar a favor de algo positivo: a favor de la música rock, del derecho a viajar al extranjero, de comprar cualquier libro que se quisiera, a favor de los tejanos y del chicle y de los productos extranjeros de todo tipo (o fabricados decentemente, que era algo de lo que había muy poco), y de que todas esas cosas estuvieran disponibles en las tiendas. A favor de un sistema sanitario en el que no hubiera que sobornar a los médicos con cajas de bombones y botellas de coñac, de las películas y los reproductores de vídeo, y de una vida mejor, sin más. En pocas palabras, a favor de vivir de la manera en que Putin vivía en su destino en la República Democrática de Alemania, donde podía comprar zapatos y comida decentes y ver la televisión de la Alemania Occidental mientras bebía cerveza alemana a tragos.

Los que son como Putin sienten nostalgia de la URSS porque eran inaccesiblemente superiores a todos los demás. Incluso ahora, pese a todo lo malo del sistema, un informático de un pueblo de Siberia puede convertirse en multimillonario y no necesita ni el permiso del Estado ni su apoyo. Puede volar a la Riviera en su avión privado. Por aquel entonces había una barrera para todo el mundo menos para las personas como Putin, cuya única función era intentar impedir a los demás hacer nada.

Era contra el régimen contra lo que luchaba la gente, no contra su nación. Cayó y arrastró al país con él, pero por aquel entonces nadie sentía angustia ni tenía sensación de catástrofe. En la época del Tratado de Belavezha, el régimen era cosa del pasado y la nación se rompió en pedazos. Los líderes soviéticos de las Repúblicas de la Unión Soviética tiraron con mucha más fuerza que los ciudadanos de las repúblicas bálticas que habían iniciado todo el proceso. Estas últimas pasaron a formar parte de Europa, mientras que en lo que había sido el Turkmenistán soviético se erigieron estatuas doradas en honor al excomunista Saparmurat Niyázov, su líder.

Por más relevantes que fueran estos acontecimientos, todos ellos ocupaban un segundo, si no un tercer plano, en mi vida personal. Mi prioridad era entrar en la universidad. Para la educación rusa y soviética, esa idea era fundamental. Era un indicador de clase en una sociedad que proclamaba a los cuatro vientos la igualdad de todos sus ciudadanos. Si te aceptaban, eras inteligente, te habías esforzado en los estudios y, con toda probabilidad, procedías de una buena familia. Si no accedías a ella, era porque tenías pocas luces. Cuando tuve edad de matricularme, las universidades habían empezado a conceder a sus alumnos una prórroga para hacer el servicio militar equivalente a la duración de sus estudios. Si ibas a la mili, es que eras tonto de remate.

La sociedad soviética, que ensalzaba hipócritamente al obrero, en realidad trazaba una línea clara entre las personas con educación superior, que ocupaban el escalafón más elevado, y quienes carecían de ella, ciudadanos de segunda clase. Con toda probabilidad, esto se hizo para incentivar a los miembros de la sociedad, al margen de su procedencia, a intentar dotarse de estudios superiores, lo cual no era mala idea. El camino hacia el éxito estaba inscrito en todas las paredes y en todos los libros de texto: «Estudia, estudia y estudia», tal como nos instruyó el gran Lenin. «No eres tan tonto, ¿verdad? Pues si quieres ascender por la escala social y llegar arriba del todo, ¡estudia!» El protagonista de todas las películas soviéticas es un obrero de fábrica que estudia en la escuela nocturna.

En la práctica, este sistema no acabó de funcionar. La consecuencia a largo plazo fue el catastrófico declive en prestigio de cualquier profesión relacionada con el trabajo manual, incluso las más cualificadas. Matricularse en una PTU, o sea, ser alumno de cualquier escuela o instituto de formación profesional, se equiparó a ser un zoquete. No era inusitado que un profesor le dijera a un alumno: «Petrov, eres un memo. Solo vales para la formación profesional». Lo que se infería de ello era que después de convertirse en lampista, electricista u obrero de fábrica, Petrov pasaría a engrosar las filas del ejército de perdedores y alcohólicos sin aspiraciones en la vida.

E, inevitablemente, esto ejercía una enorme presión sobre los escolares. No cursar educación superior era vergonzoso.

En mi familia, obsesionada con la educación, esa presión era doble. Mi madre, como ya he dicho, era licenciada por la Facultad de Ingeniería y Economía del a la sazón prestigioso Instituto de Gestión de Moscú. Mi padre, además de su formación en la escuela militar, se había licenciado en Derecho en 1985, que era algo que el Ejército permitía. Había ascendido de especialista en defensa aérea a abogado militar y llegó a trabajar como asesor legal de la división Taman. Con sus progresos, nuestra familia accedió a esa sección de la sociedad en la que se daba por supuesto que tenías cualidades para entrar en «algún sitio decente». De lo contrario, llevaría la desgracia a mi familia.

Tuve la expresión «estudia bien o no entrarás en la universidad» pendiendo sobre mí como una espada de Damocles desde sexto de primaria, más o menos. El concepto de «estudiar bien» representaba sacar dieces (lo cual significaba que eras un empollón y, además, era poco realista) o, como poco, ochos y nueves. Sacar todo ochos era una mala noticia y, por descontado, no podía haber ningún siete. Pronunciar un «Mamá, puede ser que saque un siete este semestre» podía comportarme una buena bronca y un largo sufrimiento. No puedo decir que me regañaran sin razón por sacar malas notas, pero siempre tuve claro que sacar un siete era un crimen atroz.

La asignatura más importante en la escuela soviética era matemáticas. Y a mí me costaba llegar al ocho. En los cursos superiores, tuve que esforzarme por sacar notables en física y química. La abstracción de esas materias me irritaba. La trigonometría me volvía loco con la necesidad de determinar qué longitud debía tener la hipotenusa de un triángulo a partir del valor de uno de sus lados y del coseno de un ángulo. Como es previsible, mi clásica protesta de: «¿Para qué necesito saber todo esto? Nunca en mi vida voy a usar los cosenos para nada» era respondida con la réplica no menos clásica de: «Porque toda persona culta debe saberlo» o «¿Y qué pasa si de mayor quieres ser ingeniero?».

Yo no tenía la menor intención de hacerme ingeniero. Me encantaba leer, lo cual era una enorme ventaja en el resto de las asignaturas de la escuela, incluidas literatura e historia. Cada primavera, cuando el maestro nos entregaba una larga lista de libros para el verano, mis compañeros de clase gruñían y protestaban, mientras que yo me regocijaba por dentro. No había mejor pasatiempo que leer, salvo quizá provocar explosiones y prender fuego a cosas. Y la combinación de las dos era mi idea de una vida perfecta. Por desgracia, «la escasez» imponía límites importantes a mi pasión, porque era extremadamente difícil hacerse con libros buenos. Cada mes, el día en que se reponía nuevo material en la librería, mi madre tenía que levantarse a las cuatro de la madrugada y hacer cola. También podías entregar allí varios kilos de papel usado y recibir a cambio cupones canjeables por libros de un catálogo especial, aunque primero tenías que encontrar una tienda en la que se vendieran los libros que te interesaban. Así adquirimos una de mis lecturas favoritas de niño, una colección de relatos de O. Henry.

Es curioso que, desde la infancia, haya tenido que acostumbrarme a que la gente que no me conoce bien se sorprenda al saber que me gusta leer. Está claro que tengo un rostro poco espiritual. O quizá se deba a mi altura. Solía ser el niño más alto de la clase, de ahí que la gente nunca me preguntara: «¿Qué libros estás leyendo?», sino: «¿Qué deporte practicas?».

Sigue pasándome. La verdad es que yo no practicaba ningún deporte, ni era hincha de ningún equipo. Lo único que me apetecía era sentarme en un rinconcito y leer. Además, para un niño que vivía en una ciudad militar, hacer deporte dependía de que a un oficial enérgico con un pasado atlético se le ocurriera poner en marcha un club deportivo como manera de cumplir con sus obligaciones sociales. Así ocurrió en una ocasión, y se envió una notificación a la escuela: «A partir de mañana, nuestra escuela ofrecerá formación en artes marciales». Huelga decir que me apresuré a apuntarme, imaginando que, armado con mis nuevas habilidades, me dedicaría a zurrar a delincuentes en las calles. Mi fase de artes marciales concluyó tres meses más tarde, cuando un alumno mayor me lanzó por encima de su hombro. Aterricé sobre mi cadera y salí arrastrándome del tatami hasta un rincón, convencido de que, si descansaba un rato, me pondría bien. Por desgracia, un niño pequeño aterrizó sobre mí poco después, arrojado por profesionales adultos. A la cadera magullada que más tarde me diagnosticaron en el hospital hubo que añadir el diagnóstico adicional de dedo meñique fracturado. En cualquier caso, el oficial que impartía artes marciales no tardó en ser transferido a una unidad distinta y nuestro club cerró.

De un modo casi idéntico, pasé por fases de *ping-pong*, baloncesto y boxeo. Este último lo abandoné en cuanto me di cuenta de que, más que aprender a pelear, lo importante era la habilidad de correr como si te llevara el demonio.

Con todo, mi verdadera aspiración era llegar a ser todo un experto en kárate. El problema es que se trataba de una aspiración delictiva: el Código Penal incluía un artículo especial que prohibía «la formación ilegal en kárate» y estipulaba que una persona podía ser encarcelada hasta cinco años por impartir tales técnicas. Era una prohibición absurda y carente de toda lógica, otro fascinante ejemplo más de una Unión Soviética obsesionada con prohibirlo casi todo.

En una ocasión en la que andaba quejándome por no poder aprender kárate, mi madre replicó:

—Ay, creo que el tío Vitia sabe.

El tío Vitia era un colega de mi padre y amigo de la familia. Lo anduve agobiando para que me enseñara algunos movimientos. Al cabo de un par de meses, cuando vio que no lograría zafarse de mí, me hizo jurar que lo mantendría en secreto y me enseñó un fajo de fotografías en blanco y negro de un manual de kárate. No era más que un juego de ilustraciones rudimentarias. En una, un tipo levantaba la pierna en el aire; en otra, levantaba la rodilla para asestarle un golpe en la cabeza al contrincante. Cada fotografía iba acompañada de un pie de foto escrito en caracteres japoneses, lo cual parecía la prueba definitiva de que el tío Vitia estaba cometiendo un delito por mi culpa. Pese a mis súplicas, no me dejó llevarme las fotografías a casa, pero me dijo que, si me esforzaba en la escuela, me enseñaría un par de técnicas. Regresé a casa extasiado, colgué un saco de arena de la puerta, lo rellené con algo que no recuerdo, coloqué mis dedos en una configuración elaborada para matar de un solo golpe en el plexo solar y le di un puñetazo al saco. Durante los diez días siguientes no pararon de preguntarme: «¿Qué te ha pasado en la mano? ¿Por qué la tienes tan hinchada?».

Me causaba una cierta estupefacción que en mi ciudad no pareciera haber malhechores. De hecho, la gente ni siquiera cerraba la puerta de casa con llave. La gama completa de delitos cometidos se reducía a la noticia de que «El alférez Sidorenko se ha emborrachado de nuevo y ha montado una escena con su mujer». Tal situación se resolvió rápidamente cuando nos mudamos a Kalininets, donde estaba destacada la división Taman. Era una ciudad militar de grandes dimensiones, dividida en varias unidades y con una población de unos 25.000 habitantes. Un par de semanas después de llegar tras las vacaciones escolares de verano, un niño claramente mayor que yo y que me sacaba media cabeza se me acercó y me dijo:

—Préstame 15 kopeks, por favor. Luego te los devuelvo.

Su petición me halagó. Aún no tenía ningún amigo y, cuando volviera a empezar la escuela, podría ponerme a hablar, como si tal cosa, con uno de los niños mayores delante de todos mis compañeros. De manera que le di los 15 kopeks. Tres días más tarde me lo tropecé de nuevo en la calle y la historia se repitió, con la salvedad de que esta vez, al ver que llevaba muchas monedas, me dijo:

—Bueno, mejor que sean 30, por favor.

En la tercera ocasión, le dije que por supuesto que le prestaba otros 15 kopeks, pero que me gustaría que me devolviera los 60 que me debía pronto.

—No te hagas el listillo conmigo —fue su respuesta.

De repente caí en la cuenta de que me hallaba en el humillante aprieto de ser un niño más pequeño al que un abusón le estaba robando el dinero.

Fue como un jarro de agua fría. Cuando leía acerca de situaciones así, sonreía con desdén y pensaba que a mí nunca me pasaría nada parecido, porque enseguida me rebelaría. Al fin y al cabo, más vale ponerse una vez colorado que ciento amarillo. Por desgracia, nunca había leído que una relación así pudiera empezar con un timo, con una petición en apariencia amistosa. Durante los seis meses siguientes, aquel chico (al que llamaban Crane) envenenó mi existencia. Tenía que evitarlo, porque, de lo contrario, cada encuentro con él se convertía en un diálogo humillante con empujones y amenazas. Estaba desesperado, no sabía qué hacer. Yo era el niño más alto y fuerte de mi clase, pero Crane era más alto y mayor que yo, y era descarado y estaba seguro de sí mismo, lo cual, como es bien sabido, es la baza principal en el arte de las peleas callejeras. Yo no tenía un hermano mayor a quien pudiera pedir ayuda, ni ningún amigo en los cursos superiores. Me daba vergüenza quejarme ante mis padres y, además, ya sabía cuál sería su consejo: «¡Dale un buen puñetazo y parará!». A los adultos les parece muy fácil aconsejar que le des un puñetazo a alguien. Para ellos, el tema de los abusones en las escuelas es una chiquillada, pese a que su intensidad emocional y psicológica es cien veces superior a cualquier problema que ellos puedan estar afrontando.

La situación degeneró en un desastre absoluto cuando, tras haberme negado una vez más a darle dinero y a dejar que me registrara los bolsillos, me asestó un puñetazo en la cara, tras lo cual tuve que darle 20 kopeks. Yo estaba hundido y no sabía qué hacer. La mañana siguiente salí a dar un paseo y, de todas las personas con quien podía haberme tropezado, ¿a quién vi venir a lo lejos? Al maldito Crane. Era demasiado tarde para fingir que no lo había visto.

—¿Qué tienes ahí? Déjame ver. ¿Tienes el labio hinchado? —me dijo, fingiendo estar de un humor conciliador.

Y entonces hice lo más osado que he hecho en toda mi vida. Hoy en día, en casi todas las entrevistas que me hacen me preguntan de dónde saco el valor. Sinceramente, creo que mi labor en los últimos veinte años no ha requerido una valentía especial; se trata más bien de haber tomado una decisión consciente. Desde luego, no requiere ni un 1 por ciento del coraje que necesité en aquel momento. Estoy seguro de que muchas personas entenderán a qué me refiero: por pura rabia, desesperación y, paradójicamente y por encima de todo, por puro miedo, uno consigue reunir el valor para hacer la acción más decidida y temeraria. Mientras le gritaba todas las palabrotas que conocía, empecé a lanzarle puñetazos a la cara con todas mis fuerzas, y conseguí encajarle por lo menos la mitad. Tomado por sorpresa, Crane cayó hacia atrás y me miró desconcertado; tumbado sobre la espalda y cubriéndose con las manos, esperaba que fuera corriendo hacia él y empezara a darle puntapiés. Lo miré, no menos desconcertado. El ataque de rabia se me había pasado y me estaba bajando la adrenalina. Con cada milisegundo que transcurría me acercaba más al famoso dilema del gato de Schrödinger: si Crane se levantaba, yo estaría muerto... o no. En aquel momento aprendí una regla en la vida: es más fácil llevar a cabo una acción arriesgada que vivir con sus consecuencias. Corrí lo más rápido que pude. Al mirar atrás vi a Crane. Me perseguía. Al cabo de unos minutos noté una punzada de flato, pero le hice caso omiso, consciente de que, si me detenía, todo sería mucho peor. Conseguí escaparme, pero los tres días siguientes viví aterrado. Temía que me diera una paliza en la escuela delante de mis amigos o, incluso peor, delante de las niñas. Sin embargo, para mi gran sorpresa, cuando topé cara a cara varias veces con mi némesis en la escuela, se limitó a mirarme con expresión amenazadora. Poco a poco, aquello fue mutando en una manera muy deliberada de ignorarme, y yo, por mi parte, decidí hacer lo mismo. Sigo sin saber por qué no intentó vengarse. Quizá la respuesta se encuentre en la teoría económica: un agente libre deambula por el mercado robando dinero a alumnos más jóvenes, todos los cuales se sienten intimidados. Con mi ataque de locura, elevé el precio del hostigamiento a ojos de mi torturador y tomó la decisión racional de concentrarse en otros niños menos psicóticos. Así que podría decirse que, de algún modo, me salvó la mano invisible del mercado.

La segunda explicación posible es que fui lo bastante listo como para no alardear del incidente y limitarme a compartirlo solo con un par de amigos íntimos. Crane se dio cuenta de que no tenía intención de sabotear su reputación como abusón en jefe y dejó de fastidiarme.

Tras aquella batalla épica, la vida en la escuela fue más pacífica. Hasta el final de mis días en primaria fui un estudiante decente, con notas sobresalientes en literatura e historia, buenas calificaciones en matemáticas, física y las materias relacionadas, pero con muy mal comportamiento. No me peleaba, no hacía novillos ni rompía ventanas, pero cometía un delito mucho más serio a ojos de mis profesores: me pasaba el día de broma. En cada clase hay un alumno que disfruta haciendo comentarios en alto, la mayoría de ellos sin sentido. Yo era ese alumno.

No les tenía ningún miedo a los maestros y no entendía por qué a muchos de los otros niños parecían aterrarles. Al fin y al cabo, ¿qué podían hacerte si más o menos te habías aprendido la lección, salvo ponerte mala nota por mala conducta? Pronto averigüé que eso en realidad no afectaba para nada. Yo podía seguir sacando notables y sobresalientes en una materia y que el maestro o la maestra escribiera una nota en rojo en mi boletín que dijera: «Comportamiento insatisfactorio». Es más, cuando él o ella escribía: «Su comportamiento es atroz», algunas personas parecían interpretarlo como un cumplido encubierto, tal como descubrí cuando mis padres les explicaban a sus amigos cómo iba en los estudios. Parece cómico que los adultos casi siempre reaccionaran positivamente a la noticia de que había «suspendido» en comportamiento. Su reacción habitual era decirme: «Bien hecho, Alexéi. ¡Demuéstrales lo que es bueno!».

Rara vez me enfrentaba directamente a mis profesores, pero, cuando lo hacía, lo hacía sin reservas, los insultaba y les llamaba de todo, a resultas de lo cual convocaban a mis padres a una reunión en la escuela. Discutí tanto con una de las profesoras de historia que decidí que, si mi vida acababa siendo interesante y escribía unas memorias, me encargaría de recordarle el incidente siguiente. Mientras nos explicaba la historia de la Biblioteca de Alejandría, mencionó que, en una ocasión, empeñaron la biblioteca por diez talentos, que nunca se reintegraron:

—Fue así como diez personas con talento, tal como se había prometido, fueron transferidas al dueño de la biblioteca.

Como el pequeño sabelotodo que era, no me quedó más remedio que ponerme en pie y explicarles, a ella y a toda la clase, que la palabra «talento» no aludía a personas con talento, sino a la unidad monetaria de la época. Se armó un gran revuelo que, huelga decirlo, no giró en torno a la historia del antiguo Egipto, sino a mi grosería y al hecho de que hubiera llamado ignorante a la profesora.

Lo explico para cumplir la promesa que me hice de niño, pero reconozco que, por supuesto, fui yo quien se equivocó. La desventurada profesora había cometido un error y yo convertí sus clases en un infierno. Ahora entiendo lo insoportable que debía de ser tenerme como alumno. Imagino que el tipo de estudiante que más desagradaba a los profesores era el sabihondo que se creía muy listo y se saltaba la disciplina en clase para hacer reír a las niñas con sus chistes. Les agradezco que no me bajaran la nota y que supieran diferenciar mis conocimientos de mi mala conducta. Sin embargo, en general, con esa pequeña excepción, puedo decir que mi escuela era muy buena. Incluso ofrecía una posible salida fácil para los alumnos a quienes les costaban los estudios: en el último curso podían transferirse a la escuela «civil» vecina, situada a unos kilómetros de distancia, y cualquiera que sacara unas notas justas en nuestro colegio de repente se veía transformado en un alumno «de sobresaliente». Sigo sin entender cómo era posible, porque, en teoría, el currículo era idéntico en todos los centros.

Noveno y décimo quedaron eclipsados por la cuestión de en qué universidad solicitar el ingreso y, en consecuencia, para qué exámenes prepararme. El año 1991 fue una luna de miel para el nuevo capitalismo, en lo que posteriormente se conoció como «los malditos años noventa». Los negocios se volvieron más accesibles, ser empresario dejó de ser la profesión exótica que era a finales de la década de 1980. Por supuesto, yo quería estudiar una carrera que me hiciera rico. Esa era, a mi modo de ver, la esencia del capitalismo: las personas más astutas e inteligentes (entre las cuales yo me contaba, cómo no) podían hacerse ricas. Y esas perspectivas parecían ir asociadas a nuevas profesiones con llamativos nombres extranjeros, entre las cuales destacaba, por encima de todas, la de *manager*. Aquellas personas fascinantes, pensaba yo, eran las más importantes y las que tenían el futuro más deslumbrante por delante.

Leí en el periódico una noticia acerca de la apertura de una «Escuela para Jóvenes Mánager» en el Instituto Plejánov de Moscú que admitiría a jóvenes de entre catorce y dieciocho años, y le dije a mi madre que me gustaría matricularme. No interferiría con mis estudios normales, porque las clases se impartían los sábados y los domingos. Era un poco engorroso, porque tenía que hacer en bus el trayecto de veinte minutos hasta la estación de tren de Golitsino y luego otra hora hasta Moscú, seguida por un viaje en metro, pero estaba dispuesto a sacrificarme por convertirme en mánager y dar ese primer paso en mi vertiginosa futura carrera.

Al llegar al Instituto Plejánov el día de los exámenes de acceso, encontré la que probablemente sea la cola más larga que he visto nunca en mi vida. Era evidente que no era el único que había sucumbido al hechizo mágico de la palabra «mánager». El examen consistía en una larga prueba de preguntas de opción múltiple, una fórmula estandarizada en la actualidad para medir conocimientos pero que, en aquel entonces, se nos antojaba moderna y extranjera, y también bastante fácil, porque escoger entre cuatro opciones es mucho más sencillo que dar la respuesta correcta.

Un par de semanas después fui a comprobar los resultados. Encontré a decenas de adolescentes nerviosos mirando hacia una pared en la que habían pegado unas hojas de papel llenas de nombres. Por encima de ellas había un anuncio destacado: «Estos son los nombres de quienes *no* han aprobado. Si tu nombre no figura aquí, has aprobado». Comencé a ponerme nervioso. Pero mi nombre no estaba en las listas. Al llegar a casa, les comuniqué la buena noticia a mis padres y mi madre, cómo no, me replicó:

—Es imposible que sea así. Tiene que haber listas de los que han entrado y te has equivocado.

Incluso fue hasta Moscú para comprobarlo con sus propios ojos. No me había equivocado.

El curso era de pago e incluía clases de Derecho, Psicología, Económicas y alguna otra materia que no recuerdo. Sin embargo, lo que se me reveló fue que el conocimiento arcano de cómo ser un mánager podía conseguirse mediante el simple recurso de comprar libros de texto estándar y leerlos. Las clases consistían, en gran medida, en un refrito de dichos libros, pero, como se impartían en una universidad, había algo muy adulto en asistir a ellas: un gran auditorio semicircular abarrotado de gente, con un maestro ante el atril y yo con mi cuaderno para tomar apuntes.

A decir verdad, conseguí mi objetivo principal: aprender algo acerca de cómo funciona una empresa, aunque los conocimientos impartidos no eran gran cosa. Además, no me hicieron falta las clases para darme cuenta de que aquella Escuela para Jóvenes Mánager era, en sí misma, un ingenioso proyecto empresarial. El Instituto Plejánov había insertado un anuncio atractivo en los diarios, lleno de palabras de moda. Se había permitido entrar a todo el mundo bajo la «estricta barrera de un examen», si bien el límite del número de asistentes lo había puesto la capacidad física de las instalaciones. Se permitía a todo el mundo pagar las tasas y, a cambio, asistir a unas lecciones bastante aburridas. No sé si el tipo que se inventó aquello habría salido de una escuela de negocios, pero desde luego que debió de sacarle un buen provecho.

En cuanto a la dirección principal de mis futuros estudios, tras varias reuniones familiares limitamos la elección a dos opciones: Economía o Derecho. Parecía evidente que en el nuevo mundo de la economía de mercado esas serían las dos únicas profesiones que quedarían. Habría economistas y habría abogados, y el resto se extinguiría, víctima de la selección natural. En 1992, la idea de estudiar para ser físico se antojaba ridícula, mientras que convertirse en un mero doctor o profesor estaba descartado. Lo relato en tono irónico, pero era la situación objetiva en aquel entonces. Todo el mundo quería convertirse en abogado o en economista, hasta tal punto que en cuestión de pocos años se inauguraron, literalmente, centenares de «universidades» especializadas en estos estudios y todas las universidades, escuelas e institutos que existían se dotaron de facultades de Derecho y Economía. Ello desembocó en la consecuencia previsible de que al cabo de quince años los abogados, los economistas, los mánager y los negociantes hubieran proliferado como conejos y no hubiera manera de encontrar a un ingeniero.

Aunque todo eso vendría después. En 1993, el año de mi matriculación, el sistema educativo seguía siendo soviético y en todo Moscú había solo tres universidades civiles que formaran a abogados. Acabé decantándome por la opción del Derecho principalmente porque quería poner tierra de por medio con las matemáticas. Una vez tomada la decisión de convertirme en abogado, podía, de hecho, presentar mi solicitud de acceso a cuatro universidades. Otro alumno con quien asistía a los cursos preparatorios las resumió de manera sucinta:

1. la Facultad de Derecho de la Universidad Estatal de Moscú, en la que todo Moscú pugnaba por entrar;
2. la Facultad de Derecho del Instituto Estatal de Relaciones Internacionales de Moscú, que solo admitía a familias del KGB con buenos contactos y otras élites soviéticas,
3. y la Universidad Rusa de la Amistad de los Pueblos (URAP), cuyos estudiantes procedían sobre todo de

países africanos o eran futuros agentes del KGB encargados de espiar a dichos estudiantes.

La cuarta opción era la Facultad de Derecho de la Universidad Militar del Ministerio de Defensa. Se perfilaba como la de acceso más fácil para mí, dado que era hijo de un oficial del Ejército, pero, después de todo lo que había visto viviendo en una ciudad militar, la idea de tener que ponerme un uniforme y acatar las órdenes de otras personas ni me la planteaba. Mis padres hicieron algunos intentos de convencerme de matricularme allí, probablemente porque entendían la dificultad de entrar en una Facultad de Derecho civil, pero yo me negué en redondo y ellos no insistieron, si bien sí que me plantearon una propuesta curiosa. Existía una quinta opción, que era inscribirme en la Academia del FSB, el Servicio Federal de Seguridad. En términos técnicos, la facultad de investigación también podía otorgar una licenciatura en Derecho, y mi padre había mencionado en una ocasión que conocía a alguien que tenía contactos en el departamento de admisiones. Descarté la idea de plano, pero ahora me divierte especular con cómo habría sido mi vida si me hubiera matriculado para formarme como investigador del FSB.

Al final decidí probar suerte en la Facultad de Derecho de la Universidad Estatal de Moscú. Francamente, era poner el listón alto, lo cual hizo que mis padres se limitaran a encogerse de hombros cuando les comuniqué mi decisión. Incluso hoy, la Facultad de Derecho de la Universidad Estatal de Moscú proporciona la que tal vez sea la mejor educación legal de toda Rusia, y en aquel entonces acceder a ella era casi tan fácil como entrar en Harvard.

Un estrés espantoso, insoportable, sin sentido. En eso terminó resumiéndose todo. Cuando se acabó, me juré a mí mismo que nunca en mi vida presionaría a mis hijos para que estudiasen en la universidad. Aunque por supuesto lo hice. Quizá solo responda a lo que llaman «instinto parental».

Al llegar a la primera prueba, me encontré entre una multitud de aspirantes y sus padres e inmediatamente tropecé con el viceprimer ministro del Gobierno ruso, cuyo rostro aparecía a todas horas en televisión en aquellos tiempos. Se había presentado para apoyar a su hijo. Aún no sé cómo se elaboraban las listas en aquellos años, cuántos entraban tirando de contactos, cuántos a cambio de sobornos y cuántos aprobando los exámenes. Yo necesitaba una puntuación de 34,5. Tenía un 9,5 en inglés y un 9,5 en historia. La nota del trabajo de fin de grado constaba de dos partes: yo tenía un 9,5 en creatividad y un 6 en gramática; sin embargo, se usaba la franja baja del baremo al sumar los puntos y eso me situaba en la zona de peligro. Tenía que sacar como fuera un 9,5 en Teoría del Estado y Derecho. Creía poder hacerlo, porque esa había sido una de mis asignaturas preferidas en la escuela. Sin embargo, cuando llegó el momento del examen, tuve la oportunidad de comprobar por mí mismo cómo se las ingeniaba el sistema para mantener fuera a los de fuera.

Por supuesto, había leído mucho sobre el asunto. Por ejemplo, prácticamente iba en contra de la ley admitir a judíos en las facultades de Matemáticas. Durante el examen oral, al desafortunado escolar con una «nacionalidad problemática» se le formulaban preguntas cada vez más difíciles. Por más listo que fuera uno, el maestro, antes o después, daría con una pregunta que no eras capaz de contestar.

En aquellos tiempos corría el siguiente chiste: el tribunal de acceso a la Universidad Estatal de Moscú quiere rechazar a un candidato judío, de manera que le formula preguntas cada vez más complejas. El alumno conoce todas las respuestas, y al final todo se reduce a la siguiente cuestión:

—¿Cómo explica que Lev Tolstói fuera capaz de recordar cosas de cuando solo tenía solo cuarenta días?

—Eso no tiene nada de extraordinario. Yo recuerdo cosas de cuando tenía solo ocho días.

—¿Qué recuerda?

—Recuerdo a un viejo judío con barba y tirabuzones en las patillas llegando y limitando mi acceso a la universidad.

En el momento en el que yo me presenté a los exámenes de acceso no había restricciones por cuestiones de «nacionalidad», pero las crudas leyes de aquel mercado concreto establecían un sistema de cuotas distinto y válido en todo el mundo. Si dispones de cuatrocientas plazas y aceptas a cien estudiantes solo porque sus padres dirigen el país y otras cien plazas se venden sin más, hay que «sacrificar» al 50 por ciento de los mejores candidatos. Respondí a todas las preguntas del examen, pero el examinador seguía formulándome otras nuevas. Al final, si no recuerdo mal, me preguntaron qué se entendía por «riesgo normal». Se trata de un término utilizado en el Derecho Laboral, que no se estudia hasta tercer año de carrera. Consciente de que la respuesta «No lo sé» era la peor que podía dar, aventuré una respuesta. El presidente de la comisión hizo un gesto de desdén con la mano, exclamó «¡No lo sabes!» y me puso un 8.

Saqué una nota global de 33,5. No llegué a la nota de corte. Fue un desastre. Pasé dos días tan triste que fue como si mi vida se hubiera acabado. No dejaba de recrear en mi cabeza la escena en la que les decía a mis amigos y mi familia: «No he entrado» y los veía asentir con la cabeza en un gesto compasivo. Apareció una solución, no obstante. Se podía acceder a la Universidad de la Amistad de los Pueblos en base a la puntuación obtenida en los exámenes de la Universidad Estatal de Moscú, y mi 33,5 era suficiente. De manera que acabé estudiando en la universidad que en aquel entonces se conocía coloquialmente como Lumumbarium. Su nombre completo era Universidad Rusa de la Amistad de los Pueblos Patrice Lumumba.

Se trataba de una universidad internacional que admitía a estudiantes de otros países que habían «elegido el camino socialista para el desarrollo». Su creación, como pasaba siempre, se aprovechó sobremanera con fines propagandísticos. En este caso, se presentaba como un centro para plantar cara al colonialismo y apoyar a «la clase obrera de todo el mundo en su lucha contra el neoimperialismo de Estados Unidos». Por eso se había bautizado la universidad con el nombre de Patrice Lumumba, un político congolés asesinado por sodados radicales de derechas por orden de los belgas. Tal como revelaron unos documentos desclasificados más adelante, agentes de la CIA también habían participado en su asesinato. Y es cierto que se trata de una historia trágica, pero la población soviética, que se veía obligada a tragarse a la fuerza una cantidad infinita de propaganda, contemplaba aquel hecho con cierto cinismo y sarcasmo. La política internacional importaba poco cuando no era posible comprar mantequilla en la tienda del barrio. Como es lógico, en tiempos postsoviéticos el nombre de Patrice Lumumba se convirtió en una carga para la dirección de la universidad y, durante mi primer año de carrera, lo eliminó con discreción.

Entre los datos interesantes relacionados con mi universidad, era habitual mencionar, no sin cierto orgullo, que el infame terrorista Carlos «el Chacal» había sido alumno del centro. La prensa extranjera suele recalcar el hecho de que estudiara en una «facultad militar». Para cualquier ciudadano ruso, se trata de un dato cómico, ya que casi todas las universidades cuentan con un departamento militar y eso no tiene nada de siniestro. Y resulta más cómico si cabe en el caso de la Universidad de la Amistad de los Pueblos, porque no tenía una facultad de ese tipo, si bien sí presentaba ciertas peculiaridades. Mi promoción fue la primera en la que se permitió a los candidatos matricularse inmediatamente tras la secundaria. Antes era obligatorio haber servido en el Ejército, uno de los motivos que explican la multitud de chistes y rumores acerca de que todos los estudiantes nativos del Lumumbarium eran espías.

El caso es que yo acabé matriculándome y mi vida, después de todo, no se acabó. Los demás chicos de mi escuela fueron admitidos en colegios militares, la Universidad Militar o la Academia del FSB. Mis antecedentes —ser parte de la familia del Ejército, estar siempre rodeado de militares y que todos mis amigos estudiaran en escuelas militares— me convirtieron más adelante en un individuo que suscitaba recelos en el entorno demócrata liberal. No es que se censuraran mis orígenes, pero sí que se consideraban un poco raros. Los activistas salían muchas veces de las escuelas buenas de Moscú. Y yo era alguien que procedía de los suburbios de la capital y que tenía cara de policía o militar. Lo más divertido es que este encasillamiento instantáneo funcionaba en ambas direcciones. Antes de convertirme en una persona más o menos célebre, la policía solía confundirme en las manifestaciones con un agente de paisano. Podía abrirme paso con facilidad a través de cualquier cordón policial: bastaba con poner una expresión inescrutable y comportarme como si fuera un alto cargo.

Tras matricularme, me moría de ganas de que llegara septiembre para conocer a mis nuevos compañeros, los cuales resultaron ser antiguos escolares la mar de normales, como yo mismo. Desde el momento en el que abrieron la boca me quedó claro que todos eran muy listos. Los extranjeros eran también personas encantadoras, aunque mayores que nosotros; saltaba a la vista que les inquietaba un poco no saber el idioma y que sobrellevaban mal el frío.

Durante el primer año los alumnos extranjeros aprendían solo ruso, mientras que los demás aprendíamos el idioma extranjero que se nos asignaba al azar. En aquel momento cometí una de las mayores estupideces de mi vida. En una reunión de presentación para nuevos alumnos, seguí el absurdo consejo del rector de la universidad, quien dijo: «Es bueno saber dos lenguas extranjeras. De manera que, si estudiasteis inglés en la escuela, decantaos por el francés o el español». A mí me habían metido en el grupo de inglés, pero pedí que me cambiaran de idioma.

—¿Prefieres francés o español? —me preguntó la administrativa.

Me encogí de hombros. Me apuntó a francés.

El estudio superintensivo de francés me permitió aprender el idioma más o menos bien antes de final de año y, cuando me licencié, como todos los demás, recibí un diploma adicional que me permitía traducir del francés al inglés. Sin embargo, sin práctica (¿y dónde iba yo a practicar el francés?), no tardé en olvidar aquella lengua, mientras que mi inglés seguía a medio hornear. Lo hablo, pero con un acento muy marcado y con muchos fallos gramaticales.

Antes me he referido a la década que acabó conociéndose como «los malditos años noventa», y me gustaría explicar el porqué, ya que es uno de los principales motivos por los que Putin sigue siendo popular entre una porción de la sociedad y su nombre sigue asociándose con «la restauración del orden», aunque, bajo su mandato, la Administración del Estado se haya degradado por completo. Mientras yo sopesaba en qué facultad presentar mi solicitud, en nuestra ciudad este fenómeno lo encarnó un hombre con calcetines blancos. Llamaban mucho la atención, porque sacaba los pies por la ventanilla de su Audi. Dudo que ir sentado en un coche con los pies asomando por la ventanilla sea cómodo, pero él debía considerarlo una manera de proclamar a los cuatro vientos su superioridad. El nombre de aquel individuo era Emil y se trataba del mayor bandido de nuestra ciudad. Lo que convirtió aquellos años en «los malditos noventa» fue el hecho de que no había nadie que no supiera exactamente quién era el peor delincuente de su localidad y qué bandas criminales operaban en ella. Como por arte de magia, las mafias aparecieron de la noche a la mañana y de inmediato asumieron un papel capital en la vida pública. La presencia de aquel caballero con calcetines blancos habría sido impensable en tiempos soviéticos. Por supuesto que había criminales en prisión y gente que gestionaba negocios en el mercado negro, pero todo eso pertenecía a otro planeta para los ciudadanos de a pie. Si te llegaba el rumor de que alguien había estado en la cárcel, bajo ningún concepto le atribuías una connotación positiva. Había una expresión muy popular referida a alguien que «vive en el kilómetro 101». El sistema penal prohibía a los exconvictos establecerse a menos de un radio de cien kilómetros de las grandes ciudades. El kilómetro 101 describía un lugar habitado por toda suerte de alcohólicos, ladrones y personajes sombríos, pero no había nada ni remotamente romántico en ellos y desde luego nadie habría imaginado que podrían tener algún tipo de poder.

Pero cuando la Unión Soviética apenas acababa de desmoronarse, dejando en su estela un país sin un único centro de poder reconocido y aceptado por todo el mundo, la población descubrió de repente que la máxima autoridad en el territorio la ostentaban ahora bandas que merodeaban por las noches en los puestos callejeros de kebabs. Tal como ocurría en las películas acerca de la mafia italiana, la gente acudía a esas bandas para solucionar sus problemas y en busca de consejo. Nadie quería estar a malas con ellas. Se trataba de un fenómeno extraordinario, sobre todo en la ciudad militar donde yo residía. Mi localidad era la sede de toda una división de hombres armados cuya misión se limitaba a combatir y matar y, aun así, el principal capitoste era aquel georgiano con calcetines blancos. La palabra «autoridad» adquirió un significado adicional, que reflejaba el difuso estatus de aquellas personas: ¿eran delincuentes, empresarios o personas respetables? La ambigüedad que afloró en aquellos tiempos sigue vigente hoy en día. En cualquier artículo biográfico acerca de Putin pueden leerse pasajes que describen su conexión con «empresarios con autoridad». Se trata de un eufemismo de «delincuentes» o «mafiosos» que todo el mundo entiende.

De la noche a la mañana, haber cumplido condena entre barrotes pasó a considerarse algo positivo y muy importante. Cuando antes cualquiera habría dicho: «Ha pasado siete años en prisión. Es un bala perdida. Es mejor que no te mezcles con él», ahora, de manera incomprensible, se decía: «Ha pasado siete años en la cárcel, seguro que tiene contactos y puede ayudarte a solucionar tus problemas». Emil era el nivel más bajo de la cadena alimentaria. Un mafioso mucho más importante que «gobernaba» la localidad de Odintsovo tenía su sede en uno de los talleres mecánicos de la autopista de Minsk, a quince kilómetros de donde vivíamos nosotros. Por encima de él, había personas relacionadas con la banda de Sólntsevo. Todo el mundo, incluidos escolares, estudiantes universitarios y adultos, conocía y entendía esta jerarquía. No estaba claro cómo la conocían, pero todo el mundo comprendía que era análoga a las antiguas administraciones de los pueblos, distritos y regiones. Si no conseguías solucionar un problema a través de la mafia local, podías negociar con una banda con más influencia.

Cualquier negocio, desde un pequeño comercio hasta una fábrica, tenía su propio *krysha* o «techo». «*Krysha*» fue la palabra más importante en la década de 1990. Transcurridos menos de dos minutos de conversación acerca de cualquier empresario, se formulaba la pregunta: «¿Quién es su *krysha*?». Las bandas criminales se formaban de acuerdo con criterios de lo más variopinto: territoriales (había varias bandas de Podolsk y Sólntsevo); por experiencia en combate («los Afganos»), o incluso por afiliación deportiva. Probablemente, los «Deportistas» constituyeran la banda más numerosa. Todos los luchadores y boxeadores, sin excepción, se unían a bandas, y era en los gimnasios de boxeo donde se forjaban. Por último, había delincuentes de la vieja escuela, con su propia jerarquía carcelaria de tiempos anteriores a la perestroika y sus propios tatuajes, motivo por el cual se los conocía como «los Azules».

Todo el país hablaba acerca de guerras entre bandas callejeras, de enfrentamientos entre los Azules y los Deportistas y de otros fascinantes temas relacionados. Una oleada de canciones criminales barrió Rusia, baladas que, ahora que lo pienso, probablemente fueran nuestro equivalente a la música *country*.

Capítulo 7

No esperaba que la vida real se asemejara a las fiestas estudiantiles que aparecían en las películas estadounidenses, pero la vida universitaria me resultó decepcionante en, literalmente, todos los aspectos. Había quien llevaba una vida social desenfrenada, claro que sí, pero a mí a menudo me costaba entenderla. Mi grupo social eran los empollones, pese a que yo no tengo demasiado aspecto de empollón. Siempre he preferido la compañía de quienes se sienten incómodos con el sexo contrario pero son personas espectacularmente leídas y dadas a hacer chistes ininteligibles o, al menos, a intentarlo, frente a los fiesteros fardones que circulan tan panchos, vaso en mano, riendo y lanzando besos al aire junto a las mejillas de los demás. Incluso a día de hoy temo a ese tipo de personas y me siento incómodo en su presencia.

En mi tercer o cuarto año de carrera, pasé a formar parte del grupo de los «guais» («guais» según los parámetros de los años noventa). Me hice muy amigo de un chaval que tenía un todoterreno Mercedes Clase G, hijo de un alto cargo de la policía, y del hijo de un oficial del FSB, y juntos nos las dábamos de ser la hostia. En la década de 1990, quien conducía un Clase G era considerado inmediatamente lo más, y aquel 4×4 estaba equipado, además, con una luz giratoria de policía. Uno de mis amigos incluso tenía un fabuloso documento para «hacer la vista gorda», un pase auténtico emitido por el Ministerio del Interior con la leyenda «Mandato de inmunidad frente a inspecciones». Tal como la carta en *Los tres mosqueteros*, informaba «a quien pueda interesar» de que aquel vehículo, su conductor y los pasajeros no podían ser cacheados, investigados ni acusados de ningún delito. Uno de los motivos por los que la vida en Rusia no salió como en Estados Unidos es que circulaban documentos como aquel. Y siguen haciéndolo.

Pese a mis devaneos con esta élite cuestionable, yo seguía siendo amigo de los empollones y es con ellos con quienes continúo teniendo contacto hoy en día. Por eso cuando le digo a mi mujer: «Esta noche voy a salir a tomar una cerveza con mis colegas de la universidad», ni se inmuta, pues sabe que el momento álgido de la velada probablemente consista en contar chistes acerca de la historia de la antigua Roma o en mantener un debate sobre las relaciones interétnicas.

Enseguida me quedó claro que otra limitación para llevar la desenfrenada vida estudiantil que anhelaba era el autobús número 26, mi enemigo y la causa de una angustia infinita para mí durante mis años de estudiante. Yo no vivía lejos de Moscú, pero, en la década de 1990, el sistema de transporte, que ya no era bueno en tiempos soviéticos, se deterioró aún más debido a la falta de inversión y al estado caótico del país. Los taxis eran un medio de transporte privado e infrecuente, además de exorbitantemente caro, y en rutas tan poco prometedoras como la que iba de la estación ferroviaria de Golitsino hasta mi ciudad militar en Kalininets eran desconocidos. De ahí que el autobús número 26 fuera el rey supremo, sin rival que amenazara su monopolio, y sus súbditos, como yo, no tuviéramos más remedio que aguantarnos.

Para llegar a mi primera clase en la universidad, a las 9.00 horas, tenía que levantarme a las 5.55 de la madrugada, desayunar, vestirme y estar listo para tomar un autobús cuyo horario previsto decía que pasaba a las 7.04 horas. El problema es que uno no subía al autobús: tenía que asaltarlo. Había un montón de gente que, como yo, necesitaba estar en Moscú a las nueve de la mañana. De ahí que, cuando el autobús llegaba, a menudo no pudiera abrir las puertas, porque estaban presionadas contra las espaldas de los pasajeros que habían logrado subirse en paradas anteriores. El siguiente autobús estaba programado para las 7.18 horas, lo cual, en la práctica, implicaba llegar con cuarenta minutos de retraso. Quienes esperábamos en la parada habíamos tenido que abrir a la fuerza las puertas con nuestras propias manos y, mientras el autobusero nos reprendía por megafonía, preocupado por sus valiosas puertas de propiedad estatal, abrirnos paso como podíamos entre los pasajeros que ya estaban a bordo. En realidad, los hombres entraban a la fuerza y las mujeres empleaban la técnica de meterse con calzador. Cuando me apeaba del autobús tenía que ir corriendo hasta la estación, porque el tren hacia Moscú ya se acercaba, y, una vez en la ciudad, buscar un asiento en el eficaz metro de la capital.

De noche, la situación era aún peor, porque el último autobús hasta mi ciudad salía a las 21.28 horas. Después de eso no había nada en lo que entrar a la fuerza ni con calzador. Era un desastre. ¿A qué fiesta o parranda estudiantil va a ir uno si tiene que estar en la estación de tren dejada de la mano de Dios de Golitsino a las nueve y media de la noche, que es justo cuando empieza el desenfreno y cuando las chicas dejan de darle sorbitos al champán y empiezan a beber vodka? Además, tampoco es que pudieras explicarle a nadie que eras un mártir del 26. ¿Qué clase de tío guay tiene que ir corriendo del metro al tren y del tren al autobús para poder llegar a su casa en los patéticos «alrededores de Moscú» a la hora de irse a la cama de los niños pequeños? Claro que en ocasiones tenía la posibilidad de quedarme a dormir con amigos en la residencia de estudiantes o donde fuera, pero eso implicaba presentarme en la universidad la mañana siguiente con aspecto desaseado y descuidado y, en todo caso, por mi propia autoestima, prefería no abusar de los demás. A resultas de ello, a menudo optaba por regresar a casa andando desde la estación del tren. Quedaba a 6,2 kilómetros, pero la excursión tenía sus ventajas. Por ejemplo, si volvías ebrio, el ejercicio te ayudaba a recuperar la sobriedad. Aun así, eran muchas más las desventajas, la principal de las cuales era que caminar por el arcén era absolutamente aterrador. Lo que daba miedo no era atravesar el bosque, sino la perspectiva de que te atropellaran. Numerosas coronas funerarias y cintas atadas a árboles y postes a lo largo del camino daban fe de que dicha probabilidad era elevada. Se trataba de una carretera recta y nivelada, sumida en una oscuridad absoluta y con un estrechísimo margen que bordeaba una profunda zanja. Los faros iluminaban a los peatones justo delante del capó, así que incluso un conductor cauteloso y sobrio podía atropellar a una víctima del horario de los autobuses, y, si el conductor iba ebrio, prácticamente era un juego de niños. En aquel entonces, cuando la policía de tráfico aceptaba sobornos a plena luz del día y era capaz de hacer la vista gorda incluso ante un conductor bebido empuñando una metralleta, muchos borrachos conducían a toda velocidad por la carretera.

En invierno, el trayecto era incluso más desapacible. El angosto arcén desaparecía y te veías obligado a caminar por la calzada. Si veías aproximarse unos faros, la única opción para esquivarlos era saltar hacia los ventisqueros de los márgenes.

¡Madre del amor hermoso! Cuánto espacio le he dedicado a aquel maldito autobús. Con la cantidad de años que han pasado y sigo resentido por las fiestas que me perdí y las oportunidades por portarme mal que dejé pasar...

Desde entonces me he preguntado mil veces por qué no opté por la solución evidente de alquilar un estudio cerca de la universidad. Durante mi primer y segundo año de carrera habría quedado fuera de mis posibilidades, pero no cuando empecé a trabajar como abogado. No obstante, visto en retrospectiva, me alegro de no haberlo hecho. En lugar de ello, seguí siendo un empollón tímido que fingía ser un tío molón. Quién sabe dónde andaría ahora de haber alquilado un apartamento a mediados de los años noventa. No es que crea que podría haber descarrilado a causa de las «malas compañías», pero es probable que mi vida hubiera tomado un derrotero muy distinto.

Hay otro motivo por el que no tengo recuerdos agradables de mi época universitaria ni de la universidad en sí, y es la drogadicción. Me licencié antes de que la epidemia de las drogas de principios del siglo XX diezmara generaciones enteras en los pueblos y ciudades de la región de Moscú, en los Urales y en muchas otras regiones. De quienes estudiaron conmigo en la escuela y en mi mismo año en la Universidad de la Amistad de los Pueblos, solo conozco a una o dos personas que murieran por consumo de drogas o que se convirtieran en heroinómanos. En todos los cursos inferiores, no obstante, el número se multiplica más y más. Mi hermano Oleg, que es siete años más joven que yo, podría citar a un número sustancial de compañeros de clase que cayeron en el abismo o conocieron un trágico final.

Un día de mi primer año de carrera, a las 8.30 de la mañana, yendo con un amigo en autobús desde la estación de metro de Yugo-Západnaya hasta la parada de la universidad, vi, tal como hacía a menudo, a pandillas de dos o tres adolescentes con chándal y pintas raras merodeando por el perímetro del campus y recogiendo papelitos.

—Andriúja —le dije—, ¿quiénes son esos tíos? Los veo siempre holgazaneando, pero me parece muy raro que se despierten tan pronto para venir a rebuscar en los cubos de la basura. ¿Quiénes son?

Mi amigo soltó una carcajada.

—¿No lo sabes? Son yonquis en busca de alijos. Los nigerianos esconden las drogas a lo largo de la verja, en cartones de tabaco, papeleras o bancos, y los drogadictos que están sin blanca prueban suerte buscando los escondites.

Al ver mis ojos como platos soltó una risotada aún más estentórea.

Por el hecho de vivir en una ciudad militar, el mundo de las drogas me era completamente ajeno. Sabía que existían los drogadictos, que la heroína era un azote y que la marihuana se vendía en unas cajas de cerillas llamadas «barcos». Como no costaba cara, muchos de mis amigos la fumaban, y hacía que se comportaran como bobos. Les daba la risa fácil y no parecían ellos.

Y resultaba que cada mañana, sin saberlo, yo entraba en un hervidero de drogadicción. Porque, durante varios años, eso es lo que fue mi universidad: el principal centro de distribución de drogas duras. La culpa la tenía su esencia cosmopolita, ya que era uno de los pocos lugares donde había extranjeros y, sobre todo, extranjeros procedentes de países en vías de desarrollo que vivían en residencias. Los estudiantes nigerianos establecieron cadenas de aprovisionamiento de heroína y formaron la primera mafia de narcotraficantes de verdad en Rusia, con un nivel de profesionalidad en sus operaciones equiparable a los estándares internacionales.

Era como en las películas. Le pagabas a una persona y otra distinta te indicaba dónde habían dejado el material. Ibas allí y recogías un cajetín de cigarrillos del suelo, dentro del cual había una bola de papel de plata. Los nigerianos compartían etnicidad, un idioma que nadie a su alrededor entendía y lealtad tribal y de parentesco, factores todos ellos que les permitieron dominar el mercado durante bastante tiempo.

La policía antinarcóticos —que incluso hoy organiza el negocio del narcotráfico a gran escala en Rusia, atrapando y encarcelando únicamente a los competidores de poca monta— tenía ya un largo historial por tráfico de drogas y extorsión a los camellos. Odiaban a los nigerianos y, en un primer momento, los trataron con una brutalidad extrema. Yo mismo vi a unos agentes atrapar a un camello negro que se estaba dando a la fuga en un paso subterráneo peatonal bajo Léninski Prospekt y, literalmente, desgarrarle la boca para hacerse con algunas de aquellas bolas envueltas en papel de plata, que rodaron por el suelo del paso subterráneo encharcado en sangre.

Era emocionante hablar con tus padres y otras personas acerca de este asunto o de la vida en nuestra universidad y escucharlos exclamar un sinfín de «¡oh!» y «¡ah!». Pero, en general, todo el panorama de las drogas y el entusiasmo con el que los estudiantes más jóvenes consumían me resultaban repugnantes. Ver a padres infelices llevar de la mano a los inútiles de sus hijos a clase y sentarse junto a la puerta para asegurarse de que no se descarriaban me hacía sentir que era alumno de una institución de mala reputación.

Es posible que todo aquello consiguiera erradicar en mí cualquier idea que pudiera tener de que las drogas tenían algo de romántico o glamuroso. No estoy hablando de un mundo elegante con modelos esnifando cocaína a través de billetes de 100 dólares. Lo que yo veía era la drogadicción en su más pura esencia: gente desesperada, pidiendo limosna, miseria; vendajes mugrientos, ensangrentados; cucharillas ennegrecidas. Después, a lo largo de mi vida, he encontrado a toda suerte de drogadictos y narcotraficantes de todos los trasfondos, que han escalado hasta diversas alturas y han caído a distintas profundidades, pero el resultado es siempre el mismo.

Otro aspecto de la universidad que me dejó boquiabierto fue la corrupción. No fue una gran sorpresa que la oficina de admisiones aceptara a alumnos a cambio de sobornos y enchufismo. Absolutamente todo el mundo estaba al corriente de estas prácticas. La degeneración de las instituciones del poder soviético a partir de finales de la década de 1970 se extendía a todas las esferas, incluida la educación y, en concreto, a la educación superior. Sin embargo, debo confesar que me causó perplejidad comprobar cuántos estudiantes tenían parientes en la universidad y vivían en apartamentos cercanos construidos para el personal universitario, a quien en principio se habían asignado. También me desconcertó la simplicidad de las tretas empleadas para introducir a la prole de uno en facultades tan demandadas como las de Derecho o Economía. Mientras que lerdos de campo como yo asaltábamos de cabeza la Facultad de Derecho, aprobando exámenes y desembarazándonos de la ardua competencia, los espabilados que conocían el sistema por dentro matriculaban a sus hijos en estudios menos populares, como los de Agricultura, y luego, transcurridos unos seis meses, solicitaban un traslado dentro de la universidad. Una modesta suma en un sobre (o incluso hacerle un favor a un colega) bastaba. Así se conseguía una plaza en la Facultad de Derecho.

Tales artimañas solían ser una transacción furtiva entre padres y profesores. Pero ver a los propios alumnos pagar sobornos para aprobar exámenes me dejaba atónito. Se podía aprobar cualquier examen pagando un soborno y la gente ni siquiera se molestaba en guardarlo en secreto. Por supuesto, había profesores que no aceptaban los billetes de 100 dólares deslizados en el cuadernillo de notas de un estudiante. De hecho, es probable que la mayoría no se dejara comprar de manera tan descarada. Pero siempre había alguien en el departamento a quien podías acercarte y que sí aceptaba 50 dólares para él y cien para el profesor (o eso aseguraba, aunque probablemente también se los metiera él en el bolsillo), y problema solucionado.

Todavía recuerdo un ejemplo de manual en la asignatura de Procedimientos Civiles en el Extranjero. La clase la impartía un anciano profesor reverenciado que parecía el epítome de una integridad intachable. Era una materia difícil y, en general, todo el mundo coincidía en que era una absoluta inutilidad. Pero era imprescindible aprobarla para pasar de curso. Mamedján, Maga para los amigos, un daguestaní de mi pandilla, entró en el aula y anunció extasiado:

—¡He conseguido que nos apruebe por cincuenta dólares por cabeza! ¡Sacad el cuadernillo de notas y meted cincuenta dólares cada uno!

¡Así de descarado! ¡Y un caballero provecto como aquel!

Yo no daba crédito, pero todo el mundo sabía que Maga había conseguido aprobar («apañar») todos sus exámenes mediante sobornos. Cincuenta dólares era un precio modesto y, en aquel entonces, todo el mundo llevaba dólares en la billetera. Aquel día, la mayoría del grupo, incluso muchos de quienes no solían pagar sobornos, se rieron y, para sacarse de encima el examen, deslizaron un billete en su cuadernillo de notas. Había un buen montón, y entre ellos, no lo niego, estaba el mío. Había tantos que Maga me pidió que cargara con unos cuantos.

Le llevamos los cuadernillos de notas al anciano profesor, que sonrió, nos hizo pasar cortésmente y nos pidió que los dejáramos amontonados delante de él. Sin el menor atisbo de vergüenza, los cogió uno a uno, extrajo el o los billetes (en algunos casos había cinco de 10 dólares, que contó sin prisas), los guardó en su cajón, concedió el crédito requerido y firmó los cuadernillos. En total, debió de tardar cinco minutos.

Este tipo de cosas no ocurrían en todas las universidades del país. Las universidades técnicas y los institutos de Física, Tecnología, Matemáticas e Ingeniería Mecánica no estaban tan sujetos a la corrupción, porque había mucha menos competencia para conseguir una plaza en ellas. Los alumnos que estudiaban en esas instituciones eran pobres. Todo se basaba en el entusiasmo y, en cierta medida, en el hecho de que los genios matemáticos se consideraban bichos raros. Su comportamiento no estaba «incentivado por el mercado», aunque más adelante muchos de ellos acabaron siendo figuras destacadas de los negocios; casi todas las empresas sobresalientes las fundaron físicos y personas formadas en tecnología, en lugar de mánager o abogados. Aprobaban sus exámenes a la antigua usanza, en lugar de determinando el punto del precio en el que las curvas de la oferta y la demanda se intersecaban.

Las instituciones de educación superior como la mía acabaron suministrando un vasto contingente de personal a organizaciones gubernamentales, empresas de titularidad estatal (que todavía no existían, si bien el capitalismo de

Estado de Putin ya estaba en camino) y grandes corporaciones propiedad de oligarcas. Esa actitud de un cinismo supino para con todo y la facilidad, ubicuidad y aceptación generalizada de la corrupción continuarían modelando la moralidad y el proceder de la élite durante mucho tiempo después.

No puedo adoptar una postura de superioridad moral con respecto a todo esto como si nunca hubiera pagado sobornos. No me queda más remedio que aceptar mi parte de responsabilidad en la propagación descontrolada de la corrupción, y ahora relataré un episodio deshonroso de mi biografía. En aquel entonces, me sentía muy orgulloso de lo que había hecho y no tenía reparos en explicárselo a quien fuera, convencido de que constituía una ilustración deslumbrante de lo listo que era y de cuántos recursos tenía.

Yo había logrado ser un tío popular; aunque solo relativamente, claro está, porque para molar de verdad necesitaba un coche del que fardar. A ser posible, un Mercedes Geländewagen o un Clase S, pero cualquier marca extranjera que usaran los gánsteres valía: un BMW, un todoterreno como el Chevy Tahoe o algo por el estilo. Yo no podía permitirme nada parecido, pero nuestra pandilla sí que tenía vehículos así y nuestra mejor carta era el Mercedes Clase G con baliza policial. El aura sacramental de modernidad que emanaba aquel Clase G, reflejada y refractada de manera azarosa en los objetos que lo rodeaban, también caía sobre mí. Como caía sobre todos los miembros de nuestro grupito que en realidad tenían unas probabilidades trágicamente nulas de visitar un concesionario en el futuro inmediato. De algún modo, se daba por supuesto que yo no continuaría asistiendo como un memo a todas las clases, sino que pasaría la franja de las primeras dos clases del día en una cafetería regentada por una pareja de exalumnos árabes situada en la planta baja del edificio de la universidad. Allí saludaría a otros vagos igual de importantes que yo, tomaría café, esperaría a que llegaran mis amigotes y luego desayunaría. Iríamos en coche a algún sitio y pasaríamos el rato. Nos contaríamos batallitas y cotilleos, reiríamos y haríamos el ganso. De manera esporádica, asistiríamos a clase y luego volveríamos a pasar el rato. En suma, la típica manera inútil de matar el tiempo que tenían los jóvenes en la década de 1990 para dejarle claro a quienquiera que los observase, incluidos ellos mismos, que no eran como los demás y que, con su actitud desenvuelta, intentaban impresionar a quienes les rodeaban, y sobre todo a las chicas, para qué engañarnos. No funcionaba siempre, pero muchas veces sí.

Obviamente, me salté bastantes clases. Resolver el problema de los exámenes mediante sobornos no siempre resultaba práctico. Para empezar, no era barato. Y, además, por entonces había dejado de verle el glamur a hacerlo. No me parecía que tuviera que resolver mis problemas pagando, sino apañándomelas por mí mismo. Puse en práctica una serie de tretas basadas, por supuesto, en mentir con malicia. Mediante un proceso de ensayo y error, averigüé que una de las maneras más eficaces consistía ir a ver a un profesor y decirle que estaba trabajando muy duro en la Fiscalía o en algún organismo por el estilo y no podía prepararme el examen como era debido. «Por favor, apruébeme.»

Si lo pienso, me sorprende que nadie apreciara ninguna incongruencia entre mis esfuerzos persistentes por presentarme como alguien que coqueteaba con la delincuencia o que, como poco, se relacionaba con delincuentes y el hecho de que después apareciera asegurando ser ayudante del fiscal del distrito central de Moscú. ¿Qué aspecto pensaba la gente que tenía el ayudante de un fiscal, o el fiscal mismo, ya que estamos? Es probable que dieran por supuesto que pareciera un delincuente o, al menos, alguien que se codeaba con delincuentes, porque ellos también lo eran, todos sin excepción. Había un campo homogéneo del quehacer humano que abarcaba a fiscales, malhechores, la Dirección Nacional de Lucha contra el Crimen Organizado y a la gente que conducía BMW y Mercedes. Esta situación era la norma en la década de 1990, pero dejó de serlo entre principios y mediados de la de 2000 (y, tal como ya he indicado anteriormente, eso fue un verdadero e inmenso logro de Putin). Sin embargo, ahora ha vuelto a imponerse, y con más fuerza. En la actualidad, el fiscal vuelve a ser un delincuente, con la salvedad de que ahora opera para una mafia organizada desde esferas más altas. Pero me estoy desviando del tema...

Nuestros profesores no solicitaban pruebas documentales y, por algún motivo, de manera casi invariable, solían premiarme con una «buena nota». Mi amigo, el hijo del policía de alto rango, y yo amasamos un número sustancial de buenas cualificaciones esgrimiendo aquellas fabulaciones. Por desgracia, acabé viéndome confrontado en el Departamento de Procedimientos Penales por un nocivo profesor que sí que trabajaba de verdad para la Fiscalía. Tras escuchar mi relato, me hizo un par de preguntas detalladas, que no tuve dificultad en responder porque ciertamente me había pasado el verano haciendo prácticas en la Fiscalía y comiendo en el McDonald's al que iba el personal, de manera que conocía todos los nombres y las direcciones necesarios. Por cierto, el fiscal para el que trabajé durante mis prácticas estivales acabó por convertirse en una figura destacada y recientemente he visto su nombre en una de las múltiples denuncias presentadas contra mí y la Fundación Anticorrupción.

El profesor me puso el debido 8, pero, con gran diligencia, también se tomó la molestia de telefonear al Departamento de Personal de la Fiscalía para averiguar si realmente trabajaba para ellos. Una semana después me hallaba sentado como de costumbre en el vestíbulo con mi pandilla de haraganes. La clase había acabado y los alumnos salían en tropel, incluidos algunos estudiantes de mi año, que volvían la vista hacia mí y se reían. Luego supe que el profesor de Procedimientos Penales había dicho al final de la clase:

—Tengo entendido que hay un compañero suyo llamado Navalni. Le puse un 8 porque aseguraba ser colega mío en la Fiscalía. Díganle que se lo he anulado y que no le permitiré presentarse al examen bajo ningún concepto.

Estaba abatido y desconcertado. Con toda la razón, el profesor se había vengado de mí y ahora, aunque me aprendiera todo lo que había que aprender acerca de los malditos procedimientos penales, no me dejaría presentarme al examen. Fue un momento aleccionador.

Mis pensamientos se vieron interrumpidos por la aparición de Iván Danílovich Kozochkin, director del Departamento de Procedimientos Penales. Es el único profesor cuyo nombre doy porque, pese al impresionante título de su departamento, era la corrupción personificada. Me vino a la cabeza un «argumento legal» sabio. ¿Y si cualquier test o examen puesto por un profesor de un departamento pudiera ser puntuado, en su lugar, por el director de dicho departamento? Así que me acerqué al profesor Kozochkin y compartí con él la duda que tenía. Se me quedó mirando y dijo:

—Tienes razón, Lesha, ven al despacho del departamento y trae la documentación correspondiente.

Les pedí prestados 150 dólares a mis amigos, se los llevé a su despacho y aprobé el examen. Al día siguiente me topé con mi torturador de la Fiscalía.

—Ah, Navalni, ¿cuándo va a presentarse al examen? —me preguntó con una sonrisa malévola.

—No será necesario, gracias. Ya lo he aprobado —le respondí con toda la deferencia de la que pude hacer acopio, reprimiendo una sonrisa.

—Sí, sí que será necesario. Le he anulado el ocho que le puse.

—Lo sé, pero ya tengo una nota nueva, y creo que esta vez es un nueve y medio. —En aquel momento me resultó imposible seguir disimulando mi regocijo—. Pase usted un buen día —le deseé, girando sobre mis talones y alejándome de allí como el protagonista de una película de acción después de una inmensa explosión culminante.

Hoy no siento hacia ese incidente nada más que bochorno y decepción por mi yo de aquel entonces. Pero el pasado no puede cambiarse y quizá escribo sobre esto con tanto detalle, no solo para plasmar el ambiente imperante en aquella época, sino también a modo de confesión pública, para cercenar un vínculo con la persona que era entonces. Supongo que lo que hice no fue tan terrible. El verdadero delito fue malgastar mi tiempo y mi juventud de manera tan necia. Aprender me resultaba fácil y, aunque mi asistencia a clase distaba mucho de ser ejemplar, aprobé casi todas las asignaturas gracias a mi propio esfuerzo y no mediante métodos corruptos o bajo mano. Solo sacaba notables y sobresalientes. Aun así, el hecho de haber recurrido a estrategias tortuosas me resulta vergonzante, ridículo y completamente innecesario.

Lo cual me lleva al motivo principal por el que la universidad no me resultaba interesante. Todos aquellos profesores, y de hecho las universidades de aquella época, no tenían nada que enseñarnos. Las facultades de ciencia eran distintas, porque las leyes de la física no cambian si hay un presidente de Rusia o un secretario general del Partido Comunista al timón. Por contra, para quienes impartían Derecho y Economía, su mundo se había venido abajo, y más de una vez. Las leyes y la propia naturaleza de la economía nacional no dejaban de mutar y ellos eran profesores caducos del marxismo y el leninismo y predicadores del ateísmo científico. Incluso los más alejados de la política cotidiana, los profesores de Derecho Romano, por ejemplo, se habían pasado la vida contando mentiras y actuando con hipocresía. Todos los fenómenos tenían que explicarse en términos de lucha de clases. Hasta quienes intentaban trabajar en ciencias puras se veían obligados a incluir decenas de páginas de palabrería ideológica en sus disertaciones. Mediada la década de 1990, todas aquellas personas cultas, agradables y amables se vieron en el depósito de chatarra.

No tardé en entender que un buen abogado no era alguien que lo sabía todo, sino alguien que sabía lo que necesitaba leer para saber de qué hablaba y dónde encontrarlo. En el sistema legal romano-germánico esa es una estrategia que funciona. En el anglosajón, en cambio, todo es bastante más complicado, porque se basa en la jurisprudencia. Y más complicado es si cabe en los países que están empezando a armar un nuevo sistema legal, como Rusia a la sazón.

Yo disfrutaba y sigo disfrutando de ser abogado. Me había comprometido conmigo mismo a leer las fuentes principales y me ofendía notar que entendía muchas materias mejor que mis profesores. Me sentía expulsado de las aulas como si me repeliera una potente fuerza centrífuga. Fuera había un mundo en plena transformación y, pese a que no siempre ofrecía una imagen agradable, al menos sí permitía albergar esperanzas. Era intolerable que te obligaran a escuchar la opinión sobre economía de aquellos recientes acólitos del marxismo-leninismo o, incluso peor, sus opiniones sobre «geopolítica». Fue en aquella época cuando empecé a notar que el uso frecuente de dicho término era una señal infalible de que quien hablaba era bobo, un criterio que nunca me ha fallado.

Yo ansiaba tener un trabajo de verdad y mi flexibilidad en lo tocante a la asistencia a clases me lo facilitaba. Desgastado por los problemas con el autobús 26, decidí que mi prioridad máxima era comprarme un coche. Y también quería un teléfono móvil. Acababan de aparecer en el mercado y, a ojos del mundo, tener un «móvil» demostraba que no eras un paleto, sino alguien a quien tener en cuenta. Se forjaban fortunas ante nuestros ojos. Algunas personas ganaban suficiente dinero para comprarse esos maravillosos Mercedes-Benz negros y resplandecientes, y, si ellas podían hacerlo, yo también. Por lo que a mí concernía, todo el mundo estaba en lo cierto al afirmar que Rusia era entonces el país de las oportunidades, como antes lo había sido Estados Unidos, pero mejor.

En la década de 1990 había una banda de rock en Rusia llamada Bajyt-Kompot que tenía una canción espantosa en términos musicales, pero que era una síntesis importante de la filosofía punk y articulaba una de mis principales inquietudes. El estribillo decía así:

¿Cómo es que los checos lo han logrado
y Rusia no ha sabido hacerlo?
¿Cómo es que los polacos lo han logrado
y Rusia no ha sabido hacerlo?
¿Cómo es que los alemanes lo han logrado
y Rusia no ha sabido hacerlo?

Todos los países del bloque soviético y las repúblicas bálticas lo estaban «logrando», y nosotros no. Teníamos petróleo, gas, minerales y madera, buenas infraestructuras e industria; buena parte de la población gozaba de un elevado nivel cultural, pero nada de eso ayudaba. Y no hablo ya de que la vida fuera «como en Estados Unidos»; es que ni siquiera era como en Polonia. Según las estadísticas actuales oficiales, el 13 por ciento de la población vivía por debajo del umbral de la pobreza; en términos del salario medio, nos habían superado China, el Líbano y Panamá.

Creo que algún día todo se resolverá y la vida nos sonreirá, pero tenemos que afrontar el hecho de que, desde principios de la década de 1990 y hasta la de 2020, la vida del país se ha malgastado tontamente. Han sido años de degeneración y atraso. Hay razones que explican por qué a personas como yo y a la gente entre cinco y diez años mayor que yo se nos considera una generación maldita y perdida. Somos las personas que deberíamos habernos beneficiado de la libertad de mercado y de la libertad política. Podríamos habernos adaptado con facilidad a un nuevo mundo de una manera que quedaba fuera de la capacidad de las generaciones anteriores. El 15 por ciento de nosotros debería haberse convertido en empresarios, «como en Estados Unidos». Pero Rusia no supo hacerlo. Sin duda, ahora vivimos mejor que en los años noventa, pero, que me perdonen, entre medio han pasado treinta años. Incluso en Corea del Norte la gente vive mejor ahora que entonces. Se lo debemos al progreso científico y tecnológico, a ramas completamente nuevas de la economía, a las comunicaciones, a internet, a los cajeros automáticos, a los ordenadores... Quienes afirman que el aumento del nivel de vida en comparación con la década de 1990 se debe a los esfuerzos y a los logros de Putin son como personajes de un chiste malo que exclaman: «¡Gracias al cielo que existe Putin! Durante su mandato, ¡la velocidad de los ordenadores se ha multiplicado por un millón!».

La comparación no debería ser entre cómo éramos en los años noventa y cómo somos ahora, sino entre cómo somos ahora y cómo podríamos haber sido si hubiéramos prosperado a la tasa de crecimiento mundial media. Podríamos haber logrado sin problemas lo que vimos lograr a Checoslovaquia, Alemania del Este, China y Corea del Sur. Pero, si hacemos esa comparación, lo único que podemos es sentir tristeza.

No estamos hablando de un ejercicio abstracto, sino de treinta años de nuestras vidas. Y solo Dios sabe cuántos más perdidos y robados nos quedan por delante. Mientras la camarilla de Putin ocupe el poder, seguiremos contando las oportunidades perdidas y constatando cómo otros países nos superan en PIB per cápita, y cómo aquellos a quienes siempre habíamos mirado por encima del hombro y considerábamos poco más que pordioseros nos han adelantado en términos de renta media.

¿Por qué no hemos sabido hacerlo? ¿Qué ha sido lo que los checos y los polacos han sabido hacer y nosotros no? Tengo una respuesta muy sencilla y, aunque técnicamente supone contestar a una pregunta con otra pregunta, ayuda a que todas las piezas encajen: ¿se ha convertido Leszek Balcerowicz, el arquitecto de las reformas polacas, en un multimillonario como nuestro Anatoli Chubáis?* ¿Se ha comprado la familia de Václav Havel, el mandatario checo poscomunista, una casa de 15 millones de dólares en la isla de los «millonarios» de San Bartolomé o tiene otros activos que en total sumen centenares de millones? ¿Cómo

* Uno de los reformistas del Gobierno de Yeltsin.

es posible que en Rusia casi todos los jóvenes demócratas, reformistas y adalides del mercado libre de los años noventa se hayan vuelto fabulosamente ricos tras pasar a ser pilares conservadores del Estado? Al fin y al cabo, en Estonia y en Hungría eso no pasó, ni tampoco en Eslovaquia ni en Alemania.

Ahora que contamos con toneladas de testimonios autobiográficos, entrevistas, documentos de archivo y, lo más importante, ahora que podemos ver con nuestros propios ojos a los «reformistas de los noventa» metamorfoseados en lamebotas de Putin, en propagandistas del Estado, en oligarcas y en burócratas, todos ellos extraordinariamente ricos, deberíamos hacer un ejercicio de honestidad y repudiar la hipocresía y cualquier intento de justificarnos por los años que hemos desperdiciado. Deberíamos confesarnos que, en Rusia, los demócratas nunca han ocupado el poder, que nunca nos han dirigido personas con una mentalidad verdaderamente demócrata y liberal.

Y el relato más extendido de nuestro pasado reciente, el de la confrontación entre «demócratas» y conservadores soviéticos, tampoco es cierto. «¿Qué significa que no es cierto? ¡Yo fui parte de él!» Hasta yo quiero discrepar de esa afirmación radical, cándida o retorcida. Sin embargo, resulta demasiado evidente que no fue real, que esa confrontación no tuvo lugar, al menos no como lo cuentan quienes participaron en aquellos acontecimientos.

Sí que se produjo un proceso histórico objetivo. Hubo una URSS que se fue a pique ideológica, económica y moralmente. Hubo un conflicto entre las élites, en el que una facción, dispuesta a librarse de los ancianos seniles, se engañó a sí misma vistiéndose de colores más populares, los de «los demócratas y partidarios de una economía de mercado». Y con ese lema se hizo con el poder. Bueno, ¿no es así como funciona el mundo? ¿Vamos a aceptar que a una parte de la élite se le ocurrieron nuevos eslóganes y ganó o vamos a andar por ahí con el liberalómetro comprobando la pureza ideológica de todo el mundo para detectar a quien creía de verdad en aquellos postulados y quién no era tan sincero?

En realidad, un dispositivo de esa índole habría resultado de suma utilidad, y carecer de él explica precisamente por qué las cosas no salieron «como en Estados Unidos» o, ya que nos ponemos, ni siquiera como en la República Checa. En los países del bloque soviético, quienes se oponían a los conservadores, socialistas, inseguros, indecisos y saboteadores tenían como líderes (o desempeñando papeles cruciales) a gente de la estatura de Lech Wałęsa y Václav Havel. Eran personas que se habían mantenido firmes frente a la opresión y la persecución, y que a lo largo de muchos años habían demostrado con acciones un verdadero compromiso con las palabras que proclamaban desde el podio. En Rusia, todo era distinto.

El principal «demócrata radical» era Borís Yeltsin. Yo nací en 1976, cuando Yeltsin era el primer secretario del comité regional del PCUS en Sverdlovsk. Es decir, era el gobernador de la mayor región industrial de los Urales, con poderes que excedían con mucho a los de los gobernadores actuales. Allí se comportó como un típico tirano soviético de pacotilla y, del mismo modo en que a mediados de los años setenta se subió a su coche negro oficial, vivió en su apartamento oficial proporcionado por el Estado y adquirió su lujosa dacha oficial, hasta el momento de su muerte ese fue el estilo de vida que tanto él como su familia dieron por supuesto que les correspondía. Pertenecía en cuerpo y alma al *establishment* del partido soviético. Lo poco que sabía de la vida de «la gente corriente» le había llegado a través de sus chóferes y criados.

Pero ¿qué hay de sus años de caída en desgracia política? Es una magnífica pregunta. Hasta la fecha, muchísimas personas están convencidas de que Yeltsin vituperó a los jefes del partido, publicó artículos críticos y sufrió consecuencias a causa de sus convicciones. Nada de eso sucedió. Esos jefes del partido, como parte de sus intrigas internas, lo designaron primero director del comité regional de Moscú del PCUS, es decir, alcalde de Moscú, y luego, cuando empezaron a enemistarse con él, lo transfirieron a la posición de director del Comité de Construcción Estatal, es decir: ministro de Construcción. ¡Menuda caída en desgracia! Ni siquiera tuvo que amoldarse a una limusina de categoría inferior, y siguió codeándose con el mismo funcionariado traicionero. De igual forma sucedió en el caso de su familia, que también mantuvo los mismos valores o, para ser más exactos, la misma completa ausencia de valores y su anhelo de lujos y riqueza personales, aspecto que se revelaría crucial cuando esa familia se transformó en «la Familia».

Yeltsin carecía de una auténtica motivación ideológica. Lo único que lo movía eran las ansias de poder. Era un hombre de enorme talento, un político verdaderamente intuitivo capaz de captar el sentir popular y saber cómo aprovecharlo. Y no tenía reparos en actuar con decisión y osadía cuando convenía, pero siempre en su propio interés y en el de su propio poder, en lugar de en el del pueblo o la nación.

Escribo esta denuncia vehemente de Yeltsin, en parte porque lamento haber sido un ciego admirador suyo y haber pertenecido a esa fracción de la sociedad rusa que apoyó sin fisuras todo lo que hizo y con ello allanó el terreno a la anarquía en la que vivimos hoy. El único motivo es que pocas cosas me irritan más que el hecho de que se me compare con Yeltsin. Al Kremlin le gusta trazar paralelismos, y el líder de los comunistas rusos, a pesar de que llevo muchos años ayudando a que su partido sobreviva, se siente obligado a iniciar cualquier declaración acerca de mí diciendo «Navalni es el joven Yeltsin». Di mi apoyo a los comunistas como parte de mi fructífera estrategia de quebrar el control absoluto de Rusia Unida, el partido de Putin, en los parlamentos regionales y estatal instando a la población a votar por el segundo candidato más popular, que en la mayoría de las ocasiones era un comunista. Esas palabras las llevo como un puñal clavado en el corazón. Soy plenamente consciente de que estas declaraciones se hacen con el único objetivo de sulfurarme, así que alguien sabía muy bien lo que se hacía.

Del amor al odio quizá haya solo un paso. Yo he dado unos cuantos más. Ahora bien, no negaré que ese amor existió. Desde los inicios hasta mediada la década de 1990, no solo apoyé a Yeltsin, sino que fui uno de quienes lo respaldó sin fisuras en todas sus iniciativas. Y es curioso, porque no sentía una pasión especial por él ni por los miembros de su equipo. Lo que sucedía era que no soportaba a ninguno de los demás políticos. El mundo del todo o nada de la política de aquel entonces decretaba que o bien apoyabas a Yeltsin y al progreso, por más errores, adversidades y decisiones impopulares que adoptara, o bien te sumabas a la panda de los zoquetes legados de la URSS cuya única propuesta era «Demos marcha atrás. Aquello sí que eran buenos tiempos». Para mí no lo eran, y me sacaba de mis casillas que la gente dijera lo contrario. Aún me pasa. En los años noventa había imbéciles que intentaban persuadirme de que mi madre no había tenido que levantarse a las cinco de la madrugada para ir a comprar carne y de que yo no había tenido que hacer cola durante una hora cada día para comprar leche.

Y ahora papanatas que no vivieron ni un solo día en la URSS libran una guerra santa en internet defendiendo que la Unión Soviética fue la ciudad perdida de Atlántida, una sociedad justa e igualitaria en la que prácticamente no había delincuencia y en la que todos los estratos de la población veneraban la ciencia más avanzada del mundo. Publican imágenes propagandísticas de entonces a modo de prueba. «Mirad bien —dicen—, un pueblo soviético típico de aquella época. Ampliad los escaparates y veréis lo que había a la venta: café brasileño y té indio, una pirámide entera de latas de carne de cangrejo. Incluso se ve el precio: ¡40 kopeks! Y en aquella época los obreros recibían un salario medio (según las estadísticas oficiales) de 280 rublos mensuales.»

Esa es precisamente la clase de sandez que me lanzó a la primera línea de la cruzada del presidente Yeltsin por la democracia y la economía de mercado. Si a eso le sumamos que sentía interés por la política desde los trece años y que tenía unos padres que hablaban de política, el resultado solo podía ser un joven que miraba consternado lo que sucedía a su alrededor. No soportaba oír a nadie criticar a Yeltsin, ni de rebote a Yegor Gaidar o Chubáis, los encargados de impulsar sus reformas. No sé cuántos centenares de horas debí de pasar defendiendo con vehemencia a Chubáis y sus privatizaciones mediante la emisión de bonos y sus subastas de préstamos por acciones. «¡Se está formando una clase de propietarios eficientes!» «¡Lo que están haciendo es confiscarles propiedades a los repulsivos "directores de fábrica rojos" que obstruyen nuestras maravillosas reformas!» A fin de cuentas, había escrito una tesis doctoral sobre las características legales específicas de la privatización con la que pretendía demostrar que todas aquellas medidas estaban bien y eran conformes a la ley.

Tal como yo lo recuerdo, un anciano y simpático profesor del Departamento de Derecho Civil, uno de los pocos profesores realmente preparados que tuvimos, me preguntó, mientras me hallaba ante el atril defendiendo mi disertación:

—Bien, entiendo los fundamentos políticos, pero ¿qué opina usted, a título personal? ¿Se utilizó la maquinaria legal en beneficio del pueblo y de la sociedad? ¿No se entregaron las empresas de materias primas más importantes y rentables del país a ex altos funcionarios, sin transacción económica alguna, aplicando técnicas indiferenciables del desfalco común y corriente?

A la sazón pensé, irritado: «¡Menudo viejales! Otro comunista que sigue perorando en contra de los demócratas, de la democracia y del progreso». Con extrema cortesía y no poca condescendencia, les expliqué, tanto a él como al resto de la junta de revisión, que podían tenerse opiniones distintas sobre las decisiones políticas relativas a la privatización, pero que yo, personalmente, era partidario de la estrategia de los reformistas de transferir las empresas a propietarios eficientes (y recalqué el «eficientes»). Ahora bien, en mi tesis me limitaba a considerar los aspectos legales, y eran irreprochables.

El profesor siguió sonriendo educadamente y sacudió la cabeza de lado a lado. Saqué un sobresaliente.

Recuerdo otro episodio en el que estuve a punto de increpar a una compañera de clase a quien apenas conocía por decirle a una amiga (ni siquiera a mí) algo parecido a: «Hay que votar a Grigori Yavlinski, es la única opción sensata». Se refería a un joven político demócrata conocido en aquel entonces por su programa de reformas económicas. Me hizo enfurecer. ¿Cómo podía alguien ser tan bobo de no entender que solo el apoyo total e incondicional a Yeltsin le permitiría derrotar a los comunistas que querían arrastrarnos de nuevo a aquella época tenebrosa en que la mayor aspiración de cualquiera era poder comprarse unas botas fabricadas en Yugoslavia? Lo único decente que una persona en su sano juicio podía hacer era entrometerse en una conversación ajena e intentar demostrarle a aquella insensata que lo que pensaba era una memez y que no se enteraba de nada o, si la argumentación racional no daba su fruto, llamarla lerda a la cara.

Tengo aquel incidente menor grabado en la memoria porque era una chica guapa y porque unos años después yo mismo me afilié al partido del tal Yavlinski y, mientras esperaba los resultados de la votación de los activistas de la organización sobre si adoptarme o no como candidato, me reí al pensar que, si aquella chica hubiera podido viajar en el tiempo, podría haberme cerrado el pico haciendo circular una fotografía de mí aquel día.

Defendí a ultranza el derecho de Yeltsin a someter el edificio del Parlamento a un bombardeo con tanques. Claro que había que disparar. ¿Qué otra alternativa teníamos? Quienes estaban dentro se oponían a las reformas, eran estúpidos, no tenía sentido intentar hablar con ellos. Nosotros, gente culta, sí que sabíamos lo que había que hacer. Toda la intelectualidad moscovita nos apoyaba y se oponía a ellos. Los allí reunidos no eran más que una panda de holgazanes incapaces de entender lo necesario que era todo lo que estaba haciendo el equipo de Yeltsin, Gaidar y Chubáis. Deberían irse a casa como buenos chicos, obedientes y sin rechistar, y, si no lo hacían, se merecían que los bombardearan los tanques.

¿Que se los había elegido justamente? ¿Que representaban a sus votantes? ¡Qué más daba! ¡Al infierno con esas elecciones y esa constitución! Y, sobre todo, ¡al infierno con sus votantes, que no eran más que una panda de bobos y perdedores, escoria de la sociedad! ¿Dónde estaba el problema? ¿En que no habían sido capaces de abrirse camino en un nuevo mundo de reformas y oportunidades? ¡Pues mala suerte! Pero ahora estaban entorpeciendo el avance de personas que aspiraban a evolucionar y hacerse ricas. Eran como el perro del hortelano.

Estoy leyendo una investigación (no nuestra, por desgracia) acerca de una envidiable mansión propiedad de la hija y el yerno de Yeltsin en la mencionada San Bartolomé, la isla de los millonarios, así llamada debido a la concentración de propiedades de personas ricas y celebridades de la superélite que alberga. La familia Kardashian y el oligarca Román Abramóvich veranean allí, y, según parece, la familia del primer presidente de Rusia, el luchador contra los privilegios que hizo alarde de viajar en tranvía, también posee en la isla una propiedad por valor de 15 millones de dólares. Observo la hoja impresa y me invade el odio al que llegué al darle la espalda a mi enamoramiento. Carece de sentido odiar a un muerto, y se me viene a la cabeza la fábula del burro que pateaba a un león moribundo, aunque su moraleja siempre me ha parecido cuestionable. ¿Acaso por el hecho de estar muertos Hitler y Stalin merecen que nadie los vapulee, o Pol Pot, o Mao? En realidad, lo que siento por Yeltsin quizá no sea el tipo de odio que alguien puede sentir por una persona viva; se trata de una combinación compleja de aversión, arrepentimiento y desaliento. Arrepentimiento por la maravillosa oportunidad que mi país y mi gente se perdieron de vivir la vida normal, civilizada y europea que merecemos. Las aspiraciones y esperanzas, y la confianza, inclusive la confianza ciega de personas tan ingenuas y atolondradas como lo era yo de joven, fueron traicionadas y trastocadas con cinismo. Las cambiaron por los programas corruptos (sin entrar en las ganancias) de la familia Yeltsin, por la garantía de su seguridad. El primer decreto de Putin garantizó, cómo no, los recursos materiales y la inmunidad legal de «la familia del primer presidente de Rusia». A eso quedaron reducidos los grandes acontecimientos históricos de mediados de la década de 1980 y principios de la de 1990.

Putin cumplió su promesa. La familia Yeltsin vive rodeada de lujos y seguridad. El yerno de Yeltsin, Valentin Yumashev, trabajó durante muchos años como asesor oficial de Putin. Lo gracioso es que al mismo tiempo estaba oficialmente en nómina de varios oligarcas. Pero eso no parece ser ningún problema. En primer lugar, gracias a Putin, cuenta con protección. Y, en segundo lugar, ¿pagos de oligarcas, en serio? Eso no es nada comparado con el resto de cosas que se traen entre manos. Miro esa mansión en San Bartolomé y me carcomo por dentro al pensar que la libertad de la ciudadanía rusa se vendió a cambio de esto. Ha llegado la hora de dejar de poner a los amerindios que vendieron Manhattan por 24 dólares como ejemplo de lo que constituye un pacto injusto. Pensemos más bien en un presidente elegido democráticamente y que ganó sus primeras elecciones (¡con todas las de la ley!) con un 57 por ciento de los votos solo para cambiarlo todo por una casa con terraza en el Caribe. Una mirada fría y objetiva a la era de Yeltsin nos enfrenta a una verdad deprimente y desagradable, una verdad que explica el ascenso de Putin al poder: no hubo nunca demócratas en el Gobierno de la Rusia postsoviética, y mucho menos defensores de las libertades liberales que se opusieran a los conservadores que anhelaban resucitar la antigua URSS. Todos ellos —con contadas excepciones, como Yegor Gaidar y Borís Nemtsov, que demostraron ser incorruptibles y reunieron el valor para retirarse (Gaidar) o para resistirse a la reencarnación del autoritarismo (Nemtsov)— eran una horda impía de ladrones hipócritas y escoria. Durante un tiempo sucumbieron a la retórica democrática vigente, en el marco de la coyuntura política del momento, para posicionarse en el mismo bando que el Kremlin y las autoridades. Eso era lo más importante, las oportunidades de enriquecerse.

Todos ellos han contemplado siempre el poder como la gallina de los huevos de oro, y siguen haciéndolo. El reparto de tierras feudal para la subsistencia. La equiparación de poder y dinero. La equiparación de poder y oportunidades. La equiparación de poder y una vida cómoda para uno mismo y su familia, y que todo lo que se haga tenga por objetivo retener ese poder y esa vida. Por eso todos los funcionarios eran miembros leales del PCUS y nunca se sintieron inclinados a la disidencia (ninguno, ni siquiera Yeltsin, quien, pese al mito propagandístico, nunca renunció a su puesto en la burocracia gobernante). Y luego, todavía acomodados en sus antiguos despachos, gravitaron hacia el nicho ideológico de los «demócratas capitalistas» y se sorprendieron gratamente al averiguar cuántas propiedades personales les permitían acumular las nuevas disposiciones económicas. Las «elecciones», la «libertad de expresión» y la ridiculez de los «derechos humanos» no eran en absoluto un apéndice obligatorio a sus cuentas bancarias suizas. Propendieron hacia una nueva posición como «patriotas conservadores que deploraban el desmoronamiento de nuestra gloriosa URSS», metamorfosis que realizaron de manera completamente orgánica y sin estrés alguno.

Yo no creo en el karma, ni en la predestinación, pero mientras escribo estas páginas tengo la sensación de que el destino se ha reído de mí. Tengo la sensación de que se me está haciendo pagar por mi apoyo ciego a Yeltsin a pesar de su desconsideración hacia la ley. No me gusta que Putin decidiera asesinarme. Pero ¿qué fue lo que dije cuando Yeltsin, que fue quien designó a Putin, acribilló el Parlamento con tanques? Lo recuerdo bien. Dije: «Ya era hora. No debería haber piedad para esos tarados incorregibles que abarrotan la Duma».

¿Y qué hay de aquellas subastas de préstamos por acciones celebradas cuando las principales empresas de recursos naturales del país se entregaron de manera gratuita a personas designadas a dedo desde las altas esferas para ser oligarcas? No solo fueron actos de una desvergüenza e inmoralidad fundamentales, sino que además fueron de una ilegalidad absoluta en términos meramente formales. A la gente que quiso apuntarse a competir por los mejores fragmentos de los restos de la URSS se le prohibió hacerlo esgrimiendo los mismos pretextos que se utilizan en la actualidad para marginar a los candidatos electorales. Y cuando llevaron el asunto ante los tribunales, los miraron con una sonrisita condescendiente, la misma que los fiscales del Ministerio de Interior de Jimki me dedicaron en los casos inventados contra mí. A mis compañeros los están expulsando del terreno político año tras año. No solo se nos impide tomar posesión de ningún cargo, sino que cualquier vínculo con nuestra organización, aunque solo sea un donativo económico, se ve amenazado con inspecciones o incluso con un proceso penal. Y todo eso lo han hecho las mismas personas cuyo derecho a bombardear el Parlamento, a falsificar elecciones «por el bien de la reforma» y a expulsar a los comunistas y a los nacionalistas de nuestra política «para mirar hacia el futuro» yo defendí de manera tan ferviente.

En una ocasión, después de una entrevista en la que había hablado acerca de mi sentido de la responsabilidad personal por haber apoyado a Yeltsin y, en consecuencia, también por la aparición de Putin, alguien (creo que fue Yulia) me comentó irascible:

—Tu extraño remordimiento por lo de Yeltsin no llega ni a masoquismo coqueto. Es pura gilipollez. Cuando Yeltsin se anotó su primera victoria electoral tú tenías quince años, y veinte en la segunda. ¿Qué papel piensas tú que desempeñaste en la elección de Yeltsin? Si realmente crees que fue culpa tuya, solo puedo felicitarte por tus delirios de grandeza.

No puedo negar que tiene parte de razón. Aun así, esta manera de retractarme en público me parece relevante desde un punto de vista práctico. No debemos incurrir en el mismo error. Putin no durará para siempre, y no tenemos modo de saber cómo será su partida, si será voluntaria, forzosa o natural. Pero, a tenor de nuestra historia, podemos imaginar lo grande que será la tentación de pasar por alto primero las transgresiones menores y luego otras más notorias por parte de quienquiera que sea que respaldemos. «El nuevo líder da voz a nuestros intereses —podemos imaginar diciendo a alguien—, expresa nuestra perspectiva política.» Y, en atención a eso, podría manipular, hacer algún pequeño ajuste o meter mano para impedir que los populistas lleguen al poder. Podría usar el canal de televisión nacional. ¿Qué problema habría? Diría lo que hay. Al fin y al cabo, sería nuestro hombre y lo que haría sería desembarazarse de la gente que lo está pidiendo a gritos.

Por eso, a modo de recordatorio de los errores del pasado y faro para el futuro, me gustaría mucho que esta sensación de castigo kármico la compartiera el máximo número de personas posible. Personas que, como yo entonces, hicieron la vista gorda a la ilegalidad, a las mentiras y a la hipocresía, y las consideraron un caso en el que el fin justifica los medios y un apoyo necesario para un equipo concreto.

Mi desilusión personal con Yeltsin fue por culpa de un coche. Ocurrió cuando, justo después de la segunda vuelta de los legendarios comicios de 1996 en los que Yeltsin derrotó al candidato comunista, Guennadi Ziugánov, mediante argucias, calumnias, falsificaciones y una monumental conspiración de las élites, hice realidad mi sueño de comprarme un coche. Fui a comprarlo a Alemania, como era costumbre en aquellos tiempos. Adquirías el coche allí, conducías hasta la frontera, te presentabas en el despacho de aduanas e, incluso después de pagar unas tasas descabelladas, te seguía saliendo mucho más barato que comprar un vehículo de fabricación extranjera en Moscú. Por supuesto, yo quería un coche de marca extranjera para causar impresión, sobre todo entre las chicas. Como era un mentecato, me había creído las historias de que en Alemania Occidental podías comprarte un BMW Serie 3 en condiciones decentes por el equivalente a 7.000 u 8.000 dólares. En 1996, un BMW Serie 3 era lo máximo. Incluso en nuestra universidad, donde estudiaban los hijos de muchas familias acaudaladas, tener uno me habría propulsado hacia la cima de los treinta tipos más fardones, y, en la ciudad militar donde residía, incluso más arriba.

El viaje fue un fracaso catastrófico. Los coches que me tenían robado el corazón no se vendían por menos de 15.000 dólares y, por algún motivo, los alemanes no parecían dispuestos a cedérselos a la mitad de precio a un ruso arrogante como yo. O tenía que conformarme con un coche de categoría inferior o regresar a casa con las manos vacías, lo cual me parecía una idiotez. A resultas de ello, desesperado, me compré un triste Renault 19 Chamade. Incluso hoy me avergüenza decirlo.

No era un coche del que fardar y, además, no dejaba de sufrir averías. No era comparable a ir al volante de un coche alemán y mi compra inculcó en mí una desconfianza duradera por la industria automovilística francesa. Pero lo principal es que resolvió mi problema número uno y me permitió huir de la monotonía y de los trenes y autobuses suburbanos.

Por más patético que fuera aquel Renault, había que pasar por aduanas. En la Rusia de los años noventa esos puestos eran lugares extraordinarios, emblemas de la corrupción, el oportunismo y el dinero fácil. Quienes trabajaban allí podían convertirse en millonarios en menos de una semana. Eran el reino del caos. El levantamiento del telón de acero permitió la afluencia de artículos fabricados fuera de la URSS, tales como ordenadores, coches, «muslos de George Bush» (muslos de pollo procedentes de Estados Unidos, un símbolo durante años de las importaciones de alimentos) y codiciadas prendas de ropa occidental. Se importaba de todo, y todo tenía que pasar por aduanas.

El «Gobierno de los reformistas», tal como hoy resulta evidente, se regía por una política de proteccionismo desmesurado de la corrupción que haría morirse de envidia a cualquier conservador de verdad. Se impusieron altísimas tasas so pretexto de proteger a los fabricantes nacionales. Luego se eliminaron y más adelante volvieron a introducirse. Cualquiera que llevara un maletín con dinero al Gobierno podía modificar la política arancelaria a voluntad. Huelga decir que cada decisión de imponer unas altas tasas iba acompañada de posibles modos de sortearlas o, lo que es lo mismo, de excepciones para casos especiales. Así fue hasta que al final acabó por imponerse la idea más directa y eficaz: reasignar los artículos sujetos a aranceles altos a una categoría con unas tasas aduaneras inferiores.

Corría por entonces un chiste muy ilustrativo al respecto: el mago David Copperfield, Jesucristo y un funcionario de aduanas discuten sobre a quién se le da mejor hacer transformaciones milagrosas.

—Mirad esto. Voy a convertir el aire de mi chistera en un conejo —dice David Copperfield, que agita una varita y saca un conejo de la chistera vacía.

Jesús pasa las manos por encima de un vaso de agua y anuncia:

—Observad. Yo voy a transformar el agua en vino.

—¿A eso le llamáis milagros? —pregunta el funcionario de aduanas—. Debéis de estar de broma. ¿Veis ese tren que viene hacia aquí cargado con televisores japoneses? —El funcionario saca su sello oficial, le echa el aliento y lo estampa sobre una hoja de papel—. Pues ahora son guisantes.

El despacho de aduanas de automóviles es un ejemplo paradigmático de lo que acontecía. La tasa que se aplicaba a los coches extranjeros era astronómica y se introdujo para «apoyar a los fabricantes rusos», pero las leyes de la economía son inexorables. Los años de aranceles y subsidios directos a los fabricantes automovilísticos, valorados en miles de millones de rublos, acabaron por no servir de nada. Pero eso vino después. En aquel entonces, en 1996, había que pagar tasas de aduanas y, por supuesto, también había innumerables maneras de sortearlas: tasas especiales para pilotos, diplomáticos, marineros, veteranos de la guerra en Afganistán, residentes de la región de Kaliningrado y Dios sabe qué más.

Un gran taller de mantenimiento de automóviles en el distrito moscovita de Ochakovo se transformó en un puesto de aduanas para vehículos en el que, formando inmensas colas frente a unas ventanillas diminutas que te obligaban a encorvarte para hablar con el trabajador de turno, miles de personas blandían puñados de documentos reales y falsificados, algunos atestiguando que eran marineros de la guerra de Afganistán que ahora trabajaban para el cuerpo diplomático y, por ende, tenían derecho a pagar un impuesto a la importación por su Volkswagen Passat de 1991 no del 40 por ciento, sino del 5 por ciento de su valor de mercado.

Funcionarios de aduanas con expresiones tan pétreas que aún hoy no soy capaz de entender cómo la musculatura facial de un ser humano normal podía producirlas despachaban a aquellas multitudes de una ventanilla a la siguiente. Consideraban que su tarea era detectar errores en la documentación del máximo número de personas posible: un sello incorrecto, un formulario incorrecto, una fecha incorrecta... A su vez, eso multiplicaba las oportunidades para determinados jóvenes despabilados que llevaban escrito en la cara que se habían educado «en la universidad de la calle». Ellos no se presentaban ante ninguna ventanilla, sino que se dirigían a la puerta, metían la cabeza y varios fajos de documentos en lugares con un cartel de «Prohibido el paso», bromeaban con los funcionarios de aduanas y les daban la mano. Estos intermediarios tenían la habilidad de transformar a las personas en marineros titulados y diplomáticos cuyos documentos se aceptaban sin objeciones.

No hace falta decir que estos servicios tenían un coste, y que la cara de aquellos individuos dejaba claro que existía la posibilidad de que se quedaran con tu dinero sin tramitar nada a cambio. Pero, en cualquier caso, yo había decidido pagar los impuestos para poder saltarme a los intermediarios. Recopilaría los papeles necesarios y esperaría mi turno. Hice cola durante un día, y luego un segundo. El tercero pude ver que la mañana del cuarto lograría acceder a la todopoderosa oficina, portando mis documentos listos y autenticados con los sellos requeridos. Pero esa mañana encontré un gentío en la planta donde se hallaba el despacho al que debía dirigirme y un letrero que anunciaba que estaba cerrado.

Durante los tres días previos había conseguido, no sin esfuerzo, contener la rabia contra aquel sistema, pero aquello fue la gota que colmó el vaso. Era un vestigio del pasado soviético que, por algún motivo, mi amado Gobierno de Yeltsin todavía no había erradicado.

No tardé en conocer la causa de aquella parada en la cadena de producción de formularios rellenados. Serguéi Yastrzhembsky, el secretario de prensa de Yeltsin, se disponía a visitar el lugar. Estaba previsto que se reuniera con todos los integrantes de la dirección de aquel puesto de aduanas. Y, como era lógico, los empleados rasos habían determinado que no sería adecuado trabajar en una jornada tan importante. Nos quedamos todos allí, por si volvían a sus puestos. La muchedumbre me aplastó contra una ventana del pasillo y vi el momento de la llegada de Yastrzhembsky. El hombre cuya función principal era anunciar por televisión que «El presidente está trabajando en unos documentos» cuando este estaba borracho y que «El presidente tiene un apretón de manos firme» cuando lo estaban operando del corazón salió sonriendo de un Mercedes negro, les encajó la mano a los encargados del lugar y, tras subir con brío las escaleras, desapareció tras una puerta. Me extrañó que no tropezara y cayera de bruces, habida cuenta la energía psicocinética de mi mirada llena de odio.

Un día antes, las mentiras constantes de Yastrzhembsky acerca de la salud de Yeltsin no me habían preocupado lo más mínimo y estaba dispuesto a defenderlo. En cambio, en aquel momento, me sentí decepcionado por Yeltsin y me pareció que sus lacayos, personajes como Yastrzhembsky, no eran más que una panda de delincuentes y arribistas. No cambié enseguida de bando político, y habría vuelto a votar a Yeltsin en cualquier elección hasta el momento de su repentina dimisión en 1999. Simplemente dejé de ser fan suyo, o incluso simpatizante. Aquel momento en el puesto de aduanas me demostró algo que me había obstinado en no ver: que el reinado de Yeltsin no giraba en torno a las reformas. Que carecía de sentido esperar de él alguna perspectiva o crecimiento económico. No era más que un viejo borracho rodeado de un puñado de cínicos estafadores que se dedicaban a forrarse los bolsillos, como siempre habían hecho.

Con el tiempo, gracias a las memorias del guardaespaldas de Yeltsin, Aleksánder Korzhakov, sabríamos que la jornada laboral del presidente solía acabar hacia las doce del mediodía, cuando le decía a Korzhakov: «Bueno, Aleksánder, creo que ya es hora de comer». Aquella era la señal para que Korzhakov sacara la botella de vodka y algo con que acompañarla.

Y así andábamos, rompiendo lanzas y quedándonos afónicos de tanto hablar de reformas cuando no se estaba haciendo nada. Nada de nada. El séquito de Yeltsin era una panda de delincuentes, algunos de los cuales se tenían por estadistas patriotas, mientras que otros se vendían como reformistas. Los reformistas robaban más, pero tenían un aire más respetable.

Mi decepción con Yeltsin, pese a la emoción del momento, no comportó un gran cambio en mi opinión. El episodio del puesto de aduanas ocurrió en 1996, cuando yo tenía veinte años. A mi alrededor había gánsteres, discotecas y toda una nueva e interesante vida por vivir. Era un estudiante y tenía mi propio coche. Lo único que perdí fue el interés en la política.

Vladímir Putin me lo devolvió.

Capítulo 8

Bueno, menudo giro dramático en mi libro. En casos como este, en la ficción es habitual escribir algo como «El suave fluir de mi relato se ve interrumpido en este punto por tal y cual acontecimiento». En mi caso, desde luego, así ha sido. El último capítulo lo escribí en una bonita casa en Friburgo, Alemania. Este lo escribo en la cárcel.

Después de que me dieran el alta en el hospital, hablé de este libro con mi agente y la avisé de no sería fácil proporcionarle un esquema preciso de cuántos capítulos tendría, porque «esta es una historia que evoluciona por minutos». Y ya lo creo que evoluciona por minutos, por medio de lo que ahora parece un recurso literario barato. Pero eso es inevitable, porque la vida está llena de situaciones que se parecen muchísimo a un cliché literario. Por ejemplo:

Una secretaria judicial, una joven risueña, me entrega unos documentos para que los firme y se sorprende cuando le pregunto por la fecha.

—¿Cómo puede no saber qué día es hoy? Es 18 de enero. Es una fecha que es probable que recuerde muy muy bien.

Fingiendo sorpresa, le pregunto a qué se refiere. Ella empieza a reírse aún más y deja claro que sabe que le estoy tomando el pelo. La pregunta no merece una respuesta, porque ambos somos muy conscientes de que mi pena de prisión empezará hoy. Permíteme por lo tanto que describa ese día memorable en detalle, y también el día que lo precedió. Estoy sentado en una celda sin nada más que papel y pluma: las condiciones ideales para un escritor.

Durante mi recuperación en Alemania, decidí, en un primer momento, regresar a Moscú el 15 de diciembre, a tiempo para celebrar el Año Nuevo y la Navidad ortodoxa en casa. Así lo dije en una de mis primeras entrevistas tras abandonar el hospital. En realidad, mientras me encontraba en cuidados intensivos ya se había hecho una especie de anuncio de que volvería en cuanto me hubiera recuperado del envenenamiento. Durante una visita, Yulia empezó a leerme todo tipo de consultas urgentes de mis compañeros. Yo respondía desde la cama, engalanado de cables y tubos.

—Kira dice si tenemos que responder a una pregunta del *New York Times* sobre si volverás.

—Qué pregunta tan tonta. Claro que volveré.

—¿Le digo que les responda, entonces?

—Sí, pero sin lo de que es una pregunta tonta.

Para mi disgusto, aquello se convirtió en una gran noticia en todo el mundo. «Qué te parece», pensé enfadado al día siguiente, con la mirada fija en la pared. «Trabajo durante veinte años bajo el escrutinio público, escribo centenares de artículos, acompaño día a día mis palabras de hechos y, aun así, creen que me dará miedo volver.» Me sentía insultado.

Sin embargo, en torno a octubre, ya estaba claro que yo no volvería a mediados de diciembre. Me encontraba mucho mejor, pero todavía no había recuperado la sensibilidad en la cadera izquierda y me costaba coordinar los movimientos. En un conciliábulo familiar, Yulia hizo la observación decisiva:

—Tú sabes que puede que vuelvan a envenenarte. Asegurémonos de que vuelves tan fuerte físicamente que, en caso de que ocurra, tengas al menos alguna posibilidad de sobrevivir.

Decidimos posponer la vuelta a mediados de enero y ver en qué estado me encontraba entonces.

Así que allí estaba yo, a primera hora de la mañana del 17 de enero, abriendo los ojos en un hotel de Berlín en el que habíamos pasado la noche tras viajar hasta allí desde Friburgo. Está oscuro; miro al techo. Mi estómago me recuerda amablemente que sí, Alexéi, hoy es un día especial. A eso en inglés se lo llama «tener mariposas en el estómago». Es lo que, en los momentos clave de las películas de Hollywood, dicen sentir sus protagonistas. Durante un rato me quedo allí tumbado preguntándome quién tuvo la idea de llamar «mariposas» a esa sensación de incómoda expectativa. Es algo que me pasa la víspera de grandes apariciones públicas, concentraciones de protesta o sentencias judiciales. Sé que se me pasará en el momento en que todo se ponga en marcha, pero de momento las mariposas no paran quietas. Deduzco que son un invento de algún especialista en marketing estadounidense, como los que se sacan de la manga todos los años nuevas celebraciones en las que hay que comprar regalos para los demás. Aunque en este caso la lógica económica no es tan evidente.

Mi hilo de pensamiento —la cuerda a la que más me gusta agarrarme— me lleva de esa idea a otra, y me pregunto: «Si yo fuera un especialista en marketing, ¿qué celebración me inventaría para obligar a la gente a comprar aún más cosas innecesarias?». La primera que me viene a la cabeza es el «día del hermano» y el «día de la hermana». Me deja de piedra que no se hayan inventado todavía. Pero seguro que se me puede ocurrir algo mejor. ¡Piensa! Lanzaría el «día del mejor amigo». ¡El día de tu amiguísimo o tu amiguísima del alma! Las chicas correrían a las perfumerías para comprar regalos para varias de sus amigas. Se los entregarían diciendo: «¡Feliz día, amiga!». No tendrían más remedio que hacerlo, la presión social las obligaría. Cinco años después del lanzamiento, no recibir ningún regalo ese día querría decir que no eres el mejor amigo de nadie. Aunque quizá «día del amigo» fuera mejor que «día del mejor amigo». Lo abriría a más gente. Pero no: la palabra «mejor» es lo que hace aumentar el gasto medio. Me pongo a planificar una campaña publicitaria global, seguramente a petición del Ministerio de Mejora de las Redes Comerciales de un futuro Gobierno mundial (incluiría, por supuesto, a *influencers* de Instagram y una *sitcom* de Hollywood en la que la protagonista se ve en un aprieto tras prometerles a varias de sus amigas que todas ellas son su mejor amiga). Llegados a ese punto, no obstante, alguien le da unos tirones a mi hilo de pensamiento y una voz me devuelve a la realidad. Alexéi, me recuerda, puede que tú te creas un fantástico creativo publicitario y pienses que estás haciendo un buen uso de tu tiempo, pero no es verdad. Hay un nombre para lo que estás haciendo, y es «procrastinar». No quieres levantarte de la cama y ponerte a trabajar, pese a que tengas no poco que hacer. El avión sale dentro de siete horas.

Vuelvo la cabeza y veo el blanco de unos ojos en la oscuridad. Yulia me está observando. También está despierta.

—¡Hola!

—¡Hola!

—Movías los labios. ¿Te peleabas con alguien?

—No, estaba pensando en maneras de que las mujeres se hagan más regalos unas a otras.

—Eso está muy bien. ¿Se te ha ocurrido también en una forma de hacer que este día pase lo más rápido posible para estar ya de vuelta en casa?

—Ya está pensado. Solo necesito que alguien me preste una máquina del tiempo.

—Mmm... Espero que tu idea para que las mujeres compren sea igual de buena.

—¿Nos levantamos y hacemos tabata?

—No, no me apetece ponerme a dar saltos hoy, y te propongo que tú tampoco lo hagas.

Pero he decidido empezar una nueva vida, tal como uno hace cada lunes y cada 1 de enero. Vuelvo a casa y el futuro que me espera es incierto, pero seguro que estos cinco meses en Alemania, extraños, inesperados e interesantes, han llegado a su fin. La importancia y la solemnidad del momento exigen una nueva vida. Hoy estaré tranquilo y tendré la mejor de las disposiciones, nadie conseguirá hacerme enfadar y no levantaré la voz. En cuanto llegue a casa, independientemente de cómo haya ido todo, organizaré mejor mi vida, y en ella habrá tiempo para la mejora personal, pero no para la procrastinación. Leeré al menos un libro al mes y la mitad de lo que lea será en un idioma extranjero.

Tengo cuarenta y cuatro años y me encanta empezar nuevas vidas. Lo hago a todas horas. El primer día de una nueva vida siempre es estupendo, y lo ideal sería que empezara con ejercicio físico, como por ejemplo tabata. Sería absurdo pensar siquiera en empezar una nueva vida sin una buena dosis de deporte y ejercicio cada mañana. Da igual lo ocupado que uno esté, siempre es posible encontrar diez minutos para un calentamiento que le recargue de energía para toda la jornada. Como último recurso, siempre se pueden pasar diez minutos menos en Twitter. ¿Qué podría ser más sencillo? Es rarísimo que en el pasado yo no lo haya conseguido nunca.

En todo caso, he hecho deporte más que suficiente en los últimos cinco meses. En eso era en lo que consistía mi rehabilitación. Cuando salí del hospital apenas podía caminar, me temblaban los brazos y las piernas, había conexiones cerebro-músculo destruidas y me costaba que mis movimientos tuvieran consistencia. Pero empecé a ejercitarme con un fisioterapeuta y un entrenador y a seguir una rutina establecida. Me apeteciera o no, estuviera despierto del todo o deseando quedarme en la cama, sonaba el timbre y entraba en casa, como una exhalación, un hombre musculoso y risueño.

—Hola, Alexéi, hoy vamos a hacer piernas. Va a ser muy duro —anunciaba.

Los contratos del entrenador y del fisioterapeuta finalizaron hace poco y con la excusa de prepararme para la vuelta y de tener que trabajar en el «Proyecto Psicópata» —una investigación sobre el palacio de Putin que haría pública el día posterior a mi retorno— he dejado los ejercicios. Pero ese día salgo de la cama y empiezo a calentar bajo la escéptica mirada de Yulia. Voy a hacer dos series de tabata.

Resulta ser un grave error. El tabata es un entrenamiento de intervalos de alta intensidad breve, de cuatro minutos. Te ejercitas durante veinte segundos y luego descansas diez. Hago la primera serie y noto que me duele la espalda. Es algo que suele ocurrirme cuando paso mucho tiempo sentado, y ayer estuvimos siete horas en el tren. Por lo general se me pasa en unos días. En este tabata muchos de los ejercicios trabajan la espalda y la zona lumbar. Tengo que hacerlos con mucha intensidad y la mano invisible del deporte se ocupará del asunto, sin necesidad de ninguna otra intervención.

Sin embargo, en la cuarta serie se produce el clásico: «¡Ay! ¡Mierda! ¡Oh, oh, oh, no me puedo levantar!». Me he quedado clavado con las manos y los pies en el suelo, incapaz de moverme. Me rio de la situación, intentando no gritar de dolor. Cualquiera que haya sufrido un pinzamiento de un nervio de la columna vertebral sabe de lo que hablo. Desde la cama llega un suspiro.

—Eres tan tonto a veces. Muy oportuno que te pase esto ahora.

Da igual: tengo que ponerme en marcha y visionar la última versión de nuestro documental de investigación sobre Putin, que ahora dura dos horas, y hacer cambios. Podría ser la última oportunidad que tenga de hacerlo, porque, aunque no sea lo más probable, que me arresten en el aeropuerto sigue siendo una posibilidad para la que debo estar preparado. Voy renqueando hasta la ducha, me aseo, me afeito, me visto y me dirijo a la habitación que está al lado de la mía. Allí está Kira Yarmysh, responsable de la producción de vídeo. Ha dejado la puerta abierta. Veo a Kira y a Masha Pévchij, que está a cargo de las investigaciones de la Fundación Anticorrupción, sentadas en un sofá con la mirada fija en un portátil colocado sobre una mesita baja. Sostienen vasos desechables de café, y la expresión de sus rostros es justo la que esperarías ver en los instantes previos al lanzamiento de un proyecto muy importante cuando se han traspasado ya todas las fechas de entrega límite imaginables.

Llevamos varios meses metidos en un gran proyecto de investigación sobre el palacio de Putin en Gelendzhik, en el mar Negro, que utilizamos para dar una visión detallada sobre cómo financia el dirigente su familia, sus diversiones, sus aficiones y sus amantes. Yo aún estaba en cuidados intensivos cuando Masha entró en la habitación del hospital y dijo:

—Démosle donde más duele. Tenemos los planos del palacio y mientras tú estás aquí aprendiendo a caminar de nuevo yo averiguaré de dónde sale el dinero.

Al proyecto le pusimos el nombre en clave de «Psicópata» porque cuando vimos por primera vez los planos del lugar, con todos aquellos teatros, águilas doradas y sofás que cuestan tanto como un piso, no parábamos de decir: «Este hombre está enfermo. Está obsesionado con el lujo». Acordamos que haríamos público el vídeo el día después de mi vuelta a Rusia, y hoy se ha hecho evidente que nos estamos quedando sin tiempo. Hay una cantidad ingente de infografías. Los grandes diagramas que detallan vínculos corruptos no pueden omitirse, porque, sin ellos, nuestras acusaciones parecerán meras habladurías. Aunque al espectador medio le aburren. Es el eterno dilema: encontrar el equilibrio entre el entretenimiento y los planteamientos periodísticos y asuntos legales más tediosos.

Miramos la última versión y Kira toma nota de más cambios. Le doy el aprobado final al título y a las imágenes que vamos a colgar en las redes sociales para atraer espectadores. No estará listo para mañana, pero nos dejaremos la piel para tenerlo todo preparado de cara al martes.

—¿Qué hacemos si te detienen en el aeropuerto? —pregunta Kira.

—Seguiremos con el plan inicial de publicarlo lo más rápido posible —digo—. Si veis que la noticia de la detención ha copado todo el espacio de los informativos y que la investigación no recibirá la atención que merece, lo retrasáis un día, pero no más.

Vuelvo a mi habitación muy preocupado. Una breve descripción de la investigación para YouTube, textos para las redes sociales, una entrada en mi blog... Nada de eso está listo, y de repente no tengo claro cómo voy a encontrar tiempo para hacerlo. Es posible tener un buen producto pero luego fastidiarlo todo a fuerza de no promocionarlo adecuadamente. Esa es una lección sobre los nuevos medios de comunicación que aprendí hace tiempo.

Había estado imaginando que volaría el domingo por la noche, acabaría lo que tuviera que hacer tranquilamente en casa y al día siguiente lanzaría nuestra superproducción, sacándole el máximo partido a las redes sociales, sobre todo TikTok, en la que tenía puestas grandes esperanzas. Pero ahora estoy poniéndome nervioso, porque todo el mundo a mi alrededor no para de preguntarme, con mucho sentido práctico: «¿Qué pasa si te detienen en el aeropuerto?». No es que me dé miedo que me detengan, pero me doy cuenta de que he pospuesto muy alegremente enfrentarme a toda una serie de cuestiones muy importantes.

Tengo que escribir un montón de emails, porque es muy posible que me encarcelen y si no los envío voy a arrepentirme. La experiencia me dice que los mayores problemas surgen a partir de cosas en las que no has pensado: el acceso a través de internet a tu banco, las autorizaciones y contraseñas para las distintas aplicaciones y dispositivos que utilizas cada día... Saber que tu familia está bien es el 99 por ciento de tu tranquilidad cuando estás en la cárcel. No quiero estar allí preocupándome por si mi mujer no puede sacar dinero de mi cuenta por un trámite idiota de mi banco para el que tengo que dar permiso desde mi dirección de correo electrónico. Un centenar de periódicos de todo el mundo pueden dar fe de que estoy detenido y en la cárcel, pero aun así el director del banco dirá: «Lo siento, pero no hay nada que podamos hacer. Debe enviarnos un email o utilizar nuestra práctica aplicación móvil».

Enciendo el portátil. Tener que escribir grandes cantidades de correos electrónicos es uno de los tormentos más habituales del ser humano moderno. Eso es precisamente lo que me hace hervir de ira por dentro, pese a que apenas tres horas antes me estaba diciendo a mí mismo que hoy empiezo una nueva forma de vida que estará marcada por la serenidad y por mi asombrosa buena disposición hacia todo el mundo. Yulia está haciendo las maletas, yo escribo emails absurdos y mi dolor de espalda empeora por momentos. Llaman a la puerta.

Yulia abre la puerta y la oigo decir en inglés:

—Daniel, todavía no os he dado permiso para grabar, no estoy lista.

Daniel es un joven director, muy bueno en lo suyo y muy agradable. Está grabando un documental sobre mí y, como es lógico, necesita planos interesantes: los preparativos, el toque final a las maletas, las reuniones sobre «qué debemos hacer si...». Cuantas más cosas pasen y más tensión se genere, mejor para él. Ayer le dije que le dejaría grabar los preparativos del viaje, pero solo hacia el final, y que podría encender la cámara únicamente con nuestro permiso. Pero ¿qué clase de director de documental acataría una orden así?

De repente he encontrado con quien pagar mi frustración.

—¡Daniel! —grito desde la habitación de al lado—. ¿Qué haces? ¡Lo habíamos hablado! ¿Qué narices pasa? Te estás inmiscuyendo.

Incapaz de contenerme, añado una frase que empieza con «Sal de aquí» y acaba con una palabra malsonante, y me arrepiento de inmediato de ser tan maleducado.

Daniel se va. Yulia entra en la habitación haciendo girar un dedo en la sien.

—¿En qué estabas pensando? Tenía la cámara encendida. Ahí tienes tu momento emotivo de película.

Así que una cosa más que añadir a la lista de tareas pendientes: disculparme con Daniel. Estupendo.

Termino de escribir los emails y los envío. Compruebo que Yulia tenga acceso a las aplicaciones del banco; es un ejercicio bastante inútil, en realidad, porque todas mis cuentas llevan meses congeladas por las demandas interpuestas por el «chef de Putin», Yevgueni Prigozhin, un hombre que, en la época de la URSS, estuvo encarcelado por robo con violencia pero que ahora se ha convertido, gracias a su amistad con Putin, en un «emprendedor de éxito» con el monopolio del suministro de alimentos a las guarderías y escuelas de Moscú.

Se nos acaba el tiempo. Tenemos programada otra reunión. Llamo a Leonid Vólkov, nuestro jefe de gabinete, a Masha y a Kira. Yulia también se nos une. Discutimos brevemente el plan de acción para cada posible escenario: en caso de que lleguemos a casa sin impedimentos; en caso de que me detengan en el aeropuerto y me encarcelen; en caso de que me detengan, luego me liberen y el Kremlin espere a que se rebaje la tensión y me detengan de nuevo; en caso de que no pase nada, pero me arresten un par de semanas después acusado de otra cosa, etc. Esos escenarios son planteamientos que el Kremlin ya ha empleado con nosotros. En el siglo XXI hay que vérselas no solo con la maquinaria de un Estado represivo, sino con la maquinaria de relaciones públicas de un Estado. La opinión pública es lo más importante para todos los implicados. Las mismas acciones, solo que llevadas a cabo de formas sutilmente distintas, pueden dejar a la gente o bien impasible o bien sacarla a la calle a manifestarse. Hay que tener en cuenta todo, incluido el día de la semana que es y el tiempo que hace.

De lo que hablamos hoy es de detalles operativos, de quién hará qué. Hacía tiempo que no nos veíamos en la necesidad de debatir sobre cómo íbamos a seguir trabajando si me encarcelaban. Concretamente desde 2012, una época en la que aparecían falsos cargos contra mí de debajo de las piedras. En los últimos tiempos paso varios meses al año detenido, y nuestra organización ha seguido funcionando sin mí sin problemas, lo que me llena de orgullo. Hay mucho talento en nuestro equipo.

Llamamos a Olga Mijáilova, mi abogada, que ha venido a Alemania para volar conmigo de vuelta a Rusia, por si me detienen en el control de pasaportes. Vemos rápidamente con ella los posibles escenarios que podrían darse y decidimos el orden en el que deberemos cruzar la frontera.

Mijáilova pronostica que podrían detenerme tras pasar el torniquete, es decir, después de haber cruzado formalmente la frontera. Luego se me llevarían de allí enseguida. Así que pasará primero ella, luego yo y a continuación Yulia. Se trata de asuntos importantes de los que tenemos que hablar para estar preparados para cualquier eventualidad, pero en realidad no creo que vaya a tener que enfrentarme a ninguna amenaza el día de mi llegada.

Hace tiempo que he renunciado a analizar y predecir el comportamiento de Putin y el Kremlin. Es demasiado irracional. Putin lleva en el poder más de veinte años y su cabeza, como la de cualquier otro dirigente de la historia que ha pasado tanto tiempo en esa posición, está llena de obsesiones mesiánicas, todo eso de «sin Putin no hay Rusia» que se ha oído proclamar abiertamente desde el estrado de la Duma estatal. El verdadero equilibrio de poder entre los distintos grupos del Kremlin también se desconoce, independientemente de lo que decidan escribir los analistas políticos. Así que es inútil tratar de determinar lo que «ellos» harán a continuación; tenemos que hacer lo que nosotros consideramos que es lo correcto.

Sí tenemos, sin embargo, una idea general de cómo funcionan el público y los medios de comunicación. Más o menos todo lo que sabemos de la estrategia de liderazgo de Putin es que lleva acabo infinidad de sondeos de opinión y tiene en cuenta sus resultados a la hora de planificar. Detenerme en el aeropuerto podría no ser lo que más convenga a sus intereses. De todos los escenarios posibles para aislarme, ese es el más favorable para mí. En primer lugar, el Tribunal Europeo ya ha dictado una sentencia sobre el caso Yves Rocher.* Es algo que saco a colación durante nuestra charla:

—¿Me estás diciendo que crees que me detendrán por un cargo sobre el que el Tribunal Europeo de Derechos Humanos ya ha dictado sentencia en contra? ¿Lo dices de verdad?

Detenerme por «no cumplir con las condiciones de la suspensión de la condena» sería de un cinismo excesivo, incluso para los estándares del Kremlin. Primero intentan envenenarme y luego, cuando estoy en coma y en cuidados intensivos, anuncian: «Oh, fíjate, no se ha presentado a firmar en la policía. Detengámoslo por ello». Si lo intentan, perderán de inmediato la batalla por el primer bastión de la opinión pública, el de los periodistas que siguen de cerca el desarrollo del caso.

Mi periodo de libertad condicional por el caso que abrieron en 2014 acabó, tras numerosas prórrogas, el 30 de diciembre de 2020, hace dieciocho días. Así que ya no es posible revocar la suspensión de mi condena. Por supuesto, nada tan insignificante como una ley va a detener jamás a

* El caso Yves Rocher fue una causa penal inventada que se abrió en Rusia en 2012 contra Alexéi y Oleg Navalni. Los dos hermanos fueron ilegalmente declarados culpables de «defraudar» a la filial rusa de la empresa cosmética francesa Yves Rocher.

un juez ruso, a quien lo único que le importa es la llamada de teléfono en la que su jefe le da las órdenes. Pero ¿qué sentido tendría hacerlo todo tan difícil, qué sentido tendría llamar la atención y, sobre todo, despertar simpatías hacia mí con un acoso ilegal tan descarado?

En su última rueda de prensa, Putin se refirió a mí de forma despectiva con una frase que estaba claro que traía preparada y que describe muy bien su nueva estrategia: «¿A quién le importa ese hombre?». ¿No tendría, por lo tanto, más sentido, seguir operando bajo ese marco de referencia e ignorar mi retorno? ¿Rebajar un asunto importante a la categoría de menudencia? En lugar de proporcionarles a los periodistas las esperadas imágenes de mi detención, que tengan un vídeo de mí saliendo del aeropuerto con mi equipaje y sin saber muy bien qué hacer mientras espero un taxi. Y luego, un par de semanas después, con las aguas más calmadas, citarme para someterme a un interrogatorio por el siguiente cargo delictivo inventado. Un par de meses después de eso, me impondrían un arresto domiciliario (que es algo terrible, porque en cierta forma estás detenido, pero nadie siente ninguna lástima por ti cuando estás en tu casa). Unos tres meses más tarde llegaría el traslado a la cárcel con una sentencia corta, que luego alargarían. Y me dejarían allí. Para entonces, todo el mundo estaría ya acostumbrado. ¿Por qué habría de protestar nadie si llevaría un montón de tiempo en la cárcel? No, Putin está loco, pero no está tan loco como para generar un incidente grave deteniéndome en el aeropuerto.

Cuando Leonid Vólkov propone pensar bien qué hacer si desvían mi avión a otro aeropuerto, a uno en el que no haya gente esperándome, yo descarto la idea de plano. Venga ya, eso es imposible que lo hagan. ¿Cómo va a encajar con su estrategia de «A quién le importa ese hombre»?

Solo un gusanillo minúsculo va erosionando tozudamente los cimientos de mis constructos lógicos: el Proyecto Psicópata. Sé que durante la investigación es imposible que se haya filtrado nada, pero hace un par de semanas enviamos el material para su producción a gran escala. Se ha estado creando una página web, corrigiendo el texto y realizando una película de dos horas. Una cantidad considerable de personas está ya al corriente del contenido del proyecto. Confío plenamente en nuestra gente, pero, aun así, hay una gran agencia de inteligencia, el FSB, que tiene a la Fundación Anticorrupción entre sus objetivos de captación e infiltración. Además de que puede conseguirse información sobre el proyecto pirateando ordenadores y sistemas, poniendo micrófonos en nuestra oficina e instalando cámaras ocultas. Ese pequeñísimo gusanillo me está diciendo: «Tío, sabes perfectamente que si Putin se entera de tu plan de enseñarle al país su palacio desde dentro y de explicar cómo mantiene a sus amantes y cómo una empresa de titularidad estatal como Gazprom compra pisos para ellas se subirá por las paredes. Te meterá entre rejas a la primera oportunidad que tenga para evitar que publiques esa investigación. Y hay mil y una maneras muy sencillas de matarte en la cárcel».

Bueno, ya hemos celebrado nuestra reunión, así que dispersémonos y volvamos a juntarnos de nuevo dentro de media hora con las maletas. Me levanto del sofá y un fuerte dolor me atraviesa la espalda. Mierda, ¿por qué no podía escoger otro día para dolerme? He estado haciendo ejercicio a diario durante meses. Pero hoy... En fin, olvídalo, ya pasará. Lo importante es que quienes vengan a recibirnos no se den cuenta de que no puedo doblar la espalda.

Tengo que llamar al equipo de rodaje, les prometí que les dejaría grabar los últimos minutos antes de nuestra marcha. Para Yulia y para mí esos son nuestros últimos minutos solos y juntos hasta que lleguemos a casa, o hasta que pase o que tenga que pasar. Nos sentamos abrazados, riéndonos. Nuestra conversación es la que cabe esperar de un momento así, en el que parece que hay que decir algo, pero en realidad no hay mucho que decir. El estado de ánimo de quienes nos rodean va de la consternación al desaliento. Nosotros lo único que queremos es volver a casa. Este no era un día que Yulia y yo temiéramos, sino uno que llevábamos tiempo esperando. Nuestros problemas y ansiedades tienen que ver solo con el hecho de que durante las próximas horas habrá una horda de periodistas rodeándonos, más luego el caos de la bienvenida en el aeropuerto y todo lo demás. Nos sentamos y nos decimos el uno al otro algo parecido a: «¿Cómo estás?» «Bien.» «¿Y tú?» «Estoy bien.» «Tengamos un poco más de paciencia y pronto estaremos en casa y cerraremos la puerta y todo el mundo nos dejará en paz.»

Van a venir a recibirnos al aeropuerto varios miles de personas, tal como puede verse en el comité de bienvenida de Facebook. Eso quiere decir que tendré que pronunciar un discurso. No un discurso largo, pero sí fundamental. Quiero dar las gracias a todo el mundo por su apoyo. Todo acabará en un amontonamiento caótico, lo sé, porque no cabe duda de que lo último que Putin quiere ver es una bonita imagen de un gentío jubiloso celebrando mi retorno triunfal. He pasado por esa misma experiencia muchas veces. Llego a la zona del encuentro y los activistas del Kremlin empiezan de inmediato a avanzar a empujones. Alborotadores a sueldo se distribuyen estratégicamente para mostrar carteles absurdos. La policía apostada en las inmediaciones le grita a la gente por megafonía que se disperse. Yo por lo general hago caso omiso de las distracciones, busco algo a lo que subirme y pronuncio mi discurso, imponiéndome a gritos a la policía y su sonido amplificado. Qué no habré utilizado como tribuna improvisada: igual me vale un montículo de nieve como una casita con tobogán en un parque infantil.

Lo único sobre lo que no consigo decidirme es sobre si hablar con o sin mascarilla. Las reglas de la pandemia y la etiqueta política europea exigen llevarla. Cuántas veces no me habré reunido aquí con personas que no han tenido ningún problema con hablar sin mascarilla, pero luego, a la hora de las fotografías, se cuidan mucho de ponerse una y de mantenerse a un metro y medio de distancia. No quieren confundir a los votantes. Pero ¿cómo voy a pronunciar un discurso con la mascarilla puesta? Se disipará toda la energía. Será como quitarse los zapatos para entrar en una casa que acaba de asolar un tsunami. Llego a la única conclusión posible: dependerá de las circunstancias.

Todo el mundo empieza a prepararse para salir. Nos ponemos la ropa de abrigo y comprobamos no habernos dejado nada. Nuestra habitación está llena de gente muy tapada y que va con maletas, lo que hace que el grupo parezca mucho mayor. El cámara va de un lado a otro en busca de los ángulos más dramáticos. Los que se quedan en Berlín nos miran a Yulia y a mí con una mezcla de preocupación y simpatía que resulta moderadamente irritante y al mismo tiempo graciosa. Les digo a todos una vez más que no pongan esas caras, que todo va a salir bien y que dentro de seis horas organizaremos una llamada por Zoom.

Una superstición rusa —¿o es una costumbre?— a la que me atengo estrictamente es sentarme durante unos instantes antes de emprender un viaje. Hay muchas personas aquí, algunas a las que no conozco apenas y otras, como Leonid Vólkov, que sí, con una actitud firmemente racional. Eso hace que dude a la hora de decir: «Sentémonos un momento antes de salir». Pero si hay espíritus o deidades que puedan traernos buena suerte en un viaje, este es, sin duda alguna, el momento de convocarlos. De hecho, quizá se ofendan si no lo hacemos. He observado este ritual viajero durante toda mi vida, incluso cuando no íbamos más que un par de días de visita turística a una ciudad vecina con Yulia y los niños. ¿Voy a ignorar hoy una norma tan inamovible? Con la esperanza de que no se rían demasiado de mí, y sobre todo para no asustar a extranjeros como Daniel con un comportamiento tan retrógrado, digo en tono de broma:

—Y ahora, de acuerdo con la tradición rusa, sentémonos un momento antes del viaje.

Todo el mundo se sienta de inmediato.

—Oh, mi madre lo hace siempre —dice Leonid.

—En Canadá también lo hace la gente —apostilla Daniel.

Me alegra no ser el único pagano y que todos los que me rodean estén conjurando también a los dioses del viaje.

Fuera, en el pasillo, nos encontramos con un grupo de hombres de aspecto atlético, y los cables que les salen en espiral de los oídos delatan la naturaleza de su trabajo. Es un equipo de protección de la policía de Berlín. Soy una «persona de riesgo» y es un hecho que están obligados a tener en cuenta. Es responsabilidad de la policía de las distintas regiones alemanas llevar a cabo su propia evaluación de riesgos. En la Selva Negra, que es de donde venimos, mi categoría de riesgo se había rebajado de la más alta a la tercera más alta, lo que significaba que la policía estaba presente solo en los actos públicos planificados de antemano. En Berlín dijeron: «No sé lo que hacen en otras regiones, pero esta es la capital y aquí usted está en la máxima categoría de amenaza». Lo confirmaron proporcionándome dos limusinas blindadas y seis personas que caminan junto a mí cada vez que salgo a la calle. Cuando los alemanes trazan un protocolo, ya puede estrellarse un meteorito en el planeta que ellos lo siguen al pie de la letra.

Los policías eran, de hecho, chicos fantásticos, alegres. Durante los meses que hemos estado aquí, hemos acabado haciéndonos amigos suyos, y ellos se han desvivido por ayudarnos. Creo que algo que nos ha unido ha sido el hecho de que han estado conmigo desde los primeros momentos de mi «nueva vida» tras el envenenamiento. Han estado velando por mí mientras aprendía a comer, a hablar, a caminar de nuevo.

Hoy me reconforta estar bajo vigilancia. La normativa de máximo riesgo estipula que debemos ser conducidos a la pista rápidamente, esquivando una aglomeración de periodistas que esperaban poder abordarme. Lo siento un poco por ellos y entiendo su irritación por tener que esperar durante horas para luego quedarse sin imágenes.

Nos despedimos, nos abrazamos y nos metemos en los coches. Yulia y yo vamos en uno, y mi abogada Olga y Kira en el otro. El responsable del dispositivo de seguridad, dándose la vuelta desde el asiento delantero, dice en tono de broma que todo el equipo reconoce mi valor, pero que espera que sea consciente de que mi próximo viaje al extranjero no será probablemente hasta dentro de un tiempo. Me río y le digo que espero que venga a rescatarme a la cárcel saltando de un helicóptero.

Llegamos al aeropuerto y entramos por una puerta especial. La policía recoge nuestros pasaportes y al cabo de un rato un agente de fronteras viene a comprobar a quién corresponde cada pasaporte. Le sonreímos desde el coche y él nos devuelve la sonrisa. Estamos listos para irnos.

Lo primero que vemos al entrar en el avión es a un enjambre de periodistas. Kira me ha dicho que una decena han llamado para decir que tienen billetes en nuestro vuelo. Creí que eso querría decir que seguramente habría unos quince. En realidad, son más bien cincuenta, y están todos en medio de la cabina del avión trepando unos encima de otros y echándose sobre los pasajeros normales, que observan la situación atónitos. La jauría de periodistas parece una pelota de la que sobresalen, como púas, paloselfis con móviles en el extremo, cámaras, manos y unas cuantas cabezas. Me noto muy tranquilo. Las mariposas del estómago se han esfumado, como hacen siempre. Está claro que el cuerpo sabe cuándo ha llegado el momento de dejar de preocuparse porque hay trabajo por hacer.

Mi momento «favorito» está a punto de empezar. Los periodistas tienen que hacer lo que les toca, las imágenes y los audios que sus jefes les han pedido. Pero yo ahora no pienso hacer nada que no sea sentarme en mi asiento. No haré declaraciones ni daré entrevistas a bordo; lo reservo todo para Moscú. Si hablo ahora, no quedará nada que decir cuando de verdad importe. Los políticos veteranos tienen la capacidad de repetir lo mismo una y otra vez, y siempre parece que es la primera vez que lo dicen. Yo esa habilidad aún no la tengo, así que pido a los periodistas que nos dejen pasar hasta nuestros asientos.

Ellos, sin embargo, no se resignan, y siguen grabando imágenes por si acaso hago algo interesante. ¿Qué están esperando, un mortal hacia atrás? ¿Una canción humorística? ¿Que rompa una foto de Putin y me coma los pedazos?

Desde detrás de nosotros se oye la voz de una azafata, que le ruega a todo el mundo que ocupe sus asientos. Yo sigo haciendo bromas estúpidas del estilo de «Me pregunto por qué hay tantos periodistas aquí» y saludando a los que conozco. Luego avanzo de forma decidida hacia el gentío, que finalmente cede, se aparta y nos deja avanzar hasta nuestros asientos.

Se ciernen sobre nosotros, enfocándonos con cámaras, iluminándonos con linternas, grabándonos con micrófonos. «¡Venga, haz algo!», leo en los ojos de todos los periodistas. Así que lo hago. Saco mi portátil, busco un capítulo de *Rick y Morty*, me coloco los auriculares y empiezo a mirarlo. No es de muy buena educación, pero es algo que hago siempre. Miro de soslayo hacia Yulia y veo la súplica en sus ojos: «No me abandones así por tus dibujos animados». A mí esos momentos con los periodistas no me gustan, pero Yulia los odia con todas sus fuerzas. Le paso un auricular y ella susurra un «Gracias» a mi oído libre. No le estoy haciendo un gran favor, porque a ella no le gustan todos esos dibujos animados —*Los Simpson*, *Futurama*, *Rick y Morty*— que a mí me encantan. Pero ahora mismo va a fingir que es una fan.

El piloto añade su voz a los esfuerzos de los azafatos por poner orden. A través del intercomunicador, insta a todo el mundo a ocupar sus asientos, y los periodistas le obedecen. Tras el despegue, no tardan en abordarnos de nuevo.

—Alexéi, ¿crees que te detendrán en el aeropuerto?

El más insistente es un hombre alto y calvo. Se queda de pie a nuestro lado, le pide a su compañero que me enfoque con la cámara y habla lo bastante alto como para que lo oiga todo el avión

—Alexéi, unas palabras para la televisión israelí.

Su voz me impide escuchar lo que dicen tanto Rick como Morty. Me doy cuenta de que la voluntad de hierro de ese hombre va a vencer todos los obstáculos, y me siento tentado a decir: «Me gustaría decirle a todo el mundo en

Israel que todo me irá tan bien como le está yendo a Oriente Próximo». Llego a abrir la boca para decirlo, pero me contengo a tiempo, recordando la regla de oro de todos los políticos del planeta Tierra: siempre que sea posible, no te pronuncies sobre Israel ni sobre la situación en Oriente Próximo. Digas lo que digas, alguien va a enfadarse, así que digo algo del estilo: «Hola a toda la audiencia de la televisión israelí. Todo va a salir bien».

El hombre calvo sonríe y se vuelve hacia la cámara para explicarles a sus espectadores el profundo significado de mis declaraciones.

Se anuncia que estamos a punto de aterrizar. Todo el mundo vuelve a sus asientos.

—Estimados pasajeros —se oye a continuación—, debido a las condiciones meteorológicas adversas y a la intensidad del tráfico aéreo, los servicios de tierra de Vnúkovo no pueden recibirnos en este momento, y tendremos que sobrevolar el aeropuerto varias veces. Disponemos de combustible suficiente.

Se oyen suspiros por todo el avión. El abanico de reacciones va de un frustrado «Mierda» de los pasajeros normales a un alborozado «Al fin sucede algo interesante» de los periodistas, pasando por una sensación generalizada de «Captamos la idea».

—Pido disculpas a todo el mundo —digo en voz alta dirigiéndome al resto de pasajeros. Hay risas generalizadas y alguien incluso aplaude.

Al otro lado del pasillo hay una mujer joven en una de las situaciones más difíciles a las que se puede enfrentar un pasajero. Cualquiera que tenga hijos lo entenderá. En sus brazos duerme un bebé de un peso y tamaño considerables, y a su lado se sienta un niño de unos siete años. Viaja sola, con niños y equipaje. El reglamento absurdo de Pobeda

Airlines impide a los pasajeros cambiar de asiento y, pese a sus desesperados requerimientos, no se le permite trasladarse a un sitio más apartado de los periodistas apiñados a nuestro alrededor. Lo lleva estoicamente e incluso nos hace gestos con el pulgar hacia arriba para demostrarnos su apoyo.

—Esa pobre mujer —me susurra Yulia al oído—. Como si no fuera ya lo bastante complicado volar sola con dos niños pequeños. Si ahora nos desvían a un aeropuerto en el que no haya nadie esperándola lo va a pasar mal de verdad.

—Sí, para los otros pasajeros esto es un horror. Si de verdad nos cambian de aeropuerto nos van a odiar. En su situación, yo me subiría por las paredes. Aunque no creo que ocurra. Tendrán al avión sobrevolando hasta que los que han venido a recibirnos se cansen de esperar.

Llega a continuación otro mensaje del piloto, que esta vez me parece que ya no intenta disimular el sarcasmo:

—Estimados pasajeros, los servicios de tierra del aeropuerto de Vnúkovo nos informan de que, debido a las condiciones meteorológicas, no pueden dejarnos aterrizar. Nuestra aeronave está siendo redirigida al aeropuerto de Sheremétievo.

Me disculpo de nuevo con el resto de los pasajeros y vuelven a oírse risas generalizadas. Los periodistas no ocultan su satisfacción. La excursión no ha sido en balde. Los pasajeros normales se rascan la cabeza con ansiedad, preguntándose qué va a pasar con quienes les esperan en Vnúkovo o con sus vuelos de enlace.

Nos estamos preparando para aterrizar y la masa de periodistas empieza a congregarse de nuevo a nuestro alrededor, ignorando los requerimientos de la azafata de que vuelvan a sus asientos. No deja de existir la posibilidad de que yo abra a la fuerza una ventana de la cabina del avión y salte en paracaídas para burlar el control de fronteras. Se arriesgarían a dejar escapar esa toma. Para ahuyentarlos, Yulia y yo nos damos las manos y juntamos las cabezas, susurrando. Los medios de comunicación congregados resoplan contentos, como diciendo: «De acuerdo, no vais a hacer declaraciones ni a saltar en paracaídas, pero al menos tenemos una demostración de cariño». Esas imágenes deberían atraer una cantidad interesante de tráfico de internet.

El avión aterriza. Salimos. Los móviles de todo el mundo empiezan a funcionar de nuevo. En el autobús que nos traslada desde el avión los periodistas nos informan de las últimas noticias. En Vnúkovo, donde varios miles de personas han estado esperando para darnos la bienvenida, ha habido detenciones. Además, cuando en las aplicaciones de seguimiento de vuelos se vio que nos estaban desviando a otro aeropuerto, la policía bloqueó la carretera de salida de Vnúkovo para evitar que quienes nos esperaban en tierra cogieran un taxi o fueran en coche hasta Sheremétievo para ir a recibirnos. Mientras los periodistas nos cuentan todo esto, sostienen paloselfis con sus móviles, para retransmitir en directo todo lo que está pasando.

—¿Por qué retransmitís? —pregunto—. No está pasando nada. Estamos en un autobús y cargo con una maleta. ¿A quién le interesa eso?

—Bueno —dice uno de los periodistas—, solo el directo de este canal lo están viendo medio millón de personas.

Daría mi brazo derecho por tener esa audiencia en mis programas de los jueves. Está claro que el señuelo de si me detendrán o no tiene más atractivo para la audiencia que mis charlas políticas. Me hace pensar en una transmisión en directo de hace unos años que se hizo viral. Había dos personas que iban colocando gomas elásticas alrededor de una sandía. Eran gomas normales y corrientes, de las que la gente compra a saber por qué. Las gomas apretujaban por el medio a la sandía, que empezó a parecerse a un ocho, pero ni se partía ni explotaba. Varios millones de espectadores siguieron aquello en directo, entre ellos yo. Era insufrible, las imágenes eran de lo más inane. ¿Acaso yo no había visto nunca partirse una sandía? Pero aún más insufrible habría sido dejar de verlo. Tras invertir una hora, no podía perderme el momento exacto del estallido de la sandía. Probablemente esté ocurriendo lo mismo ahora: todo el mundo siente curiosidad por saber si la sandía va a explotar y, si lo hace, quieren presenciarlo.

Tras salir del autobús y entrar en la terminal del aeropuerto, nuestro tumultuoso contingente avanza en la dirección equivocada. El personal del aeropuerto nos indica la dirección correcta. «Ahora sí que tengo que decir algo», pienso. En el caso de que me detuvieran, no sería justo para los periodistas que no les hubiera dado algo sobre lo que informar. De hecho, hay cosas que me gustaría decir. Estamos pasando junto a un gran póster iluminado de la ciudad de Moscú tal como se les vende a los extranjeros: Plaza Roja, catedral de San Basilio, etc. Cogiendo de la mano a Yulia, camino con decisión hacia el póster; me parece el sitio ideal para unas declaraciones.

Como suele pasar, me olvido de inmediato de todo lo que tenía intención de decir. No del sentido general, claro, sino de la estructura y el orden. Sale todo como sale. Empiezo pidiendo disculpas a los pasajeros no solo de mi vuelo, sino de todo el espacio aéreo de Moscú, porque está claro que las autoridades han cerrado completamente Vnúkovo. De ahí paso a decir que, al margen de cómo vayan a desarrollarse los acontecimientos, me alegro mucho de haber vuelto a casa y que sé que tengo la verdad de mi lado. Digo lo que siento.

Nos dirigimos al control de pasaportes. Como habíamos acordado, Olga realiza el trámite la primera para que los agentes de fronteras no puedan retenerla en caso de que decidan detenerme al llegar al otro lado. A continuación, paso yo. El agente de fronteras me dirige una mirada alegre y tiende la mano para coger el pasaporte.

—¿Me habéis estado esperando? —pregunto.

—Desde luego —responde. Sigue el procedimiento habitual y hojea mi pasaporte mientras lo mira, me mira y teclea algo en el ordenador.

De repente, desde detrás del cristal esmerilado de una sala adyacente aparece un compañero suyo. Tiene un rango superior, es capitán. El hombre extiende la mano y empieza a pasar las páginas del pasaporte de forma brusca. Yulia me dirige una sonrisa burlona, como diciendo: «Ya estamos».

—Alexéi Anatólievich, venga conmigo, por favor —dice el capitán.

La expresión en el rostro de Olga deja entrever lo que piensa sobre el fracaso de nuestro astuto plan. Está a escasos centímetros de mí, pero ya del lado de la barrera que simboliza la frontera estatal. Trata de moverla para volver, pero evidentemente está bloqueada y solo puede abrirse apretando un botón que está dentro del cubículo del agente de fronteras.

—¿Para qué quiere que vaya con usted? —pregunto.

—Necesitamos establecer ciertos detalles.

—Bueno, ¿hay algún problema con establecerlos aquí?

—Tiene que venir conmigo.

«¿Me tomáis por un completo imbécil?», me pregunto. «Si habéis decidido detenerme, que salgan los policías, que seguro que tenéis todo un escuadrón preparado.» Quieren evitar la imagen de los policías sacándome de allí.

—No tengo que ir a ningún sitio con usted —le digo—. Aquí está mi abogada. Insisto en que establezca todos los detalles que necesite en su presencia.

Discutimos un poco más y leo el sufrimiento en la mirada del capitán. Tiene instrucciones de llevarme a través de la puerta adyacente —sin imágenes de policías—, pero está claro que no va a poder conseguirlo. Murmura algo a través de su intercomunicador y aparecen seis policías como por arte de magia. Olga se abalanza sobre la barrera aún más enérgicamente, exigiendo que la dejen regresar. Por si acaso, pongo a Yulia, que está entre el policía y yo, detrás de mí. Dios sabe lo que tendrán en mente.

El altercado continúa, ahora con un comandante de policía y para entonces ya voy con el piloto automático. Los acostumbrados «Venga conmigo», «No», «Venga», «No, no tengo por qué hacerlo. Aquí está mi abogada», «No, venga conmigo» los tengo tan oídos que podría repetirlos durmiendo. Lo importante ahora es pensar de forma estratégica. Tengo un móvil desechable en el bolsillo (noto su peso). Kira lleva la mochila con el portátil. Le doy la maleta a Yulia; es poco probable que la detengan también a ella. Eso es todo. Estoy listo. Me despido de Yulia con un beso en la mejilla.

El diálogo habitual ha alcanzado ya la fase de «Si se niega a obedecer las órdenes de los agentes de policía, se tomarán medidas de fuerza». No tiene sentido negarse a ir con ellos y que me saquen de allí a rastras cogido por los brazos y las piernas como en las marchas de protesta. ¿Y si todo lo que prevén hacer es entregarme una citación para comparecer ante un tribunal? En un cuarto de hora toda esta confrontación parecerá absurda. Le doy otro beso a Yulia y para allá que voy, acompañado de una escolta policial.

A diez metros de distancia, una puerta da paso a una sala en la que hay una mesa, una silla y otra docena de policías.

—Vaya, vaya —digo—, ¿me preparabais una emboscada?

—Siéntese —me ordenan.

Obedezco. Una docena de policías con mascarillas forman un semicírculo a mi alrededor con las manos a la espalda. Es una escena cómica y mi primer impulso es sacar el móvil, hacer una foto y enviarla para que la cuelguen en Twitter. Pero me contengo, porque no estoy seguro de que el teléfono tenga siquiera cámara, ya que era uno de los más baratos del mercado. Y lo que es más importante: me confiscarán el teléfono y no podré informar de a dónde me llevan. La mayoría de las veces es posible hacerlo desde el furgón policial. De repente parece estar muy claro que no volveré a salir por esa puerta.

Todo el mundo en Rusia conoce la expresión «una representación teatral para un solo espectador». Empieza a los pocos segundos. Dos personajes vestidos de paisano encienden unas cámaras mientras que un tercero (es fácil deducir por su chaqueta que es quien está al mando) saca unos papeles, va hacia donde está el comandante y empieza a recitar solemnemente:

—Camarada blablablá, le informo de que en el caso de blablablá hay blablablá pruebas, blablablá Navalni, blablablá búsqueda.

Tras asimilar esto, el comandante se vuelve hacia el guardia de frontera, que le informa de que, a partir de la revisión de los blablablá documentos, el ciudadano Navalni ha sido identificado.

Llegados a ese punto, empiezo a reírme de ellos.

—Esto es de locos, ¿para quién estáis representando este numerito? Aquí solo estoy yo; relajaos y hablad con normalidad —les digo.

Pero no pueden relajarse, por culpa de las dos cámaras que graban todo el procedimiento. Sus superiores, que son quienes han escrito el guion de esta actuación, han delegado su presencia invisible en las cámaras. Nadie reacciona a mis palabras.

Tras oír el informe del guardia de fronteras, el comandante se dirige de nuevo al agente de paisano con chaqueta y le dice:

—Informo de que el en transcurso de blablablá se identificó a blablablá... medidas para detener a blablablá.

Para entonces ya me río a carcajadas. A los policías que están de pie a mi alrededor también se los ve incómodos ante lo absurdo de la situación, pero las cámaras están grabando y hay que hacer lo que a uno le dicen.

Trato de interrumpir este desfile:

—A ver, amigos, ¿podéis decirme si estoy detenido o no? Porque, si no, me largo de aquí.

Los policías, de pie en semicírculo, se tensan, pero esa es la única reacción a mis palabras. Está claro que tienen prohibido hablar conmigo.

La parte ceremonial se acaba de repente y el hombre de la chaqueta se vuelve hacia mí.

—Venga por aquí.

—¿Adónde?

—Venga por aquí.

—Dígame cuál es mi situación. ¿Estoy detenido?

—Venga por aquí.

Me llevan de nuevo a la pista de aterrizaje, donde aguardan dos autobuses policiales. Ocho personas se montan en el mío, y el hombre de la chaqueta se sienta junto a mí. ¡Mierda! No podré llamar desde el autobús. A los policías normales no les puede dar más igual, pero este seguro que se quedaría con el móvil.

Es un viaje largo, y no en dirección a Moscú. A través de la ventana helada veo árboles, tiendecitas y ventisqueros en las calles, que no son las del centro de la ciudad. Tras preguntar un par de veces a dónde vamos y no recibir respuesta, me convenzo aún más de que les han prohibido hablar conmigo. A los policías, por lo general, incluso si no me dan una respuesta directa, les gusta discutir de temas políticos.

Llegamos a un edificio vallado.

—Salga —me dicen.

Fuera vuelven a estar los dos tipos con las cámaras. No hay ningún letrero en el edificio, pero al entrar no me queda ninguna duda de que es una comisaría de policía, con una ventana de plástico y un comandante de policía sentado al otro lado. El área de recepción.

—Camarada comandante, ¿sería tan amable de decirme a dónde me han traído?

—Está en la comisaría de policía de Jimki.

Qué raro que hayamos tardado tanto en llegar hasta aquí. Jimki no está lejos de Moscú, y cercana al aeropuerto de Sheremétievo. Así que han decidido esconderme en la región de Moscú, cuando todo el mundo me estará buscando en la propia ciudad de Moscú.

—¿Puedo ir al baño? —pregunto.

—Por supuesto.

Es mi oportunidad de llamar, antes de que me confisquen el teléfono. Pero no hay nada que hacer. Abren la puerta del lavabo, dos policías miran dentro y uno de los cámaras incluso sigue grabando.

—¿Estáis locos? —pregunto—. Aparta esa cámara.

El cámara se marcha, pero los policías se quedan y se niegan a cerrar la puerta, lo que va en contra del reglamento. Decido no intentar esconderme el teléfono en el zapato ni nada parecido. Si me han traído aquí es que van a registrarme, y no me dejaría en buen lugar que me encontraran un móvil en el zapato. Sobre todo porque lo están grabando todo y podrían hacer un informe especial sobre cómo traté de engañar a los atentos guardianes de la ley.

En la cara de los policías de Jimki se refleja con claridad lo que piensan de que hayan escogido a su departamento para mi detención y todo el papeleo que conlleva. Sé que los policías de todos los departamentos de distrito odian que me lleven a su comisaría, porque las autoridades se les echan encima. A veces se presentan los mandamases en persona; otras veces recurren a llamadas de teléfono. La existencia de una cadena de mando debería querer decir que el oficial de guardia informa a su superior inmediato, esa persona al suyo y así sucesivamente, hasta el ministro. En la práctica, toda una jerarquía de superiores llama al oficial de guardia directamente y le hace las mismas preguntas durante toda la noche, hasta sacarlo de quicio. Luego empiezan a aparecer para comprobar la documentación que tienen sobre mí; los «materiales», como los llaman. En caso de que haya errores evidentes, yo podré ridiculizarlos y humillarlos en los tribunales, y los periodistas se regodearán en los detalles en internet. Lo sabrán los altos mandos y echarán humo. Para proteger el honor del uniforme, muchas veces, durante la noche, aparecen agentes que saben cómo redactar las cosas como es debido y que obligan a los funcionarios a reescribirlo todo. Aun así, siempre hay errores.

La protesta encubierta de la policía de Jimki se pone de manifiesto en su buena disposición a hablar conmigo. Se comportan de forma amistosa y hasta me ríen las gracias. El ambiente mejora. Desde luego, esta no es más que una variante del síndrome de Estocolmo. Algunos perpetran sus ilegalidades contra ti en silencio, mientras que otros hacen lo mismo pero te preguntan si pueden traerte un té con una rodajita de limón. Al primero quieres matarlo, al segundo lo amas. Es por eso, ya que estamos, por lo que da igual cuánta gente haya visto la técnica del poli bueno y poli malo en las series policíacas: aun así, funciona. Cuando estás entre rejas, necesitas una brizna de bondad a la que aferrarte.

Pero cuando veo al agente de policía que se supone que va a registrarme, no doy crédito a mis ojos. Es idéntico a Ósipov, uno de los ocho miembros del comando que me envenenó. He examinado las caras de esos hombres y estoy muy familiarizado con ellas. Este comandante, como todos los demás, lleva mascarilla, pero tiene exactamente el mismo rostro redondo, las mismas ojeras y, sobre todo, el mismo pelo con un mechón blanco en la frente. Las personas encanecen de maneras distintas, y esa mata de cabello tiene exactamente las mismas proporciones de blanco y negro. Me parece que el comandante se ha dado cuenta de que lo estoy observando detenidamente. Hay quizá otros cinco hombres en la sala, pero mi atención está puesta solo en él. Me acerco al hombre, pensando que sería un bonito detalle por parte de Putin que el tipo se sacara de repente la mascarilla, revelara ser Ósipov y dijera: «Bueno, Alexéi, ¿qué era lo que decías en tu vídeo: "Conozco a todos los que intentaron matarme"?».

Pero el comandante no se quita la mascarilla, sino que sigue hojeando sus papeles, levantando la vista hacia mí de vez en cuando. Mi momento de estupor ha pasado. «Sí, el parecido de la parte superior de la cara es llamativo, pero piensa de forma lógica, Alexéi. En primer lugar, no has visto nunca a Ósipov, solo una foto de pasaporte de hace años.» «Ósipov» está siendo razonablemente agradable y cordial, lo que me desengaña del todo. Estoy un poco decepcionado. Aquello habría sido muy dramático y hubiese hecho que Hollywood se muriera de envidia.

El buen ambiente, sin embargo, trae como consecuencia negativa que, con la incertidumbre subyacente disipada, la adrenalina desaparece. Es una detención nocturna más en una comisaría de policía. El dolor de espalda vuelve redoblado. Cuando el policía empieza a cachearme, me cuesta agacharme para sacarme los zapatos. Me registran de forma amable, pero también meticulosa, porque las dos cámaras, los ojos de los superiores invisiblemente presentes, siguen grabando. Me alegro de no haber escondido el móvil y de haber evitado la vergüenza de que lo encontraran. Me lo quitan todo y me hacen pasar por un detector de metales. Hay que quitarse los cordones de los zapatos, el cinturón y todo lo que sea metálico.

—¿Su anillo de casado?

—No sale.

—Vale.

En realidad sí puedo sacármelo, pero siempre que me han detenido he dicho que no, y nunca insisten.

—¿Heridas físicas?

—No.

—¿Alguna enfermedad? ¿Cómo se encuentra?

—Ninguna enfermedad. Me encuentro bien.

El comandante que está rellenando los formularios me mira extrañado.

—¿Y la espalda?

Acabo de quejarme de ella hace un momento, y ha podido ver con sus propios ojos lo que me ha costado sacarme los zapatos y los calcetines.

—No hace falta mencionar la espalda —digo.

El problema de tener dolor de espalda es que es imposible de demostrar. Todo el mundo va a creer que te lo estás inventando para dar lástima. Sobre todo porque la gente, tras una detención, tiende (con razón) a quejarse de inmediato de todas las enfermedades imaginables. Pero ¿quién va a compadecer a nadie por un dolor de espalda? Es más probable que te compadezcan por tu falta de imaginación: «¿Eso es todo lo que se le ha ocurrido?». Por no decir nada de la ley no escrita de los heroicos presos políticos que les prohíbe quejarse por problemas de salud a menos que la situación sea realmente grave. (No sé a quién se le ocurrió ese código. Probablemente a mí, ahora mismo.)

—Aquí tiene sus sábanas desechables. Tenga. —Un teniente coronel me tiende una caja cuadrada—. Es comida y té. Y esto es el colchón.

El colchón es viejo y no le caben más manchas. Siempre están así, pero un preso veterano como yo sabe cómo expresar indignación.

—¿Qué es esto ¿De dónde habéis sacado este colchón? ¿Ha aparecido debajo de un vagabundo muerto? Está claro que no se le ha aplicado un tratamiento térmico. Dadme otro, por favor.

El teniente coronel inspecciona las manchas, suspira y accede. Va al almacén y trae uno nuevo, y hasta una almohada nueva.

¡Cielos! ¡Un colchón y una almohada nuevos, qué suerte inaudita! Me llevan a la «jaula de los monos» y la puerta se cierra detrás de mí. Un largo banco de madera y tres paredes. En lugar de una cuarta pared hay una reja (de ahí lo de «jaula de los monos»). En los últimos años han empezado a sustituir los barrotes por vidrio plástico de alto impacto, evidentemente para demostrar lo humano que es el sistema de justicia. Pero en este caso hay rejas y vidrio, las dos cosas. Tras el cristal, dos sillas en las que están sentados dos tenientes.

—¿Vais a estar mirándome toda la noche? —pregunto. Los tenientes asienten tristemente—. Hay cámaras —digo señalando un armazón semicircular en lo alto de una esquina.

Los tenientes se encogen de hombros al unísono.

Me saco la chaqueta, la doblo con cuidado y la dejo en lo que considero que es la parte más limpia del banco. Coloco el colchón, una fina lámina de gomaespuma, sobre la superficie, cubierto con una pieza de tela sintética que hace las veces de sábana desechable. Me quito los zapatos y me tumbo. Tengo dos pensamientos: qué bien poder tumbarme, y una noche en este tablón de madera y estaré acabado. Siempre duermo como un tronco en los calabozos policiales, y en esa ocasión me quedo dormido al instante.

Me despierto con un terrible dolor de espalda, que he notado cuando he intentado darme la vuelta hacia el otro lado. Uno de los tenientes se ha ido, pero el otro me observa como un halcón. Con muchas dificultades, me incorporo y me pongo los zapatos.

—Me duele mucho la espalda —le digo al policía que observa mi suplicio.

—Dormir sobre una superficie dura es muy bueno para la espalda —dice.

—Gracias, qué buena noticia. Ahora mismo me encuentro tan bien que podría morirme. —El teniente no ha tenido miedo a hablarme. Es un buen comienzo—. Oye, ¿sabe alguien que estoy en Jimki?

—Sí, hace rato que se sabe. Durante la noche han empezado a aparecer noticias.

—Bien. Entonces, ¿ya han puesto en marcha la Operación Fortín?

El teniente suspira: sí, está en marcha. La Operación Fortín es un plan para defender las comisarías policiales en caso de ataque. Se pensó, evidentemente, para hacer frente a atentados terroristas, pero en la práctica ahora se utiliza siempre que las autoridades quieren mantener a abogados, activistas de derechos humanos, periodistas o a cualquier otra persona lejos de una comisaría de policía. Si luego alguien se queja de que a su abogado no le han permitido entrar a visitarlo, el Ministerio del Interior contesta siempre: «En ese momento se estaban llevando a cabo ejercicios de entrenamiento, y se estaba realizando un simulacro de la Operación Fortín. Solo agentes y trabajadores del departamento de policía tenían permiso para entrar y salir del lugar».

Siempre están haciendo un simulacro de la Operación Fortín cuando me detienen.

—¿Qué hora es? —pregunto, esperando oír algo así como las cinco de la mañana. No veo ninguna ventana, pero el área entera parece estar envuelta en penumbra y silencio. No se oye el alboroto habitual ni hay puertas abriéndose y cerrándose.

Son las nueve y media, me dicen.

—Vaya, pues sí que he dormido bien. ¿Podría decirle por favor al oficial de guardia que quiero hacer mi llamada? Me la prometieron ayer, pero no me dejaron hacerla. Estoy seguro de que mis abogados están esperando al otro lado de la valla, y necesito que los dejen entrar.

El teniente dice que vale y se va. Rebuscando en la caja de comida encuentro un vaso de plástico y una bolsa de té. El teniente vuelve.

—El oficial de guardia dice que dentro de media hora le llevarán con su abogado.

—Fantástico. ¿Podría traerme un poco de agua hirviendo?

—Claro.

Media hora después me dejan salir de mi jaula.

—Venga por aquí.

—¿Han llegado los abogados?

—Sí.

Subimos a la segunda planta. Un pasillo, un despacho, otro pasillo.

—Por aquí —me indican.

Doy un paso y me quedo literalmente pasmado. Estoy en una sala grande y bien iluminada, y deslumbrado tras la oscuridad de mi celda. Hay una mesa con varios micrófonos en peanas, como en una rueda de prensa. Delante de la mesa hay hileras de sillas, y personas con mascarillas en ellas. En primera fila hay varios operadores de cámara con las cámaras sobre trípodes, que dirigen hacia mí nada más entrar. En el medio de la sala están mis abogados, Olga Mijáilova y Vadim Kobzev, que me miran con el mismo desconcierto con el que los miro yo a ellos. Todo el mundo está esperando a que yo tome asiento en la mesa sobre la que están los micrófonos. Está todo dispuesto de un modo muy formal, con enormes banderas en astas.

«Joder —pienso—, esto es una rueda de prensa.» Los muy cabrones. Han decidido no avisarme aposta, para que entrara sin asear, con la ropa arrugada, amodorrado y despeinado. Me aliso el pelo con las manos, intentando no parecer aterrado. Las cámaras me están apuntando. ¿Qué esperan que anuncie? ¿Que pido disculpas? ¿Que renuncio a la ciudadanía? ¿Que emigro del país? Recuerdo que había juicios de disidentes en la época soviética con una especie de rueda de prensa posterior en la que se los obligaba a retractarse. Pero si eso es lo que está previsto aquí, tendrían que haberme presionado con antelación para asegurarse de que diría lo que necesitaban. ¿Creen que ya me han intimidado lo suficiente con esta peculiar detención?

¿Les habrán prometido algo los abogados a cambio de mi liberación?

Estoy pensando diez veces más rápido de lo habitual, sin duda por la conmoción, y todas esas cosas me pasan por la mente en los dos segundos que me lleva echar un vistazo a la sala y acostumbrarme a la intensidad lumínica.

—¿Qué está pasando aquí? —pregunto.

—Va a celebrarse una vista judicial —dice Olga. Su expresión da a entender que le gustaría arremeter contra alguien con su bolso.

—¿Qué?

Parece todo una broma pesada, sobre todo cuando veo que Vadim se echa a reír.

—Va a celebrarse una vista para autorizar tu detención.

—Pero estamos en una comisaría de policía.

—Sí. Acaban de dejarnos entrar al edificio y nos han dicho que va a celebrarse una sesión del tribunal de Jimki fuera de sede.

—Esto no puede estar pasando —digo.

—El responsable del departamento de policía de Jimki solicita que permanezcas detenido un mes.

—¿Y estos quiénes son? —pregunto señalando a quienes ocupan las sillas.

—Son «el público». No tengo ni idea de cómo han entrado.

Me doy cuenta de que «el público» está formado en su totalidad por hombres mustios de mediana edad que evitan mirarme a los ojos.

—No te creo.

Sigo de pie en la puerta, esperando que en cualquier momento Olga se eche a reír, me lo explique todo y yo la felicite por sus dotes de actriz. Lo que está pasando es inconcebible incluso para los estándares de los tribunales de

Putin. Me declararon oficialmente en búsqueda y captura por no presentarme a firmar ante la división criminal mientras me estaban tratando en Alemania por un envenenamiento. Se me exigió que me presentara allí dos veces al mes por una sentencia que el Tribunal Europeo de Derechos Humanos ha declarado ilegal. En teoría, el tribunal del distrito de Simonovski, que es el que tiene jurisdicción sobre mi lugar de residencia, puede decidir si convertir mi suspensión de condena en una pena privativa de libertad sobre la base de mi no comparecencia a firmar. Lo ha hecho en más de una ocasión en el pasado, tras mis detenciones por participar en marchas de protesta. El razonamiento era que esto también era una infracción de las condiciones de mi suspensión de condena, que me exigían demostrar un «buen comportamiento y no infringir la ley». Este tipo de vistas las hacen para intimidarme y para recordarme que pueden enviarme a la cárcel en cualquier momento. Hasta ahora, todas ellas han acabado con un aviso: «Muy bien, no vamos a encarcelarle esta vez, pero este es su último aviso». Al menos aquellos procedimientos tenían la apariencia formal de un juicio. Había citaciones, fechas para las vistas, dos bandos. La división criminal exigía que se me encarcelara y decía que yo era muy malo. Nosotros lo rebatíamos. Pero aquello, ¿qué era? ¿Un tribunal en una comisaría de policía? Y, además, ¿qué tenía que ver yo con el responsable de la comisaría de Jimki, y qué derecho tenía él a solicitar tenerme detenido un mes?

—Siéntate aquí —dice Olga.

La silla hacia la que señala está directamente debajo de un retrato del responsable de la policía secreta de Stalin, Guénrij Yagoda. Llamar «kafkiano» a un juicio en Rusia es un absoluto cliché. Es un adjetivo que yo mismo he aplicado a todos los juicios a los que se me ha sometido, hasta que pasó a ser de mal gusto seguir utilizando una frase tan trillada. Aun así, eso es justo lo que parece esto. Si no recuerdo mal, el protagonista de Kafka va a los tribunales para resolver unos asuntos y acaba viéndose sometido él mismo a juicio. El asombro y la posterior indignación del protagonista no tienen ningún efecto en los mecanismos del sistema judicial. Eso es lo que está pasando aquí. Dejo mi celda en una comisaría de policía para una reunión con mi abogado solo para descubrir que estoy en un juicio, rematado con su propio falso público y sus falsos periodistas.

—¿Estáis todos mal de la cabeza? ¿Qué pasa aquí? —le grito a la juez en cuanto entra—. ¿Quién es esta gente y por qué sabían antes que yo que iba a celebrarse este juicio?

—Son periodistas y miembros del público, y este es un juicio abierto.

En ese momento, con un sentido de la oportunidad impecable, oímos que hay gente en la calle coreando «¡Libertad para Navalni!» y «¡Que nos dejen entrar!».

—Hay miembros del público ahí abajo ahora mismo. Que les dejen entrar en el juicio —digo.

—Se ha dejado pasar a todos los que han querido asistir —me responde.

—Puede oírlo usted misma, están gritando «¡Que nos dejen entrar!».

—Hay gente que lleva ahí esperando varias horas, y no están dejando pasar a nadie —dice Olga—. Yo misma he esperado tres horas y me han dejado entrar hace solo unos minutos. Y me he enterado de que se iba a celebrar un juicio tres minutos antes de que empezara.

—Se ha dejado pasar a todos los que han querido asistir —reitera la juez.

—Ha dicho usted que este es un juicio abierto. Le exijo que deje pasar a los periodistas. Hay docenas de ellos.

—El juicio es abierto. Se recibieron solicitudes para cubrirlo por parte del Ministerio del Interior y de... —aquí nombra dos publicaciones favorables al Kremlin—. Nadie *más* mostró interés por asistir al juicio.

—¡Nadie más sabía nada del juicio! —replico.

—Este es un juicio abierto. Todos los medios de comunicación pudieron presentar una solicitud, pero optaron por no hacerlo —dice la juez.

Yagoda, que ideó el infame sistema de Stalin por el cual cualquiera podía ser detenido, acusado de espionaje y fusilado, me guiña el ojo desde su retrato. Los insulto a todos a placer y expreso en voz alta mi perplejidad, pero el efecto es exactamente el mismo que en el relato de Kafka. El «público» está sentado en completo silencio, con la vista clavada en el suelo o en sus móviles. Mis abogados fríen a la juez con referencias legales, a las que esta no hace el menor caso. Los cánticos del otro lado de la ventana suben de intensidad, mientras la juez sigue insistiendo en que nadie desea asistir al juicio.

Me llama sobre todo la atención una pequeña teniente. Necesitaban que alguien acudiera en representación oficial del jefe de la comisaría de policía que exige mi detención. Está claro que nadie ha querido asumir esa misión vergonzosa, así que la han enviado a ella. Es una chica joven y tímida, y al principio no cabe duda de que está asustada por todo lo que está pasando. Sin embargo, también proporciona una oportunidad de manual de observar una metamorfosis verdaderamente kafkiana. Al principio se muestra muy reticente y a todas las preguntas responde de forma apenas audible con un «Como el tribunal considere oportuno». Luego, viendo que el tribunal y ella están del mismo lado y que nadie va a regañarla ni a reírse de ella si se equivoca en algo, empieza a seguirle el juego a la juez y a otra mujer, *más áspera y cínica*, que actúa en nombre de la Fiscalía. Se da cuenta de que nosotros, los que gritamos y maldecimos, tenemos las de perder y somos el enemigo, mientras que ella representa al Estado, y empieza a verse emocionalmente arrastrada a un juicio cuyo carácter demencial hasta hace poco la asustaba. Es el instinto gregario. Ellos y nosotros.

Tras varias horas de esta locura, me detienen en nombre de la Federación Rusa y tratamos de elucubrar sobre a dónde podrían enviarme. Estamos en la región de Moscú, así que suponemos que será a uno de esos remotos centros de detención preventiva, Volokolámsk o Mozháisk. No nos hacen esperar mucho. La chica risueña que he mencionado al principio del capítulo entra en la sala.

—Soy del tribunal de Simonovski, firme aquí para que le entregue esta notificación —dice.

Olga coge el documento, lo lee y se vuelve hacia mí. La cárcel de Matrosskaia Tishina. La notificación incluye los nombres de las personas a las que se dirige: mis dos abogados, el comandante de la prisión preventiva número 1 de Matrosskaia Tishina y yo. Hago un cálculo rápido. Estamos en Jimki, cerca del aeropuerto, y el tribunal de Simonovski está casi en el centro de Moscú, a una hora y media en coche. Eso quiere decir que mientras aquí estábamos en plena discusión feroz, el tribunal de Simonovski ya sabía dónde iban a encarcelarme. Lo más probable es que en Matrosskaia Tishina ya estuvieran preparando mi llegada incluso antes de que el avión aterrizara en Moscú.

Nos quedaban un par de minutos —el tiempo de apaciguarse la conmoción general y que todo el mundo firmara papeles— y decidí invertirlos en TikTok. Me enviaban a la cárcel, lo que significaba que al día siguiente mis compañeros harían pública la investigación sobre el palacio de Putin. Necesitaba animar a todo el mundo a compartirla. Pero ¿cómo? Hay policías por todas partes. Había varias cámaras enfocándome, así que no iba a poder grabar un vídeo diciendo: «Comparte nuestra investigación sobre el palacio de Putin». En aquel momento ese era un secreto muy bien guardado.

—Olga, por favor, grábame unos segundos sentado en silencio.

A los cinco segundos un policía se dio cuenta de que me estaba grabando un vídeo e intentó arrebatarle el teléfono.

—Eso no está permitido.

El intercambio duró lo suficiente para que yo escribiera un texto para el vídeo en un trozo de papel: «Hemos producido un vídeo sobre el palacio de Putin, pero hay policías a mi alrededor y no puedo decir nada al respecto. Por eso no hablo. Ayúdanos a difundirlo».

Llegaron los guardas y se me llevaron. Otro registro.

—El anillo.

—No sale.

—En el sitio al que vamos, te lo sacarán aunque tengan que arrancártelo junto con el dedo. Te recomendamos que cojas un poco de jabón y que te lo saques.

Me lo quité.

Por lo general, cuando la policía te tiene ya esposado, te llevan por la parte de atrás y en nada estás en su coche. Pero aquella no era una vista judicial, y no había ninguna puerta trasera. Tuvieron que sacarme a plena vista de todo el mundo.

«Por favor, no te caigas y hagas un gesto de dolor mientras te levantas de nuevo», pensé. «Asegúrate de meterte en el coche con esa puñetera espalda tuya, actuando con normalidad delante de todo el mundo. La imagen está claro que luego va a verse por todas partes. Vamos, Aléxei, cúrratelo. Si no, todo el mundo pensará que tu dolor de espalda es miedo y autocompasión.»

Me sacaron fuera y la gente empezó a chillar. De forma inesperada para mí, empecé a responderles a gritos:

—¡No tengáis miedo de nada!

Aquel fue un momento importante, del tipo en el que uno se siente que va a una con sus simpatizantes. Piensan en ti y quieren demostrarte que están contigo. Tú piensas en ellos y en que el régimen necesita esa detención para asustarlos, y haces todo lo posible para ayudarlos a no tener miedo. Enderezas la espalda y gritas: «¡No tengáis miedo de nada!».

Soy bastante sentimental, en realidad. Ponme una película sobre un perrito solitario y lloraré a mares. Aquel, como es natural, fue un momento muy emotivo. Me metieron en el furgón policial. Tenía los ojos rebosantes de lágrimas de gratitud por todos aquellos que me apoyaban. Iba a secármelas con la mano cuando de repente vi una cámara. Estaba a mi izquierda, a la altura de los ojos, y a solo cincuenta centímetros de distancia.

«Ni hablar —pensé—. No vais a conseguir imágenes de "Navalni llorando en el furgón policial tras su detención".» Respiré hondo y centré mi atención en un perro policía que estaba fuera. El dueño lo hizo entrar al furgón. Lo veía a través de los barrotes de la puerta. No era un pastor alemán ni ningún otro perro del tipo que se suele utilizar para vigilar prisioneros, sino un Staffordshire bull terrier. Es una raza fuerte y de mandíbulas poderosas, pero sin apenas pelo. «Debe tener mucho frío —pensé—, primero fuera en la nieve, y ahora sentado sobre un suelo metálico.»

Arrancamos y los cánticos empezaron a oírse cada vez más lejos. Oí cómo las sirenas de los vehículos de la comitiva empezaban a ulular y vi el destello de sus luces. Pensé con satisfacción que Putin no era el único al que llevaban por Moscú en una caravana de vehículos con luces centelleantes.

Nos detuvimos. Una puerta. Otra. Una tercera.

—Sal.

Un porche anodino. Varias personas de pie allí.

—¿Nombre?

—Navalni.

—¿Artículo?

—No tengo ningún artículo. Por el momento estoy detenido. Me han traído aquí ilegalmente.

—Adelante.

Vadim me habló una vez de un cliente suyo, el jefe de una banda de sicarios, al que encarcelaron en un pabellón especial de la prisión de preventivos de Matrosskaia Tishina. Aquello fue en 2012, pero recuerdo muy bien nuestra conversación porque cuando le pregunté: «¿Qué tipo de pabellón especial?», él respondió muy serio: «Cuando te metan en la cárcel, Alexéi, puedes estar seguro de que estarás en ese pabellón especial».

Entramos en una habitación pequeña. Había seis o siete guardias, todos con cámaras corporales en el pecho. Por enésima vez en los últimos dos días, tomaron nota de mis datos personales.

—Bueno —dije—, ¿y cuándo me lleváis a vuestro famoso pabellón especial?

Los guardias intercambiaron miradas de diversión.

—Estás en él.

Me obligaron a desnudarme. Pasaron todo lo que llevaba encima por una máquina de rayos X. Hice una broma sobre la lima que guardaba en los calcetines. Nadie dijo nada. A ellos también les habían prohibido hablar.

Colchón. Almohada. Cuenco. Cuchara.

En 2013 me condenaron a cinco años de cárcel y, aunque me soltaron al día siguiente, conocía el procedimiento.

La celda era pequeña y estaba limpia, pero en ella no había nada.

—Dadme un libro, por favor.

—Rellena mañana una solicitud para la biblioteca.

—¿Por qué no ahora? No hay nada que hacer. Es aburrido.

—Ahora no puede ser.

—¿Y un periódico?

—No.

Me pregunté qué iba a hacer el resto de la tarde.

Sabía que el reglamento no me permitía meterme en la cama y dormir.

—¿Podríais darme por lo menos papel y bolígrafo?

—Eso sí.

Y así es como pude escribir este capítulo.

Capítulo 9

¿Quién habría imaginado que 600 dólares acabarían siendo la mejor inversión de mi vida? Aun así, en aquel momento, desprenderme de aquel dinero no me hizo ninguna gracia. Me horroriza pensar que podría haberme negado a pagarlos, y no por la cantidad (aunque era la mitad de mi sueldo mensual), sino por orgullo herido. Deja que me explique y retome la historia donde la he dejado.

Yo era abogado en una gran promotora inmobiliaria en Moscú. En el mundo del Moscú del alcalde Yuri Luzhkóv de finales de los noventa, conseguir cualquier cosa en ese terreno pasaba por hacerle llegar una cantidad de dinero a Luzhkóv y otra a su adjunto, el legendario Vladímir Resin, que no había persona decente que no exigiera que se lo encarcelara de lo descarada y cínica que había llegado a ser su forma de cobrar sobornos. Es toda una ironía que yo, que con tanto rigor investigué los negocios sucios de Resin en todas las etapas de su carrera, esté escribiendo esto en la cárcel mientras que él, a sus ochenta y cinco años, sigue ocupando tan tranquilo un escaño de Rusia Unida, el partido de Putin, en la Duma estatal.

El grupo empresarial para el que trabajaba estaba formado por varias compañías con oficinas en Moscú, pero la sede central se encontraba en el edificio 1 del número 4 de la calle Nikítski, una dirección que compartíamos con el departamento de obras del ayuntamiento de Moscú, presidido por Resin. Casualmente, la mujer de Luzhkóv también tenía su oficina allí. Se trataba, en resumidas cuentas, de una bonita concentración de personas con «excelentes contactos empresariales».

Mi empresa tenía mucho dinero. Los precios de los bienes raíces en Moscú estaban alcanzando cifras de récord y a los promotores les iba muy bien. Yo seguía sin tener clara la estructura de propiedad de la compañía, aunque, si de verdad hubiera querido, podría haberla averiguado. Yo era abogado y, como también sabía inglés, a mi jefe, Sasha, le faltó tiempo para traspasarme una serie de grandes cajas de documentos relacionadas con las empresas *offshore* chipriotas de nuestros propietarios. Yo les eché un vistazo un par de veces para consultar datos de los pasaportes, pero en las cajas había tal caos que quise mantenerme al margen de ese conocimiento arcano. Estaba claro que el mandamás de nuestra parte del grupo empresarial era el tipo al que traían hasta la entrada en un impresionante Mercedes Clase S serie W140 (aquello fue durante mi fase de fascinación por los coches de lujo). Llegaba con una escolta de *jeeps* y un equipo de seguridad que, como en las películas, se abría en abanico y miraba en todas direcciones para asegurarse de que el hombre había entrado de manera segura y con la espectacularidad necesaria en el edificio. No estoy seguro de que aquello fuera a favor de su seguridad, pero sin duda significaba que no se te iba a permitir entrar en el ascensor si él estaba dentro.

El gran jefe era Aleksandr Chigirinski. El hermano mayor de Aleksandr, Shalva, era el jefe del edificio de la calle Nikítski.

Nuestros jefes hacían todo lo posible para fomentar el espíritu de equipo y la unidad entre sus empleados. Era esa

ceñudos, expresiones amargas y labios apretados tan habituales en las películas soviéticas sobre la revolución y la guerra civil. Responsables de departamento, secretarias y chóferes se transfiguraron en ciudadanos bajo ocupación de un pueblo en el que cada residente era un partisano. Oh, sí, tenían que hablarles con deferencia a sus jefes —su única señal de rebeldía sería llevar la cabeza muy alta—, pero estaba claro que, en cuanto les dieran la espalda, esa gente estaría descarrilando trenes.

La desafección colectiva se palpaba hasta tal punto en el aire que los apóstoles de la eficiencia se asustaron. Empezó el regateo.

—El viaje se hará, pero no será para todo el mundo.

—No.

—Irá todo el mundo, pero pagando una pequeña aportación.

—Antes muertos.

Para que los instigadores del plan pudieran salvar las apariencias, todo siguió como hasta entonces con apenas una pequeñísima enmienda: solo podrían optar a viajar gratis quienes llevaran más de un año trabajando en la empresa. Como ya habrás imaginado, eso me dejaba a mí fuera.

Cuando la noticia se anunció en una reunión del departamento legal, se produjo uno de esos momentos que todo el mundo ha vivido alguna vez, y en el que finges que aquello no puede importarte menos, aunque está claro que sí que te importa. Todo el mundo iba a ir gratis menos yo. Qué humillante.

De inmediato quedó claro que mis compañeros se enfrentaban a dos problemas. El primero era que un enorme imán se había materializado junto a la silla en la que yo estaba sentado, y un campo de fuerza de una potencia casi inimaginable los obligaba a volver la cabeza en mi dirección. El segundo, que una fuerza igual de poderosa hacía aparecer una sonrisita maliciosa en el rostro de la gente. Estamos hablando de personas decentes que seguro que consideraban injusta la «regla de un año», pero así es el ser humano. Un poco de regodeo a costa de la incomodidad de tu vecino, combinado con el alivio por tu propia inmunidad, siempre es agradable.

Aunque mis emociones, durante la fase de negociación, estaban a flor de piel, mi cerebro pasó inmediatamente a la fase de aceptación. Mis jefes eran imbéciles, pero habría sido una estupidez renunciar a una salida divertida que me integraría al instante en el equipo y me permitiría figurar en todas las anécdotas de la oficina durante el año siguiente.

Catorce años después de aquello me vi formando parte del consejo de administración de Aeroflot, la principal aerolínea rusa. Estuve allí solo unos doce meses, pero resultó ser un año en el que hubo varios incidentes relacionados con pasajeros alborotadores. En una reunión del consejo de administración, el consejero delegado, al que aquella cuestión lo tenía muy nervioso, anunció que la aerolínea exigiría que se aprobara una ley específica que prohibiera a los viajeros que causaran problemas a bordo volar en cualquier compañía aérea. El recuerdo del vuelo a Turquía de mi oficina en 1998 hizo que siempre votara a favor de ese tipo de propuestas.

El pasaje del avión estaba formado casi en su totalidad por el personal de la oficina. Todos les tenían muchas ganas a las esperadas vacaciones de mayo, con su promesa de calor, relax y playa. Celebraban su alegría colectiva con la ayuda del amigo inseparable del hombre: el alcohol. Los empleados, claro está, deambulaban por la cabina, uniéndose primero a un grupo y luego a otro, hablando a gritos a lo largo y ancho del avión y vigilando quién servía qué bebida y dónde.

Todo el mundo ignoraba a la tripulación de a bordo. Sus súplicas de que nos abrocháramos los cinturones, permaneciéramos en nuestros asientos, no fumáramos en los lavabos y demás indicaciones eran lastimeros chillidos que se perdían en el barullo ensordecedor de los empleados de oficina que se habían soltado la melena.

El grupo de los abogados, con nuestro vodka, y las secretarias que se nos habían unido, con sus martinis, ocupábamos el *galley*, el espacio en la parte trasera de un avión con el que ahora estoy tan familiarizado. Una azafata nos suplicó que saliéramos de allí y la dejáramos hacer su trabajo. Volviéndose hacia mí, sin duda porque era el más sobrio de los juerguistas, exclamó:

—¡Si no se marchan de inmediato, tendré que tomar medidas!

—¿Cuáles? —pregunté con un tono cargado de ironía, adoptando el papel de abogado ante el repentino silencio—. ¿Pretende usted tal vez presentar una queja formal ante el capitán del vehículo aéreo en el que nos encontramos?

Las personas que están borrachas y de buen humor se ríen de cualquier cosa, por estúpida que sea. El grupo entero estalló en carcajadas y, cuando empezaron a remitir, rompieron a reír de nuevo. La azafata estaba al borde de las lágrimas. Tanto ella como nosotros sabíamos que no había nada que hacer. Las cosas ya no son así, por suerte.

Había una lección en todo aquello: pocas cosas hay que merezcan más una incineración con lanzallamas que una panda de abogados borrachos que saben qué vacíos legales les permitirán salirse con la suya aunque vayan de listillos, e imponerse sobre la gente normal y corriente que no conoce la ley pero tiene la razón de su lado.

Nuestras ganas de fiesta estaba claro que no eran tan grandes, y las agotamos todas en el avión. Una vez en nuestro destino, nuestra estancia fue menos bulliciosa. Hubo frecuentes declaraciones de intenciones de pintar la ciudad de rojo que acabaron en un exceso alcohólico muy poco espectacular en la playa. También me decepcionó descubrir que las historias de fiestas desenfrenadas de mis colegas demostraron ser solo eso, historias. La expedición se reunía solo para la institución sagrada de todos los turistas en Turquía: la cena de bufé. Algunos intentaron dejar sin comida y, lo que es más importante, sin bebida, sin su vino tinto barato, a los turcos. Nadie lo consiguió, aunque algunos de los intentos sin duda merecieron un premio a la determinación.

Es fácil imaginar lo aburrido que llegué a estar si te digo que me apunté junto a mi compañero Andréi Belkin, un risueño investigador reconvertido en abogado de empresa, ¡a una excursión a una bolera! En mi defensa diré que en Rusia en 1998 los bolos eran algo exótico. Casi ninguno de nuestros compañeros había jugado nunca. Yo sí, y pensaba actuar como un Childe Harold cansado y aburrido, hastiado de todo. Aunque estaría bien conseguir un *strike* por primera vez. Una de las primeras boleras de Moscú abrió junto a mi universidad, en el Central Tourist Hotel. También era la sede oficial de la renovada mafia de Sólntsevo, un hecho que no parecía molestar particularmente a nadie, porque todos los hoteles en aquella época eran el cuartel general de una u otra mafia.

La excursión estaba organizada de la forma habitual en Turquía: un gran autobús pasaba por varios hoteles recogiendo al grupo de turistas y luego llevaba a todo el mundo a la atracción. En cada parada el autobús esperaba diez o quince minutos y quienes habían subido antes muchas veces bajaban del vehículo para echar un vistazo al vestíbulo de los demás hoteles y compararlo con el suyo.

Nuestro hotel era el último de la ruta. «Lástima —pensé—, no quedarán asientos junto a la ventana.» Cuando el autobús se detuvo y las puertas se abrieron, yo no me quedé remoloneando fuera (una actividad llamada a menudo «tomar un poco el aire», aunque lo que en realidad quiere decir es «echarse un cigarro, o quedarse inhalando las vaharadas de humo de los demás»). Al ver que quedaba un asiento junto a la ventana, subí, lo ocupé y me puse a mirar a mi alrededor. Desde mi perspectiva privilegiada vi entonces dirigirse hacia la puerta a una chica con un jersey blanco sobre los hombros (aún hacía bastante fresco por las noches) que miraba a su alrededor absorbiéndolo todo. Levantó los brazos y los extendió hacia arriba en ese tipo de gesto gracioso que hace un niño que estalla de felicidad y desea desesperadamente algo que hacer. Su rostro resplandecía de un placer delicioso e ingenuo. Todo en ella estaba diciendo: «¡Qué maravilla! ¡Mira lo estupendo que es todo!». Al observarla, no pude evitar sonreír, y justo en ese momento ella miró en mi dirección.

Por un nanosegundo pensé: «¡Uy! Qué vergüenza. Me estoy comiendo con los ojos a una chica (y una muy guapa, la verdad) a la que no conozco y sonriendo como un idiota». Pero un nanosegundo después de aquello, la chica me devolvió la sonrisa. «Es ella —pensé—. Esta es la chica con la que me casaré.»

Pensar algo así es muy sensiblero y sé que cuesta creer que lo hiciera. Si no me hubiera casado con Yulia, lo habría olvidado, pero sí que me casé con ella y por eso me acuerdo de lo que me vino a la cabeza. Tal vez parezca un pensamiento inusual, pero no pudo haber sido más nítido y definido.

Un romántico entusiasta (algo que yo no soy) podría recordar algo como «Me enamoré a primera vista». Yo, no sé cómo, fui un poco más allá, directamente a la decisión de casarme. Al recordar ese momento ahora, me resulta extraña esa convicción de que allí estaba, de que era la persona adecuada para mí. Era como si, todos aquellos años, yo hubiera tenido un radar interior del que no sabía nada que de repente se activó y anunció «Ya está, misión cumplida» cuando yo ni sabía que había una misión.

La certeza era tan inequívoca que me pareció una locura, pero me planteó una pregunta: Vale, ¿y ahora qué? ¿Cómo me las apaño para conocerla? De acuerdo, es mi futura esposa, pero ¿qué se supone que tengo que decir? ¿«Ven aquí, nena. ¡Estás destinada a ser mía!» acompañado de una mirada lasciva? Por aquel entonces ansiaba tener esa capacidad y envidiaba a quienes tontear se les daba bien. Yo no sabía ni por dónde empezar. Mi amigo Andréi vino al rescate.

En la bolera, mi carril y el de la chica estaban uno a cada extremo de la sala. Siempre que podía, yo miraba hacia su grupo y la chica, o eso esperaba, también miraba hacia mí. Yo tenía la sensación de que el contacto visual y la sonrisa a través de la ventana del autobús habían constituido una especie de presentación, pero luego las cosas habían embarrancado. La estúpida partida de bolos acabó y la chica se puso a inspeccionar unas máquinas tragaperras.

Mientras yo lanzaba miradas cargadas de significado en su dirección desde la distancia (con la esperanza de que ella captara el mensaje y se acercara a mí por iniciativa propia), Andréi caminó con paso decidido hacia ella. Vi mi oportunidad y lo seguí. Cuando llegó hasta donde estaba la chica,

Andréi se presentó por alguna razón inexplicable de la siguiente manera:

—Hola. Me llamo Andriusha.

Ella se rio.

—Bueno, en ese caso yo soy Yuliasha —dijo.*

Supe de inmediato que todo iba a salir bien. No era fría y reservada. Nos presentaron, empecé a decir tonterías y la hice reír. Y luego ella respondió también con una broma. Pasamos el resto de la excursión juntos, y un par de días después fuimos a un parque acuático. Aquello puede contar como nuestra primera cita.

La leyenda familiar dice que me enamoré locamente de Yulia desde el principio (y no lo niego). Aun así, recuerdo muy bien que cuando volví de Turquía apenas había entrado por la puerta de mi piso cuando Yulia llamó por teléfono. A los seis meses nos fuimos a vivir juntos y dos años después nos casamos. Nuestra hija Dasha nació un año después y nuestro hijo Zajar seis años más tarde.

Es un cliché muy manido hablar sobre la química que hay entre dos personas, pero yo de verdad creo que existe. Igual que el amor a primera vista, del que soy la prueba viviente. En el momento de escribir estas líneas, Yulia y yo llevamos veinticuatro años juntos. Personas más jóvenes, o periodistas con muchas ganas de plantear una pregunta original en su entrevista, me preguntan a menudo cuál es el secreto del éxito de nuestro matrimonio. Yo no tengo ni idea. Una parte importante del éxito es suerte. Yo tuve la fortuna de conocer a Yulia. Si no la hubiera conocido, aho-

* Andriusha es diminutivo de Andréi y Yuliasha de Yulia. Más adelante también se utilizará Yuliashka en el caso de Yulia.

ra sería una persona muy diferente. Me habría divorciado tres veces, estaría soltero y seguiría buscando a alguien.

Existen las «almas gemelas». Estoy seguro de que hay una para cada uno. Cuando conoces a tu alma gemela, lo sabes.

El matrimonio, desde luego, hay que trabajárselo (otro cliché muy extendido en el que también creo). Deben hacerse concesiones. Yulia y yo somos personas normales y corrientes, y discutimos y nos peleamos, pero, en el fondo de nuestro corazón, siempre está el sentimiento de que esa es la persona más cercana a ti en la tierra. Tú la quieres, y ella te quiere; tú la apoyas y ella te apoya. Todos los mejores momentos de tu vida son con ella.

En Rusia, si estás metido en política y no estás a favor del régimen, pueden detenerte en cualquier momento. Pueden registrar tu casa y requisar tus pertenencias. La policía se llevará los móviles de tus hijos y el portátil de tu mujer. Hubo un registro en el que estaban más que dispuestos a marcharse con nuestro televisor. Pero ni una sola vez le he oído a Yulia una palabra de reproche. De hecho, de los dos, ella es la que tiene opiniones más radicales. Siempre ha vivido mucho la política. Odia a la gente que se ha apropiado del poder en nuestro país, probablemente más que yo. Y eso me motiva para hacer lo que hago.

---

24 DE JULIO DE 2023

¿Sabes, Yulia? He intentado varias veces contar la historia de cómo nos conocimos, pero siempre, tras un par de frases, tengo que dejar de escribir, paralizado por el terror que me produce la idea de que todo esto pudiera no haber ocurrido. Sucedió por casualidad. Yo podría haber mirado

en la dirección equivocada; tú podrías haber mirado hacia el otro lado. El instante que ha definido mi vida podría haberse producido de un modo distinto y entonces todo habría sido distinto.

Yo habría sido entonces seguramente la persona con menos suerte del planeta.

Qué bien, pues, que nos miráramos el uno al otro y que ahora pueda sacudir la cabeza y librarla de esos pensamientos, pasarme la mano por la frente y pensar: «Qué pesadilla». Te tengo y, pase lo que pase, solo pensar en ello me hace muy feliz.

Gracias por eso.

¡Feliz cumpleaños, cariño!

Tercera parte

LA OBRA

Capítulo 10

En 1999, cuando Vladímir Putin alcanzó el poder, muchos creyeron que era un hombre maravilloso. Era joven, no le gustaba la bebida como a Yeltsin y parecía decir lo que había que decir. Eso afianzó las esperanzas de enderezar la situación de una vez por todas. A mí, toda aquella palabrería me sacaba de mis casillas. No me gustaba la idea de que Putin fuera el «sucesor»; yo quería que se celebraran unas elecciones presidenciales de verdad, con candidatos enfrentándose. Si Putin hubiera sido un comunista que hubiera hecho campaña y ganado de manera justa me habría llevado un disgusto, pero habría aceptado el resultado. Pero sucedía que a los rusos nos estaban endilgando a Putin como un pago por su lealtad y voluntad de proporcionar inmunidad legal al expresidente y su familia.

Supe que no podía creerme ni una sola palabra que Putin dijera. Su nombramiento afianzó en mí la determinación a resistir. No quería que nadie de su calaña dirigiera mi país.

Tenía fuertes sentimientos. Quería ubicarme en la postura lo más alejada posible de la de Putin, en el extremo opuesto del espectro político, para, cuando fuera abuelo, poderles decir a mis nietos: «¡Yo estuve en contra desde el principio!». Lo único que me faltaba era decidir a qué partido afiliarme.

Los comunistas seguían siendo la principal organización y la elección evidente para alguien que quería dejar nítidamente claro que se oponía al sucesor de Yeltsin, pero, para mí, el más mínimo atisbo del pasado soviético era como un capote rojo para un toro. El Partido Liberal-Demócrata de Rusia parecía formar parte de la oposición, pero no confiaba en que su líder, Vladímir Zhirinovski, pudiera batirse contra el nuevo régimen.

En el ala demócrata, estaban la Unión de las Fuerzas de Derecha (SPS, por sus siglas en ruso) y Yábloko. La primera incluía a algunas personalidades bien conocidas, como Anatoli Chubáis y Borís Nemtsov (que a la sazón a mí se me antojaban salidos de la Liga de las Juventudes Comunistas). Yábloko, que tenía aspecto de estar integrado por un puñado de cerebritos agradables, era el único partido democrático verdadero, manifiestamente opuesto a Putin, y me pareció la opción preferible.

Tal vez mi decisión sorprendiera a algunos, quizá podría haberla sopesado más, pero quería dejar mi postura rotundamente clara. Me uniría a la oposición. Los rumores de que el umbral electoral para acceder a la Duma podría elevarse del 5 al 7 por ciento, que extendieron las dudas de si un partido democrático podría alcanzar ese nuevo mínimo, solo sirvieron para consolidar mi motivación. De manera que me dirigí a la sede central de Yábloko en el centro de Moscú.

No se parecía en nada a lo que yo había imaginado que sería la sede de un partido parlamentario. Era un completo desastre. Esperaba encontrar una organización establecida, e incluso me había vestido con traje. Llevaba preparado un discurso en el que anunciaba que era un abogado interesado en la política y que esperaba ayudar de algún modo como voluntario. Me miraron como si hubiera perdido la chaveta y me enviaron a la delegación del partido más cercana a mi dirección postal. Allí la situación no era mucho mejor. En la primera planta de un edificio residencial, en la entrada de un pequeño apartamento convertido en la recepción de un despacho, encontré a una dama que se sorprendió mucho al verme. Mientras hablábamos, me inspeccionó con recelo. Me quedó claro que era también la persona encargada del bloque de apartamentos o, al menos, la portera. Al principio, no se le ocurrió que hubiera podido acudir a afiliarme al partido. Resultaba evidente que había entendido que era un nuevo inquilino que había ido a presentarse. Por cierto, con el tiempo aquella mujer abandonaría Yábloko y se uniría a... ¿quién, si no?... los comunistas.

Cuando les dije a los yablokistas locales que quería afiliarme a su partido, me miraron con desconfianza y me preguntaron por qué iba a querer hacer algo así.

—Usted tiene un empleo, ¿no? Es abogado de verdad, ¿no?

Aquello me cabreó. Todo era un caos y nadie estaba haciendo nada práctico. Yo estaba dispuesto a actuar, a ser posible sin tardanza. Me dijeron que primero tenía que someterme al proceso de admisión estándar: hacerme simpatizante, presentar mi solicitud de afiliación, conseguir referencias favorables y esperar un año. Entonces me aceptarían.

La mayoría de las personas se afiliaban al partido liberal Yábloko porque admiraban a su líder, Grigori Yavlinski. Yo no compartía la profundidad de esos sentimientos. Durante mi fase de entusiasmo por Yeltsin no soportaba a Yavlinski y lo consideraba alguien que no hacía más que arrebatarle votos, pero luego mi actitud hacia él se volvió más matizada y empecé a considerarlo un político honesto y decente. Los antiguos burócratas del Partido Comunista que habían pasado de manera furtiva y subrepticia de los despachos soviéticos a los de la Federación de Rusia eran ladrones, pero él era un hombre con valores. Defendía una ideología y, en general, el partido Yábloko actuaba con coherencia. Vacilaba a la hora de acometer acciones decisivas; de hecho, prefería mantener debates intelectuales, pero al menos sus miembros creían en sus postulados.

Poco a poco detecté que la admiración unánime por Yavlinski era tan contundente que a veces bordeaba el culto al líder. Los dirigentes del partido y él mismo eran irremplazables, y la jerarquía dentro de las filas se observaba de manera estricta. Por eso recelaban de los recién llegados, ¡no fuera a ser que alguno tuviera la osadía de imponerse en el partido! A mí me miraban con desconfianza porque no encajaba en su imagen de un activista político convencional. Me duchaba por las mañanas y tenía un empleo. Debieron de preguntarme al menos un centenar de veces por qué me quedaba con ellos, con el poco o nulo dinero que tenían. Es algo de lo que aún no me he librado. La gente sigue sospechando que hay gato encerrado. A fin de cuentas, si tienes una buena educación y un buen empleo, ¿por qué ibas a enfrentarte a Putin? ¿Para qué hacer tantas investigaciones? Quizá te estén llegando filtraciones de rivales dentro del Kremlin, o tal vez incluso seas un títere del Gobierno. O de Occidente. A lo largo de toda mi vida, la gente se ha inventado teorías de la conspiración acerca de mí para hallarle alguna explicación a mi interés por la política. Y aunque ahora me resulte divertido, entonces me molestaba. El hecho de que en Yábloko me encontraran tan desconcertante indicaba que no confiaban en su propia fuerza.

Yo me metí en política para luchar contra las personas que están haciendo naufragar mi país, son incapaces de mejorar la vida de la población y actúan movidas única y exclusivamente por sus propios intereses. Y tenía la intención de ganar.

Las campañas me parecieron absorbentes. Tras involucrarme como observador electoral, constaté dos cosas: la primera, que mi experiencia legal me iba a ser muy práctica y la segunda, que tenía mucha más capacidad para entender lo que sucedía en una campaña que el clásico abogado de partido. Con todo, mi principal motivación era que aquello era trabajo legal de verdad. Cuando me apunté a la universidad, así era exactamente como imaginaba que sería trabajar de abogado: un tribunal y un juez llamando al orden con severidad a los presentes y yo defiendo a mi cliente, agitando documentos en el aire, argumentando, demostrando hechos de manera concluyente, siendo plenamente consciente de que me estoy enfrentando a los malos. Puede sonar trillado, pero es verdad: quería que mis esfuerzos contribuyeran a convertir el mundo en un lugar mejor.

Mi empresa, que construía oficinas en Moscú, no ofrecía ese tipo de oportunidades. Me estremecía la idea de pasarme toda la vida ayudando a determinadas personas a ganar un par de millones de dólares más. Poco a poco empecé a distanciarme del trabajo corporativo. No lo dejé de golpe, porque incluso después de que me admitieran en Yábloko, seguí trabajando como voluntario durante un largo tiempo, sin percibir salario. Cuando empezaron a pagarme, mi sueldo era de 300 dólares mensuales, y no siempre me lo abonaban. Ni siquiera podíamos costearnos tener un fax en la oficina, así que llevé el mío. Y como tenía que mantener a mi familia, seguí trabajando como abogado (aunque en un despacho privado).

La Nochevieja de 1999, que Yulia y yo celebramos juntos, le propuse matrimonio. Me arrodillé, pronuncié un discurso y le tendí el anillo. A juzgar por la expresión facial de mi prometida, la pillé desprevenida, pero enseguida me dio el sí. Más adelante me confesó entre risas que se había imaginado aquella escena muchas veces y se había planteado cuál era la mejor forma de reaccionar. Había resuelto que, cuando le pidiera en matrimonio, no se comprometería al instante, sino que me haría agonizar en el suspense durante un par de semanas. Sin embargo, a la hora de la verdad, mi discurso la conmovió tanto que cambió de opinión.

Decidimos casarnos en agosto. Había que presentar la documentación ante la Oficina del Registro Civil exactamente dos meses antes de la boda. El verano era temporada alta, porque todo el mundo quería casarse entonces. Si programaban tu boda para, pongamos por caso, el 26 de agosto, tenías que acudir al Registro Civil a primerísima hora de la mañana, para conseguir un puesto en la cola. En nuestro caso, el día antes Yulia se había intoxicado con la comida. Se encontraba tan mal que no me la imaginaba haciendo cola a las cuatro de la madrugada. Le sugerí que presentáramos los documentos otro día, pero, con la tez de color ceniza, Yulia contestó con firmeza:

—No. Hemos tomado una decisión. Seamos consecuentes.

Por suerte, cuando llegamos al Registro Civil ya se encontraba mejor. Soñar con nuestra inminente boda tuvo evidentes poderes sanadores.

En 2001 nació nuestra hija Dasha. Tener una hija cambió mi vida de una manera inesperada. Yulia y yo queríamos tener descendencia y me hizo muy feliz ser padre, pero ocurrió algo más. Como cualquiera que hubiera crecido en la Unión Soviética, yo no creía en Dios. No obstante, al contemplar a Dasha y ver cómo crecía, no era capaz de asimilar que aquello fuera un mero asunto biológico. Mi convicción en la ciencia no cambiaría en absoluto, pero en aquel momento decidí que la evolución sola no bastaba para explicar aquello. Tenía que haber algo más. Y así, de ser un ateo convencido poco a poco fui convirtiéndome en una persona religiosa.

La primera gran contienda electoral en la que participé fueron las elecciones a la Duma de 2003. Estaba a cargo de la campaña en la sede de Yábloko en Moscú y empecé a organizar una serie de eventos junto con el ala de las juventudes del partido, liderada por Iliá Yashin. (Han transcurrido casi veinte años desde entonces y seguimos siendo buenos amigos). Las manifestaciones políticas siempre se habían convocado en respuesta a determinados acontecimientos, pero nosotros decidimos que podían ser un acontecimiento en sí mismas para atraer la atención de la prensa. Empezamos a organizar mítines y protestas unipersonales. La policía me detuvo varias docenas de veces en este tipo de actos, pero enseguida volvía a ponerme en libertad.

Yavlinski veía con escepticismo aquella política de calle. Opinaba que, si querías que te permitieran participar en las elecciones, había que hacer lo que siempre se había hecho: ir a un despacho en el Kremlin, reunirse con alguien de las altas esferas y cerrar un acuerdo. Aparte de eso, esperaba que su carisma arrastraría al partido. Para ser justos, quienes votaban a Yábloko lo hacían no tanto por lo que hacía el partido como por Yavlinski, que era un orador extraordinario en televisión.

A pesar de los rumores, el umbral electoral para la entrada a la Duma permanecía intacto en un 5 por ciento.

Y aunque yo era crítico con muchas cosas de Yábloko, no albergaba dudas de que lo superaríamos.

La noche de las elecciones, cuando los colegios electorales cerraron y se inició el recuento de votos, nos sentamos en la delegación a esperar la llegada de los resultados. Nuestro porcentaje de votos ascendía solo al 4,3 por ciento. Nos faltaba muy poco para superar el umbral, y los resultados de San Petersburgo y Moscú, por tradición bastiones de Yábloko, aún no habían llegado. Me fui a la cama seguro de que superaríamos el 5 por ciento, pero por la mañana seguíamos en un 4,3.

Me enfurecí. Sabía que habíamos hecho un buen trabajo en la sede de la campaña. De hecho, Moscú fue la única región en la que el porcentaje del voto para Yábloko se incrementó en comparación con los comicios previos. Me había inquietado no estar dirigiendo la campaña lo bastante bien y había tenido la sensación de competir con todas las demás delegaciones, pero resultó que ninguna de ellas había movido ni un dedo. Todas justificaron la derrota alegando toda índole de motivos, salvo el real: el estrepitoso fracaso de nuestra campaña electoral en general.

En 2016, cuando Yábloko volvió a presentarse a las elecciones a la Duma, se emitió un anuncio en el que aparecía Yavlinski sentado en una butaca en una sala a oscuras, sosteniendo unas pancartas blancas. En ellas había escritas frases diversas y, a lo largo del minuto de duración del *spot*, Yavlinski iba cambiando las cartelas al son de una música triste, como si estuviera componiendo una larga oración pieza a pieza. En un momento dado, alzaba un cartel en el que se leía: «Puedes no hacer nada».* Aquella imagen se

* La siguiente pancarta rezaba: «O puedes ir a votar», pero se enseñaba unos segundos más tarde.

convirtió en un meme en internet. Era exactamente lo que Yábloko y el propio Yavlinski habían estado haciendo de manera escrupulosa durante muchos años. El resultado fue predecible: en las elecciones a la Duma de 2016, el partido obtuvo un 1,99 por ciento de los votos.

Imaginemos que en un universo paralelo todos los peores temores de los mandatarios de Yábloko se hubieran hecho realidad y que a principios de la década de 2000 yo me hubiera convertido en el líder del partido. Yábloko habría sido una organización completamente distinta. Sus miembros seguirían siendo simpáticos cerebritos, pero con la diferencia de que serían valientes, porque yo tengo la firme convicción de que las mejores cosas del mundo las han creado mentes pensantes valientes. (Tengo en la pared de mi despacho una fotografía de la Conferencia de Física que se celebró en 1927 en Solvay. Mis héroes son esos cerebritos valientes que pusieron en marcha una nueva revolución y posibilitaron el progreso de toda la humanidad. Me resultan tan inspiradores que en las habitaciones de mis dos hijos también he colgado una copia de esta misma fotografía.)

Pero los cerebritos de Yábloko fueron un poco cobardes, les dio miedo experimentar. El mundo cambió y ellos permanecieron inmóviles. Hubo una época en la que Yábloko fue una facción en la Duma estatal, y el partido no podía imaginar nada distinto. Al no superar el umbral del 5 por ciento, denunciaron el abuso de poder y un pucherazo. Se mostraron indignados y afirmaron que les habían arrebatado la victoria y que en realidad habían obtenido muchos más votos. Era cierto que los resultados electorales ya entonces estaban amañados, y de manera flagrante, pero también lo era que Yábloko no había hecho nada para luchar por los votos. Poco a poco fueron resignándose a la idea de que no tenían posibilidades de ganar. Creían que eran muy pocos haciendo frente a un inmenso país hostil donde las personas eruditas no eran populares. Empezaron a temer a sus votantes, y su miedo se enmascaraba de exagerado elitismo con matices intelectuales. No hace falta decir que a nadie le gustó aquello, y empezaron a perder el poco apoyo que aún tenían.

Aquello era el polo opuesto a mi idea de cómo hacer política. Yo consideraba fundamental encontrar un lenguaje común a todo el mundo. Me sentía cómodo entre mis antiguos compañeros de escuela, la mayoría de los cuales pertenecen ahora a las fuerzas armadas o a la policía, y también lo estoy entre los drogadictos y *hooligans* de toda índole de los centros de detención. Desde su litera, junto a la mía, uno de esos desgraciados me ha estado contando que él solo se ha arruinado la vida y que su tratamiento para el VIH es muy caro y no funciona. Estamos hablando de los pros y los contras de la terapia con metadona.

Los rusos son buenas personas; son nuestros dirigentes los que no valen nada. Yo no tenía ninguna duda de que el 30 por ciento de la población rusa suscribía los preceptos democráticos y de que teníamos la oportunidad de convertirnos, con el tiempo, en la mayoría política. Por eso, cuando constaté que Yábloko estaba alienando de manera deliberada a sus simpatizantes, me harté de ser una minoría política.

Acabaron por expulsarme del partido. El pretexto fue mi «nacionalismo».

La palabra «nacionalismo» da miedo. Es uno de los temas favoritos de la prensa extranjera, porque evoca en muchos occidentales imágenes de *skinheads* agresivos. Muchos de los nacionalistas no eran así. Se hacían llamar «nacionalistas europeos» y, en su mayoría, eran personas que, al igual que los liberales, se habían visto privadas de representación parlamentaria y de la mera posibilidad de acceder al Parlamento, ya que tenían prohibido participar en las elecciones.

Yo estaba convencido de que se requería una amplia coalición para enfrentarse a Putin. Aquellos nacionalistas convocaban mítines anuales en Moscú, Marchas Rusas, autorizadas únicamente en las afueras de la ciudad, pero conseguían congregar a varios miles de personas. La policía las dispersaba sin piedad y fue allí donde se produjeron los primeros arrestos masivos, no en las manifestaciones de los liberales o los demócratas. Decidí que si, de acuerdo con mis valores democráticos, apoyaba el derecho a la libertad de reunión, tenía que ser coherente y apoyar el derecho de otras personas. Los ayudé a organizar sus protestas y asistí a varias de ellas. En internet pueden encontrarse fotografías en las que se me ve delante de una bandera negra, blanca y amarilla, y que suelen utilizarse como decoración de fondo en las entrevistas cuando me preguntan: «¿Es usted nacionalista?».

En las Marchas Rusas había personas desagradables, e incluso algunos individuos repugnantes, pero el 80 por ciento de los participantes eran gente normal con ideas conservadoras, si bien algunas peregrinas y estrechas de miras. Lo que ocurre es que la mente humana está diseñada de tal manera que, al evaluar a un grupo de gente, nos enfocamos en sus miembros más radicales, porque nos resultan más interesantes. Y los medios extraen el máximo partido a esta peculiaridad, lo cual explica que cada marcha generara fotografías en las que aparecían *hooligans*, y que mis entrevistadores disfrutaran mostrándomelas mientras me preguntaban, con una sonrisita cómplice, si no tenía objeciones en participar en manifestaciones con aquella gente.

Lo he explicado ya tantas veces que podrían despertarme en plena noche y soltaría la misma perorata.

El quid de mi estrategia política es que la gente no me da miedo y estoy abierto a dialogar con cualquiera. Puedo hablar con la derecha, y me escuchan. Puedo hablar con la izquierda, y también me escuchan. Y puedo hablar con los demócratas, porque yo lo soy. Un dirigente político serio no puede decidir darle la espalda sin más a un gran número de conciudadanos porque, personalmente, le desagrada lo que piensan. Por eso debemos crear una situación en la que todo el mundo pueda participar en igualdad de condiciones en unas elecciones justas y libres, compitiendo entre sí.

En cualquier sistema político normal y desarrollado, yo no pertenecería al partido nacionalista. Pero considero que los intentos de desacreditar el movimiento nacionalista son, en su conjunto, contraproducentes. Sin duda, hay que llamar a capítulo a quienes organizan pogromos, pero a la gente hay que darle la oportunidad de manifestarse legalmente y de expresar su opinión, por más que nos desagrade. Esa gente existe y, aunque decidamos ignorarlos, no va a desaparecer. Ni tampoco sus simpatizantes. De hecho, si se los debilita, en última instancia con ello solo se conseguirá reforzar a Putin. Eso fue justo lo que ocurrió. Mientras andábamos inmersos en nuestras riñas baladíes, intentando decidir a quién etiquetar como perteneciente a una facción u otra y si era apropiado o no dejarnos fotografiar en su compañía, sin saber cómo nos encontramos viviendo en un país donde a la gente la enviaban a la cárcel sin motivo o incluso la asesinaban.

La política de un país autoritario se estructura de un modo muy primitivo: o se está a favor del régimen o contra él. El resto de opciones políticas han quedado completamente suprimidas.

Suelo provocar estupefacción cuando hablo de partidos políticos rusos ante el público occidental, que está acostumbrado a funcionar dentro un espectro político claramente definido: derecha, izquierda, socialdemócratas, liberales... Tales categorías no se aplican en Rusia. Nuestros comunistas no son «de izquierdas» en el sentido clásico: no apoyan a las minorías y no hacen campaña por conseguir un aumento del salario mínimo. El Partido Comunista ruso es mucho más conservador incluso que la derecha estadounidense. La legalización de las armas y la prohibición del aborto son debates acalorados en el mundo occidental, mientras que entre el electorado ruso no despiertan un interés ni remotamente equiparable. Nuestra prioridad máxima debe ser asegurarnos de tener libertad de expresión y unas elecciones justas, así como que se respeten los derechos humanos.

Viendo que sigo teniendo que explicar (aunque últimamente lo hago mucho menos) por qué decidí entablar un diálogo con los nacionalistas, es fácil imaginar el escándalo mayúsculo que provoqué al hacerlo a mediados de la década de 2000. En 2006, Yábloko se apoyó en ello para expulsarme del partido, supuestamente por «participar en las Marchas Rusas» cuando saltaba a la vista que el motivo real era que había criticado a Yavlinski con excesiva dureza y lo había culpado en público por los fracasos del partido. Si hubiera cantado sus alabanzas, probablemente los acontecimientos habrían tomado un cauce distinto. El presidente de la delegación del partido en Krasnoyarsk, un tipo llamado Abrosimov (lo recuerdo bien porque es el apellido de soltera de Yulia), colgó una gran pancarta de su edificio en la que se leía: «¡Rusia para los rusos!». Y todo el mundo en Yábloko se horrorizó al saberlo, pero a Abrosimov no lo expulsaron del partido, porque se deshacía en elogios hacia Yavlinski.

Es irónico que les costara un año expulsarme, el mismo tiempo que me había costado afiliarme. Me instaron a «marcharme sin armar revuelo», pero les dije que, si me querían fuera, tendrían que expulsarme. Como es lógico, pretendían evitar la publicidad negativa, y nuestro enfrentamiento se arrastró durante meses, en el transcurso de los cuales fue volviéndose más esperpéntico. El momento de gloria fue lo que Yashin describió como «*Orwell in Yábloko*».

En aquel entonces sucedió algo extraordinario en el periódico del partido, que, por cierto, tenía una circulación de 1.111.000 ejemplares. Se publicó en portada una fotografía de la manifestación de Yábloko por el Primero de Mayo en la cual se veía a los manifestantes bajo banderas blancas. Si se observa con detenimiento, puede verse que una bandera, desafiando todas las leyes de la física, flota en el aire. Tenía asta, pero no la sostenía ninguna mano. De hecho, la mano, como las otras partes del cuerpo del portaestandarte, era mía. A Yashin le dijeron que Yavlinski en persona había telefoneado a alguien del diario para darle instrucciones de que me borrara.

Después de aquello, me negué obstinadamente a dimitir del partido por voluntad propia. En lugar de eso, escribí un artículo en mi blog dirigido a Yavlinski en el que exigía que dimitiera él. Aquel texto y otros en los que criticaba a los cabecillas de Yábloko se distribuyeron en una reunión del politburó del partido como argumento para expulsarme. No se hizo mención al nacionalismo.

Recibí la invitación para asistir a esa reunión por telegrama (a pesar de que estábamos todos sentados en la misma oficina). Cuando llegué, seguridad se negó a dejarme pasar. Me indicaron que solo podía asistir al debate «de mi asunto». De todos los presentes en la sala, solo Iliá Yashin votó en contra de mi expulsión. Yavlinski tuvo la prudencia de ausentarse. Pronuncié un apasionado discurso, y ese fue el final de mi colaboración con Yábloko.

Aquel fue un momento de cambio funesto en mi vida. Hasta entonces yo no era más que un activista político que trabajaba para otros, y con eso me daba por satisfecho. Quería colaborar con un equipo bien trabado de personas que compartieran ideales y conseguirlo todo juntos. Pese a todos sus inconvenientes, Yábloko contaba con una estructura de partido con la que compartía la responsabilidad. En cambio, ahora estaba solo frente a un futuro incierto. A partir de entonces tendría que hacerlo todo por mí mismo y asumir toda la responsabilidad por ello.

No me arrepiento de los años que le dediqué a Yábloko. Conocí a muchas buenas personas, incluido a Piotr Ofitsérov; viviríamos muchas cosas juntos, aunque en aquel entonces no lo imaginábamos ni por asomo. Aprendí mucho allí, y también le estoy agradecido a Gregori Yavlinski por enseñarme unas cuantas lecciones. Pero no podía aceptar que Yábloko escogiera encerrarse por propia voluntad en un gueto de la vida pública de Rusia. Yo soñaba con ganar una mayoría política. Anhelaba que apareciera un político capaz de acometer todo tipo de proyectos necesarios e interesantes y de colaborar directamente con el pueblo ruso. De haber surgido alguien así, de inmediato me habría propuesto colaborar con él. Esperé y esperé, hasta que un día me di cuenta de que yo mismo podía ser esa persona.

Capítulo 11

Ya antes de que me expulsaran de Yábloko yo había empezado a trabajar en una serie de proyectos sociales no directamente relacionados con mis obligaciones en el partido. En 2004 conocí a María Gaidar, la hija de Yegor Gaidar, un reformista del Gobierno de Yeltsin. María era miembro de la Unión de Fuerzas de Derecha. Me uní a ella, a Natalia Morar, a Oleg Kózyrev y a otros jóvenes con un interés activo en la política para formar DA! (¡Sí!), el movimiento de alternativa democrática. Nos reuníamos con frecuencia, hablábamos mucho de política y convocábamos protestas y concentraciones. Nos veíamos en casa de Yevguenia Albats, una conocida periodista, a la que otros jóvenes políticos, entre ellos Iliá Yashin, también frecuentaban.

Uno de los proyectos del DA! (y curiosamente el de mayor éxito) fue organizar debates políticos. La principal diferencia entre la Rusia soviética y la de la década de 1990 era que en la segunda había libertad de expresión y una prensa independiente, algo sin precedentes en un país que durante décadas había languidecido bajo un sistema de censura total. Los debates políticos televisados se hicieron muy populares. Todo el mundo disfrutaba viendo a los políticos discutiendo e insultándose unos a otros, a veces hasta llegar casi a las manos. Uno de los momentos más icónicos de aquellos años tuvo lugar en 1995, cuando Vladímir Zhirinovski le lanzó un vaso de zumo al político demócrata Borís Nemtsov durante un debate televisivo. Nemtsov hizo lo propio de inmediato.

Una década después, los debates eran cosa del pasado. El Kremlin fue privando poco a poco y sistemáticamente a los ciudadanos rusos de la libertad que acababan de obtener, y regresó la censura. Todos los programas de entrevistas sobre temas políticos tuvieron que someterse a una lista negra de personas a las que no se podía invitar, y los programas degeneraron hasta convertirse en representaciones teatrales y, ya puestos, de lo más mediocres. Unos fingían estar en la oposición y otros fingían atacarlos. Era aburridísimo verlos.

Nosotros no teníamos dinero para organizar actividades a gran escala, pero de lo que seguro que no íbamos escasos era de entusiasmo. Un bar en Moscú se convirtió en la sede en la que se celebraban los debates, a los que asistían entre cuatrocientas y quinientas personas. Se tomaban una cerveza, seguían el debate y hacían preguntas si querían. El primer debate enfrentó a Maksim Kononenko, un bloguero, con Nikíta Belyj, el líder de la Unión de Fuerzas de Derecha y gobernador adjunto de la región de Perm. Yo era el moderador. No cabía más gente en la sala. Todo el mundo se lo pasó tan bien que decidimos organizar debates periódicamente.

Los participantes podían ser personas de lo más variopinto. Por lo general invitábamos a un político joven y a otro más veterano. Venían políticos muy reconocidos, como Dmitri Rogozin —que por entonces era un opositor, pero que luego sería el director general de Roscosmos, la sociedad estatal de actividades espaciales, y un fiel partidario de Putin—, o Nemtsov, uno de los políticos demócratas más populares, asesinado años después cerca de los muros del Kremlin. Un jurado especial compuesto por blogueros famosos de LiveJournal, una red social, decidía quién era el ganador. Yo buscaba la implicación del público y les pedía que votaran. Era genial ver cómo alguien, solo con su elocuencia y su talento para la persuasión, podía conseguir cambiar opiniones. Aquello era política real.

Para nuestra sorpresa, los debates se hicieron muy populares entre políticos, activistas y periodistas. Con populares me refiero a conocidos entre la cantidad relativamente pequeña de personas que navegaba por internet y a la que le interesaba la política, pero eso eran miles de personas a las que hasta entonces no habíamos llegado nunca. Habíamos hecho estallar una pequeña burbuja de información y nos dirigíamos a todo un nuevo público.

Cuanto más popular se hacía nuestro proyecto, más le preocupaba al Kremlin. Al principio se limitaron a ignorarnos, pero al cabo de un tiempo empezaron a atacarnos de forma activa. Periodistas pro-Kremlin publicaron que estábamos «proporcionándole una plataforma de gran alcance al tipo equivocado de personas» y «creando el tipo equivocado de tendencias». Luego el régimen empezó a poner abiertamente trabas a nuestras actividades y a tratar de desacreditarlas de todas las formas posibles.

Los debates se celebraban en el mundo real, no en internet, lo que nos hacía vulnerables. El régimen empezó a presionar a los propietarios de los establecimientos en los que los celebrábamos. Había «inspecciones», visitas de la policía, les amenazaban con cortarles la electricidad..., cualquier cosa que les impidiera permitirnos alquilar sus locales. El régimen empezó a enviar bandas de alborotadores de forma regular. Se presentaban una docena de personas, se ponían a gritar, lanzaban objetos e iniciaban una pelea, y el recinto acababa rechazando cualquier nuevo intento por nuestra parte de reservarlo. El objetivo principal era marginalizarnos, dejar claro que lo que hacíamos no era celebrar «debates políticos», que no éramos más que unos cuantos borrachos que se juntaban y se liaban a golpes. Fijaos qué horror, uno tiene sangre en la cara.

Lo de la sangre lo menciono porque era en mi cara donde estaba.

Se presentó un grupo de chicos borrachos en uno de nuestros debates, lanzando insultos a gritos, coreando *Sieg Heil* y arrancándoles el micrófono de las manos a quienes querían hacer preguntas. Intenté desde el escenario calmar los ánimos, pero estalló una pelea y uno de los invasores me atacó estando fuera. Yo llevaba conmigo, para mi defensa personal, una pistola que disparaba balas de goma. Disparé primero al aire y luego en dirección a mi atacante. Aquello no lo impresionó lo más mínimo y se abalanzó contra mí. La policía se nos llevó a los dos, pero no presentaron cargos. Resultó que mi atacante era el hijo de un mandamás del FSB y papi no quería ningún escándalo.

Debo admitir que la estrategia del Kremlin funcionó. Nos vimos frente al problema puramente logístico de que ningún club quería saber nada de nosotros y, aunque sí quisiera, no podíamos garantizar la seguridad de nuestro público. Las interrupciones se volvieron previsibles y eclipsaron la parte significativa de los debates. Hubo que abandonar el proyecto.

Aquello me enseñó una lección útil, y fue un momento decisivo de mi carrera política. Vi todo lo que podía conseguirse sin dinero y sin la «protección» del Kremlin. Lo que necesitaba era a un grupo de simpatizantes que trabajara conmigo, y encontré a ese grupo a través de internet.

He oído decir a menudo que demostré un talante político único al adoptar tan rápido internet como medio de comunicación, que fui un visionario que auguró los albores de una nueva era. Resulta de lo más halagador, está claro, pero queda muy lejos de la realidad. Recurrí a internet porque no tenía alternativa; la televisión y los periódicos estaban censurados, y los mítines prohibidos.

En los viejos tiempos, el primer paso de cualquiera que quisiera organizar un acto político era lanzar un comunicado de prensa, que no había más opción que enviar por fax. En caso de que no hubiera comunicado, nadie se tomaba en serio tu acto. Yo odiaba los faxes, y tenía la fundada sospecha de que las únicas personas que los utilizaban estaban en Yábloko. Con el tiempo, llegué a conocer a muchos periodistas. Eran todos jóvenes como yo, y me costaba imaginármelos sentados todo el día junto al fax esperando a que escupiera preciadas hojas de papel. Un día pensé: «¿Y por qué no utilizo LiveJournal?». En aquella época era la plataforma de blogs más popular, y donde se concentraban todos los periodistas. Solo hacía falta escribir: «Estoy organizando una manifestación, ¿por qué no vienes y te unes a nosotros?». Tras el acto podría escribir: «Aquí tenéis un par de fotos, por si le interesan a alguien». Hoy a nadie le resulta original algo así, pero por entonces parecía casi revolucionario.

Me gustaba bloguear, pero no tenía ni idea de que se convertiría en mi principal ocupación en los siguientes años.

El internet ruso de aquella época era una maravilla. Sigue siéndolo. Una de las razones es que no se desarrolló gradualmente, como lo hizo en Estados Unidos, sino que apareció sin más. Fue bastante rápido y accesible desde el principio, y la cifra de usuarios creció con rapidez. Todas las personas jóvenes, formadas y emprendedoras empezaron a aprender a utilizarlo. Lo realmente maravilloso fue que la administración presidencial no se lo tomó en serio. Puso su dinero en la televisión y dio internet por perdido, lo que lo salvó en su momento. En China, en cuanto apareció internet, el Gobierno empezó a instalar un cortafuegos que lo mantuviera bajo control. Nuestro Gobierno consideró que internet era un páramo incomprensible donde les gustaba pasar el tiempo a los friquis, y no vieron la necesidad de ponerlo en el punto de mira. Nadie en el Kremlin se dio cuenta de que internet era un reflejo de la vida real: podías publicar un mensaje pidiendo que se distribuyeran unos folletos y había personas que iban a una calle de verdad y los repartían de verdad. Más que un páramo, era una infraestructura.

Me llevó tiempo averiguar cómo funcionaba todo allí. ¿Qué le interesaba a la gente? ¿Qué no le interesaba? ¿Cómo conseguir que participara? Pronto me di cuenta de que la primera regla era hacer acto de presencia de forma regular. Escribía cada día, en ocasiones varias veces. Más adelante haría lo mismo con mi canal de YouTube. Era imposible subir un nuevo vídeo cada día, pero intentaba sacar dos o tres a la semana. Mi consejo a todos los aspirantes a blogueros es que, para tener éxito, debes publicar artículos (o vídeos) con frecuencia. Y luego pedir que se compartan tus publicaciones. Yo acababa cada entrada que pensaba que consideraba importante con esa petición. Era crucial. La interacción también es fundamental. Comenta las entradas de tus amigos. Únete a los debates. Demuestra que te interesas por las reacciones que puedan darse y muéstrate siempre dispuesto a dialogar.

Decidí que mi blog en LiveJournal sería el mayor canal ruso de noticias sin censura. En 2012 era uno de los más leídos del país. Yo siempre hablaba en él sobre las cosas que me parecían interesantes y de las que estaba más seguro. Y algo de lo que estaba seguro era de que el régimen de Putin se basaba en la corrupción.

Quizá tuvo que ver con el hecho de que yo fuera abogado. La corrupción siempre me había indignado, pero me di cuenta de que era por culpa de Putin y de su sistema de Gobierno por lo que se había normalizado tanto en los últimos años. El país entero lo sabía, y yo quería hacer algo al respecto. Pero para ello necesitaba convertirme en un participante plenamente cualificado en la batalla contra la corrupción. A un lado estarían los oligarcas y burócratas corruptos de Putin, y al otro estaría yo.

Pero ¿qué derecho tenía a ser un opositor? Yo no era fiscal, así que ¿cómo podía ir a por ellos?

Para entonces me había sacado un título en finanzas y créditos en la Academia de Finanzas de Moscú, y sabía bien cómo funcionaban las bolsas y mercados de valores. Me di cuenta de que había empresas de titularidad estatal, en las que la corrupción era especialmente patente, de las que podía comprar acciones en el mercado de valores. A cambio de una pequeña inversión, tendría el poder como accionista de solicitar documentos de la empresa, presentar quejas, acudir a los tribunales y asistir a las juntas anuales.

Me gasté unos 5.000 dólares en acciones en varias empresas, entre ellas, Rosneft, la mayor petrolífera rusa; Gazprom, la mayor gasística, y Transneft, que transporta petróleo. Se trataba de corporaciones gigantescas, riquísimas y controladas por el Estado con las que daba miedo meterse. Hacerlo probablemente era arriesgarse a recibir la visita de unos cuantos matones enviados para darte una paliza por hacer preguntas incómodas. Nadie (tampoco las empresas) se imaginaba que un bloguero cualquiera, sin amigos en las altas esferas, se atrevería a enfrentarse a ellas. Si lo hacía era seguramente porque tenía fuerzas poderosas tras él apoyándolo. Yo no tenía a nadie que me apoyara, en realidad, pero sabía de finanzas y también sabía cuáles eran mis derechos.

En aquella época, los periódicos publicaban con frecuencia artículos sobre los desvíos de fondos en las empresas de titularidad estatal. Gracias a mi participación accionarial, esas noticias ahora me afectaban directamente. Escribía una carta en la que decía algo como: «Apreciada Gazprom: He leído un artículo en tal y tal periódico y me pregunto qué está pasando aquí. ¿Podríais por favor facilitarme, como accionista, una explicación?». Pese a que mi participación era muy reducida, estaban obligados a informarme. Cuando llegaba la respuesta, yo la leía detenidamente y, si las actividades de la empresa iban en contra de los intereses de sus accionistas, las llevaba a los tribunales. En cuanto me convertía en una de las partes de una demanda, podía exigir que me enviaran documentos y actas de las reuniones. Y, cuando los recibía, los ponía a disposición del público en mi blog de LiveJournal.

Mis batallas contra las empresas de titularidad estatal acabaron atrayendo a decenas de miles de seguidores. Aun así, yo no solo buscaba seguidores, sino también aliados. Invitaba a mis suscriptores a presentar querellas y demandar conmigo a esas empresas. Por ejemplo, leí en *Védomosti* que el Gobierno le había comprado a Víktor Vekselberg, un oligarca, un edificio en el centro de Moscú por varias veces su valor real. Estaba claro que era un trato corrupto. Preparé plantillas para las querellas y miles de personas las presentaron conmigo ante el Comité de Investigación del presidente Medvédev, que por entonces fingía luchar enérgicamente contra la corrupción. Repetí la misma estrategia en numerosas ocasiones. Era fácil ignorar a una persona, pero no tanto ignorar a miles, sobre todo sabiendo que todos los documentos iban a publicarse en internet.

Asistía a las juntas de accionistas, que por lo general se celebraban en un teatro o en un espacio similar. Había siempre un escenario en el que los representantes de la empresa se sentaban y leían sus informes. El público lo componían en su mayoría accionistas normales y corrientes, apropiadamente impresionados por todo el ceremonial. Los directivos del escenario, los guardas de seguridad por todas partes, la presencia de periodistas... Todo ello garantizaba que los asistentes guardaran un silencio reverente, en medio del cual yo me levantaba y decía: «Tengo una pregunta».

Recuerdo muy bien una de esas primeras juntas. Fue en 2008 y la empresa se llamaba Surgutneftegas. Era una de las principales compañías extractoras de petróleo y gas de Rusia, ubicada a casi tres mil kilómetros de Moscú, en la ciudad siberiana de Surgut. Los directivos de la empresa actuaban como si la ciudad fuera suya. Podían hacer lo que quisieran allí, incluso, por poner un ejemplo, ordenar que el aeropuerto local no dejara aterrizar a un avión si llevaba a bordo un pasajero que no les gustaba.

Llegué a Surgut para asistir a la junta de accionistas. Se celebraba en lo que parecía una casa de cultura de la época soviética. El salón era el clásico recinto pomposo, con hombres de pelo canoso y mirada seria en el escenario. Recordaba a una sesión del Partido Comunista de la Unión Soviética. Un directivo multimillonario se levantó y dijo:

—Vamos a concederle un premio especial a Vladímir Leonidovich Bogdanov.

Bogdanov, el consejero delegado, también multimillonario, se puso en pie, aceptó el premio y empezó a leer su informe. Hemos extraído tal cantidad de petróleo. Hemos conseguido tal cantidad de beneficios. Al acabar, el presentador del acto se levantó.

—¿Alguna pregunta? —Ninguno de los trescientos cincuenta accionistas presentes en el auditorio abrió la boca—. ¿Alguien quiere decir algo?

Silencio.

—Yo quiero decir algo.

El presentador me miró como si un platillo volante hubiera aterrizado en la sala y hubiesen empezado a salir de él hombrecillos verdes. Estaba claro que en toda su vida laboral jamás se había encontrado con alguien que quisiera decir algo.

—Muy bien —dijo al fin—. Acérquese, por favor.

Subí al escenario.

—Existe una comercializadora de petróleo llamada Gunvor —dije—. Es propiedad de Guennadi Tímchenko, un buen amigo de Putin, y ustedes venden petróleo a través de ella. ¿Por qué se la escogió? ¿Hubo una licitación? Si lo hubo, díganos qué otras empresas presentaron ofertas. ¿Cuánto petróleo se le hace llegar a Gunvor, y cuáles son las condiciones? Exijo explicaciones porque ahora mismo todo da a entender que los beneficios de la empresa van a parar sin más a Gunvor, y que esa es la razón de que los accionistas no estén recibiendo los dividendos que les corresponden.

A juzgar por las expresiones de quienes estaban sobre el escenario, los hombrecillos verdes no solo habían aterrizado, sino que ahora disparaban sus pistolas de rayos mientras bailaban claqué. Podías ver en los ojos de los representantes de la empresa que se estaban preguntando de dónde había salido yo. «¿Lo ha enviado el Kremlin? ¿El FSB? ¡Cómo se atreve a acusarlos públicamente de corrupción!»

Hablé de forma extremadamente educada, y salpiqué mi discurso de términos legales. Tras mi pregunta sobre

Gunvor exigí saber quiénes eran los verdaderos propietarios de Surgutneftegas. Era de sobra conocido que, desde 2003, la empresa identificaba públicamente en sus informes solo a los accionistas ordinarios y presentaba una enrevesada trama de propiedad corporativa de la que nadie en el mundo podría deducir quiénes eran los propietarios reales de aquella gigantesca empresa petrolífera.

Durante mi discurso, el silencio en el auditorio era absoluto, pero a medida que hablaba pude ver que la gente empezaba a removerse en sus asientos, los primeros los periodistas. Era parte de su trabajo asistir a aquellas reuniones tan aburridas, pero ahora, por primera vez en la historia, estaba pasando algo más allá de lo previsible y aquello daba señales de animarse. A continuación, fueron los accionistas los que mostraron signos de vida. Al principio me miraban perplejos, intentando adivinar quién era yo, pero luego se dieron cuenta de que yo era una persona normal y corriente, igual que ellos, solo que sin miedo a subir al escenario.

Cuando acabé, el público aplaudió. Fue un momento para recordar, una victoria y un instante de aturdimiento en el que supe que por fin estaba de verdad luchando contra la corrupción. Comencé a asistir a todas las juntas de accionistas. Antes de empezar, lo que más interesaba a los periodistas era saber si estaría allí Navalni. Todo el mundo disfrutaba viendo una pelea entre David y Goliat. Yo levantaba la mano y me lanzaba a hablar, y los directivos de la empresa ponían cara de pocos amigos, porque no había nada que pudieran hacer para detenerme. Por supuesto, no contestaban a ninguna pregunta. Difícilmente podían decir: «Tienes razón, Alexéi. Somos ladrones, igual que Putin». Lo que respondían era: «Gracias por plantear una cuestión tan importante. Lo estudiaremos». Desde luego nadie en la sala esperaba que dijeran nada sustancial. Lo importante era el hecho de que alguien hiciera preguntas.

En 2009 publiqué una investigación en mi blog, «Cómo maquilla sus cuentas el VTB».* Con el tiempo, la muletilla «Cómo maquilla sus cuentas...» se convirtió en uno de los títulos recurrentes en las entradas de mi blog. Solo había que cambiar el nombre de la corporación de titularidad estatal, porque en todas campaba a sus anchas la corrupción. «Mil millones malversados por aquí y mil millones por allá», informaba la prensa. Podías pensar que era algo a lo que tenías que acostumbrarte. Pero yo no quería acostumbrarme a eso, y siempre que veía en las noticias un nuevo caso de malversación, me ponía como loco e intentaba hacer algo al respecto.

Yo tenía acciones de varios bancos de titularidad estatal, incluido el VTB. Su consejero delegado era Andréi Kostin, uno de los banqueros de Putin y quien le llevaba personalmente las cuentas. En la década de 1980, Kostin había trabajado en el extranjero, adscrito al Ministerio de Asuntos Exteriores, lo que probablemente no era más que una tapadera para un trabajo en el KGB. En los noventa se recicló en banquero del Gobierno. En la década del 2000, se paseó por los foros económicos internacionales hablándole a todo el mundo de lo popularísimo que era Putin y de que la ciudadanía al completo lo veía como el «padre de la nación». Como no podía ser de otra manera tratándose de alguien del círculo más íntimo de Putin, Kostin era muy rico y no lo escondía, pese a la pésima gestión que hacía del banco.

En aquella época era de rigor entre los agentes económicos de Putin presentarse como «gestores eficaces». Sin embargo, en la práctica aquello no consistía más que en

* VTB (Vneshtorgbank) equivale a Banco de Comercio Exterior.

vestir trajes de Brioni a medida, acaparar las oficinas más caras de Rusia y actuar como Leonardo DiCaprio en *El lobo de Wall Street*, con la diferencia de que era dinero público lo que gestionaban, y no el suyo. Tras la apariencia de una gestión eficaz estaba la misma panda de criminales que, ante la menor oportunidad de robar, no dudaba en hacerlo. Eran eficaces solo en que eran capaces de idear quince formas diferentes de maquillar las cuentas de un contrato gubernamental en menos de un minuto, inventándose una docena de falsos acuerdos comerciales para que todo pareciera estar en orden y transfiriendo rápidamente el botín a un paraíso fiscal.

Los mandamases de esas empresas estatales eran totalmente corruptos, y a gran parte del personal de aquellas corporaciones aquello les indignaba incluso más que a mí. Fueron informantes los que me proporcionaron las bases de mi primera investigación anticorrupción de gran repercusión mediática.

En 2007, el VTB empezó a comprar torres de perforación petrolífera en China y a alquilárselas luego a productores de petróleo rusos. El coste de una torre de perforación china era de diez millones de dólares. Sin embargo, VTB Leasing pagó un 50 por ciento más a través de una empresa intermediaria con sede en Chipre. Aquello no parecía tener ningún sentido. ¿Qué tenía que ver Chipre con todo aquello y por qué hacía falta un intermediario? Sorprendentemente, resultó que esa empresa la controlaban los altos directivos del VTB, y la diferencia de precio iba a parar directamente a sus bolsillos. Compraron no cinco, ni diez, sino treinta de esas torres de perforación. Habría sido imposible encontrar clientes para tantas torres.

Ese acuerdo debía de permanecer en secreto, como decenas de otros, pero en este caso las cosas no salieron como esperaban. No solo escribí sobre ese trato, sino que viajé hasta Yamal, donde, en medio de un campo, descubrí las torres abandonadas aún dentro de contenedores gigantescos y cubiertas de nieve. Al llegar el verano se oxidaron en una ciénaga.

Aquella fue una investigación muy directa. No hacía falta un título en economía ni ser un experto en producción petrolífera para ver qué era lo que estaba mal. Puse centenares de demandas, fui a juicio e incluso gané. En aquella época eso aún era posible. Insté a los accionistas minoritarios del VTB a unirse a mis demandas y exigir toda la documentación. Lo hicieron. Aquello se alargó durante años, con declaraciones ante la policía, rechazos, apelaciones, pleitos en Rusia y en Chipre. Me producía un placer especial interrogar personalmente a Kostin sobre el asunto de las torres de perforación en las juntas de accionistas. Él buscaba excusas, pero sin ningún éxito.

En aquellas juntas solía sentarse junto a mí Nailia Asker-zade, una joven periodista de *Védomosti*. En aquella época, *Védomosti* era el principal periódico económico del país, y cubrió con todo detalle mi guerra contra el VTB. Nailia y yo nos echamos no pocas risas a expensas de Kostin. Lo que hizo aún más sorprendente que, diez años después, fuera ella la protagonista de mi siguiente investigación relacionada con el VTB. Durante todo el asunto de las torres de perforación, Nailia consiguió que Kostin le concediera una larga entrevista. Como luego se supo, poco después tuvieron una aventura sentimental que mantuvieron escrupulosamente en secreto. Consiguieron bloquear y hacer desaparecer cualquier referencia a su relación con la ayuda de Roskomnadzor, la agencia federal encargada de «supervisar» (es decir, a efectos prácticos, censurar) los medios de comunicación. Mis compañeros de la Fundación Anticorrupción y yo acabamos descubriendo que Kostin le regaló a Asker-zade un yate por valor de 60 millones de dólares, un avión privado y una serie de bienes inmuebles en Moscú, algunos comprados con dinero del VTB, que es un banco de titularidad pública. Nailia respondió pagando por una inscripción romántica en un banco del Central Park de Nueva York.

Eso es amor.

Capítulo 12

En la década del 2000 había dos grandes partidos democráticos en Rusia: Yábloko y la Unión de Fuerzas de Derecha. Se pasaban el día atacándose, y a muchos les parecía que podría irles mejor uniéndose en un solo partido. Yo estaba entre los partidarios de la unificación y esa fue una de las razones por las que me mantuve en contacto con miembros de la Unión de Fuerzas de Derecha.

En mayo de 2005 eligieron a un nuevo líder, un joven llamado Nikíta Belyj. Era originario de Perm, donde había llegado a ser diputado y había demostrado que podía lograr buenos resultados para su partido. Teníamos casi la misma edad (Nikíta es un año mayor). Ambos nos manejábamos bien en internet y nos encontramos en una situación en la que en nuestros partidos las normas las ponían miembros que eran lo opuesto a nosotros en personalidad, edad y aspecto. Así que nos convertimos en casi amigos.

En 2007 hubo elecciones a la Duma estatal y Belyj, quizá en parte influido por mí, además de por el público liberal, decidió adoptar una posición bastante radical en contra de Putin. El partido sufrió una derrota aplastante, porque seguía formando parte de la «oposición sistémica» y, como tal, no le estaba permitido oponerse a Putin y debía vigilar por dónde pisaba. La Unión de Fuerzas de Derecha obtuvo menos del 1 por ciento del voto. Aunque no fue un revés para la carrera de Belyj; al contrario: en 2008 Dmitri Medvédev fue nombrado presidente y a Belyj le dijeron que su partido iba a desaparecer, pero, «si quieres, podemos hacerte gobernador; así tendremos un gobernador liberal». En aquella época a Medvédev le divertía llevar a cabo experimentos curiosos de ese tipo.

Belyj aceptó, con la intención de poner en marcha un pequeño milagro democrático en una provincia en concreto. Reuniría un equipo joven y progresista y demostraría que podían lograrse grandes éxitos incluso en una región deprimida. Le asignaron a Belyj la región de Kírov, una de las más pobres. Es un área boscosa, casi sin industria, considerada un caso perdido.

Durante los preparativos para asumir el cargo de gobernador, Belyj me invitó a sumarme a su equipo. Yo no tenía ningún interés en ocupar un puesto oficial allí, pero acepté trabajar para él como asesor no remunerado. Yo ya tenía una reputación gracias a mi campaña anticorrupción. «Te ayudaré a luchar contra la corrupción», le dije. Y para allá que fuimos.

Mi familia se quedó en Moscú. Veía a Yulia y a los niños solo los fines de semana. Ayudaba a Belyj y a la vez seguía trabajando de abogado y llevando a cabo mis investigaciones. En ocasiones aterrizaba en Kírov por la tarde y tenía que volar a casa al día siguiente. No había vuelos directos, así que iba hasta Kazán en coche y de allí volaba a Moscú. Y luego volvía a hacer el mismo camino a la inversa. Era agotador. Aguanté así hasta el verano y luego decidimos que toda la familia se trasladara a Kírov. Era el segundo año de escuela de Dasha y Zajar tenía poco más de un año. Cuando nació, fui la persona más feliz del mundo. Durante un tiempo, el sexo de mi futuro hijo me pareció muy importante. Yo quería un hijo varón. Pero cuando tuvimos a Dasha, me di cuenta de lo absurdo que era. Aun así, cuando nació Zajar, me alegré mucho. ¡Hurra, ahora tenía una hija y un hijo! ¡Al ejército de Barbies se le sumaría una flota de coches de juguete!

La idea era instalarnos de forma permanente en Kírov, pero al final viví allí solo un año. Fue un periodo extraño, pero me alegro de haberlo pasado. Es la clase de experiencia indispensable para cualquiera que quiera lanzarse al ruedo político en Rusia.

La corrupción campaba a sus anchas en la región y, como suele ser frecuente, el anterior gobernador había sido un exfiscal. Parece haber una regla según la cual si el mandamás es un exfiscal o exfuncionario del FSB habrá el doble de corrupción. El Estado tenía muchas propiedades en la región. La situación era muy confusa y difícil de desentrañar, pero mi trabajo consistía en llegar al fondo de la cuestión y hacer propuestas sobre cómo solucionarlo. Me puse manos a la obra, pero pronto llegué a la triste conclusión de que un gobernador no tiene ningún poder. Rusia está estructurada de tal modo que hay representantes del Kremlin absolutamente por todas partes. Además del gobernador, una región tiene un «inspector federal jefe» y representantes de varios ministerios federales. Ante cualquier decisión tomada por el gobernador puede venir un funcionario que informe directamente a Moscú y echarla atrás. Esa situación puede alcanzar cotas surrealistas. Por ejemplo, no había wifi en las oficinas del gobierno regional de Kírov. Yo propuse que se instalara. Lo que pasó después merecería su propio capítulo a modo de interludio humorístico. Solo que se discutiera mi propuesta costó cinco reuniones muy concurridas con el gobernador, y ni aun así conseguí que se instalara el wifi.

Trabajar en Kírov fue, en términos generales, una experiencia interesante pero desalentadora. Me hice una idea de cómo funciona todo. Comprendí que no hay modernización posible en un país autoritario, y menos en una región concreta de ese país. Por más que lleguen personas jóvenes, activas y ambiciosas con ganas de arreglarlo todo y de conseguir que las cosas funcionen, acabarán engullidas por la ciénaga del sistema. Pronto quedó claro que en un entorno corrupto tú mismo te ves obligado a actuar de forma corrupta, aunque tu único objetivo sea ayudar a la gente.

Por ejemplo, recuerdo que le pedimos dinero al ministro de Recursos Naturales; no para nosotros, sino para la región. El ministro le dijo a Belyj: «Oye, alguien de allí no ha tratado bien a uno de los míos, no le ha dado la madera que quería. Échale una mano, por favor». Belyj me dijo: «Por favor, soluciónalo». Es decir, me estaban pidiendo que llegara a un acuerdo dudoso que permitiera que el amiguete del ministro recibiera más madera, y a cambio el ministro asignaría fondos estatales a la región de Kírov. Dije que no quería saber nada de todo aquello.

Aquella era la única forma de resolver cualquier asunto. Siempre que querías hacer algo bueno, tenías que hacer algo malo (quizá no en beneficio propio, pero sí de otra persona). Antes de darte cuenta, ya estabas metido en actividades corruptas a todas horas. Y si recurrías a la corrupción por el bien de otra persona, ¿por qué no ibas a hacer lo mismo, ni que fuera un poco, por tu propio bien? El sistema te engulle enseguida.

En una de mis primeras reuniones me dieron una pila enorme de carpetas, cada una de ellas con documentos sobre una empresa importante de la región. Tenía que examinarlas todas y evaluar hasta qué punto estaban funcionando de forma eficiente. En la etiqueta de una de ellas se leía «Maderas Kirovles». Años después, ese nombre acabaría siendo tristemente conocido en toda Rusia: se utilizó a la empresa para presentar cargos criminales contra mí y declararme culpable en una farsa judicial.

Kirovles era una empresa maderera de titularidad estatal con una plantilla de cuatrocientas personas que estaba en una situación catastrófica. Tenía una deuda monstruosa y el pago de las nóminas sufría retrasos constantes. Al principio pensé que era debido a que vendía poco y valoré centralizar la compañía o establecer una bolsa de madera solo para la región de Kírov. Pero cuanto más hurgaba en las cuentas de la empresa más me daba cuenta de que el problema era la pésima gestión. Vyacheslav Ópalev, el director de Kirovles, era un estafador con todas las letras al que solo le interesaba sacar dinero de la compañía. Belyj recibía quejas sobre Kirovles de los empresarios de todos los distritos. Al final hice que despidieran a Ópalev y encargué una auditoría a fondo de la empresa a una de las cuatro grandes compañías del sector. Para que no hubiera dudas acerca de la fiabilidad de la auditoría, se la seleccionó por concurso.

Pocos meses después supe que Ópalev había recuperado discretamente su puesto y que se había cancelado la auditoría, en contra de las decisiones que se habían tomado en todos los niveles del gobierno regional de Kírov. Aquello me causó un hondo impacto, y supe que tenía que salir de allí. Envié una solicitud a la Universidad de Yale para una plaza en el programa World Fellows.

Nikíta siguió en Kírov, se asentó plenamente en su puesto y se convirtió en el prototípico gobernador. Cuando eres un burócrata ruso, estás obligado a obedecer todas las órdenes, aunque sean ilegales, y a cada año que pasa resulta más natural. Cuando se presentó contra mí el caso de Kirovles, Belyj, que sabía perfectamente que los cargos eran pura invención, no dijo esta boca es mía. Esa fue una de las razones por las que el caso pudo llegar a juicio.

Es esencial para el poder de Putin, no obstante, que las reglas puedan cambiar y utilizarse en tu contra en cualquier momento. Siete años después encendí el televisor y me quedé con la boca abierta. Habían detenido a Nikíta en un restaurante de Moscú mientras aceptaba un soborno. Le cayeron ocho años en una instalación penitenciaria de régimen estricto y, a la hora de escribir estas líneas, sigue encarcelado.

Había un millar de solicitantes para las quince plazas del programa de Yale. Yo fui uno de los afortunados a los que se les concedió una, lo que para mí fue muy importante. Me había dado cuenta de que no sabía lo suficiente. Los delincuentes rusos robaban en mi país, pero se gastaban sus ganancias ilícitas en Occidente. Para conseguir que se los procesara en el extranjero, necesitaba saber cómo servirme de la legislación contra el blanqueo de capitales estadounidense y europea. Y también quería ver mundo. ¿Cómo funcionaban las cosas en Estados Unidos? ¿Cómo estaba organizado su sistema educativo? Tras un año entre tinieblas en la región de Kírov, estaba ávido de nuevas impresiones.

El programa de Word Fellows buscaba conceder a los seleccionados del mundo entero todas las facilidades para estudiar. Por ejemplo, como a mí me interesaban sobre todo la gestión empresarial y el derecho, se me concedía la posibilidad de que me matriculara en cualquier curso de la Facultad de Derecho. Podía hacer también asignaturas en cualquier otra facultad y conocer a cualquier profesor. Estaban todos encantados de asesorarme. No tenía que hacer ni pruebas ni exámenes. Incluso se me permitía traerme a mi familia. La universidad proporcionaba alojamiento a los participantes y les pagaba un estipendio considerable.

Estuve seis meses en Estados Unidos y me lo pasé muy bien. Lo único que me chocó fue la intensa cordialidad de los estadounidenses, tener que responder cien veces al día a preguntas del tipo «¿Cómo estás?» o «¿Qué tal el fin de semana?». Yo, que soy ruso y por lo tanto huraño, me veía obligado a sonreír tanto que por la noche me dolían las mejillas. Pero, hablando en serio (como corresponde a un ruso huraño), durante mi estancia en Yale me vi rodeado de personas inteligentísimas, y me enorgullecía de estar en su compañía. Era consciente de ello a todas horas, y sentía que todo el mundo a mi alrededor era más listo que yo. Fue maravilloso.

Yo me había dedicado a luchar contra la corrupción en las empresas de titularidad estatal. Ahora me veía sentado junto a una mujer de Sudáfrica que luchaba contra el sida y el VIH. Se llamaba Thembi Xulu y hablaba de un modo tan interesante del trabajo que hacía que me pregunté si no sería más importante que el mío.

Había también un hombre indonesio al frente de una organización juvenil musulmana. Le pregunté en una ocasión: «¿Cuántos miembros tenéis?», pensando que me diría algo así como «dos mil personas». Él me contestó: «Bueno, no somos la organización juvenil más grande del mundo. Unos 12 millones».

Un miembro tunecino del programa me decía a menudo que estar en la oposición en su país era muy difícil.

—En Rusia —comentó un día—, tenéis YouTube, Facebook y Twitter, pero nosotros en Túnez lo tenemos todo bloqueado.

Trabajar desde Francia era la única manera que tenía de poder seguir siendo políticamente activo. Nuestra conversación tuvo lugar en los últimos días de 2010 y al cabo de un mes llegó la Primavera Árabe y cayó el régimen dictatorial de Túnez. Para el pueblo tunecino debió de ser una experiencia única, pero también fue importante y útil para mí aprender de ella.

Yo no solo me dedicaba a escuchar las historias de otras personas, sino que también seguía trabajando contra la corrupción. Durante aquellos meses publiqué mi siguiente gran investigación: «Cómo maquilla sus cuentas Transneft».

Transneft es la empresa de oleoductos más grande del mundo y transporta petróleo por toda Rusia. No hace falta que diga que es de titularidad estatal. A mediados de la década del 2000 asumió un proyecto inmenso: construir un oleoducto desde el este de Siberia al océano Pacífico. Cualquier proyecto de construcción de esa envergadura está garantizado que implicará algún tipo de malversación. Incluso si llega a completarse, es más que probable que no esté acabado a tiempo, que se construya de cualquier manera y al margen de la normativa, y que buena parte del presupuesto acabe desviándose. Y eso es justo lo que pasó. Era evidente para todo el mundo, incluido el Gobierno, y en 2008 Transneft fue auditada por el Tribunal de Cuentas, un departamento especial de auditoría del Estado. Los resultados se mantuvieron en secreto a petición de la propia Transneft.

Hice todo lo posible para conseguir ese informe secreto, y al final fue mío. Me quedé horrorizado. Las ciento cincuenta páginas del documento dejaban meridianamente claro, con cifras y análisis, que todo lo que podía saquearse se había saqueado. Los costes de construcción se habían multiplicado varias veces. Compañías extranjeras de dudosa reputación habían sido seleccionadas como contratistas. Las licitaciones y los concursos estaban plagados de irregularidades y la documentación relacionada con ellos se había destruido para ocultar lo ocurrido. El documento no era obra de unos expertos que se hubieran puesto a elucubrar ni lo componían publicaciones de un blog de internet, sino que era un informe oficial del Tribunal de Cuentas. La cantidad total desviada durante el curso del proyecto de oleoducto era de unos cuatro mil millones de dólares, «mil cien rublos robados a cada adulto de Rusia», como publiqué en LiveJournal en aquella época.

Fue un escándalo mayúsculo. El jefe de la empresa estatal en aquel entonces era, y sigue siendo, Nikolái Tokarev, un exagente del KGB e íntimo amigo de Putin que había compartido despacho con él en la residencia del KGB en Dresde. Tokarev, una persona muy reservada, acabó haciendo declaraciones. Me acusó de ser un oportunista y aseguró que a mí me «daba coba el Instituto Nacional Demócrata de Madeleine Albright». Y ella, sostenía, odiaba a muerte a Rusia. Yo me mofé de su forma de ver el mundo, que no había cambiado un ápice desde su juventud y la Guerra Fría.

Casi inmediatamente después de hacerse público el caso, se puso en marcha una investigación sobre lo ocurrido con Kirovles en la región de Kírov. Era, de hecho, una revisión del caso, porque ya se me había investigado durante mi época como asesor de Belyj. La policía no había encontrado nada ilegal entonces, y el episodio se olvidó rápidamente. Estaba claro que aquello era un intento de evitar que yo volviera a Rusia, una posibilidad que no contemplé ni por un momento. Durante varios meses había sentido tanta nostalgia de mi hogar que devoraba sopa de acedera en sueños. Los cuatro hicimos las maletas y volamos de vuelta a Moscú. Empezaba una nueva fase de mi vida: cada vez que volvía a casa, me preguntaba si me detendrían en la frontera.

Era 2011, un año en el que todo cambió de nuevo.

Capítulo 13

Lo más importante que aprendí de los debates, de mi blog en LiveJournal y de las batallas con las empresas estatales fue cómo hacer que grandes cantidades de personas sumaran sus esfuerzos a los míos. Destapaba un caso de corrupción, publicaba en LiveJournal «¡Gente, involucrémonos! ¡Presentemos todos demandas contra esos delincuentes!» y literalmente miles de personas respondían y se ponían a presentar denuncias conmigo. Las firmaban con sus verdaderos nombres e incluían las direcciones de sus casas y sus números de teléfono. O decía: «Busco a un experto en oleoductos. Ayudadme a encontrar a uno». Y a las pocas horas recibía un mensaje que dice: «Hola, soy experto en oleoductos. ¿A qué necesita que le responda?».

Todo el mundo cree que cuesta una fortuna contratar a un experto cualificado, pero gracias a mi blog descubrí que la gente está dispuesta a prestar sus servicios de forma gratuita si ellos mismos son parte del proceso y saben lo que está pasando, y qué repercusiones tendrá su ayuda. Yo explicaba cada paso que daba. Publicaba *online* todas mis preguntas y todas las respuestas que me llegaban. La gente confiaba en mí y respondía, y pronto me di cuenta que muchos de esos voluntarios estaban mil veces mejor cualificados que quienes trabajaban en las oficinas que yo había conocido hasta entonces.

En 2010 un usuario de LiveJournal me envió una noticia: «El Ministerio de Sanidad creará una red social de "comunicación entre trabajadores sanitarios y pacientes"». Se convocó un concurso para crear esa red social, con un presupuesto inicial de 55 millones de rublos y una fecha límite de dieciséis días para realizarla. No soy ningún experto en informática, pero para mí estaba claro que aquello sencillamente no era factible. Es imposible crear cualquier página web, y ya no digamos una red social, en solo un par de semanas. El «concurso» no era más que un fraude, el contratista sin duda hacía tiempo que lo tenían decidido y la página web probablemente ya estaba creada. No habían hecho más que llegar a un acuerdo para hacerse con la mayor parte de los 55 millones de rublos y repartírselo entre ellos. Presenté una denuncia y a los pocos días el Ministerio de Sanidad canceló el concurso.

Después de aquello, recibí en LiveJournal un aluvión de menciones a concursos fraudulentos similares. Hice mi habitual llamamiento a la ayuda de expertos en el blog, esta vez para redactar una valoración profesional a partir de la cual poder presentar las denuncias. El proyecto despegó, pero había tantos concursos que yo no podía con todos. Varios voluntarios me ayudaron, crearon una nueva página web en la que la gente subía información sobre contrataciones públicas con visos de corrupción y los expertos las valoraban. Pero no teníamos suficientes voluntarios, así que publiqué un mensaje en el blog diciendo que buscaba a un abogado que me ayudara a presentar demandas. Me llegó de nuevo una avalancha de currículums.

Así es como empezó el proyecto RosPil, y como contraté a su primera empleada. Liubov Sóbol, en aquella época todavía alumna de la Universidad Estatal de Moscú, demostró ser una abogada meticulosa y decidida. Hemos trabajado juntos desde entonces, y se ha convertido en una de mis más estrechas colaboradoras. Contraté a unas cuantas personas más y, además del proyecto RosPil, que denunciaba el fraude en las contrataciones públicas, lancé un par de nuevos proyectos: *RosYama*, una página web en la que cualquiera podía presentar una denuncia por una carretera con problemas de mantenimiento, y *RosVybory*, una página a través de la cual era posible apuntarse para convertirse en observador en las elecciones. En cuestión de meses habría elecciones a la Duma estatal y a la presidencia. Todas esas iniciativas fueron evolucionando hasta convertirse en organizaciones de pleno derecho.

Para llevar a cabo cualquier proyecto se necesitan dos cosas: personas y dinero. Sobre las personas yo no tenía dudas. Lo que había vivido hasta entonces me permitía suponer que no me dejarían trabajando solo en una oficina en un sótano. El dinero, en cambio, sí era un problema, porque no se puede dirigir una organización independiente en un Estado autoritario sin fondos de ningún tipo.

En otras épocas, los políticos les pedían dinero a las personas ricas, a los oligarcas. Pero en 2011 los oligarcas no se habrían acercado a mí ni con un palo. Y yo tampoco quería deberles ningún favor. Así que publiqué lo siguiente en mi blog: «Sé cómo trabajar, sé lo que hay que hacer, seleccionaré y contrataré a la cantidad de personas necesaria, pero la financiación tiene que venir de vosotros. Dadme dinero. Necesito que donéis una modesta cantidad a un proyecto bueno y útil, y eso me ahorrará tener que ir por ahí intentando conseguir fondos de oligarcas y hombres de negocios». Esas microdonaciones pusieron las bases que me permitieron ser independiente. Y no había nada que el

Kremlin pudiera hacer al respecto. Era fácil para ellos detener e intimidar a uno o dos grandes donantes, pero ¿qué podían hacer contra decenas de miles de personas?

Hoy en día ese enfoque parece no tener nada de especial: es el habitual de una campaña de micromecenazgo. Pero en 2011 todo el mundo pensó que no estaba en mis cabales. ¿Qué narices era una microdonación? ¿Cómo podías recaudar dinero *online* para investigar y llevar a cabo trabajo legal, sobre todo en Rusia? En nuestro país nadie antes había hecho nada parecido. No había un modelo que seguir, no había costumbre de realizar donaciones periódicas, no había infraestructura financiera. Y, aun así, la gente, lectores normales y corrientes de mi blog de LiveJournal, empezaron a hacerme transferencias. Al principio recogía las donaciones en mi cuenta corriente personal y luego publicaba un extracto y un informe bancario en mi blog. La donación media a RosPil era de 400 rublos (en aquella época, unos 15 dólares), y en un mes reuní casi cuatro millones de rublos, por encima del presupuesto anual que me había marcado originalmente.

Antes de aquello, se pensaba que solo se podían recaudar donaciones para obras de beneficencia. Que nadie daría un kopek para ninguna otra causa, y menos aún para nada político. Conseguí cambiar esa mentalidad. Todo el mundo se quedó de piedra, y yo estaba encantadísimo.

Existía otra creencia, no menos persistente y dañina, que decía que ninguna personalidad pública donaría dinero abiertamente a una causa política. Tendría miedo de las represalias, así que era mejor ni pedírselo. Se suponía que era mucho más efectivo abordar discretamente a algún hombre de negocios que pudiera darte dinero bajo mano o dirigirte directamente a la administración presidencial. Yo estaba seguro de que se equivocaban, y decidí demostrarlo.

En septiembre de 2011 inscribí la Fundación Anticorrupción como Organización No Gubernamental. Todos mis proyectos existían desde ese momento como parte de una única marca. Anuncié que seguiría recaudando dinero para el trabajo de la Fundación Anticorrupción a través del micromecenazgo, pero en esta ocasión hice un llamamiento específico a los famosos para que donaran. Al cabo de unos pocos meses, dieciséis personalidades públicas me apoyaban abiertamente. Cada una de ellas donó más de 10.000 dólares. Entre ellas figuraban el emprendedor Borís Zimin, el economista Serguéi Guríev, el periodista Leonid Parfiónov y el escritor Borís Akunin. Vladímir Ashurkov, un experto en finanzas, no solo donó dinero, sino que me ayudó muchísimo a la hora de organizarlo todo. Esas dieciséis personas valientes rompieron el fuerte tabú social que dice que no debes financiar jamás una causa en la que creyeras sin autorización previa.

Yo había previsto recaudar unos nueve millones de rublos en el primer año de existencia de la Fundación Anticorrupción y alcancé ese objetivo sin dificultades. En 2019, el año anterior a mi envenenamiento, recaudamos más de 80 millones de rublos a partir de miles de pequeñas donaciones de 100 a 500 rublos procedentes de todo el país.

El principio subyacente de nuestra organización es la transparencia. Eso era importante para mí desde el principio, por dos razones. La primera, porque la gente estaría más dispuesta a donar si sabía en qué se estaba gastando su dinero y, la segunda, porque yo quería hacer las cosas de un modo distinto al Estado. El Gobierno se gasta nuestros impuestos sin dar ninguna explicación. No tenemos la menor influencia sobre las prioridades del presupuesto, y ni siquiera sabemos cómo se distribuye exactamente el dinero. Incluso durante ese breve periodo de la década de 1990 en el que los demócratas ocuparon el poder, se consideraba normal ocultar cuáles eran tus propios recursos y de dónde habían salido.

Yo quería hacer las cosas de otro modo. Hice públicos mis ingresos y expliqué de dónde procedía el dinero de mi organización. Todo el mundo sabía qué cara tenían mi mujer y mis hijos. Todas esas personas que me enviaban donaciones estaban también enviando una señal muy clara a las autoridades: elegían donarme dinero porque podían ver lo que yo hacía y cómo me lo gastaba, mientras que los funcionarios públicos lo ocultaban y a menudo acababan apropiándoselo.

Pese las intimidaciones a los donantes, que empezaron casi de inmediato —¿Estás donando a Navalni? Todas las transacciones quedan registradas. ¡Tendrás problemas!—, miles de personas siguieron enviándonos dinero. Yo lo vivía cada vez como si me enviaran un mensaje: «Estamos dispuestos a luchar pero necesitamos un líder, alguien que no le tenga miedo al Estado y que no acepte sobornos. Creemos que ese es el tipo de persona que eres, y por eso te apoyamos».

No he recibido nunca un sueldo de la Fundación Anticorrupción, y bajo ninguna circunstancia he utilizado las donaciones con fines personales. Decidí erigir una barrera inexpugnable entre mis ingresos y el presupuesto de la organización. Yo tenía una profesión, al fin y al cabo, que seguí ejerciendo incluso mientras dirigía la Fundación Anticorrupción, aunque quizá sea cierto que algunos de mis clientes me contrataban solo como gesto de apoyo.

El segundo principio importante era la normalidad. El Kremlin llevaba años tratando de marginar nuestro movimiento y de llevarlo a la clandestinidad, de convertirnos en el equivalente moderno a los disidentes soviéticos. Siento un enorme respeto por todos ellos; fueron héroes. Pero en 2012 nadie en su sano juicio quería convertirse en un heroico disidente; es peligroso y da miedo. Lo que quería todo el mundo era ser normal. Y eso éramos: personas normales con una vida normal de oficina.

Aunque a efectos prácticos éramos una organización para la revolución en la que todos asumíamos grandes riesgos, desde fuera parecíamos una panda de hípsters moscovitas. Disponíamos de unas oficinas espaciosas y diáfanas y de una máquina de café, y en Navidades jugábamos al amigo invisible. Teníamos cuentas de Twitter e Instagram. La nuestra era una plantilla joven, en la que todos éramos amigos, íbamos de excursión juntos y celebrábamos fiestas (aunque con el paso de los años empecé a observar una curiosa tendencia a que las cosas más divertidas pasaran cuando yo me había ido a casa). En lo único en lo que nos diferenciábamos de una *start-up* molona era en que luchábamos contra Putin. Desde luego aquello traía consigo las previsibles desventajas, como que en nuestras oficinas hubiera micrófonos ocultos.

Pese a que aquello era desagradable, tampoco daba demasiado miedo. Con el tiempo, no obstante, las desventajas se multiplicaron. La presión aumentó año tras año, y en 2019 las detenciones y los registros se habían convertido ya en parte de nuestra vida cotidiana. Nuestra oficina hípster siguió siendo igual de hípster, solo que ahora los antidisturbios atravesaban la puerta con una motosierra, irrumpían con armas semiautomáticas y obligaban a todo el mundo a tumbarse en el suelo. Durante una de esas redadas, a unos cincuenta miembros del personal los dejaron sin sus portátiles y sus teléfonos, y se llevaron todos nuestros equipos, documentos y pertenencias personales. Si conseguías esconder el móvil detrás de las molduras del zócalo y el portátil sobre las placas del techo, bien por ti. Pero lo más habitual era que lo confiscaran todo. La estrategia estaba clara: necesitaríamos dinero para reponer los equipos, y tendríamos que pedir donaciones. El Kremlin esperaba que cada vez nos costara más recaudar fondos, pero tras cada ataque veíamos dispararse las donaciones.

El nombre de la Fundación Anticorrupción lo dice todo. Somos híbridos, algo entre periodistas, abogados y activistas políticos. Cuando nos topamos con un caso de corrupción, examinamos la documentación, recopilamos pruebas y lo publicamos. En los primeros años, en forma de entradas en mi blog; más adelante, como vídeos en YouTube. Lo más importante que hacemos, por lo tanto, es difundir la historia para que llegue a millones de personas.

El número de medios de comunicación independientes descendía con rapidez, había censura por todas partes y ningún periódico importante, y mucho menos la televisión, iba a hacerse eco de nuestro trabajo. ¿Qué se hace en una situación así? Pues cuentas tú mismo la historia y pides ayuda a los demás. Publicas un enlace en tu blog, escribes algo en las redes sociales y le envías el vídeo a sus amigos y, si nada más ayuda, imprimes un folleto y lo cuelgas en los ascensores. «Este es nuestro alcalde. Su sueldo oficial está en torno a los 2.000 dólares mensuales. Y aquí está su apartamento en Miami, valorado en cinco millones de dólares.»

Al final de todas las investigaciones yo lanzaba una petición: «Gente, nosotros hemos hecho nuestra parte. Esta es una gran historia, una historia importante, pero sin vuestra ayuda nadie va a saber nada de ella. Enviad el enlace a vuestros amigos. Uníos a vuestro grupo local en VKontakte* y dejad allí también un comentario. Enviádselo a

* Una red social rusa.

vuestra abuela y a vuestros padres». El resultado fue que los donantes no solo nos donaban dinero, sino que a efectos prácticos ellos mismos empezaron a trabajar para nosotros y se convirtieron en una parte importante de nuestra organización.

«Tengo una opinión muy pobre del partido Rusia Unida. El partido Rusia Unida es el partido de la corrupción, el partido de los delincuentes y los ladrones.» Pronuncié esas palabras en febrero de 2011, en directo en la emisora Finam FM, y se convirtieron al instante en un meme. A continuación, Evgueni Fiódorov, un diputado de Rusia Unida que se ofendió, me desafió a un debate. Eso era algo sin precedentes en un miembro del partido de Putin. A mí habían acabado encantándome los debates, y por supuesto acepté el reto. El encuentro se celebró en la misma emisora de radio y, cuando acabó, el presentador hizo una votación: el 99 por ciento de los oyentes decidió que yo tenía razón. Pronto me demandó un segundo miembro de Rusia Unida, alegando que mi forma de hablar de Rusia Unida le había supuesto un daño moral. La justicia se mostró en desacuerdo y *Védomosti*, que en aquella época era aún un periódico valiente, publicó el titular: «Los tribunales permiten llamar a Rusia Unida el "partido de los delincuentes y los ladrones"». Fue muy divertido.

Pedí en mi blog que todo el mundo repitiera esa frase tan a menudo como fuera posible y, al cabo de poco tiempo, si empezabas a teclear en un buscador las palabras «Rusia Unida», la primera sugerencia que aparecía era «partido de los delincuentes y los ladrones». Las elecciones a la Duma estatal se celebraron en diciembre de 2011 y quería asegurarme de que el partido del Kremlin obtenía tan pocos votos como fuera posible. El principal eslogan de nuestra campaña fue: «Vota por cualquier partido que no sea el partido de los delincuentes y ladrones». Yo dirigí la campaña como de costumbre, haciendo uso de internet y de nuestra red de simpatizantes.

Como resultado, Rusia Unida acabó con un porcentaje del voto mucho más bajo del esperado, y el Kremlin recurrió sin manías a amañar los resultados. El fraude electoral no tenía precedentes por aquel entonces: votantes fraudulentos a los que llevaron en autobús a múltiples colegios electorales, papeletas duplicadas, recuentos manipulados... Pese a que Rusia Unida conservó la mayoría en la Duma, sus maquinaciones provocaron la mayor oleada de protestas de nuestra historia reciente.

Se había planeado de antemano una concentración contra el fraude electoral, porque nadie se hacía ilusiones de que las elecciones fueran a ser justas. Programada para el 5 de diciembre, el día posterior a las votaciones, lo organizaba el movimiento Solidaridad, fundado por Garri Kaspárov, Borís Nemtsov, Iliá Yashin y Vladímir Bukovski. Yashin, mi amigo de la época de las juventudes de Yábloko, me invitó a asistir, pero al principio me negué a ir. La postura de todos ellos en las elecciones me había indignado: una sección de su movimiento (la de Kaspárov) instaba a hacer boicot, otra (la de Nemtsov) animaba al voto nulo, y entre las dos socavaron mi estrategia de votar por cualquier partido que no fuera Rusia Unida. A mí me parecía que todos los votos contaban. Pero cuando vi el resultado de las elecciones (en Moscú, Rusia Unida obtuvo el 46 por ciento del voto, y en algunos colegios electorales tan solo el 20 por ciento; en el resto del país, el 70 por ciento) y luego los vídeos sobre el fraude electoral, vi que tenía que asistir. Publiqué un texto en mi blog instando a todo el mundo a acudir a Chistye Prudy a las siete de la tarde. Era un lunes, y yo no esperaba una asistencia masiva.

Los comunistas iban a celebrar una concentración en la plaza Pushkin una hora antes. (La mencioné en la publicación en mi blog.) Era demasiado tarde para combinar las dos protestas, pero sugerí que quien pudiera acudiera a las dos. «Había un centenar de personas en la de los comunistas», me dijo Yashin en un mensaje mientras yo iba en el metro de camino a Chistye Prudy. Pensé con tristeza que no era probable que en nuestro acto hubiera muchos más. Las concentraciones públicas no habían sido una forma de protesta popular en años anteriores, como sabía por mi propia y dolorosa experiencia organizándolas con Yashin para Yábloko. No tenía dudas de que la gente estaba indignada por la injusticia grotesca de las elecciones, pero tenía pocas esperanzas de que se lanzaran a la calle a protestar.

Salí de la estación de metro y no pude creer lo que veían mis ojos: había varios miles de personas. La avenida estaba hasta arriba de gente. No recordaba nada parecido. Llegar al escenario era imposible. Lo verdaderamente importante era que aquella era gente nueva, no el grupito de activistas de siempre que conocíamos de vista.

Nadie quería irse a casa al acabar la concentración, así que nosotros, toda aquella inmensa multitud, nos trasladamos en procesión hasta la sede de la junta electoral. Los antidisturbios que nos rodeaban habían tolerado y autorizado una concentración, pero aquella manifestación de amor por la libertad resultó ser una provocación insoportable. Iliá, yo y otros varios centenares de personas acabamos en autobuses policiales. En la comisaría descubrí que la mayoría de mis compañeros de celda habían sido observadores electorales que habían visto todo lo que pasaba en los colegios electorales el día anterior y se habían lanzado, indignados, a la calle. Pasamos retenidos toda la noche, y por la mañana un tribunal me envió a un centro de detención especial. Fue mi primera detención: quince días (el periodo máximo permitido por aquel entonces) por «desobedecer las instrucciones de un agente de policía».

Hoy en día apenas se puede sorprender a nadie con anécdotas sobre tu paso por un centro de detención especial, pero por aquel entonces era una experiencia bastante poco habitual. Imagínate la escena: una puerta metálica se cierra de golpe detrás de mí y dieciocho rostros sombríos se me quedan mirando a través de una cortina de humo de cigarrillos. Al principio fue un poco incómodo, estuve días enteros sentado en una celda en la que todos menos yo fumaban sin parar, hacía ejercicio en un pequeño patio de cemento con techo de barrotes y tenía solo quince minutos al día para llamar por teléfono. Pero poco a poco acabé acostumbrándome a aquello. Mientras escribo estas líneas, no puedo reprimir una sonrisa burlona: un centro de detención especial de Moscú en 2011 no tiene nada que ver con una cárcel en 2021. Es más: estaba en muy buena compañía. Muchos de mis compañeros de celda habían sido detenidos, como yo, en la manifestación. Los de las celdas vecinas eran sobre todo conductores borrachos, drogadictos o personas acusadas de comportamiento antisocial, pero pronto quedó claro que la gran mayoría de ellos también me apoyaba.

Una de las peores cosas de estar detenido es que quedas al margen de todo lo que ocurre en el exterior. La vida sigue a toda velocidad, mientras que tú ni siquiera te enteras de las noticias a tiempo. A lo largo de aquellos quince días me perdí un montón de cosas interesantes. El 10 de diciembre hubo otra concentración, esta vez en la plaza Bolotnaya de Moscú, para protestar por el fraude electoral.

Cuando oí que habían acudido cien mil personas no daba crédito. Escribí desde el centro de detención una carta para esa manifestación que se leyó desde el escenario. Sí pude estar, en cambio, físicamente presente en la siguiente manifestación, la del 24 de diciembre en la avenida Sájarov. Estaba anonadado. No había visto nunca tanta gente en una concentración de protesta en mi vida. Me encontré en compañía inesperada en el escenario. Borís Nemtsov estaba allí, al igual que el exministro de Economía Alekséi Kudrin e incluso la «Paris Hilton rusa», Ksénia Sobchák, hija del exjefe de Putin.

Capítulo 14

El año 2012 estableció un patrón en mi vida, un círculo vicioso infinito que duraría muchos años: concentración de protesta, detención, concentración de protesta, detención. Era desagradable, sin duda, pero eso no iba a detenerme. El Kremlin pronto se dio cuenta, así que en diciembre abrieron cuatro nuevas causas penales contra mí a la vez. Los cargos eran que había robado madera de la región de Kírov; que había robado dinero de la empresa francesa Yves Rocher; que había robado cien millones de rublos de la Unión de Fuerzas de Derecha, y, mi favorito, que había robado en una destilería de Kírov. Me enfrentaba de repente a la posibilidad de pasar unos cuantos años en la cárcel. Los dos últimos casos no eran particularmente preocupantes y ni siquiera llegaron a juicio. Los dos primeros, en cambio, sí me inquietaban, porque había otras personas inocentes implicadas aparte de mí. El cargo de Yves Rocher era el que más me preocupaba, porque mi hermano pequeño, Oleg, era uno de los acusados.

Yo estaba preparado para que el Kremlin me llevara a juicio, y Yulia también. Pero que fueran a por el círculo más amplio de mis familiares a modo de represalia me dolió de veras. Recuerdo estar cenando una noche con mi familia. Yo intentaba encontrar algo alentador que decir, y la respuesta fue: «Olvídate. Lo entendemos perfectamente». Pero era imposible no hablar de ello.

En 2012, esos juicios quedaban todavía lejos, pero había otras maneras de complicarme la vida: registros de doce horas, por ejemplo, durante los cuales nos confiscaban todos los móviles y portátiles.

Mis casos penales son un buen ejemplo de cómo funciona el sistema judicial. Se inventan los cargos, tal como suena, y designan a las víctimas sobre la marcha. Suele no ser fácil explicárselo a quienes viven en países donde se respeta el Estado de derecho. Seguro que no puedes inventarte, por decir algo, treinta volúmenes de documentación. Pero los investigadores rusos sí son capaces de hacerlo.

Con la apertura de aquellos casos contra mí, el Kremlin tenía dos objetivos. El primero era impedir que yo siguiera estando activo en la vida política. No es nada fácil seguir adelante con normalidad cuando estás en la cárcel, e incluso una suspensión de la condena te complica bastante la vida. Tener una condena criminal te inhabilita para presentarte a un cargo público. El segundo objetivo era la difamación. Necesitaban inventarse cargos contra mí relacionados no con la política, sino con el fraude común: «Oh, ¿cree que puede combatir nuestra corrupción? ¡Bueno, pues diremos que él también es corrupto!».

Decidí que, si se abría contra mí un caso criminal, publicaría todos los documentos y materiales en internet. La mejor defensa contra las mentiras es la propaganda. Yo no tenía nada que esconder, y quería que todo el mundo viera que los casos contra mí tenían una motivación política.

La primera oportunidad que tuve de poner a prueba esa estratagema fue con el caso Kirovles. Resultó ser un perfecto indicador de hasta qué punto le preocupaban al Kremlin mis actividades en cada momento. Todo empezó con una inspección policial que se produjo mientras trabajaba como asesor de Níkita Belyj en Kírov. La inspección, como ya he dicho, no encontró nada, pero volvió a activarse mientras yo estaba en Yale, una semana después de la publicación de mi investigación sobre Transneft. Las autoridades no abrieron un caso contra mí, sin duda creyendo que yo no volvería. La inspección se retomó en una segunda ocasión en febrero de 2011, pocos días después de que yo dijera que Rusia Unida era «el partido de los delincuentes y los ladrones» en la radio. En mayo de ese año, la inspección pasó a ser un caso penal, pero se cerró de nuevo por falta de pruebas. En julio de 2012 Alekasndr Bastrykin, director del Comité de Investigación, amenazó en un discurso en San Petersburgo con despedir a los investigadores que habían cerrado el caso y exigió que se reabriera una vez más. A las dos semanas estaba abierto de nuevo.

No podía haber nada más ridículo que aquello de lo que me acusaban. Recordarás que en la región de Kírov había una empresa de titularidad estatal poco rentable llamada Kirovles. Vendía madera, directamente o a través de intermediarios, o incluso en el mercado negro. Era un desastre total. Nadie había establecido un precio exacto para la madera ni determinado cuál era el coste de producción.

Una de las comercializadoras de madera era Viatka, una compañía que no tenía nada de especial. Vendía madera en cantidades irrisorias comparada con otras, pero su director, para su desgracia, era un conocido mío de los tiempos de Yábloko, Piotr Ofitsérov. Él, como muchos otros, se sintió atraído por Kírov tras la designación de Belyj; le pareció que hacer negocios allí sería ahora fácil y agradable. Cuando los policías corruptos de la región empezaron a husmear en busca de algo relacionado conmigo a lo que agarrarse, se acordaron de Kirovles. Su gran idea era que en teoría yo había convencido a su director para venderle madera a Ofitsérov por valor de 14,5 millones de rublos, que luego este vendió por 16 millones. Y aquello, aseguraban, constituía malversación.

Es posible que llegados a este punto sacudas la cabeza y vuelvas atrás para releer la última frase. «¿Dónde está la malversación?», te oigo preguntar. «A eso se le llama hacer negocios.» Los investigadores rusos lo vieron de otra manera. Armados con el testimonio del director de Kirovles, al que intenté que despidieran cuando yo trabajaba como asesor de Belyj, alegaron que lo obligué a vender la madera a un precio reducido y claramente poco rentable.

«Ah, de acuerdo —te estarás diciendo—. Entonces, ¿de lo que se te acusa es de apropiarte de 1,5 millones de rublos?»

Vaya, está claro que careces de la capacidad imaginativa de los funcionarios del Comité de Investigación de la Federación Rusa. Me acusaron de malversarlo todo, los 16 millones. A ninguno de ellos lo disuadió el hecho de que la madera se hubiera vendido y Kirovles hubiera cobrado por ella. Afrontémoslo: en televisión, «16 millones» tiene más impacto que «1,5 millones».

Los investigadores no hicieron ni el amago de fingir que investigaban una verdadera malversación. Interrogaron, por ejemplo, a una persona con la que yo solía ir a al gimnasio durante mi etapa universitaria. Registraron la casa de mis padres, confiscaron documentos relacionados con mi actividad como abogado y en general se esforzaron muy poco en disimular el hecho de que lo único que hacían era buscar trapos sucios. A mí no me molestaba demasiado, pero me sabía muy mal por mi compañero de infortunio, Piotr Ofitsérov. Era padre de cinco hijos. Su trabajo le exigía viajar mucho, pero de repente tenía prohibido abandonar Moscú, su lugar de residencia en aquella época. Los investigadores tenían un plan astuto: irían a por Piotr, un hombre de negocios normal y corriente, le privarían de gran parte de sus ingresos y le intimidarían hasta que le faltara tiempo para presentar falso testimonio contra mí. Mantener a cinco hijos no es ninguna broma. Yo es que ni se lo habría echado en cara.

Llegados este punto, según todas las reglas sobre cómo contar bien una historia, yo debería dejarte con la intriga y no decirte hasta más tarde cuál fue la respuesta de Ofitsérov. Pero no lo haré. Piotr demostró ser un hombre muy honesto y leal. Cuando se abrió la investigación, me dijo enseguida que no cooperaría con ella. Su reacción a todos los intentos de presionarlo fue de perplejidad. Sí, todo aquello daba miedo; sí, no tenía ningunas ganas de pasar por aquella situación, pero no iba a actuar en contra de su conciencia y a cometer un acto de vileza despreciable. Tiempo después, en el furgón policial que nos llevaba a la cárcel, le pregunté si se arrepentía de lo que había hecho.

—¿De verdad crees que eres el único que quiere seguir siendo un hombre honesto? —contestó.

El juicio se celebró en Kírov, lugar al que se nos permitió viajar desde Moscú. Íbamos Yulia y yo, Piotr y su mujer, Lida, y una multitud de periodistas. Hice amistad con muchos miembros de la prensa en aquella época y sigo en contacto con ellos. Viajábamos siempre en tren, y pronto todo el personal de a bordo nos conocía. No puedo decir que estuviera encantado ante la perspectiva de un juicio penal y de la sentencia que planeaba sobre mí, pero los viajes eran muy divertidos. El juicio se veía en general como poco más que una farsa, y ese efecto quedaba reforzado por el hecho de que una agencia de noticias lo estuviera retransmitiendo en directo. No puedo imaginarme de quién fue la brillante idea, pero supongo que a raíz de ello perdió cualquier posibilidad de recibir una prima. El juicio lo presidía un juez que llevaba una toga negra. El fiscal, con traje azul, se sentaba a una mesa, pero hasta ahí cualquier parecido con un tribunal. El caso de la Fiscalía era ridículo, como habría sido evidente para cualquiera que hubiese presenciado una sola sesión.

A principios de verano, el 4 de junio, celebramos mi cumpleaños con una pequeña fiesta en el restaurante Lebedínoie óziero, en el parque Gorki. Estuvimos comentando las últimas noticias. Ese mismo día, Serguéi Sobianin, el alcalde de Moscú, había anunciado de forma inesperada su decisión de dimitir. En realidad, aquel era un ardid que los representantes de Putin habían descubierto hacía poco. Renunciaban a sus puestos antes de lo necesario solo para anunciar acto seguido que se presentaban a la reelección. Lo hacían para evitar que los oponentes tuvieran tiempo de preparar una campaña electoral en condiciones. Seguían ocupando su cargo en funciones hasta el día de las elecciones, los que les daba una enorme ventaja administrativa sobre los demás candidatos.

—Alexéi, ¿te acuerdas de aquella encuesta que hicieron en *Kommersant*? —preguntó alguien entre risas en mi fiesta de cumpleaños.

Yo me acordaba, claro. En 2010, justo antes de las últimas elecciones a la alcaldía de Moscú, se hizo una votación en la página web del periódico para escoger a un «alcalde virtual de Moscú». Resultó ser muy popular y participaron más de 65.000 personas. Gané en aquella ocasión por un amplio margen, con el 45 por ciento de los votos. Borís Nemtsov quedó segundo, con el 12 por ciento, y la tercera posición fue para el banquero Aleksandr Lébedev, que consiguió en torno al 11 por ciento de los votos. Fue divertido y al mismo tiempo muy alentador: todos los candidatos eran políticos serios, mientras que yo no era más que un tipo normal y corriente de internet, y aun así los gané a todos. Sobianin, a todo esto, obtuvo menos del 3 por ciento del voto.

En mi fiesta de cumpleaños tomé una decisión repentina. La dimisión de Sobianin era un buen momento para tomar parte en una elección de relevancia nacional. Amo Moscú, la conozco bien y sé cuáles son los problemas de la ciudad. Miré a Yulia, ella me miró a mí y supe exactamente lo que pensaba: presentarme a la alcaldía era una buena idea. Con Yulia nunca tengo que hablar nada largo y tendido. Ella ya está de mi parte.

Hablé con Vladímir Ashurkov y le pregunté si sería posible poner en marcha una campaña que empezara ya mismo sin dinero. ¿Podríamos conseguir financiación más adelante? Contestó, a su manera tranquila y equilibrada, que no sería fácil. Necesitaríamos mucho dinero, mucho más del que habíamos reunido jamás. Pero teníamos muchos simpatizantes y sabíamos todo lo que hay que saber sobre recaudación de fondos. Debíamos intentarlo.

A continuación, hicimos una llamada a tres con Leonid Vólkov, entonces concejal de la Duma municipal de Ekaterimburgo, y lo invité a encargarse de dirigir mi campaña. Le dije que quería llevar a cabo una campaña electoral seria, no como las que la oposición había realizado en los últimos años, esas en las que alguien anunciaba su candidatura y se tumbaba a la bartola durante meses, para luego, al acabar, quejarse de que el resultado estaba amañado. Yo quería ganar. Desde su casa de Ekaterimburgo, Vólkov dijo:

—¡Vale! Iré a Moscú y dirigiré tu campaña.

Así es como sucedió todo, literalmente en treinta minutos.

Fue una gran decisión, pero íbamos a tener que emplearnos a fondo. Desde fuera podría parecer que el éxito en unas elecciones es todo obra de una sola persona, pero la realidad es otra muy distinta. Aquello fue más bien como una pirámide, donde yo resultaba ser la persona que estaba en lo alto, pero no trabajé ni mucho menos solo en la campaña. Yo daba la cara por todos los que me apoyaban y me acompañaban. Trabajé duro, sin duda. Si no estás dispuesto a dar ejemplo con tu propia forma de actuar, nunca llegarás a nada. Pero confiar en los demás no es menos importante. Conformamos rápidamente un equipo, que se convirtió en el motor que impulsó la campaña.

Al principio hubo cierto caos, en parte debido a que aquella fue la primera gran campaña electoral auténtica de la Rusia contemporánea. Abrimos una sede principal en el centro de Moscú, pero durante los primeros días nadie sabía quién era responsable de qué ni cómo organizar el trabajo de los voluntarios. Y llegaban cada vez más. Cientos de personas entraban por la puerta y nos preguntaban si podían hacer algo.

Un día me di cuenta de que había un chico al que conocía de Facebook. Era un experto en informática de renombre, un millonario. Vi que plegaba folletos y los apilaba con esmero.

—Dios mío —dije—, pero si tú eres un programador de primera. ¿Por qué pierdes el tiempo con estos folletos?

—Porque, Alexéi —me contestó—, todavía no tenéis una tarea más especializada para mí, pero veo lo mucho que trabajáis y quiero formar parte de tu campaña y contribuir en lo que pueda.

Imagino que hubo una discusión preliminar en el Kremlin sobre si dejar que me presentara o no. En internet yo era muy conocido, desde luego, y eso era peligroso, pero internet es una cosa y la vida real, otra. Evidentemente no me tomaron en serio como candidato y decidieron llevar a cabo un experimento. Me dejarían participar en las elecciones para que la popularidad de Putin y su representante, Sobianin, me hicieran picadillo. Sin ninguna duda se convencieron a sí mismos de que, como mucho, obtendría un 5 por ciento del voto. Yo quizá tuviera el blog más popular de Rusia, pero las mujeres mayores que veían la televisión nunca iban a votar por mí. En cualquier elección rusa lo normal es que el primer lugar sea para el candidato del Kremlin, el segundo para el Partido Comunista de la Federación Rusa y el tercero para el partido de Vladímir Zhirinovski, el Partido Liberal-Demócrata de Rusia. Yo sería el recién llegado, y aquello podría ser el final de mi carrera política. Bueno, tal vez no el final, pero la mía podría pasar a ser la carrera de un opositor democrático ruso de los que no obtienen más de un 2 por ciento del voto. El 17 de julio me registré oficialmente como candidato para presentarme a las elecciones.

El Kremlin tenía otro motivo para no estar demasiado preocupado por mí. Al día siguiente, el 18 de julio, se conocería el veredicto del caso Kirovles. Yo me enfrentaba a cinco años de cárcel y Ofitsérov a cuatro. Desde luego, no tenía ningunas ganas de ir a la cárcel y estaba preocupado por mi familia, pero veía que Yulia lo llevaba con mucha serenidad, y eso me daba fuerzas. Llegamos a la sala del tribunal, donde nos esperaba una multitud de simpatizantes y periodistas. Tomamos asiento. Llegó el juez y empezó a leer con voz monótona el veredicto. Le llevó varias horas, así que tuve mucho tiempo para prepararme, pero, aun así, cuando dijo «Cinco años en una colonia penal de régimen general» me pilló por sorpresa. Ofitsérov fue sentenciado a cuatro años, y vi que su mujer, al oírlo, se derrumbaba sobre su asiento.

Eso fue todo. Besé a Yulia y me esposaron —aquello también se emitió en directo para que sirviera de advertencia a cualquiera que estuviera pensando en seguir mi ejemplo—, y me llevaron hasta el furgón policial.

Un furgón policial es un vehículo especial para el transporte de presos. Desde fuera parece un camión normal, pero por dentro está dividido en muchos pequeños compartimentos, llamados «vasos» en el argot policial. Se trata, en efecto, de cubículos altos y estrechos en los que no puedes sentarte en condiciones, porque las rodillas chocan con la partición que tienes delante. Yo iba en uno de esos compartimentos, y Piotr en otro.

En la cárcel me dieron un colchón y me indicaron que lo llevara hasta mi celda, que estaba a una distancia considerable. Yo ya iba cargado, pero había que transportarlo todo en un solo viaje. Me cargué el colchón sobre los hombros y me puse en marcha.

Hacía frío en la celda, y había muchos mosquitos. Yo había decidido que, si me enviaban a la cárcel, escribiría un diario, y me puse de inmediato con mi primer texto. Hablaba de mosquitos.

Debo decirte que no he dormido nunca mejor de lo que lo hice aquella noche. Pensé que daría vueltas en círculos entre esas cuatro paredes, incapaz de tranquilizarme, pero lo cierto es que dormí como un bebé. Había sido presa de la ansiedad antes de anunciarse la sentencia, pero, una vez eso había pasado, ¿de qué otra cosa iba a preocuparme? No tenía la menor duda de que pasaría los siguientes cinco años en la cárcel. Mi futuro estaba predeterminado y claro. No habría sorpresas.

Por la mañana, los funcionarios de prisiones vinieron a mi celda en su ronda de inspección y me preguntaron si necesitaba algo. Pedí que me trajeran un par de libros de

Tolstói de la biblioteca de la cárcel. Pasaron dos horas sin que los funcionarios regresaran, pero entonces la puerta se abrió y me dijeron que me dirigiera hacia la salida con mis pertenencias.

—¿A dónde me lleváis? —pregunté.

—A la apelación.

—¿Qué apelación? Aún no he tenido tiempo de presentarla.

—La ha presentado la Oficina de la Fiscalía.

Algo raro estaba pasando. Empecé a devanarme los sesos. Sabía perfectamente que las apelaciones no se tramitan tan rápido.

Nos llevaron a Ofitsérov y a mí de nuevo a la sala del tribunal y nos metieron en las «peceras», los cubículos de cristal reservados para los delincuentes. Fue estando allí encerrado cuando supe que el día anterior había tenido lugar una enorme concentración de protesta en Moscú. La retransmisión en directo del juicio, con la que el régimen quiso que todo el mundo viera cómo me declaraban culpable, había tenido justo el efecto contrario. La gente vio que el caso era una farsa, y se indignó cuando dictaron sentencia contra Petya* y contra mí. Cuando más adelante tuve acceso a un ordenador y vi las fotos, me quedé de piedra. Decenas de miles de personas se habían concentrado, literalmente un par de horas después de la sentencia, en la calle Tverskaia, la principal arteria de Moscú, pese a ser un día entre semana. Todos los que estuvieron allí ese día me contaron luego lo inolvidable que había sido. Me dieron hasta un poco de envidia.

Durante la concentración, mientras yo, ajeno a lo que estaba pasando, escribía en mi celda sobre mosquitos, la

* Diminutivo de Piotr. Se refiere a Ofitsérov. *(N. de las t.)*

Oficina de la Fiscalía hizo público un comunicado oficial en el que anunciaba que había pedido la reducción de mi sentencia y de la de Ofitsérov. En la práctica legal rusa, aquel era un suceso inimaginable.

En casi todas las entrevistas que he concedido desde entonces me han preguntado por qué sucedió aquello. Es como si todo el mundo pensara que conozco un secreto y que un día lo revelaré. Pero no lo conozco, y sigo convencido de que la enormidad de la concentración asustó al Kremlin. La rapidez con la que los manifestantes se organizaron y protestaron, y su número, obligaron a Putin a dar marcha atrás.

A Ofitsérov y a mí nos dejaron en libertad y pudimos volver a Moscú, donde cientos de personas nos recibieron en la estación. Me sumergí de inmediato en la campaña electoral.

Era como una película, pero, al mismo tiempo, paradójicamente, todo lo que estaba pasando en ese momento parecía muy real. Distribuimos responsabilidades entre el personal de nuestra sede y encontramos tareas para los voluntarios. Nos inventamos los cubos, unos armazones ligeros de dos metros de alto recubiertos de pancartas, que utilizamos como estructuras móviles de propaganda situándolos en diferentes barrios de Moscú. Llamaban la atención. Venía alguien, leía lo que estaba escrito en las pancartas y hablaba con los voluntarios que nos asegurábamos que hubiera siempre cerca. Cualquiera podía montar uno de esos cubos, solo había que pedir uno en nuestra sede.

El segundo elemento de nuestra campaña fueron los encuentros con los votantes. Yo estaba vetado en la televisión y los periódicos, así que opté por la comunicación directa. Hay un motivo por el que he dicho que nuestra campaña era «como una película». Soy un gran fan de *The Wire*. En una de las temporadas hay una trama sobre un candidato a la alcaldía de Baltimore. Les dije a los responsables de organizar los encuentros con el público que quería el mismo tipo de escenario: una tarima, sillas para los más mayores y grupos de personas alrededor. Es probable que todo eso sea de lo más normal en una campaña electoral estadounidense, pero nadie había hecho nada parecido hasta entonces en Rusia.

No he tenido un trabajo más agotador que aquel en toda mi vida. Me levantaba cada mañana y pensaba: «Dios, hoy otra vez encuentros». Había tres o cuatro cada día, muchas veces en distritos que quedaban cada uno en un extremo de la ciudad. Para facilitarme la vida, en la sede me proporcionaron un minibús con una cama y una pequeña cocina. Así podría descansar entre charla y charla mientras me llevaban de un distrito a otro. La idea era buena, pero demostró ser imposible de llevar a cabo. Me mareaba muchísimo en mi «casa sobre ruedas», no podía tumbarme, no podía trabajar en mi ordenador y, al cabo de dos días, ya no podía soportarlo más. Me pasé a un coche normal y corriente.

El Kremlin y el alcalde en funciones, Sobianin, trataron, por supuesto, de hundirme. Enviaban a sus representantes locales a todos los encuentros. «¡Alexéi! ¿Qué opinas de los desfiles gais?» «Alexéi, ¿qué opinas de los inmigrantes?» El régimen cree que esas son preguntas incómodas y que me costará responderlas. Ahí, sin embargo, era donde mi experiencia previa como moderador entraba en acción. Me encanta debatir, y aquello llegó a ser un momento culminante de mis actos. Era parte del espectáculo. El Kremlin creía que aquello me desconcertaría, pero se equivocaban. Siempre que me lanzaban una de esas «preguntas incómodas», yo hacía subir a la persona que la había hecho al escenario y empezaba a debatir con ella. La multitud se quedaba fascinada con la discusión, y no hacía más que aumentar el número de los que me apoyaban. Esas mujeres mayores que el Kremlin estaba seguro de que nunca votarían por mí se convirtieron milagrosamente en simpatizantes, porque podían verme en persona. Yo iba a donde estaban, podían tocarme, podían verme y preguntarme lo que quisieran.

Casi ganamos. Sé que no hay «casis» en las elecciones, pero aquella fue una gran victoria para la oposición. Quedé segundo, con el 27,2 por ciento del voto. Todo el mundo había olvidado que fuera posible conseguir un porcentaje tan elevado del voto para alguien que no estuviera bajo el control del Kremlin. El día de las elecciones los sondeos independientes a pie de urna dijeron que Sobianin había recibido el 48 por ciento del voto, lo que quería decir que debería haberse celebrado una segunda ronda. Estoy seguro de que en la segunda ronda lo habría derrotado, pero el Kremlin no iba a permitirlo. Así que Sobianin «obtuvo» el 51 por ciento de los votos y ganó en la primera ronda.

Durante años el régimen había estado trabajando para crear la ilusión de que existían solo Rusia Unida y los partidos de la oposición sistémica, mientras que la oposición no sistémica languidecía en la periferia de la política sin representar a nadie. Aunque no llegué a ser alcalde, nuestra campaña demostró que todo era mentira. Hay muchos rusos que no apoyan ni a Putin ni a sus candidatos. Que anhelan una política real y unas elecciones reales. Si se los sabe movilizar, están dispuestos a participar de forma activa en campañas electorales, a trabajar en las sedes de las campañas, a trabajar como voluntarios. Quedó claro que si se nos permitía participar libremente en las elecciones nos convertiríamos en un partido grande y poderoso que competiría con Rusia Unida por una mayoría en el Parlamento. Yo era la prueba viviente de aquello: una persona normal y corriente, sin dinero, sin el apoyo de los medios ni de los oligarcas, que incluso pasó un tiempo en la cárcel durante la campaña. En televisión, en el transcurso de un juicio, se me acusó de fraude y nadie se lo creyó. Pese a todas las falsedades, obtuve un segundo puesto en la ciudad más grande de Rusia. Y sabía a ciencia cierta que éramos más. Muchos más.

El Kremlin lo sabía también. Nunca me dejaron presentarme a otras elecciones.

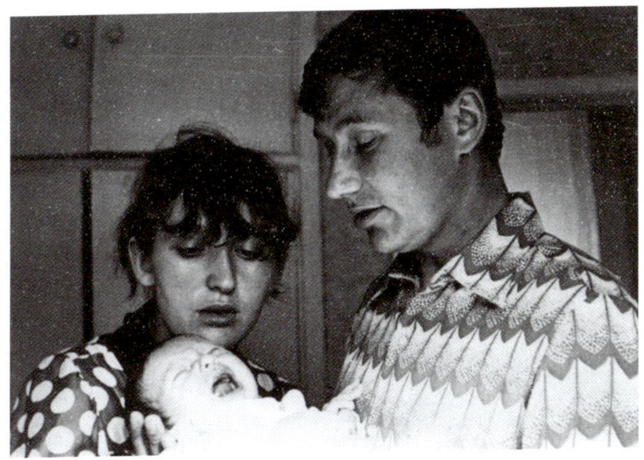

Anatoli y Liudmila Navalni con su hijo recién nacido, Alexéi, en 1976.

Liudmila, Anatoli, Alexéi (de pie) y su hermano Oleg (delante).

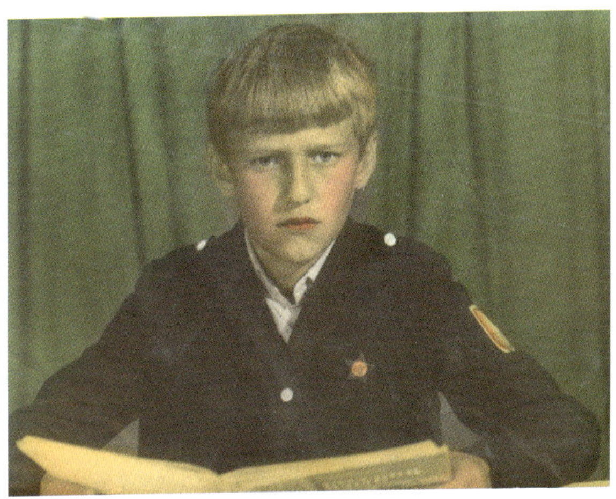

Alexéi en 1984.

Alexéi en 1992. En la pared de detrás aparecen pósteres de grupos de rock rusos.

Alexéi y Yulia antes de casarse, en 1999.

En su boda en 2000.

Alexéi (en el centro del escenario) modera un debate político en un bar de Moscú en 1996.

Alexéi y su hijo Zajar en 2010.

Alexéi y Yulia en el tribunal de Kírov en 2013, justo después de la liberación de Alexéi. (Evgeny Feldman)

Alexéi y Piotr Ofitsérov vuelven a Moscú tras salir de la cárcel de Kírov en 2013. Sus simpatizantes salen a recibirlos a la estación de tren.

Alexéi en un encuentro con votantes durante la campaña a la alcaldía de 2013.

Alexéi (abajo en el centro) firma autógrafos tras un encuentro con votantes durante la campaña a la alcaldía.
(Evgeny Feldman)

Yulia y Alexéi en un mitin-concierto en apoyo a su candidatura a las elecciones a la alcaldía de Moscú de 2013.

Vladímir Ashurkov (a la izquierda), Alexéi y Leonid Vólkov el día de las elecciones a la alcaldía de Moscú de 2013. (Maksim Shemetov/Reuters/Scanpix)

Alexéi y Oleg en 2014, durante el juicio por el caso Yves Rocher en el que se presentaron cargos injustos contra ambos. (Serguéi Karpujin/Reuters/Scanpix)

Alexéi con su hija Dasha en 2015. (Alekséi Konstantinov/APE agency)

Durante el rodaje de un vídeo sobre una investigación en 2016.

Alexéi con su familia en 2016. (Alekséi Konstantinov/APE agency)

Detenido por la policía durante una concentración en 2017. Más adelante lo condenarían a quince días de cárcel. (Evgeny Feldman)

Inauguración de la sede regional en Volgogrado en 2017. Unos agitadores arrastran a Alexéi al exterior mientras sus simpatizantes intentan llevarlo de nuevo hacia adentro. (Evgeny Feldman)

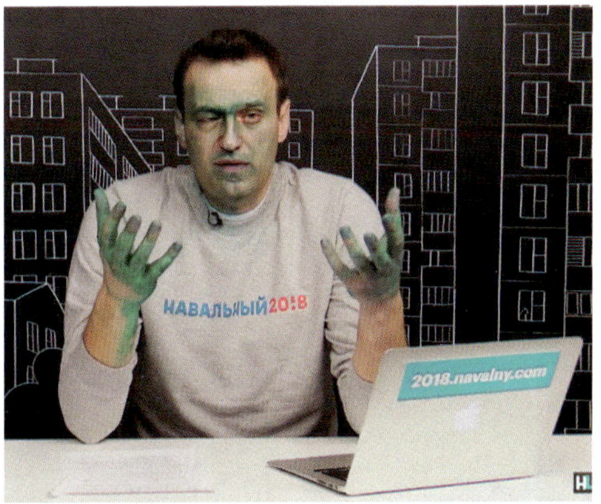

Alexéi en directo en 2017, inmediatamente después de que un atacante le lanzara un líquido tóxico a la cara. Casi pierde un ojo como resultado.

Alexéi en directo una semana después del ataque.

Alexéi, Yulia y Zajar en un mitin en Moscú en 2017. La policía los rodeó y los sacó de allí sin ninguna explicación, lo que impidió que Alexéi, que seguía recuperándose de su cirugía ocular, pudiera pronunciar su parlamento. (Evgeny Feldma.)

Alexéi en una reunión de personal en las oficinas de la Fundación Anticorrupción en 2017. (APE agency)

Alexéi en un mitin en Omsk durante la campaña presidencial de 2017. (Evgeny Feldman)

Alexéi en pleno debate con un activista del partido Rusia Unida en un mitin en Novosibirsk, durante la campaña presidencial de 2017. (Evgeny Feldman)

La nominación de Alexéi como candidato presidencial en un mitin en Serebriany Bor. (Evgeny Feldman)

Alexéi y miembros de su equipo, en 2017, de camino a la Comisión Electoral Central para entregar los documentos de su candidatura a la presidencia de Rusia. (Evgeny Feldman)

Alexéi, en 2018, en una manifestación a favor de la huelga de votantes tras el veto a presentarse a la presidencia. Lo detuvieron durante la concentración y estuvo encarcelado quince días. (Evgeny Feldman)

En 2018, Alexéi se reúne con su hermano a las puertas de la colonia penal en la que Oleg pasó tres años y medio por los cargos amañados del caso Yves Rocher. (Vasili Maksimov/AFP/East News)

Alexéi y Yulia en una concentración en 2019 para exigir que se admitiera la participación de candidatos independientes a las elecciones de la Duma de Moscú. (Tatiana Mayakeva/ Reuters/Scanpix)

Alexéi toma la palabra en una concentración, en 2019.

Alexéi en las oficinas de la Fundación Anticorrupción, en 2019. En la pared cuelga una imagen de la Conferencia de Solvay de 1927. (APE agency)

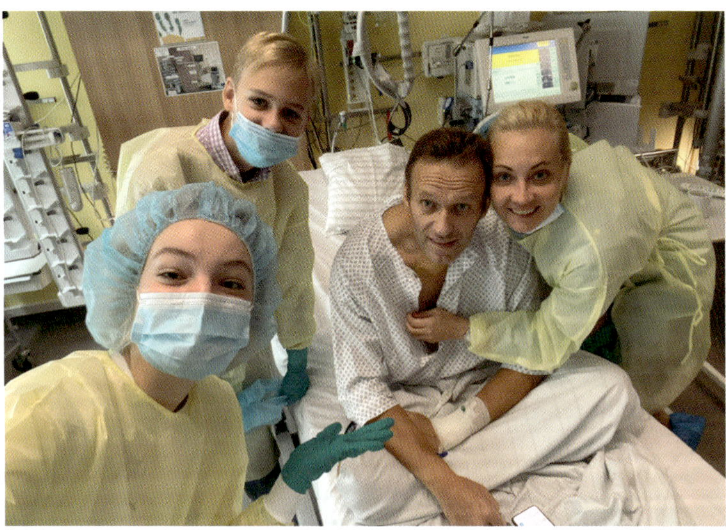

Alexéi y su familia en la clínica Charité, en 2020, poco después de que Alexéi saliera del coma provocado por el envenenamiento por novichok.

Con su familia durante la rehabilitación tras el envenenamiento.

Alexéi y su familia en 2020.

Alexéi regresa a Moscú en 2021 tras cinco meses de rehabilitación en Alemania. (Mstislav Chernov/AP/East News)

Alexéi en un vídeo desde la cárcel durante uno de sus juicios, en 2022. (Denis Kaminev/AP/East News)

Capítulo 15

En lo político y en lo personal, 2014 fue un año difícil. Tras haber visto caer su popularidad en los tres años anteriores, Putin se apoderó de Crimea y en aquel momento disfrutaba del cálido resplandor del amor de la gente. A los que no compartían esa alegría se los consideraba traidores.

En el plano personal, las cosas iban incluso peor. A mi hermano pequeño, Oleg, padre de dos hijos, y a mí nos habían llevado a juicio. El cargo contra nosotros era aún más ridículo que el de mi primer juicio, pero para entonces Putin ya había afinado el sistema legal y sus integrantes obedecían todas sus órdenes. Los fiscales nos acusaban a Oleg y a mí de robar 26 millones de rublos de la empresa de cosmética francesa Yves Rocher, presuntamente a fuerza de incrementar el coste de los servicios logísticos. El parecido con el caso Kirovles era evidente. Una vez más, una práctica empresarial normal y corriente se presentaba como fraude. Pero mientras que, en el caso anterior, la policía había encontrado una presunta víctima real, Viacheslav Ópalev, el director de Kirovles, que estuvo encantado de plantarme cara ante los tribunales, en este no había ninguna víctima. Como he dicho antes, es muy difícil explicarle a alguien que vive en un país en el que se respeta el Estado de derecho cómo puede pasar algo así, pero en la

Rusia de Putin nadie se inmuta. El representante de Yves Rocher al que se había citado al juicio (¡por parte de la Fiscalía!) declaró que no tenía ninguna queja sobre nosotros, pero aquello no impresionó al juez. Se había dado la orden de que nos encontraran culpables, así que la maquinaria de Putin hizo todo lo posible por conseguirlo.

En febrero de 2014, me pusieron bajo arresto domiciliario como medida cautelar; aquello duró casi un año. El arresto domiciliario es muy traidor. Como en realidad no estás en la cárcel, nadie simpatiza contigo, pero en realidad no puedes hacer casi nada. Bajo sus términos, yo tenía prohibido abandonar el piso en el que vivíamos y nadie que no fuera de mi familia podía venir a visitarme. Tampoco tenía permitido usar el teléfono o internet. Llevaba una tobillera electrónica que informaba al Servicio Penitenciario Federal de Rusia (FSIN) de dónde me encontraba.

Yo decidí no quejarme y utilizar el tiempo a mi favor. ¡Pasaría más tiempo con mis hijos y haría ejercicio! Incluso me compré una bicicleta estática. Aquel fue mi segundo error. Antes de una semana ya se había convertido en un colgador.

Mi primer error había sido esperar una especie de vida familiar idílica. Casi enseguida, el hecho de estar siempre en casa me convirtió en una bestia enjaulada. Y casi enseguida empecé a volver locos a mi mujer y a mis hijos. Todo el mundo estaba de los nervios, yo incluido. A los nueve meses empecé a divertirme consultando el mapa de Moscú y pensando en a dónde iría cuando todo aquello hubiera acabado. Cuando me veía hacer aquello, Yulia me preguntaba irónicamente: «Ah, ¿vas a salir a dar otro paseo?». Me parecía que un viaje con los niños al distrito de Lianózovo, en el extremo norte de Moscú, sería maravilloso. Aunque, en general, el límite de mis sueños era el parque de Kolómenskoie, no lejos de nuestra casa, al que íbamos a menudo a pasear en familia. Está situado a la orilla del río Moscova. Durante mi arresto domiciliario vi en el mapa que había una isla no lejos del parque. Empecé a imaginarme lo estupendo que sería explorarla y empecé a sentir envidia de todo el mundo, porque ellos podían ir y hacerlo cuando quisieran. Un tiempo después, cuando el juicio y el arresto domiciliario llegaron a su fin, fui a la isla con mi hijo, Zajar, para hacer realidad mi sueño. Resultó ser una isla normal y corriente, sin nada especial...

La última sesión del juicio se celebró el 19 de diciembre. A Oleg y a mí se nos permitió hacer una declaración final. El juez anunció que la sentencia se haría pública el 15 de enero. Volvimos a casa cada uno por su lado (a mí me llevaban de mi casa al tribunal y de vuelta en un vehículo oficial del FSIN, en comitiva). Casi de inmediato, se creó un grupo en Facebook para organizar una manifestación el 15 de enero. Ya se había decidido de antemano salir a la calle para protestar por la sentencia; nadie tenía la menor duda de que me declararían culpable. La cifra de quienes se apuntaban para acudir a la manifestación creció tan rápido que pareció tener el efecto contrario: Putin no podía permitirse una manifestación como la que había seguido a la sentencia del caso Kirovles. Así que, inesperadamente, a Oleg y a mí nos dijeron que la vista de la sentencia se adelantaba al 30 de diciembre, poco antes de Año Nuevo, la principal festividad rusa, una época en la que todo el mundo está hasta arriba de trabajo con los preparativos de la celebración o ya de vacaciones (la primera semana de enero es un periodo festivo nacional).

Recuerdo el momento en que la juez dictó sentencia: Alexéi Navalni, tres años y medio, suspensión de la condena; Oleg Navalni, tres años y medio... Yo esperaba que añadiera «suspensión de la condena». No podían imponerle a Oleg una sentencia más dura que la que yo había recibido. Pero sí, lo hicieron. Ante nuestros ojos, el ujier le puso las esposas y lo condujo hasta una celda con barrotes que habíamos tenido detrás vacía durante todo el juicio. La mujer de Oleg, Vika, estaba en la sala. Uno de los hijos de mi hermano tenía tres años y el otro no llegaba al año. Los ujieres sacaron a Oleg, despejaron la sala de periodistas y Yulia y Vika empezaron a pasar cosas de mi maleta de la cárcel a la maleta de la cárcel de mi hermano. La maleta de la cárcel en realidad es una bolsa de viaje grande que preparas de antemano y que contiene todo lo necesario para los primeros días y semanas en la cárcel. Soy un experto en lo que deben llevar ese tipo de maletas (bueno, más bien lo es mi mujer), porque la he llevado conmigo en mi recorrido por los centros de detención de Moscú, por no mencionar la cárcel de Kírov. Oleg, claro, también tenía una, y me había pedido consejo sobre qué poner dentro. Pero ahora que demostraba ser necesaria, estaba claro que le faltaban muchas cosas.

Pese a que a mí me suspendieron la condena, la juez había ordenado que permaneciera bajo arresto domiciliario. Yo no tenía la menor intención de cumplir esa orden. Tras el encarcelamiento de Oleg, me daba todo igual.

Los funcionarios del FSIN me habían escoltado del juzgado a mi casa, pero, aquella tarde, cuando los manifestantes salieron a la calle Tverskaia, como habían hecho dieciocho meses atrás, me salté el arresto domiciliario y me sumé a ellos. Salí sin más de mi piso, con la tobillera electrónica en la pierna, y me trasladé hasta el centro de Moscú. No podía quedarme sentado en casa cuando a mi hermano lo habían enviado a la cárcel.

Acudió mucha gente, aunque no la suficiente, por el cambio de fecha de la vista de la sentencia, por estar en vísperas de un periodo vacacional y por las bajas temperaturas. Me detuvieron enseguida. Cuando se infringe el arresto domiciliario lo normal es acabar en una celda, pero la policía se limitó a acompañarme hasta mi casa y apostó a varios agentes en el exterior. Se sentaron en unos taburetes junto a la puerta y se quedaron allí varios días. Putin entendió que aquello sería mucho más doloroso para mí. Se suponía que yo debía disfrutar de una «libertad» limitada mientras mi hermano sufría en prisión.

El 5 de enero me corté la tobillera electrónica con unas tijeras, le hice una fotografía y la publiqué en Twitter, a lo que añadí que no iba a obedecer las restricciones del arresto domiciliario. Durante las dos semanas siguientes, mi vida tuvo mucho de vodevil. Cada vez que salía de mi casa, los agentes del FSIN que estaban de guardia en la entrada corrían tras de mí, me grababan y me decían: «¡Debe volver a casa de inmediato!». Pero no se atrevían a arrestarme y al cabo de un rato también dejaban de perseguirme.

Que Oleg entrara en la cárcel fue un golpe muy duro para mi familia. Yo había dicho muchas veces que nadie debería hacer lo que yo estaba haciendo a menos que contara con el apoyo de sus seres queridos, y mi familia siempre me había apoyado: mis padres, mi mujer y mis hijos. También Oleg. Todos me decían que nada de aquello era culpa mía, pero yo no podía no culparme. Yo era el motivo de las lágrimas de la mujer de Oleg. Era por mí por lo que no vería a sus hijos durante tres años y medio. Estaba en la cárcel porque era mi hermano. Lo habían tomado como rehén. Yo sí estaba preparado para ser detenido; entendía que me exponía a ello, y sabía lo que era pasar unos días encerrado. Pero Oleg no estaba preparado para eso. Tal vez suene pretencioso, pero de verdad que pensé en él cada segundo de cada día que pasó en la cárcel.

Oleg lo pasó mal en prisión. Estuvo dos años y medio en régimen de aislamiento, pese a que, según la ley, el máximo permitido son seis meses. Su celda era fría, y se llevaron su abrigo para que pasara aún más frío. Lo enviaban con frecuencia a la celda de castigo. Hicieron que otros internos lo sometieran a una presión adicional. Si a alguien, por ejemplo, le retiraban los privilegios le decían: «Esto te está pasando por Navalni, todo es culpa suya». La dirección hizo que las condiciones de Oleg fueran aún peores: menos visitas, menos paquetes. Y todo eso lo hicieron por lo que yo estaba llevando a cabo. Cada vez que le daba al botón de publicar otra investigación, era consciente de estar propinándole un golpe a Oleg con mi propia mano.

Él no se quejó ni una sola vez. Cada vez que su vida en la cárcel iba a peor, me escribía en sus cartas: «¡No dejes de hacer lo que estás haciendo! Que abandonaras querría decir que estoy aquí para nada». Sabía que yo estaba angustiado por él y aun así me decía una y otra vez que no me preocupara.

Cumplió entera su condena, los tres años y medio. Nuestras esperanzas de que el Tribunal Europeo de Derechos Humanos interviniera quedaron en nada. Dictó sentencia sobre el caso, y en ella decía que no se había cometido ningún delito. Según aquello, el Tribunal Supremo ruso debería haber anulado la sentencia y liberado a Oleg inmediatamente, pero se lo obligó a completar su sentencia en régimen de aislamiento.

El día que lo pusieron en libertad lo celebramos a lo grande. Pero estar en la cárcel deja su huella en tu vida incluso después de salir libre. Nadie estaba dispuesto a darle un trabajo a Oleg. Ningún banco —tampoco los bancos extranjeros— le dejaban abrir una cuenta bancaria. En Rusia se lo veía como a alguien que había estado en la cárcel (y, lo que es más, con un apellido como el suyo); en Europa era una «persona políticamente expuesta», alguien relacionado con la actividad política. Ambas situaciones venían con sus propios límites. Le era imposible hacer negocios de ningún tipo.

Pero, pese a todas esas dificultades, Oleg ha seguido apoyándome y estamos tan unidos como siempre.

«Última palabra» de Alexéi en el juicio de Yves Rocher

¿Cuántas veces en la vida alguien que no ha cometido ningún delito y que no ha infringido la ley tiene la oportunidad de decir la última palabra frente a un tribunal? Nunca. Cero veces. Bueno, si tiene mala suerte, tal vez una. Pero en el transcurso del último año y medio, dos años si contamos el proceso de apelación, esta es probablemente mi sexta o séptima, posiblemente mi décima, «última palabra». He oído la frase «Acusado Navalni, tiene la oportunidad de decir una última palabra» en muchas ocasiones. Tengo la sensación de que con tu última palabra —la mía, la de cualquier persona, la de todo el mundo— llegan tus últimos días. Siempre te piden que digas tu última palabra. Y al mismo tiempo veo que esos últimos días no acaban de llegar.

Y hay algo en particular que me convence de ello. Si yo les hiciera una foto a ustedes tres [la juez y los dos fiscales] o, mejor, a los tres junto con los representantes de las llamadas víctimas, esas personas a las que me he enfrentado en épocas recientes, en ella se les vería con la mirada baja, fija en la mesa. ¿Se dan cuenta todos ustedes de que están constantemente mirando hacia la mesa? No tienen nada que decir.

[Señoría] Yelena Serguéievna [Korobchenko], ¿cuál es su frase favorita, esa que utiliza constantemente para dirigirse a mí? Sabe exactamente cuál es. Investigadores, fiscales, funcionarios del FSIN, jueces civiles, jueces penales, todos se dirigen a mí con la misma frase: «Alexéi Anatólievich, bueno, entiéndalo...». Yo lo entiendo todo; todo excepto una cosa: ¿por qué siempre se quedan mirando la mesa?

No me hago ilusiones. Sé perfectamente que ninguno de ustedes va a ponerse de pie de un salto y tumbar la mesa, ni a decir: «¡Basta de todo esto!». Tampoco los representantes de Yves Rocher se levantarán y dirán: «¡Navalni nos ha convencido con su elocuencia!». Las personas no somos así. La conciencia humana compensa el sentimiento de culpa; si no lo hiciera, la gente se lanzaría a tierra firme como los delfines. Es imposible para usted llegar a casa al final del día y decirles a sus hijos o a su marido: «¿Sabéis qué? Hoy he ayudado a condenar a alguien que estaba claro que era inocente. Tengo mala conciencia por ello y la tendré siempre». Las personas no somos así, estamos hechas de otra manera. O bien dicen «Alexéi Anatólievich, ya sabe cómo son las cosas» o bien dicen «Donde hay humo hay fuego». O dicen «No deberías haberte metido con Putin», como declaró hace poco un representante del Comité de Investigación. «Si él no hubiera llamado la atención sobre sí mismo, si no hubiera hecho aspavientos, si no se hubiera interpuesto en el camino de otra gente es más que probable que todo esto hubiera quedado en nada.»

Sin embargo, a estas alturas de este proceso es muy importante para mí dirigirme a quienes verán o leerán mi última palabra. Es inútil, claro. Pero, aun así, y les hablo a ustedes que se quedan mirando la mesa, esta es en efecto una batalla entre los delincuentes que se han hecho con el poder y aquellos que quieren cambiar las cosas. Esta es una batalla por los corazones y las mentes de aquellos que se quedan mirando la mesa y se encogen de hombros. Personas que, cuando lo único que tenían que hacer era no hacer algo despreciable, van y lo hacen igualmente.

Existe una cita muy conocida —hoy en día a todo el mundo le encanta citar a alguien— de un libro muy conocido, *Ubit drakona* [Matar al dragón]: «A todo el mundo le han enseñado a hacer cosas malas, pero tú, sinvergüenza, ¿cómo acabaste siendo el alumno más aventajado en la materia?». No es algo que vaya dirigido específicamente a este tribunal. Hay muchísimas personas que se ven obligadas a hacer algo despreciable, pero luego están aquellos (y este es el escenario más habitual) que hacen algo despreciable sin que nadie los obligue a ello, sin que nadie ni siquiera se lo pida. Se quedan mirando la mesa y tratan de ignorar lo que pasa a su alrededor. Y lo que tenemos que hacer por los corazones y las mentes de las personas que se quedan mirando la mesa es explicarles de nuevo que no deberían quedarse mirando, sino reconocerse a sí mismas que, por desgracia, todo el sistema de poder, en nuestro precioso país, y todo lo que está pasando se basa en incontables mentiras.

Estoy aquí ante ustedes y estoy dispuesto a estar aquí durante todo el tiempo que haga falta para demostrarles que no quiero tolerar esas mentiras, y que no las toleraré. Son todo mentiras, de principio a fin, ¿lo entienden? Nos dicen que los intereses rusos en Turkmenistán no existen, pero por los intereses rusos en Ucrania es necesaria una guerra. Me dicen que nadie oprime a los rusos en Chechenia. Me dicen que nadie roba en Gazprom. Les traeré documentos concretos que demuestran que esos funcionarios tienen propiedades y empresas sin registrar. Dicen: «No hay nada de eso». Yo les digo a ellos: «Estamos listos para participar en unas elecciones y os ganaremos. Hemos registrado nuestro partido y estamos haciendo un gran esfuerzo». Me dicen: «Qué tontería. Ganaremos las elecciones y vosotros ni siquiera participaréis en ellas, no porque no os lo vayamos a permitir, sino porque no habréis rellenado bien los formularios».

Todo se basa en mentiras, en mentiras constantes, ¿lo entienden? Y cuanto más concretas son las pruebas que presentamos ante ustedes, mayores son las mentiras con las que nos topamos. Esas mentiras se han convertido en el *modus operandi* del Estado; ahora son su misma esencia. Vemos a nuestros líderes pronunciar discursos y oímos mentiras de principio a fin, tanto sobre asuntos importantes como triviales. Ayer Putin dijo: «No tenemos palacios». ¡Y nosotros hacemos fotos de tres palacios cada mes! Las publicamos y se lo demostramos al mundo. «No tenemos palacios.» Y nosotros no tenemos tampoco ningún oligarca que esté chupando constantemente del Estado. No hay más que echar un vistazo a los documentos que demuestran que el responsable de los Ferrocarriles Rusos ha inscrito la mitad de las corporaciones estatales en los paraísos fiscales de Chipre y Panamá.

¿Por qué toleran ustedes esas mentiras? ¿Por qué se quedan mirando la mesa? Siento arrastrarles a un debate filosófico, pero la vida es demasiado corta como para quedarse mirando la mesa. He llegado casi a los cuarenta en un abrir y cerrar de ojos. Parpadearé de nuevo y ya tendré nietos. Y luego parpadearemos todos de nuevo y estaremos en nuestro lecho de muerte, con todos nuestros familiares alrededor, que pensarán: «Ya era hora de que muriera y dejara libre este piso». Y en algún momento nos daremos cuenta de que nada de lo que hemos hecho ha tenido el menor sentido, así que ¿por qué nos quedamos mirando la mesa y no decimos nada? Los únicos momentos de nuestras vidas que cuentan para algo son aquellos en los que hacemos lo correcto, cuando no tenemos que mirar la mesa, sino que podemos levantar la cabeza y mirarnos unos a otros a los ojos. Nada más importa.

Es precisamente por eso por lo que estoy en esta angustiosa posición. Este astuto pero inquietante plan del Kremlin de intentar no solo encarcelarme a mí, sino, en su batalla conmigo, arrastrar también a otras personas inocentes. Como Piotr Ofitsérov, con sus cinco hijos. Yo tengo que mirar a su mujer a la cara. Estoy convencido de que aquellos a los que metieron en la cárcel tras las protestas de la plaza Bolotnaya no habían hecho nada malo. Los detuvieron solo para asustarme a mí y asustar a otros líderes de la oposición como yo. Ahora van a por mi hermano. Él también tiene una mujer, y dos hijos. Ahora van a por mis padres. Todos ellos entienden lo que está sucediendo, y me apoyan. Le estoy muy agradecido a mi familia, pero, en fin...

Voy a reconocer una cosa: ya pueden decirles a ellos que sí, que me molesta que metan a personas inocentes en el mismo saco que a mí. Y tal vez esté mal, pero lo diré: no harán que me detenga ni tomando rehenes. Porque nada en la vida tiene ningún sentido si se toleran todas esas mentiras, si se acepta todo, sobre todo cuando no hay motivo para ello. Si se acepta solo por decir: «Lo aceptamos».

No aceptaré nunca el sistema que se ha construido en nuestro país, porque ese sistema está diseñado para robarle a todo el mundo que está en este tribunal ahora mismo. Está todo dispuesto de tal manera que lo que tenemos ahora es una junta militar. Hay veinte personas que han llegado a ser multimillonarias que lo controlan todo, desde las compras que hace el Estado a la venta de petróleo. Y luego hay otras mil que viven de esa junta. No más de mil personas, de hecho: diputados estatales y delincuentes. Hay un pequeño porcentaje de personas que no acepta ese sistema. Y luego hay millones que se quedan mirando la mesa. No dejaré nunca de luchar contra esa junta. Voy a seguir combatiendo a esa junta, haciendo campaña y lo que sea necesario para despertar a esas personas que se quedan mirando la mesa. Ustedes incluidos. No me detendré nunca.

No me arrepiento de haberle pedido a la gente que participara en una manifestación no autorizada. Hablo de la manifestación delante del Lubianka,* que fue lo que puso en marcha todo esto. Sí, reconozco que no sirvió de nada. Pero no me arrepiento ni por un segundo de haberlo hecho. No me arrepiento ni por un segundo de haberme lanzado a combatir la corrupción. Hace unos años mi abogado Vadim Kobzev me dijo algo que no he olvidado nunca. Me dijo: «Alexéi, van a meterte en la cárcel. Agitas tanto el avispero que no van a tolerarlo. Tarde o temprano te meterán en la cárcel».

Pero, una vez más, nuestra conciencia humana acaba aceptando que eso pueda ocurrir. Es imposible avanzar teniendo siempre presente la idea de que «van a meterme en la cárcel». Yo simplemente me lo saqué de la cabeza, pero al mismo tiempo soy consciente de todo lo que hago. Y puedo decirles que no me arrepiento de nada de lo que he hecho. Seguiré pidiéndole a la gente que ejerza la acción colectiva, incluido llevar a cabo el derecho a la libertad de asociación.

Las personas tienen el derecho legal a alzarse contra este poder ilegal y corrupto, contra esta junta militar que ha agarrado y ha robado todo lo que ha podido, que ha desviado billones de dólares fuera del país en forma de petróleo y gas. ¿Y qué hemos sacado nosotros de todo eso?

Voy a repetir ante este tribunal lo que ya dije en la «última palabra» del caso Kirovles. Nada ha cambiado desde entonces. Al quedarnos mirando la mesa, hemos dejado que

* El cuartel general de los servicios de seguridad, antes KGB y ahora FSB.

nos roben de la manera más desvergonzada. Hemos dejado que inviertan su dinero robado en algún lugar de Europa. Les hemos dejado convertirnos en ganado. ¿Qué hemos sacado nosotros? ¿Qué les han pagado a ustedes mientras miraban la mesa? ¡Nada! ¿Tenemos asistencia sanitaria? No, no tenemos asistencia sanitaria. ¿Tenemos educación? No, no tenemos educación. ¿Nos han proporcionado buenas carreteras? No, no nos han proporcionado buenas carreteras. Preguntémosle a la secretaria cuánto dinero gana. Ocho mil rublos al mes. Quizá llegue a 15.000 con las primas. Me sorprendería que los ujieres ganaran más de 35.000 o 40.000 rublos al mes.

La paradoja es que decenas de delincuentes nos roban a nosotros y a ustedes de la forma más desvergonzada, ¡y que dejamos que ocurra! Pues yo no voy a tolerarlo. Lo repito: voy a quedarme aquí, de pie, tanto tiempo como haga falta, ya sea a un metro de esta celda o un metro dentro de esta celda. Voy a mantenerme firme. Hay cosas más importantes en esta vida.

Quiero decirlo otra vez: la estrategia ha funcionado, con mi familia, con mis seres queridos. Aun así, no olviden que ellos me apoyan en todo. Pero ninguno de ellos pretendía convertirse en activista político. Así que no hace ninguna falta meter a mi hermano ocho años en la cárcel ni, en realidad, meterlo en la cárcel, punto. Él no quería verse metido en política. Ya han causado suficiente dolor y sufrimiento a nuestra familia con todo esto. No hacía ninguna falta llevar las cosas hasta ese punto. Como ya he dicho, que tomen rehenes no me detendrá. Pero, al mismo tiempo, no soy capaz de entender por qué las autoridades creen que ahora tienen que matar a esos rehenes.

Puede que esto vaya a sonar ingenuo, y sé que ha pasado a ser la norma esbozar una sonrisa irónica ante estas palabras, pero pido a absolutamente todo el mundo que no viva en la mentira. No hay otro modo. No puede haber otra solución hoy en nuestro país.

Quiero dar las gracias a todo el mundo por su apoyo. Pido a todo el mundo que no viva en la mentira. Quiero decir alto y claro que quizá a mí me pongan en aislamiento, quizá me encarcelen, pero vendrá otra persona y ocupará mi lugar. No he hecho nada especial ni nada demasiado complicado. Cualquiera podría hacer lo que he hecho. No tengo la menor duda de que habrá personas en la Fundación Anticorrupción, y también otras, que seguirán adelante exactamente igual que lo he hecho yo, decidan lo que decidan los tribunales; unos tribunales cuyo única función es dar una apariencia de legalidad a este proceso. Gracias.

Capítulo 16

Mientras me encontraba bajo arresto domiciliario sucedió algo importante y muy desagradable. En marzo de 2014, el acceso a mi blog en LiveJournal se bloqueó por orden del Servicio Federal de Supervisión de las Comunicaciones, Tecnologías de la Información y Medios de Comunicación ruso (Roskomnadzor) y la Fiscalía. Borraron mi blog e incluso las copias de lo que había escrito que figuraban en otras páginas web. Cuando los suscriptores iniciaban sesión en mi página, veían la imagen de un carnero con cara de sorpresa y el mensaje «Error 451: el acceso a esta página ha sido prohibido por las autoridades de tu país». Para mí, eso suponía un problema descomunal.

A lo largo del año anterior, mi LiveJournal había atraído a 20 millones de visitantes. Muchos de ellos lo leían a diario. Y justo entonces, en un momento tan especial para mí, tres días antes del referéndum en Crimea y la inminente anexión del territorio, Putin había decidido solventar muchos de los problemas que afrontaba, incluido el de los medios de comunicación independientes. En el transcurso de unos pocos meses se borraron multitud de recursos, blogs y sitios web, incluida la fuente informativa principal del país, *Lenta.ru*.

Decidí evitar las plataformas existentes para alojar blogs porque sabía que, si la Fiscalía lo solicitaba, cortarían el acceso a mi cuenta sin pestañear. Creamos un sitio web independiente aparte y trasladé allí mi blog. En el proceso, perdí a más de la mitad de mis lectores y, además, era plenamente consciente de que con el tiempo acabarían bloqueando también aquella dirección. Por más que les pidiera a los visitantes que usaran una VPN, por más duplicados y circunvalaciones que se me ocurriera incorporar, sabía que la gente no se molestaría en tenerlos en cuenta. Una cosa es leer mis publicaciones en línea y otra muy distinta tener que abrirte camino hasta una página web bloqueada utilizando una tecnología compleja y aparatosa. Necesitaba encontrar una manera de sortear aquel inconveniente. Para mí era imprescindible que mi trabajo fuera accesible. Tras mi arresto domiciliario, decidí probar a grabar vídeos. El único problema era que el mero pensamiento de aparecer en pantalla me horripilaba.

Me encanta escribir. Desde que tengo uso de razón, siempre me ha gustado escribir cartas. Pero aquello era algo completamente distinto. Podía redactar un guion, pero interpretarlo ante la cámara era otra cosa. Y a eso había que sumarle que es mucho más complicado producir un vídeo que escribir la entrada de un blog. Se necesita a gente con formación especial, operadores de cámara, técnicos de sonido y montadores, además de un montón de material técnico y de iluminación. Y se necesita un estudio.

Y luego tienes que juntarlo todo, que es la parte más desalentadora. Al principio no había mayor tortura para mí que visionar mis propias grabaciones. En especial, cuando quería demostrar algo, interpretar a un personaje o contar un chiste; me provocaba un dolor casi físico. Todavía no me he desembarazado del todo de esa sensación.

Aun así, entendí que el vídeo se había convertido en mi única manera de llegar a un público amplio. Si quiero atraer a una nueva audiencia, y eso es precisamente lo que me propongo, tengo que hacer vídeos, aunque para mí sea un suplicio. Hay un hecho incontestable, y es que los rusos se conectan a internet para buscar una alternativa a la televisión. La inmensa mayoría de la población, y hablo de personas inteligentes, en realidad no quiere leer. Lo que quiere es ver algo. Darme cuenta de ello me provocó una profunda desazón, pero es lo que hay.

Puedes llevar a cabo una investigación excelente, puedes escribir un artículo interesante, brillante incluso, con humor y sarcasmo, aportando todo tipo de datos, fotografías, diagramas, extractos bancarios y otras pruebas, y a lo sumo conseguirás que lo lea un millón de personas. En cambio, si haces un vídeo normal y corriente, en el que apareces sentado ante un escritorio recortado contra un fondo negro y presentas esas mismas fotografías, diagramas y extractos bancarios, lo verán dos millones de personas. Y si sobrevuelas con un dron la dacha de alguna autoridad, acompañas las imágenes con una historia interesante y usas gráficos divertidos, tendrás seis millones de visualizaciones.

Nuestro dominio absoluto de YouTube dio comienzo con nuestra investigación acerca del fiscal general, Yuri Chaika. No se trataba de una mera noticia sobre corrupción, sino sobre los vínculos entre la Oficina de la Fiscalía y el crimen organizado.

Lo primero que descubrimos era que el primogénito del fiscal general, Artiom, vivía (por decirlo suavemente) por encima de sus posibilidades. Ese tipo de cosas eran bastante habituales. Descubrimos que en Grecia tenía un hotel de lujo y unas cuantas mansiones, y una casa en Suiza, además de diversas cuentas bancarias en el extranjero. Después averiguamos que el fiscal estaba rodeado por todo un entramado mafioso. Artiom poseía en copropiedad el hotel con la mujer del adjunto de su padre. Esta, a su vez, había invertido en un negocio junto con las esposas de dos de los principales delincuentes de la región de Krasnodar, pertenecientes a la llamada banda de los Tsapki. Los Tsapki tenían aterrorizada a toda una ciudad desde hacía décadas, con robos, violaciones y asesinatos de los que hablaba todo el país. Los telediarios informaron de que los Tsapki habían irrumpido en casa de un empresario local y habían matado a las catorce personas que habían encontrado en su interior, incluido un bebé. Luego habían incinerado todos los cuerpos. La Fiscalía protegió a la banda de los Tsapki durante años y se negó a presentar cargos contra ellos.

Cuando lo averiguamos, nos quedamos estupefactos. Pero luego resultó que el hijo del fiscal general estaba implicado él también en un asesinato. Aspiraba a hacerse con la compañía de transporte fluvial en Siberia y tenerla bajo su control. El director de la compañía reveló en una entrevista que Artiom había intentado chantajearlo y atemorizarlo; dos días después, lo hallaron ahorcado en su garaje. No se abrió ninguna investigación criminal. Su muerte se catalogó como suicidio, pese a que la autopsia demostraba que estaba maniatado y que las marcas que presentaba en el cuello solo podían haber sido provocadas por una muerte violenta.

El vídeo que rodamos basándonos en nuestras investigaciones lo vieron más de cinco millones de personas solo en los primeros días, una cifra insólita para una noticia política en ruso publicada en YouTube en 2015.

Tras el éxito del vídeo de Chaika, empezamos a emitir de manera esporádica vídeos sobre cuestiones políticas, sobre nuestro trabajo y sobre noticias aparecidas en la prensa. No había un patrón definido. Aunque estaba convencido de que YouTube tenía un gran futuro por delante, me costaba publicar vídeos de manera regular. Así siguió siendo hasta que publicamos uno de una investigación que habíamos realizado sobre el viceprimer ministro, Ígor Shuválov.

No hay nada ni remotamente normal acerca del modo de vida de Shuválov. En el pasado ya habíamos descubierto que tenía un palacio en Moscú, el tipo de residencia en la que uno esperaría que viviera un conde, además de diez apartamentos en un majestuoso rascacielos de la era de Stalin con vistas al Kremlin, un enorme apartamento en Londres a orillas del río Támesis valorado en 11 millones de libras esterlinas, una mansión en Austria y diversos Rolls-Royce.

Con todo, aquella nueva investigación nos dejó atónitos incluso a nosotros. Al parecer, a Shuválov le gusta criar corgis, y sus perros también llevan una vida de lujo. Averiguamos que Shuválov tenía un avión de empresa, estudiamos sus rutas de vuelo y revelamos que no solo viaja en él el viceprimer ministro, sino que, por separado, también lo hacen sus mascotas, a las que llevan a participar a concursos caninos internacionales.

Era una noticia tan inverosímil que no teníamos más remedio que grabar un vídeo sobre ella. Contratamos a un actor especial, un corgi adorable que, obediente, permaneció tumbado a mi lado mientras yo hablaba sobre Shuválov. Estuvimos encontrando pelos de perro en todos los rincones del despacho durante meses.

Después de aquella noticia, empezamos a grabar vídeos de manera más regular, dos veces a la semana. Seguía resultando difícil competir con la televisión, que emite día y noche, pero aun así mi canal era cada vez más popular. Podía ir en el metro y que la persona de al lado estuviera viendo mi vídeo en el móvil.

Yo solía quejarme de lo difícil que era leer un guion ante la cámara, y esa sensación se agravó a medida que nuestros vídeos se hacían más sofisticados. La exigencia de los espectadores aumentaba, y también la competencia: en nuestra estela, muchos políticos de la oposición y periodistas habían empezado a rodar vídeos, lo cual nos obligaba a sacarnos nuevos ases de la manga constantemente.

Empezamos a grabar menos vídeos en el estudio y a hacer más documentales. En una ocasión rodamos uno sobre el fiscal de Moscú, Denis Popov. Durante años, Popov había procesado a nuestros activistas, había supervisado sus arrestos en manifestaciones, había impuesto multas y había enviado a otros a prisión por participar en protestas pacíficas. Como pasa con tantos cargos corruptos, su familia vive en Occidente, donde tienen intereses económicos vinculados con los negocios. Uno de ellos es una empresa que compra y alquila apartamentos en Montenegro. Así que alquilamos uno y viajamos hasta allí para rodar una película como huéspedes del protagonista de nuestra historia. Mientras filmábamos la espectacular vista panorámica del mar desde la terraza, en el balcón de al lado había una amiga del fiscal. Es quien se encarga de gestionar las propiedades de Popov en su nombre. Tuve que grabar ese documental en el que mostraba el mundo el estilo de vida del fiscal Popov hablando prácticamente en susurros, para que ella no descubriera nuestra investigación antes de que la emitiéramos.

Todo esto es muy divertido, pero exige una cantidad ingente de tiempo. Llegas a la ubicación elegida, localizas el lugar indicado para rodar, buscas el mejor plano de la imagen, recitas un párrafo del guion de memoria... y entonces empieza a llover y tienes que pararlo todo y luego volver a empezar de cero. Pasas a la siguiente ubicación y repites el mismo proceso. Cuando cuentas chistes, el riesgo de descalabro es aún mayor. Tienes que pensarte la broma y hacer un esfuerzo adicional para que suene graciosa. Y es posible que lo sea, pero solo cuando la piensas y la dices por primera vez. Tras repetirla un centenar de veces, lo que te vienen son ganas de llorar. Compadezco a los pobres montadores por tener que visionar las incontables tomas durante horas.

Y luego tuve que afrontar otra tortura: Instagram. Me parecía insufrible. Creía que alguien lo había inventado solo para que le gente publicara sus selfis y fotografías de sus vacaciones en el mar. Y eso no va conmigo (aunque me encanta el mar), así que durante mucho tiempo sencillamente no le hice el menor caso. Pero he llegado a reconocer su potencial. El factor decisivo han sido... las mujeres. Durante mucho tiempo, el 70 por ciento del público de nuestras investigaciones y nuestros proyectos fueron hombres. Las mujeres no leían lo que yo escribía ni veían mis vídeos, parecía que la política no les interpelaba. Pero, cuando empecé a publicar en Instagram, quedó claro que a todo el mundo le interesa la política, y que las mujeres están tan dispuestas como los hombres a actuar. De hecho, demuestran ser mucho más duras que los hombres: no se asustan tan fácilmente, son más persistentes y, a menudo, también más radicales.

Ahora estoy bregando con TikTok. Es como si la historia se repitiera. Tuve que empezar a escribir (lo que me encantaba), pero entonces todo el mundo quería vídeos, así que empecé a rodar documentales. Y justo cuando me había acostumbrado a eso, tuve que comenzar a usar Instagram. Me paso el día pidiendo: «Sácame una foto así; no, mejor así; no, desde otro ángulo; ay, así parezco viejo». Y ahora ha llegado a mi vida TikTok. A veces, cuando miro vídeos en la aplicación, siento mucha vergüenza ajena. Pero ¡funciona! Allí es donde muchísimos espectadores se informan sobre política. Así que ahora en ocasiones bailo e incluso muevo los labios (fingiendo cantar) al son de la música. También es cierto que a menudo refunfuño como un abuelo acerca de los buenos tiempos, cuando la gente leía libros, pero aun así hago vídeos en TikTok.

Mi válvula de seguridad es Twitter, mi red social favorita. Escribo mucho en ella, acerca de cualquier cosa: de noticias de última hora y de lo que pienso al respecto, y también de las albóndigas que me acabo de comer. Con nata agria.

Capítulo 17

«Hola. Soy Navalni. Como suscriptor a mi canal, eres la primera persona a la que se lo comunico: voy a presentarme a las elecciones a la presidencia de Rusia.» El 13 de diciembre de 2016, en torno a un millón de personas recibieron un correo electrónico con este mensaje, junto con un vídeo, como parte de su suscripción a una de las listas de correo de la Fundación Anticorrupción.

Para mí no era una cuestión de presentarme a las elecciones o no. Luchaba por convertirme en el dirigente de este país y, por consiguiente, el deber me obligaba a participar en las elecciones presidenciales. Sabía que muchas personas esperaban de mí que tomara esa decisión y no quería defraudarlas.

Decidí anunciar que me presentaba por este canal inusitado. No habría rueda de prensa.

Por entonces grababa vídeos de manera habitual, aunque seguíamos sin tener un estudio. Los grabábamos todos en mi despacho, usando la pared como telón de fondo. No obstante, en aquella ocasión me interesaba que el vídeo desprendiera un aire «presidencial», de manera que alquilamos un despacho en uno de los rascacielos de la City de Moscú.*

* El distrito financiero de reciente creación.

Lo arrendamos con un nombre falso, porque había que llevar a cabo la grabación en el más absoluto de los secretos. Aquella mañana, el equipo se presentó con una tonelada de material, pero conseguimos evitar las filtraciones.

A mi espalda había un enorme ventanal con una vista de Moscú nevado y, sobre la mesa, a mi lado, unas cuantas fotografías de mi mujer y mis hijos. Había llevado conmigo unas cuantas corbatas para elegir una. Las había de distintos colores y tamaños, y nos decantamos por una ancha en tono azul. Hasta después de publicar el vídeo no fui consciente de que había subestimado la importancia de aquel detalle. «Todo mi apoyo a tu decisión de presentarte, Alexéi, pero me temo que esa corbata está pasada de moda» era la tónica en los comentarios indignados que recibí.

Tardé varias horas en grabar aquel breve vídeo. Probé a hacerlo con telepronter y sin él, para sonar más natural. Pero lo único que conseguía era que todo el equipo rechinara los dientes cuando me quedaba en blanco o me trababa por enésima vez en la misma frase. Era un vídeo muy importante para mí, y estaba nervioso. Además, teníamos un tiempo limitado para grabarlo, porque aquella misma tarde yo tenía que volar hacia Kírov.

El Tribunal Europeo de Derechos Humanos había resuelto que la sentencia que se había dictado en el caso de Kirovles era ilegal. De manera que el Tribunal Supremo ruso la había anulado y había convocado un nuevo juicio. Estaba previsto que la primera vista del nuevo proceso se celebrara a comienzos de diciembre. La sala del tribunal parecía un remedo malo de una película muy mala. Todo seguía como siempre: la misma sala, el mismo acusado, los mismos testigos aportando las mismas pruebas, los mismos periodistas...; lo único distinto era el juez. Y esta vez viajábamos en avión, en lugar de en tren. Retomé de nuevo los viajes entre Kírov y Moscú.

La noche del 12 de diciembre regresé en avión a la capital y me dirigí a un hotel. Estábamos rodando aquel vídeo en secreto, de manera que habíamos formado un equipo muy reducido del que ni siquiera formaba parte un montador profesional. De nuevo, habíamos reservado la habitación con un nombre falso, e incluso corrimos las cortinas para que nadie pudiera filmarnos con un dron. Mis colegas ya habían instalado un ordenador enorme y nos sentamos todos a su alrededor, en la penumbra, intentando descifrar cómo funcionaba el programa de edición de vídeo.

Al día siguiente le enviamos el vídeo a mis simpatizantes y una hora después hice una declaración pública en la que anuncié mi candidatura a la presidencia. El primer día recaudamos más de seis millones de rublos, cifra que en aquel entonces representaba un récord. En todo el país, miles de personas querían sumarse a nuestra campaña.

En el Kremlin también vieron el vídeo. Inmediatamente después de postularme, empezó a seguirme un grupo de encapuchados del FSB. Seguirían haciéndolo durante tres años, vigilándome y esperando la orden de matarme.

El caso Kirovles, que ya avanzaba con bastante celeridad, se aceleró aún más. De acuerdo con la ley, una persona acusada de delitos graves no puede ser candidata a un cargo público. El juicio anterior del caso se había anulado, y el caso Yves Rocher no afectaba a que pudiera presentarme a las elecciones. Pero las autoridades, deseosas de evitar el error que habían cometido en 2013 en las elecciones a la alcaldía de Moscú, necesitaban una base formal que pudieran esgrimir si era preciso para anular mi candidatura.

El 8 de febrero, Piotr Ofitsérov y yo fuimos condenados en el mismo caso por segunda vez. Supuestamente, el cometido de aquel proceso era «reconsiderar» el veredicto, pero volvieron a aplicarnos la misma sentencia, cinco y cuatro años de inhabilitación, respectivamente. El texto del nuevo veredicto era idéntico al anterior, inclusive las erratas tipográficas.

Aquello no me detuvo. Desde hacía unos cuantos años habían aprobado leyes cada vez más restrictivas por mi culpa; de hecho, en uno de los casos judiciales alguien comentó con sorna: «A Navalni lo juzgan bajo "un Código Procesal Penal especial"». Era plenamente consciente de que la decisión de si se me autorizaba a postularme a las elecciones no la tomaría la Comisión Electoral Central (CEC), sino el Kremlin. Teníamos que conseguir someter a las autoridades a tal presión que me permitieran presentarme. Disponíamos de un año para hacerlo: los comicios estaban convocados en marzo de 2018, y el anuncio oficial de los candidatos tendría lugar en diciembre de 2017.

Como había ocurrido en 2013, me incorporé a la carrera electoral sin demasiada financiación e ignorado por la prensa, que me tenía en la lista negra. Sin embargo, contaba con un equipo excelente y con centenares de miles de simpatizantes activos. Eso nos permitiría recaudar fondos y derribar el muro de la censura. Una vez más, Leonid Vólkov fue el director de mi campaña. Decidimos llevar a cabo una gira por las distintas regiones, algo hasta entonces nunca visto. Visitaría todas las grandes ciudades del país. Y pusimos en marcha un programa *online* semanal: *Navalni a las 20.18* se emitía cada jueves por la tarde a las 20.18 horas y no tardó en convertirse en el programa en *streaming* por internet más popular del país.

Desplazarse por las distintas regiones no es fácil. Las distancias entre ciudades son enormes y las conexiones, inexistentes. Para volar de la ciudad siberiana de Tomsk a la ciudad siberiana de Omsk hay que pasar por Moscú. (Por supuesto, yo conseguí volar directamente entre ambas ciudades, pero en circunstancias especiales...) Viajamos mucho en trenes interurbanos y regionales, pero, sobre todo, alquilamos minibuses. Éramos como un grupo musical de gira: hoy aparecíamos en una ciudad y mañana en otra y, mientras transitábamos de noche por carreteras en condiciones lamentables, parte del equipo recuperaba horas de sueño mientras los demás nos preparábamos para el siguiente bolo.

Me parece que lo estoy pintando todo muy de color rosa. A menudo teníamos programados dos actos al día.

Cada jueves por la tarde yo hacía la emisión en directo en mi canal de YouTube, *Navalni Live*; y el viernes por la mañana, a primera hora, volvíamos a ponernos en marcha. Solíamos regresar a Moscú el lunes.

En total hicimos dos giras regionales, la primera en primavera y la segunda en otoño. En primavera inauguramos delegaciones regionales y centros de campaña en ochenta y dos ciudades: alquilamos oficinas y contratamos a coordinadores y a un par de ayudantes para que se encargaran de organizar el trabajo de los voluntarios en la ciudad. Eran una especie de células del partido, pero no teníamos permiso para registrarnos como partido político.

Las «sedes de Navalni» se convirtieron en la red de oposición más extensa del país, así como en la que a mayor ritmo crecía, lo cual ilustraba a las claras que el Kremlin tenía buenos motivos para temernos. Incluso una vez concluida la campaña electoral, nuestras delegaciones en cuarenta de las principales ciudades siguieron operativas unos cuantos años, hasta que a mis simpatizantes y a mí nos etiquetaron de «extremistas». Muchos de quienes trabajaban en nuestras oficinas devinieron políticos destacados en sus regiones. Lilia Chanisheva en Ufá y Ksenia Fadéieva en Tomsk se contaron entre las coordinadoras más impresionantes, magníficos ejemplos de cómo deberían ser los políticos de verdad: personas increíblemente trabajadoras, consagradas a su labor, organizadoras competentes y, lo más importante de todo, honestas. Pero también atrajeron la atención del Kremlin. Mientras redacto estas líneas, se han presentado acusaciones falsas contra Lilia y Ksenia.

Conocí a voluntarios locales, di presentaciones y respondí preguntas. ¿De qué otras maneras les gustaría a los voluntarios sumarse a mi campaña? En Moscú, a los políticos se les llena la boca hablando del «pobre pueblo ruso», pero costaría dar con uno solo de ellos que hubiera visitado alguna vez Bisk. Afrontémoslo, ¡la mayoría ni siquiera ha llegado a Izhevsk!* En mi opinión, si no conoces bien un país, no puedes reivindicarte como su líder.

Anuncié que viajaría a todas las ciudades importantes, y lo hice. Presenté mi programa en toda suerte de lugares, incluido un club informático, un hangar y a campo abierto. Antes de aquellos encuentros les di la mano a todos los asistentes. Después, me saqué una foto con ellos. En las grandes ciudades había multitud de voluntarios. Por ejemplo, en Perm se presentaron mil personas, en una demostración de apoyo maravillosa, pese a que la reunión se celebraba a puerta cerrada. La sesión fotográfica al finalizar el acto se dilató tres horas. Al final de la campaña habría podido impartir un curso sobre cómo dirigir una cadena de montaje de sacarse selfis.

En otoño, como ya he dicho, partí en una segunda gira por las regiones. En esta ocasión no se trataba de inaugurar

* Bisk se encuentra 3.730 kilómetros al este de Moscú e Izhevsk está a 1.216 kilómetros en la misma dirección.

sedes, sino de conocer a los votantes. De dar mítines. Algunos de mis colegas se me adelantaban para preparar el escenario y el equipo de sonido. Mi presentación incluía un discurso seguido por un turno de preguntas y respuestas.

La gente cree que me resulta fácil salir al estrado y hablar. Supongo que doy esa impresión: tengo buena voz y gesticulo mucho con las manos. Pero no es así. Ni siquiera ayudaba que en aquellas reuniones regionales a menudo tuviera que repetir lo mismo que había dicho antes.

Los turnos de preguntas y respuestas eran un mundo aparte. Mientras haces una presentación, cuesta mucho juzgar las reacciones, pero, una vez da comienzo la sesión de preguntas, sabes exactamente cuál es tu posición. Se fragua un diálogo. Entiendes cuáles son los temas que más preocupan a los lugareños. Me preparaba todas las presentaciones y mis colegas me indicaban cuáles eran los problemas de la zona, pero solo cuando entablaba de verdad una conversación con la gente era capaz de relajarme.

Algunas personas solo acudían a mirarme boquiabiertos: ¡un político había ido a su población desde Moscú! Y ni siquiera es alguien a quien conozcamos por verlo en televisión, sino en internet; es más, es alguien vetado... ¡pero eso solo lo hace más interesante! También había quien me hacía preguntas especialmente peliagudas. O quien expresaba ser simpatizante mío desde hacía mucho tiempo. De manera esporádica, también acudía algún dirigente local de Rusia Unida, que intentaba discutir conmigo soltando algún grito. Como es bien sabido, siento una devoción especial por ese tipo de personas, así que no perdía ocasión de invitarlos a subir al escenario y entablar un debate delante de todo el mundo. Por lo general, al final de nuestra conversación me había ganado incluso a los más inflexibles y escépticos de entre la multitud.

Aunque no había dos encuentros iguales —en algunos lugares tenía la sensación de que el público estaba de mi lado, mientras que en otros debía intentar ganármelo—, enseguida entendí que había determinados temas que de manera invariable ayudaban a romper el hielo. Uno de ellos eran las deudas que otros países debían a Rusia y que Putin estaba dispuesto a condonar. Mi promesa de que, si llegaba a presidente, detendría esa condonación merecía una aprobación instantánea. Otro tema (de hecho, el que causaba más sensación) lo abordaba preguntando: «¿Cuál es el salario medio en esta región?». Solían contestarme «Doce mil rublos» o «Quince mil rublos». A lo que yo replicaba: «¿Pues sabéis cuánto dice el Servicio Federal de Estadística Estatal que cobráis de salario medio? Cuarenta y cinco mil rublos. ¿Os parece que eso es real?». Mi pregunta solía ser recibida con carcajadas estentóreas, seguidas de gritos enfurecidos. No había ni una sola ciudad en la que la cifra del salario «oficial» no fuera al menos el doble de la cifra real.

A pesar del intenso programa, aquellas visitas resultaban sumamente gratificantes. La gente valoraba de verdad que un candidato presidencial acudiera a hablar con ellos y solía publicar fotografías de nuestros encuentros en Instagram, con la consiguiente ampliación de mi público. Necesitaba los votos de la generación mayor y, como no se me permitía salir en televisión, la única manera de llegar a ellos era en persona.

Una pandilla de envenenadores del FSB viajaba conmigo a todas partes. Pero, si bien ellos se las arreglaban para esconderse de mí, la presencia de otros resultaba mucho más clamorosa.

El Kremlin entendía que, pese a no tener dinero ni acceso a los medios de comunicación, estábamos llevando a cabo una campaña fructífera, así que decidió pasar al ataque. Se normalizó que en cada ciudad me recibieran en el aeropuerto secuaces contratados por la administración presidencial para lanzarme huevos. También solía suceder durante las reuniones. Tener que quitarme cáscara de huevo del abrigo no resultaba demasiado agradable. Tras sufrir un par agresiones, empecé a llevar siempre encima una muda de recambio. Sin embargo, aquello eran incidentes sin importancia. Durante una reunión con voluntarios en la sede de Volgogrado, nos atacaron treinta cosacos y matones locales. Intentaron sacarme arrastrándome por los pies de las oficinas, mientras mis simpatizantes impedían que lo hicieran estirándome de los brazos. Recordaba a aquel castigo, ese en el que se ataba a una persona a dos caballos a los que se azotaba para que corrieran en direcciones opuestas. No es fácil olvidar la sensación.

Las fuerzas policiales locales también se esforzaban en ponernos trabas. Era habitual que guardias de tráfico detuvieran nuestro minibús so pretexto de una «operación antiterrorista» y que, estando cansados, hambrientos y enfadados, nos obligaran a permanecer sentados durante horas. Otra táctica que acostumbraban a emplear en la batalla por boicotear mis mítines era anunciar que había una amenaza de bomba en el edificio donde teníamos previsto celebrar el encuentro. También intimidaban a los propietarios de los espacios que contratábamos para que se negaran a permitirnos usar sus instalaciones. A resultas de ello, pronuncié discursos en lugares tan exóticos como encaramado a un tobogán infantil, a un banco en un parque o a un enorme montículo de nieve.

En Barnaúl, por ejemplo, no nos permitieron acceder al espacio que habíamos contratado porque, al parecer, a la persona que nos lo había alquilado le asustó el volumen de asistentes. De manera que nos quedamos todos fuera: centenares de voluntarios de la campaña, mi confundido equipo y yo. No estaba dispuesto a cancelar el encuentro. Era 20 de mayo. Habían despejado las carreteras, pero los arcenes estaban cubiertos por enormes ventisqueros. Así que me subí a uno y me dirigí a los voluntarios desde allí.

Cabe aclarar que aquel no fue un mitin normal. Pronuncié mi discurso con la cara teñida de un intenso color verde. De camino al lugar del encuentro se me acercó un tipo corriendo, como si fuera uno de mis simpatizantes, le tendí alegremente la mano y me echó algo en la cara. Me escocían tanto los ojos que al principio pensé: «¡Ácido!». Pero resultó ser una solución antiséptica verde que llamamos *zelyonka*. Aparte del hecho de que con aquella cara parecía una mezcla entre Fantômas* y Shrek, no hubo consecuencias que lamentar y, de hecho, a mucha gente le pareció simpático verme aparecer así. De Barnaúl me dirigí directamente a Bisk, la ciudad vecina, donde habíamos organizado mi segundo mitin de aquel día. Los selfis que la gente se sacó conmigo en aquellas dos ciudades se convirtieron en los más populares.

Tardé tres días en quitarme del todo el *zelyonka*.

Probaron otros métodos también. En una ocasión, irrumpió en nuestra sede de Moscú un grupo de muchachas jóvenes bastante raras. Por suerte, yo no me encontraba allí ese día. La escena transcurrió de la siguiente manera: los empleados estaban trabajando en silencio en la oficina cuando asaltó el lugar un grupo de mujeres vestidas con bragas de látex y disfraces de policía eróticos, agitando porras, látigos y esposas. Se comportaban con vulgaridad, restregándose contra el atónito personal mientras lo grababan todo con una cámara. ¿Qué podíamos hacer? Habría

* El protagonista de la película francesa homónima de 1964.

sido un poco extraño telefonear a la policía de verdad y, aunque lo hubiéramos hecho, no habría venido a ayudarnos. Mis colegas consiguieron sacarlas de allí de buenas maneras. Los vídeos grabados por aquellas jóvenes aparecieron después en todos los medios de comunicación controlados por el Kremlin.

Me interesaba saber quién las había enviado. Le pedí a la directora de nuestro equipo de investigación, Masha Pévchij, que averiguara quiénes eran aquellas jóvenes y de dónde salían. Encontrarlas en las redes sociales fue pan comido. La líder de aquel erótico grupo era una muchacha bielorrusa llamada Nastia Rybka. Trabajaba como chica de compañía, pero en paralelo no le hacía ascos a recibir dinero de los estrategas políticos del Kremlin. En su cuenta de Instagram, además de fotografías de ella desnuda, publicaba historias sobre cómo había seducido a un oligarca. También había publicado fotografías de ella con un oligarca, tantas, de hecho, que quedaba claro que no podían ser montajes. El oligarca en cuestión era Oleg Deripaska. Su vida privada carecía de interés para nosotros y podríamos haber pasado por alto por completo aquel asunto de no haber sido porque en uno de los vídeos, filmado en un yate donde Nastia estaba pasando las vacaciones con Deripaska, Masha divisó al que en aquellos momentos era el viceprimer ministro, Serguéi Prijodko. Aparecía en el encuadre apenas un par de segundos, y luego su voz se oía unos instantes también, pero nuestros investigadores estaban preparados para identificar a personas como él. Prijodko era muy influyente en el ámbito de las relaciones internacionales, en el que había trabajado como asesor primero de Borís Yeltsin y luego de Putin, antes de dirigir la oficina presidencial de Dmitri Medvédev. Y allí lo teníamos, navegando en un yate con el oligarca Deripaska y una docena de prostitutas. Parecía un ejemplo de corrupción de manual. Hicimos un vídeo sobre el asunto, que visionaron más de diez millones de personas.

En el breve fragmento de audio de la conversación entre Deripaska y Prijodko, se les oía hablar de las relaciones entre Rusia y Estados Unidos. En concreto, hablaban acerca de la responsable de política exterior para asuntos europeos y euroasiáticos del Departamento de Estado estadounidense, Victoria Nuland. Al poco de publicar nuestro vídeo, los estadounidenses leyeron la noticia de que el director de la sede de la campaña de Donald Trump, Paul Manafort, había recibido millones de dólares de Deripaska a cambio de revelarle al oligarca cómo iba la campaña de Trump. Resultó ser una de las pruebas que demostraron la interferencia de Rusia en las elecciones norteamericanas. En aquel entonces, yo era un tanto escéptico al respecto de dicha injerencia. Me parecía que se basaba en conjeturas, porque Deripaska tenía poco que ver con Putin. Pero de repente entendí cómo funcionaba el asunto: un alto cargo del Gobierno de Putin aparece sentado en un yate prestándole a todo mucha atención. De manera que, gracias al espectáculo ridículo que montaron aquellas chicas en nuestra oficina, ¡prácticamente teníamos entre las manos un Watergate ruso! Cabe destacar, no obstante, que, a diferencia del escándalo del Watergate, para quienes participaron en aquel asunto no hubo consecuencias.

En todo caso, a pesar de su empeño, el plan del Kremlin no funcionó. Tales ataques solo contribuyeron a darnos notoriedad y a granjearnos más apoyos.

Moscú, 27 de abril de 2017. Salgo de la oficina y ¡BANG! No veo nada; me arden los ojos, el dolor es insoportable.

Mi primer pensamiento es: «Esta vez sí que es ácido. Pareceré un monstruo hasta el fin de mis días». Pero al apartar la mano de mi cara, veo que está verde. Qué alivio, otra vez *zelyonka*.

Quedé completamente ciego de un ojo. Al principio, intenté lavarme la cara. Después del incidente en Barnaúl, me había convertido en un experto en quitarme el *zelyonka*. Siempre teníamos en la oficina agua micelar y ácido fórmico (la mejor mezcla para estos casos). Por desgracia, no funcionó. Tenía el ojo derecho verde. Daba miedo. Y me dolía horrores. Llamamos a un médico, que me puso un vendaje y me recomendó que acudiera de inmediato a un hospital. Pero era jueves. Tenía que emitir mi programa y, si el Kremlin pensaba que podía detenerme mediante aquel método, iban muy equivocados.

Tenía la ropa cubierta de *zelyonka*. Me puse una sudadera y me senté delante de la cámara con la cara verde y un ojo hinchado que no podía abrir.

Decenas de miles de espectadores vieron la emisión en directo aquella tarde. En total, la visionaron dos millones de personas. Esperaba que el ojo fuera mejorando, pero no fue así. Al día siguiente, los médicos me dijeron que era poco probable que conservara la vista. Habían mezclado el *zelyonka* deliberadamente con algún veneno y me habían quemado la córnea.

Tuve que permanecer unos días en una habitación con las cortinas cerradas, porque la luz me deslumbraba. El jueves siguiente presenté el programa con un parche negro sobre el ojo, como un pirata. Me habían advertido que los potentes focos del estudio podían dejarme completamente ciego de aquel ojo. Tenía la posibilidad de someterme a una operación en España, donde contaban con una tecnología que no estaba disponible en Moscú, pero yo no podía salir de Rusia. Hacía seis años que se me negaba un pasaporte para viajar al extranjero.

El ataque con *zelyonka* había quedado grabado en un circuito de cámaras de seguridad y los rostros de mis atacantes eran perfectamente visibles. Al día siguiente sabíamos ya que pertenecían a un grupo de agitadores enviado por el Kremlin. Denuncié el atentado a la policía, pero, por supuesto, no se abrió ninguna investigación criminal. Aunque los nombres e incluso las direcciones de quienes me habían atacado aparecieron en internet casi de inmediato, la policía alegó que sería «imposible» descubrir quiénes eran los perpetradores.

No obstante, en este caso el Kremlin fue consciente de que había ido demasiado lejos. Creo que la combinación de la inacción de la policía y la indignación de mis simpatizantes tuvo un cierto impacto. Constataron que aquel ataque no me iba a frenar y que cada vez tenía más apoyo. En un solo día, como si alguien hubiera agitado una varita mágica, me emitieron el pasaporte que durante tanto tiempo había esperado. Me sometí a una operación en Barcelona, donde los médicos consiguieron salvarme la visión del ojo.

Hubo otros intentos de interferir en mi campaña. Hay que admitir que no es fácil hacer campaña con el candidato en un centro de detención. Me pasé dos meses de aquel año arrestado (y al Kremlin le gustó tanto que al año siguiente me arrestó durante tres meses). La primera vez que me metieron en la cárcel durante la campaña presidencial fue tras las manifestaciones espoleadas por el documental *On vam ne Dimon* [No lo llames Dimon]. Me explico:

El 26 de marzo de 2017, Moscú se despertó con una noticia sorprendente procedente del este del país. Miles de personas habían tomado las calles de Vladivostok, luego de Jabárovsk, después de Novosibirsk y de Ekaterimburgo y finalmente de más de un centenar de ciudades. Llevaban zapatillas deportivas de colores y patitos hinchables amarillos. Decenas de miles de personas se concentraron en Moscú y San Petersburgo. Incluido yo, aunque mi protesta no duró demasiado, unos cinco minutos, es posible que incluso menos. Le deseé a mi hijo Zajar feliz cumpleaños, salí de casa y, apenas había llegado a la plaza de Pushkin, me agarraron y me metieron en un furgón policial. A la policía no le resultó fácil marcharse de allí. Un muro de manifestantes rodeó el furgón y bloqueó la carretera.

Era la primera vez que se producía una manifestación masiva a causa de una investigación por corrupción. Habíamos emitido el documental el 2 de marzo de 2017. En ella revelábamos las prácticas ilegales de Dmitri Medvédev, amigo íntimo y colega de Putin desde los tiempos en que habían trabajado juntos en el Ayuntamiento de San Petersburgo, y primer ministro en aquella época. Hasta 2008, Medvédev había sido el presidente del Gobierno; luego él y Putin habían intercambiado sus puestos. De esta manera, Putin evitaba incumplir la Constitución, que le prohibía ejercer un tercer mandato consecutivo como presidente, y se aseguraba también de no ceder el poder. Era una estrategia burda. Tras los cuatro años de mandato presidencial de Medvédev, hicieron un movimiento de enroque, como en el ajedrez, y se intercambiaron los cargos de nuevo.

Medvédev fue el hazmerreír de todo el mundo durante su presidencia. Fingía ser un liberal que apostaba por las nuevas tecnologías, la prensa escrita e internet. Se abrió cuentas en Twitter e Instagram, lo que, para las autoridades rusas, era como volar a la Luna. (Putin no utiliza las redes sociales y no sabe usar un ordenador. Considera que internet es un complot de la CIA.) El único «logro» que siguió vigente tras los cuatro años de Medvédev en el poder fue rebautizar como «policía» a lo que hasta entonces se conocía como «milicia».

Medvédev parecía inofensivo e incongruente. Le ponían todo tipo de apodos, como «Penoso» y «Dimon» (un diminutivo informal y algo despectivo de su nombre de pila). En una entrevista, su jefa de prensa pidió con semblante grave que la gente no llamara a Medvédev «Dimon» en internet e insistió en que su jefe era una persona responsable y seria.

De ahí que, de partida, tituláramos nuestra investigación *On vam ne Dimon* [No lo llames Dimon]. Resultó que Medvédev no solo era tonto, sino, además, corrupto sin paliativos. Utilizaba una red de fundaciones benéficas para obtener dinero de los oligarcas y registrar sus lujosas viviendas. Viajamos en secreto a cada una de ellas, hicimos volar nuestro dron de manera clandestina y luego mostramos con todo lujo de detalle cómo vivía Medvédev. Averiguamos que tenía una enorme finca a orillas del río Volga, en la histórica ciudad de Pliós. En medio de un gran estanque de aquel terreno había hecho construir una pequeña caseta para patos. No sé por qué nuestro público se fijó tanto en aquel detalle en concreto, pero desde entonces un patito pasó a ser el símbolo de nuestra investigación y de todas las manifestaciones en contra de la corrupción.

Las zapatillas deportivas se convirtieron en otro símbolo. Gracias a ellas fuimos capaces de dilucidar todo el sistema corrupto de Medvédev. En 2014, un grupo de *hackers* se coló en el buzón del primer ministro y publicó los correos electrónicos que encontró. Los examinamos en detalle y resultó que a Medvédev estaba obsesionado con las zapatillas deportivas. Las encargaba por docenas y hacía que se las enviaran a la dirección del director ejecutivo de varias fundaciones benéficas. Gracias a esos pedidos fuimos capaces de demostrar el primer vínculo entre esas fundaciones y Medvédev, a partir de lo cual desvelamos todo lo demás: el chalé en Krásnaya Poliana, la finca en la región del Kursk y los viñedos en la Toscana y Anapa.

Medvédev inscribió a nombre de una de sus fundaciones benéficas una casona enorme en Rubliovka, el barrio más caro, situado a las afueras de Moscú, en el que viven dirigentes y oligarcas. Uno de ellos, Alisher Usmánov, fue quien presentó dicha casa a la fundación de Medvédev. A partir de nuestra investigación, el propio Usmánov participó de manera inesperada en el debate. Grabó uno de los vídeos más raros que he visto. Lo tituló «¡Te escupo en la cara, Alexéi Navalni!». Sentado en su famoso yate de 600 millones de dólares, el Dilbar, una de las personas más ricas del planeta declaraba que, a diferencia de mí, él «vivía feliz» y me llamaba «perdedor» y «bobo».

Medvédev también reaccionó de manera desconcertante a nuestra investigación sobre él. Mientras se hallaba de visita en la fábrica de procesamiento de carne Tambov Bacon, dio una rueda de prensa improvisada donde calificó nuestra investigación de «chorrada, fango y compota de fruta», pero no explicó de dónde salían todas las casas de campo, los viñedos y las fundaciones benéficas. Siguió acusándome no solo de investigar la corrupción en mi propio beneficio, sino de «tener la poca vergüenza de intentar que la gente [me] votara» como presidente. Teniendo en cuenta que yo llevaba casi cuatro meses de campaña electoral, su revelación no fue precisamente chocante.

El 26 de marzo, mientras tenían lugar las manifestaciones en todo el país, mis colegas las retransmitían en *streaming* desde nuestra oficina. La gente nos enviaba fotografías y vídeos desde las calles, y nosotros los publicábamos en directo. En el momento álgido de la retransmisión, cuando había unos 150.000 espectadores, tuvimos un apagón en la oficina. Acto seguido irrumpieron policías con perros, arrestaron al personal que estaba en el despacho y requisaron todo nuestro material, tanto ordenadores como cámaras, focos y micrófonos. Por supuesto, nunca se nos devolvió nada. Como he dicho antes, el Kremlin aplicaba esta táctica deliberada para arruinarnos. Trece miembros del personal que participaban en la retransmisión fueron trasladados a celdas de detención.

Nuestra investigación destruyó la carrera política de Medvédev y se convirtió en un punto de inflexión para todo el movimiento opositor. Diez días después de la emisión del documental, hice un llamamiento a la población para que saliera a las calles y exigiera respuestas. Muchas personas se mostraban escépticas. Consideraban que sería imposible llevar a cabo concentraciones multitudinarias en toda Rusia; esas cosas solo pasaban en Moscú y San Petersburgo. Pero el 26 de marzo hubo protestas en más de un centenar de ciudades. Aquello ilustraba que lo único que conseguía unir a ciudadanos con opiniones políticas dispares era la lucha contra la corrupción. Algunas de esas protestas se organizaron desde nuestras delegaciones, pero de otras se encargaron voluntarios sobre el terreno. El 80 por ciento de los asistentes eran jóvenes que nunca antes habían ido a una manifestación.

Me siento muy orgulloso de lo que conseguimos. Despertamos el interés por la política en toda una nueva generación de jóvenes. Demuestran iniciativa, son capaces de organizarse, están profundamente insatisfechos con lo que sucede en su país y no temen salir a las calles a defender sus creencias.

La campaña presidencial sobrepasó todo lo que habíamos hecho hasta entonces. Centenares de personas trabajaron en ella a diario, y centenares de miles nos apoyaron, ayudaron, donaron dinero, compartieron nuestras investigaciones y participaron en las manifestaciones.

Mi nombramiento oficial como candidato a la presidencia tuvo lugar el 24 de diciembre de 2017. Según la ley, para postularse uno mismo tiene que contar con un apoyo superior a quinientos votos. En Moscú, la candidatura de Putin la presentó un grupo de oficiales, deportistas de ambos sexos y actores. Nosotros decidimos presentar mi nominación desde las veinte ciudades principales de manera simultánea. Éramos conscientes de que, si convocábamos un solo encuentro, podían desarticularlo. De manera que cualquiera que quisiese pudo participar en el proceso de nominación en cada ciudad, si bien en Moscú invité a voluntarios que habían colaborado en nuestra campaña. De haber hecho extensiva la invitación a todo el mundo, habría habido tanta gente involucrada que no habríamos podido completar el proceso en un solo día.

Hasta el último momento no supimos dónde tendría lugar el proceso de nominación en Moscú. Como de costumbre, tuvimos problemas con las salas. En un primer momento, los propietarios accedían alegremente a que usáramos sus instalaciones y me expresaban su apoyo, pero al día siguiente me telefoneaban y se excusaban con un «Lo lamento, pero no va a ser posible». Al final, optamos por una solución drástica. Puesto que todo el mundo desestimaba nuestra petición de alquilar una sala, decidimos levantar una. Alquilamos una carpa enorme y la montamos en la playa del parque Serebriany Bor. Y en el último minuto enviamos la invitación a los voluntarios.

Justo cuando llegaba allí aquella mañana, tenían lugar en el lejano este del país los primeros encuentros. Todos ellos salieron adelante, pese a la interferencia de la policía, que alegaba que no estaban autorizados. En todo el país participaron en torno a quince mil personas.

Nos habíamos pasado un año haciendo campaña, recorriendo el país, manteniendo reuniones y transmitiendo nuestro mensaje, y ahora tenía a unas setecientas personas ante mí. El abogado de la Fundación Anticorrupción, Iván Zhdánov, anunció:

—Estamos aquí para votar la propuesta de Alexéi Navalni como candidato para el cargo de presidente de Rusia. ¿Quién está a favor?

Todo el mundo alzó la mano. Fue un momento sobrecogedor. Me sentí abrumado por la gratitud y la sensación de responsabilidad tanto hacia quienes habían colaborado conmigo durante todo ese tiempo como hacia quienes estaban entre el público y habían votado por mí, y por quienes me brindaban su apoyo de punta a punta del país. Me enorgullecía ser el candidato de toda aquella gente tan valiente y honesta.

De pie sobre el escenario con mi mujer, mis hijos y mis más estrechos colaboradores, pronuncié un discurso en el que afirmé que participábamos en las elecciones para ganar, porque representábamos la mayor fuerza opositora del país. Y también dije que, si me denegaban el registro como candidato, llamaría a boicotear los comicios.

Aquella noche, a las 21.00 horas, entregamos los documentos de la candidatura. Al día siguiente me convocaron a una reunión, una señal de que la Comisión Electoral Central ya había tomado una decisión. La directora de la CEC, Ella Pamfílova, estaba allí rodeada de su personal. Me anunció con arrogancia que me habían prohibido participar en las elecciones a causa de la sentencia del caso Kirovles. Para entonces, el caso se había trasladado al Tribunal Europeo de Derechos Humanos por segunda vez y el veredicto estaba al caer.

—Yo estuve trabajando en una fábrica durante doce años en la época soviética mientras que usted gana dinero recaudando donativos ilegales y engañando a la gente joven —me espetó Pamfílova.

Tales palabras, que solo podían causar perplejidad, fueron el preámbulo de dos denuncias criminales contra mi persona: «implicar a menores en actividades ilegales» (según las autoridades, en eso consistía la participación de jóvenes en mis mítines) y «recaudar fondos para financiar el extremismo» (tildaban mi campaña presidencial de «extremista»). Incluso sentado como lo estoy ahora en una celda en prisión, esa segunda acusación podría costarme una condena a treinta años.

Tal como había prometido, tras aquella reunión hice un llamamiento a la «huelga de votantes», con lo cual no solo me refería a boicotear los comicios, sino a publicitar tal boicot y a inscribirse como observadores electorales. Conseguimos colocar a 30.000 en los colegios. El Kremlin tuvo que amañar tanto los datos de participación como los resultados ante sus ojos; después, internet se llenó de vídeos de cómo lo hizo.

Aunque no se me permitió participar en las elecciones, aquella campaña nos ayudó a llevar nuestro movimiento a un nuevo nivel. La red de delegaciones que habíamos establecido se convirtió en una estructura operativa permanente de la oposición, una nueva forma, capaz de movilizar a la gente a manifestarse en cualquier ciudad, de tomar parte en las elecciones y de ganarlas.

Capítulo 18

En Rusia, el poder no cambia a resultas de las elecciones. Pronuncié esta frase en una entrevista en 2011. Ahora bien, es innegable que, en la fase previa a unos comicios, la atención pública se centra en la política, y hay que aprovecharlo. Además, en ese momento es cuando las autoridades acostumbran a ser más vulnerables. Lo comprobamos en 2011, cuando Rusia Unida amañó su victoria en las elecciones parlamentarias y ello desencadenó inmediatamente protestas masivas.

Ese mismo año pedí a los votantes que optaran por cualquier partido salvo Rusia Unida. En 2018, después de que se me impidiera presentarme a las elecciones presidenciales, llamé a boicotear los comicios, y con ello me gané no pocas críticas por parte de aquellos que consideraban que mi postura era incoherente. De hecho, era perfectamente lógica. Deberíamos usar siempre las elecciones para infligirle todo el daño posible al Kremlin.

A finales de 2018 se nos ocurrió una nueva estrategia: el voto útil. Mediante este método aspirábamos a destruir el monopolio del poder de Rusia Unida, que era algo que nunca antes se había puesto en práctica. El candidato del partido de Putin siempre había obtenido al menos el 25 o el 30 por ciento de los votos, y el resto se dividía entre los distintos representantes de la «oposición sistémica». El Kremlin se aseguraba celosamente de que esos candidatos no pactaran entre sí. Suscitaba discrepancias entre ellos antes de las elecciones y dividía al electorado. Todo el mundo quería estar «en una buena circunscripción», lo cual comportaba *ipso facto* que distintos candidatos de la oposición en las regiones centrales se robaran votos entre sí y, de rebote, ayudaran a elegir al candidato de Rusia Unida. Decidimos que, si los políticos eran incapaces de llegar a acuerdos, intentaríamos que lo hicieran los votantes.

La idea era que nosotros seleccionábamos a un segundo candidato, el mejor posicionado, y pedíamos a todo el mundo que le diera su voto, aparcando sus diferencias ideológicas. Determinamos quién sería esa persona analizando los resultados de las elecciones recientes y recabando la opinión de analistas políticos locales. En casi todos los casos, el segundo candidato con más posibilidades era un comunista. He escrito en estas páginas cosas que demuestran que no soy precisamente fan del comunismo, pero nos hallábamos ante una situación distinta. No se trataba de que quisiera que ganaran los comunistas; lo que quería era derrotar a Rusia Unida.

En el verano de 2019 pusimos en práctica nuestra idea del voto útil en los comicios municipales a la Duma de Moscú. Yo no podía presentarme, pero muchos de mis colegas y simpatizantes sí. Anunciamos nuestro plan unos cuantos meses antes de las elecciones y recibimos un fuerte apoyo. Por supuesto, también había gente descontenta: «¡Llevo veinte años votando a Yábloko y seguiré haciéndolo pase lo que pase!». «¿Votar a los comunistas? ¿A esos caníbales? ¡Por encima de mi cadáver!» Expliqué que, en la situación en la que estábamos, daba igual votar a una silla; cualquier cosa sería mejor que el candidato de Rusia Unida. Mi otro argumento era que, cuantos más delegados ajenos a Rusia Unida hubiera en el Parlamento, más atrevidos serían.

El Kremlin no tardó en darse cuenta de que nuestra táctica había cuajado entre el público y que afrontaba una derrota en otoño. Así que utilizó su método de eficacia contrastada: prohibirles a los candidatos más populares que se presentaran. De hecho, a la mayoría de ellos los arrestaron durante un mes (y a algunos incluso durante más tiempo).

Los candidatos independientes lucharon hasta el final, entre ellos Liubov Sóbol. Ante la negativa de las autoridades a registrar su candidatura, se declaró en huelga de hambre y se negó a abandonar la comisión electoral. El vídeo de Sóbol siendo sacada del edificio sentada en el sofá que se había negado a abandonar se convirtió en el símbolo de la campaña.

Un par de meses antes, la gente veía con aburrimiento las elecciones a la Duma de Moscú. En cambio, ahora atraían la atención de toda la nación. La prohibición generalizada de los candidatos conllevó protestas masivas en las calles de la capital del país. Se presentaron cargos contra algunos de los que participaron, el principal el de «atentar contra la integridad física de la policía». Lanzarle un vaso de plástico vacío a un antidisturbios se consideraba un ejemplo de ello. Aquellas manifestaciones se convirtieron en un hito en la historia de las protestas en Rusia, no solo porque a ellas se sumaron personas nuevas, sino también por el recrudecimiento de la represión. En 2017 se podía recibir una condena de quince días en la cárcel por participar en una concentración. En 2018, la cifra había subido a treinta días. A partir de 2019, uno se arriesgaba a pasar entre rejas varios años.

Las elecciones se celebraron en septiembre. Aunque habían prohibido a los verdaderos candidatos, el voto útil funcionó. El número de escaños del partido de Putin cayó de cuarenta a veintiocho. Logramos también expulsar al líder de Rusia Unida en Moscú. Conseguimos elegir a algunos diputados auténticos para la oposición, quienes a partir de entonces criticarían sin dobleces tanto al alcalde de Moscú como a Putin desde el Parlamento de la capital. Algunos candidatos totalmente insospechados a los que se había postulado con la esperanza de que diluirían el voto de protesta se vieron sorprendidos por su éxito, igual que nosotros (así es como funciona el voto útil). Pero, tal como había esperado, la Duma de Moscú pasó a estar integrada a partir de entonces por un conjunto completamente distinto de diputados. No quedaba nada del monopolio de Rusia Unida, y la oposición «sistémica» se atrevió a hablar con una voz cada vez más contundente.

Todo esto lo supe a través de la radio. De la radio de la cárcel, para ser exactos. Me habían vuelto a arrestar, como pasaba cada vez que me manifestaba, pero estaba encantado. El voto útil había funcionado en Moscú, así que podíamos extrapolar la misma estrategia a toda Rusia. El verano siguiente se celebrarían las elecciones a los parlamentos regionales en Siberia y en un año había elecciones a la Duma estatal.

Invertimos casi un año en preparar la campaña siberiana. Volé a Siberia en el verano de 2020 para asestar el golpe decisivo a la campaña: filmar nuestras investigaciones en Novosibirsk y Tomsk. Todo salió como la seda y grabamos el material. La noche del 19 de agosto me dirigí al restaurante del hotel donde me alojaba con mi equipo. El restaurante cerraba temprano, pero mis colegas, que ya habían cenado, convencieron al personal de la cocina de que me prepararan algo para comer.

—En realidad no me apetece nada —dije yo—, mi avión sale muy temprano por la mañana. Me tomo una copa con vosotros y me voy a dormir.

Tras la barra había un camarero nuevo con un aspecto extraño que parecía mirarme fijamente. El día anterior nos había servido otra persona. Asumí que eran turnos diferentes.

—Póngame un Negroni, por favor —le pedí, y me olvidé del hombre de detrás de la barra.

Cuando me trajeron el cóctel, tenía un sabor tan raro que no pude tomarme más de un sorbo. Me cruzó la mente un pensamiento sobre aquel camarero inquietante, que no parecía encajar allí. Dejé la bebida, les di las buenas noches a todos y subí a mi habitación.

Es 20 de agosto de 2020. Suena la alarma a las 5.30. Me despierto sin esfuerzo y me dirijo al cuarto de baño. Me doy una ducha. Se me ha acabado el desodorante. Me froto el plástico seco por las axilas y luego tiro el aplicador a la papelera, donde mis colegas lo hallarán horas más tarde cuando vengan a registrar la habitación.

Me temo que voy a perder el avión.

No hubo un momento concreto en el que me diera cuenta de que a partir de entonces mi vida corría peligro. Por el contrario, hasta el día en que me envenenaron, estaba convencido de que cada año que pasaba estaba más seguro. Cuanto más conocido fuera, más difícil les resultaría matarme... o eso pensaba.

Incluso ahora considero que cuando corrí más peligro fue en 2004, cuando aún era miembro de Yábloko. En aquel entonces organicé el Comité para la Defensa de los Moscovitas y luchábamos contra la construcción ilegal en la ciudad. La población local no la veía con buenos ojos y, como abogado, intenté ayudarlos.

El método tradicional que empleaban los constructores moscovitas para solucionar los problemas era contratar a alguien para que te golpeara en la cabeza con un bate de béisbol en la puerta de tu casa. Por eso yo siempre había considerado que combatir la corrupción local era lo más peligroso que podía hacerse. Siento la mayor de las admiraciones por los activistas que lo hacen en las distintas regiones, sobre todo en el Cáucaso.

Pero a aquellas alturas yo era ya una figura pública, demasiado conocida para que se arriesgaran a matarme.

Es evidente que me equivocaba.

Nunca olvidaré una conversación que tuve con Borís Nemtsov diez días antes de que lo asesinaran. Éramos tres: Nemtsov, su amigo y yo. Nemtsov me dijo que yo corría peligro. El Kremlin podía matarme fácilmente porque no formaba parte del sistema. En cambio, él, Nemtsov, era invulnerable, porque era alguien de dentro, un ex viceprimer ministro y, además, conocía a Putin personalmente y había trabajado para él muchos años. Tres días después, me arrestaron. Y una semana después de eso, mataron a Nemtsov de un tiro a 200 metros del Kremlin. Fue entonces cuando entendí que todas esas conversaciones sobre quién estaba en peligro y quién no carecían de sentido. No tenemos ni idea de qué pasará a continuación. Hay un loco en concreto llamado Vladímir Putin. Y a veces se le retuerce algo en el cerebro, anota un nombre en un papel y ordena: «Matadlo».

El asesinato de Nemtsov fue un golpe tremendo para todos, y mucha gente se asustó. Incluso Yulia, que es una persona de un coraje asombroso, me contó después que aquella noche, al quedarse sola en casa con los niños, se sintió muy insegura y pensó: «¿Es esto el principio? ¿Van a matar ahora a la oposición? ¿Nos atacarán con armas?». Habiendo conocido personalmente a Borís, su crimen me horrorizó, pero no pensé que la amenaza contra mi vida se hubiera incrementado.

Siempre he intentado hacer caso omiso a la idea de que podrían atentar contra mí, arrestarme o incluso matarme. No puedo controlar lo que sucederá y sería autodestructivo obcecarme en ello. No sé si vale la pena pensar: «¿Qué posibilidades tengo de sobrevivir a esta mañana? No lo sé. ¿Seis de diez? ¿Ocho de diez? ¿Quizá incluso diez de diez?». No es que me niegue a pensar en ello, que cierre los ojos y finja que el peligro no existe. Es solo que un día tomé la decisión de no tener miedo. Lo sopesé todo, entendí cuál era mi posición, y la acepté. Soy un político opositor y sé perfectamente quiénes son mis enemigos, pero, si estuviera preocupado todo el tiempo por la posibilidad de que me maten, no merecería la pena vivir en Rusia. O bien tendría que emigrar o bien cambiar de trabajo.

El problema es que a mí me encanta lo que hago, y creo que debo seguir haciéndolo. No estoy loco, ni tampoco soy un irresponsable ni un temerario. Lo que ocurre, sencillamente, es que en mi fuero interno sé que esto es lo que tengo que hacer, que este es el propósito de mi vida. Hay gente que cree en mí. Está mi organización, la Fundación Anticorrupción, y está mi país, y deseo con todas mis fuerzas que sea libre. Por supuesto que existen amenazas, pero forman parte de mi trabajo y las acepto.

Los que sí me preocupan de verdad son mi mujer y mis hijos. Me aterroriza pensar que puedan poner novichok en la manecilla de la puerta de mi casa y que mi hijo o mi hija lo toquen. Un par de semanas antes de que me envenenaran vivimos un episodio horrible en Kaliningrado. Yulia y yo estábamos sentados en una cafetería y, de repente, ella empezó a encontrarse mal. Prácticamente se estaba muriendo en la silla, delante de mis ojos, pero yo no me di cuenta y le sugerí cono si tal cosa:

—¿Por qué no vas a la habitación a tumbarte un rato?

Ahora entendemos que es muy probable que la envenenaran con novichok. Las sensaciones que experimentó son idénticas a las que viví yo tiempo después en aquel avión, aunque más leves. Luego supimos que los mismos integrantes del FSB que me habían envenenado en Tomsk me habían seguido en ese viaje a Kaliningrado. Y me horroriza la idea de que, cuando Yulia al final se marchó, podrían haberla hallado muerta en un banco del parque dos minutos después. Es un pensamiento que me resulta insoportable, pero tampoco eso es una cuestión de valentía.

He tomado mis decisiones. Intento, por supuesto, minimizar los riesgos para mi familia, pero hay cosas que escapan a mi control. Mis hijos saben que pueden arrestarme, igual que mi mujer; ya hemos pasado por ello muchas veces. En cuanto a la idea de que pudieran matarme, lo cierto es que no nos lo esperábamos, pero eso no cambia nada.

Soy un ciudadano ruso, tengo ciertos derechos y no estoy dispuesto a vivir con miedo. Si tengo que luchar, lucharé, porque sé que tengo razón y que son ellos quienes se equivocan. Porque estoy en el bando del bien y ellos en el del mal. Porque hay gente que me apoya.

Soy consciente de que estas son ideas muy básicas, incluso populistas, pero precisamente porque creo en ellas no tengo miedo. Y sé que tengo razón.

No me gusta estar en la cárcel. No me reporta ningún placer. Es horrible, y una pérdida de tiempo inútil. Pero, si no queda más remedio, que así sea. Digo lo que pienso y sostengo que, cuando ascienda al poder, llevaré a la justicia a esa gente del Kremlin, porque están robándole a la nación. Por supuesto, a ellos no les gusta nada esta idea, y por eso intentan detenerme por todos los medios a su alcance. Lucho contra ellos y eso hace que me consideren su enemigo.

No sé cómo se va a desarrollar mi vida, e intentar preverlo es un ejercicio de mera especulación. Hay dos puntos de vista opuestos. La mitad de la gente piensa que, como ya han intentado matarme una vez, seguirán haciéndolo hasta que lo consigan. Putin ordenó mi muerte y está furioso porque su orden no se ha ejecutado. La otra mitad, entre quienes me incluyo, cree que después del atentado infructuoso contra mi vida y de nuestra investigación subsiguiente, preferirán mantener las distancias. El Kremlin no deja de repetir que nadie ha intentado asesinarme. Si me envenenaran y muriera a causa del novichok o de un infarto repentino, ¿cómo lo explicarían? Quizá me engañe, pero, en todo caso, nadie conoce el futuro y carece de sentido intentar predecirlo.

Ahora bien, hay algo de lo que sí estoy seguro: me cuento entre el 1 por ciento más feliz del planeta, el de las personas que adoran su trabajo. Disfruto hasta del último segundo. Cuento con un gran apoyo por parte de la población. Y conocí a una mujer con la que comparto no solo amor, sino los mismos valores. Ella se opone tanto como yo a lo que está pasando. Nuestro país se merece algo mejor. El pueblo ruso podría ser veinte veces más rico de lo que es. Y eso no es mera palabrería ni por mi parte ni por la de Yulia; ambos queremos hacer algo al respecto. Al menos lo estamos intentando, porque creemos que vale la pena. Quizá no lo consigamos. Quizá todo cambie cuando no estemos. Pero tenemos que intentarlo. Quiero que nuestros hijos y nietos sepan que sus padres fueron buenas personas y que se pasaron la vida intentando crear algo positivo.

Cuando Zajar estaba en primaria, en el colegio un día les preguntaron a qué se dedicaban sus padres. Algunos respondieron: «Mi padre es médico» o «Mi madre es profesora». Zajar contestó: «Mi padre lucha contra gente mala por el futuro de nuestro país». Cuando me lo dijeron, fue el momento más feliz de mi vida. Fue como si me hubieran puesto una medalla.

No tengo una idea concreta sobre el amor hacia mi país. Sencillamente, lo amo. Para mí, Rusia es uno de los elementos de los que estoy hecho. Es como el brazo derecho o la pierna izquierda; uno no puede describir por qué los quiere.

Cuando regreso de algún sitio, incluso antes de bajar del avión, experimento una sensación de estar en casa. Y sí, hay países con una gastronomía más elaborada, otros donde impera el orden y algunos con una arquitectura más bella. Adoro viajar. Pero, sobre todo, me gusta regresar a mi país, porque, cuando camino por la calle, tengo la sensación de estar entre aquellos más cercanos a mí. Es como estar en familia.

Los rusos son gente maravillosa. De primeras, no son demasiado hospitalarios, pero he de confesar que eso me agrada. Son complejos y les gusta filosofar. A mí también me encanta. Convierten cualquier cosa en una pregunta existencial y en una excusa para debatir acerca del futuro del país. Yo hago lo mismo. Una vez describí la «Bella Rusia del Futuro» como un Canadá metafísico: un país nórdico rico con baja densidad de población en el que todo el mundo vive bien y está obsesionado con el razonamiento filosófico.

Me fascina el ruso, nuestra lengua. Me hipnotizan los melancólicos paisajes, que hacen que se me aneguen los ojos de lágrimas al mirar por la ventana; son una maravilla. Y me siento un privilegiado, porque lo tengo todo muy cerca. Me encantan nuestras canciones tristes. Y la literatura y el cine. Todo gira en torno a la angustia, la contemplación, el sufrimiento, la melancolía y la autorreflexión.

Seguramente, a juzgar por mi descripción, Rusia se antoje un lugar triste, pero, en realidad, somos gente muy alegre. Me fascina nuestro humor negro. A la gente aquí le gusta bromear acerca de temas políticamente incorrectos. Nuestros chistes suelen bordear lo que se considera aceptable, pero ese es el motivo por el que el internet ruso actual me resulta mucho más divertido que el occidental.

El mayor error que comete Occidente sobre Rusia es equiparar al Estado ruso con la población rusa. En realidad, no tienen nada que ver, y la peor desgracia de nuestro país es que, de todos los millones de personas que viven aquí, una y otra vez el poder acaba en manos de los mayores cínicos y embusteros. Hay un dicho popular que afirma que cada país tiene el Gobierno que se merece, y mucha gente cree que esto también se aplica a Rusia. De lo contrario, nuestra gente se habría rebelado y habría derrocado al régimen. Sin embargo, yo no creo que eso sea cierto. Muchísimos de mis conciudadanos no están de acuerdo con lo que ocurre y no lo escogieron. Con todo, si aceptamos que aun así la responsabilidad recae sobre los hombros de cada uno de nosotros, entonces también lo hace en los míos. Así que me corresponde luchar con más fuerza si cabe para cambiar el *statu quo*.

Si me preguntan si odio a Vladímir Putin, mi respuesta sería que sí, lo odio, pero no porque haya intentado matarme ni porque haya metido a mi hermano en prisión. Odio a Putin porque le ha robado los últimos veinte años a Rusia. Podrían haber sido unos años increíbles, una época como no hemos conocido en toda nuestra historia. No teníamos enemigos. Reinaba la paz en todas nuestras fronteras. El precio del petróleo, del gas y de nuestros recursos naturales estaba por las nubes. Las exportaciones generaron unos ingresos inmensos. Putin podría haber empleado esos años en convertir Rusia en un país próspero. Todos nosotros podríamos haber vivido mejor.

En lugar de ello, 20 millones de personas viven por debajo del umbral de la pobreza; parte de ese dinero sencillamente se lo han embolsado Putin y sus compinches. Y parte se ha despilfarrado. No han hecho nada bueno por nuestro país, y ese es su peor delito contra nuestros hijos y contra el futuro de la nación. Me temo que nunca viviremos un periodo con tanta abundancia de alimentos, tan pacífico y feliz, y no puedo evitar lamentarlo y sentir odio hacia quienes nos han arrebatado la posibilidad de disfrutarlo.

El símbolo de mis convicciones es la Bella Rusia del Futuro que he mencionado antes. Estoy convencido de que podríamos ser un país normal, uno rico, en el que imperase la ley. Por encima de todo, la Bella Rusia aspira a ser la Rusia normal.

Empecemos por la idea de dejar de matar a gente. Combatamos la corrupción. Por supuesto que también la hay en Estados Unidos y en Europa, pero si al menos conseguimos rebajar su descabellado nivel actual en nuestro país, descubriremos de repente que hay fondos para invertir en educación y en sanidad. Entenderemos que podemos tener tribunales independientes y elecciones limpias. En el transcurso de nuestra historia, hemos tenido primero zares, luego emperadores, después secretarios generales y, por último, presidentes, y todos ellos sin excepción han sido autoritarios. No podemos seguir así.

Nuestra labor consiste en romper este círculo vicioso a resultas del cual, una y otra vez, quienquiera que ostente el poder se vuelve un tirano. Hay que restringir los poderes del presidente; tiene demasiados en sus manos. El poder debería repartirse entre el Parlamento, los gobernadores regionales y los alcaldes. Los impuestos que se recaudan en las regiones deberían quedarse en ellas, y no enviarse a Moscú. Pero, en Rusia, todo gira en torno a Moscú. La única fuente de poder es el Kremlin y, en concreto, el despacho que ocupa el presidente. Un país tan grande no debería estar gobernado así.

Convirtámonos por fin en un país normal. Sería maravilloso.

No es un objetivo inalcanzable. Describo a la Bella Rusia del Futuro y quiero que se entienda que es perfectamente posible crearla y que tenemos que luchar por ello ahora mismo.

Mi historia continuará, pero independientemente de lo que nos suceda a mí, a mis amigos y a los aliados de la oposición, Rusia tiene la posibilidad de convertirse en un país próspero y democrático. Este régimen siniestro basado en las mentiras y en la corrupción está condenado al fracaso. Es posible hacer realidad los sueños.

El futuro es nuestro.

Cuarta parte

LA CÁRCEL

Tras la comparecencia judicial en el Departamento de Policía de Jimki, Alexéi fue trasladado a la prisión preventiva de Matrosskaia Tishina, en Moscú. La base formal para el arresto de Alexéi fue el caso Yves Rocher, resuelto siete años antes. Ahora se lo acusaba de violar los términos de su libertad provisional. En febrero de 2021 fue sentenciado a tres años y medio en prisión.

El segundo juicio, celebrado en paralelo, giraba en torno a las supuestas calumnias vertidas contra un veterano de la Gran Guerra Patriótica. En el verano de 2020, el canal propagandístico Russia Today emitió un vídeo en apoyo a las enmiendas a la Constitución rusa (la principal de las cuales tenía por fin permitir la reelección indefinida de Putin). Entre los actores y deportistas que aparecían en el vídeo figuraba un veterano de la Gran Guerra Patriótica. En un tuit, Alexéi calificaba a todos los participantes en aquel vídeo de «desgracia para el país». A causa de ello, el Comité de Investigación lo acusó de difamar el honor y la dignidad de un veterano de guerra. Le impusieron una sanción.

En el transcurso de los tres años siguientes, Alexéi fue juzgado en varias ocasiones más con subterfugios variopintos; los juicios se celebraron en instalaciones carcelarias y no se permitió la asistencia ni de sus familiares ni de la prensa. En marzo de 2022, Alexéi fue condenado a nueve años en una colonia «de régimen estricto» por malversación. En agosto de 2023, fue sentenciado a diecinueve años en una colonia con un «régimen especial» aún más estricto por «extremismo». Tras cada veredicto, Alexéi era trasladado a una nueva prisión. Las condiciones de su encarcelamiento se deterioraron rápidamente. En un principio, se lo retuvo en unos barracones comunes con otros presos y podía moverse por la colonia penal, pero, al cabo de un año, pasaba todo el tiempo en confinamiento solitario. Lo encerraban de continuo en una celda de castigo (SHIZO) so pretexto de cometer infracciones como «llevar el botón del uniforme desabrochado». Pasó 295 días encerrado en estos calabozos. Lo privaron de recibir llamadas telefónicas y visitas, y solo le entregaban papel y un bolígrafo durante una hora y media al día; más tarde reducirían este tiempo a solo media hora, hasta que finalmente ya no pudo llevar un diario.

Alexéi prácticamente no recibía atención médica. En marzo de 2021, eso le llevó a declararse en huelga de hambre para exigir ser atendido por médicos civiles. Mantuvo la huelga durante veinticuatro días, y acabó siendo hospitalizado. Gracias al clamor público, al fin se autorizó que pudiera acceder a tratamiento médico.

En diciembre de 2023, sacaron a Alexéi de la colonia. Durante casi un mes, ni su familia ni sus abogados supieron dónde estaba. El 25 de diciembre se lo localizó en una cárcel más allá del Círculo Ártico. El 16 de febrero de 2024, Alexéi Navalni fue asesinado en ese centro penitenciario.

2021

21 DE ENERO

Al final me he decidido a escribir un diario. Primero, porque Oleg me trajo unos cuadernos. Segundo, porque sería una pena desperdiciar una fecha tan bonita y mágica como el 21-01-21. Y tercero, porque, si no lo hago, algunas cosas divertidas que me están sucediendo caerán en el olvido. Por ejemplo, la de hoy. Me han llevado a ver a un psicólogo, en cuya consulta me encuentro ahora mismo. La habitación mide unos cuatro por ocho metros. Hay una mesa y tres sillas (todas ellas atornilladas al suelo) y un espejo de un tamaño considerable encastado en la pared. Es como estar en el cine: estoy seguro de que hay gente sentada al otro lado observando. Siento la imperiosa necesidad de caminar con sigilo hasta el lateral del espejo, salir del campo de visión y luego asomarme de repente poniendo una mueca aterradora para darle un buen susto a mi público. Una vez lo vi hacer en una comedia y, mientras escribo estas líneas, río al recordarlo. Si hay alguien detrás del espejo, deben de estar pensando: «Este tío está como una chota. No para de escribir y de reírse a carcajadas».

El psicólogo ha salido y me ha dejado aquí esperando. No me sorprendería nada que esto fuera otro estúpido test psicológico para comprobar cómo se comporta el sujeto cuando lo dejan encerrado en una consulta sin motivo aparente. ¿Mostrará impaciencia? ¿Caminará nervioso de un lado para otro? ¿O esperará paciente y sumisamente sentado, sin moverse?

Yo al principio me he puesto a caminar de un lado para otro y luego me he sentado a redactar este diario. Me he visto obligado a usar este cuaderno concreto, que es el que llevo a las reuniones con mis abogados.

Cuando me han conducido a esta habitación, he pensado: «Genial, por fin me van a llevar a un lugar medio decente para que me reúna con mis abogados». Al cabo de cinco minutos ha llegado un comandante con uniforme de camuflaje y ha colocado una grabadora de vídeo sobre la mesa (aunque ya hay dos cámaras colgadas del techo).

—Hola —me ha saludado—. Siéntate.

—Gracias, pero prefiero quedarme dando vueltas por la oficina de momento —he respondido yo, pensando que solo había venido a observar cómo iba la reunión con mis abogados.

—Que te sientes —ha insistido—. Soy psicólogo. Tenemos que hablar.

Me ha entregado un formulario doblado. Tenía que rellenarlo.

Le he preguntado al psicólogo su nombre, quejándome de que aquí nadie se me presenta. Siempre son «el camarada comandante» o «el camarada teniente coronel». He supuesto que no pretendería que le llamase «camarada comandante» durante el interrogatorio psicológico...

Ha dado muestras visibles de incomodidad, pero, tras un instante de duda, ha logrado no divulgar ese alto secreto militar.

—Llámame «camarada psicólogo» —me ha dicho.

He estado a punto de soltar una carcajada, pero la he reprimido justo a tiempo al darme cuenta de que hablaba en serio.

A continuación, me ha leído noventa frases en la línea de «Me cuesta conocer a nuevas personas» o «Soy una persona de trato fácil y equilibrada». Yo debía indicar con un símbolo de suma o resta en la casilla de al lado si estaba de acuerdo o en desacuerdo. He anotado debidamente mis respuestas mientras llegaba a la conclusión de que la psicología es una pseudociencia. Acto seguido he tenido que responder a veinte preguntas destinadas a detectar posibles tendencias suicidas («No le veo perspectivas de futuro a mi vida»). Por último, la culminación del test: nueve tarjetas de distintos colores.

—Elige los colores que te resulten más atractivos en estos momentos.

He escogido los más vivos, pero no he podido evitar poner cara de exasperación. Al verlo, el camarada psicólogo, a modo de disculpa, me ha aclarado que, por supuesto, el test solamente tiene sentido en el contexto de todos los demás.

A continuación, la entrevista ha seguido un patrón predecible («Dime, ¿por qué consideras que no eres culpable?»), con detalles característicos del Servicio Penitenciario Federal:

—¿Cómo te encuentras?

—Bien —he contestado, aunque he mencionado que me duele mucho la espalda.

He visto que anotaba «Bien» en el formulario.

La conversación ha desembocado en el clásico final cuando ha salido el tema de la corrupción. El camarada psicólogo me ha espetado un «Los viejos han comido hasta hartarse, así que la siguiente generación vendrá a ocupar su lugar en el comedero», a lo cual yo le he respondido con mi perorata de tres minutos, aportando ejemplos específicos de la corrupción de Putin y sus compinches. Al oírme, el camarada psicólogo ha recordado de repente que tenía otros asuntos urgentes que atender y me ha dicho:

—Es hora de poner fin a la sesión.

Las cámaras corporales suelen tener ese efecto en ellos. Una grabación en la que se critique a Putin (aunque la crítica la vierta yo) les incita a creer que puedan estar recopilándose pruebas que podrían incriminarles en un delito.

En este relato, el psicólogo no sale muy bien parado, pero en realidad es un tipo normal y corriente. Educado. Bastante agradable, la verdad.

Después me han tomado las huellas dactilares por sexta vez en cuatro días.

Por la tarde ha venido a verme Olga Mijáilova, una de mis abogadas, y no ha dejado de reprenderme desde el mismo momento en el que ha entrado. Ayer escribí una nota en un papel pidiendo que se autorizara a visitarme a defensores de los derechos humanos, y todo el mundo parecía convencido de que me iban a asesinar en esta cárcel.

El Servicio Penitenciario Federal hizo pública la nota (conviene tener en cuenta para el futuro que les interesan estas minucias), pero nadie se ha creído que yo la escribiera. Y todo esto porque —¡hip, hip, hurra!— nuestra investigación sobre Putin ya lleva acumuladas cuarenta y cuatro millones de visualizaciones. Y pensar que anoche yo soñaba con que llegara a los veinte...

22 DE ENERO

Cada mañana me toman la tensión, y siempre la tengo perfecta, como un astronauta, a 120/70. En casa siempre la tenía un poco más alta. O bien estar aquí tiene un efecto terapéutico o siempre anotan que todo el mundo tiene la tensión a 120/70. Probablemente sea lo primero.

Durante la inspección matutina, los guardias recuerdan desearte «que tengas un buen día». En la inspección nocturna, te dan las buenas noches. Resulta un poco surrealista que unos tiparracos grandes como moles con uniforme de camuflaje sean tan educados, pero parecen sinceros.

Han vuelto a conducirme a la consulta donde vi al psicólogo y aquí estoy, sentado, esperando. Uno nunca sabe exactamente adónde lo llevan.

«Prepárate y ponte ropa de abrigo» significa que van a sacarte de esta prisión preventiva.

«Prepárate y lleva contigo tu documentación» significa que te trasladan a algún otro punto del centro, pero puede ser por cualquier motivo: ver a un abogado, a alguien de la Comisión de Supervisión Pública (CSP) o incluso a un psicólogo.

Esta vez he sabido que me llevaban a usar el teléfono. Han autorizado mi solicitud para telefonear a Yulia y a mi madre. El altavoz estaba activado, había dos personas a escasa distancia y lo han grabado todo en vídeo. He conseguido hablar con mi madre un rato, pero la suerte no ha querido que pudiera contactar con Yulia.

Después de la llamada telefónica me han llevado de regreso no a la segunda planta, sino a la planta baja. Y aquí estoy, sentado en una sala diminuta con un teléfono, un vidrio y un teléfono idéntico al otro lado, escribiendo. En la ventanilla de al lado alguien ha garabateado con un rotulador: «¡Ojalá ardan todos en el infierno!».

Ha venido a verme Vadim Kobzev. Había traído una carpeta con la cobertura en prensa de mi caso, pero se la han confiscado. Me ha dicho que han arrestado a Kira durante nueve días, que han deportado a Lossie* y que Yulia ha escrito una publicación que casi le ha hecho llorar al leerla en el metro. ¡Esa es mi chica!

La investigación sobre Putin ha alcanzado ya 55 millones de visualizaciones.

Me han llevado por primera vez a hacer «ejercicio». Nos conducen a la séptima planta. Allí hay varias celdas que constituyen «el patio de ejercicio». Con veintisiete pasos (cortos y lentos) recorres el perímetro. Ese es mi ejercicio.

Las paredes de cuatro metros de alto están pintadas de verde, con chorreones de mugre. En lugar de techo hay una rejilla de acero tendida sobre vigas metálicas. Y sobre esa hay malla metálica de gallinero para impedir que se lance nada de un patio al otro.

Un poco por encima de eso hay una tarima sobre la cual camina el guardia para asegurarse de que los prisioneros revoloteamos como es debido y no incumplimos ninguna norma. Me recuerda a un hormiguero que Zajar quería comprarse. Solo que quien observa a las hormigas aquí no es un simple humano, sino una hormiga especializada con uniforme de camuflaje, un gorro peludo y botas de fieltro.

* Vladlen Los, un abogado de la Fundación Anticorrupción.

Más arriba todavía hay una cubierta metálica inclinada, lo cual significa que entre el muro exterior del patio y la cubierta queda un hueco de aproximadamente un metro y medio. Así que haces gimnasia bajo techo, pero por ese lado puedes ver un pedacito de cielo. Digo «cielo», pero en realidad lo que ves son primero rollos de alambre de púas, luego malla metálica, después alambradas y, por fin, el cielo.

Literalmente, lo que se ve es un «cielo cuadriculado», el eufemismo que se utilizaba para hablar de la cárcel durante mi infancia. Un cielo cuadriculado, un traje rayado... Todavía no me han puesto el traje de rayas.

Sin embargo, sí que llevo un abrigo negro de presidiario que me dieron porque fuera hace frío y no tengo «ropa de abrigo adecuada».

Camino en círculos de veintisiete pasos. Si caminas muy rápido, te mareas.

La radio atruena. La música no suena, retumba. En la tercera planta, donde está mi celda, suelo oír la música de los patios de «ejercicio» de la séptima planta. Me llega incluso a través de la ventana cerrada.

De repente tengo la impresión de oír una voz por encima de la música. Presto atención y vuelvo a escucharla.

—¡¡¡Alexéi!!!

¿Me llaman a mí? Pero si nadie sabe que estoy aquí haciendo ejercicio y nadie puede verme... Aun así, respondo a grito pelado:

—¡¿Qué?!

Y alguien me replica algo, también a gritos, pero no consigo discernir qué dice por encima de la música. Me doy cuenta de que la hormiga especializada no está contenta con lo que está ocurriendo. Habla por su *walkie-talkie*.

—¡¿Qué?! ¡No te oigo! —grito yo en respuesta.

El tipo, supuestamente tras llenarse de aire los pulmones y haciendo caso omiso de la hormiga especializada, chilla, haciéndose oír por encima de la radio:

—¡Alexéi, resiste! ¡Toda Rusia está contigo!

—¡Gracias! —le contesto yo, y sigo caminando, profundamente conmovido.

Es un momento inesperado e inspirador. No comprendo cómo diablos ha sabido que yo estaba allí. Tiene que haber algún modo de saber quién más está haciendo gimnasia.

Por la noche, el subcomandante encargado de las condiciones de la detención viene a visitarme.

—Alexéi Anatólievich, debo informarte de que gritar, dar golpes o comunicarse de cualquier otro modo entre celdas está prohibido.

—Yo no he dado ningún golpe.

—Os habéis hablado a gritos.

—Entendido —digo yo—. No volveré a hacerlo. Pero hay algo que me está volviendo loco. No he dejado de darle vueltas en todo el día: ¿cómo ha sabido esa persona que yo estaba haciendo ejercicio?

El subcomandante pone expresión de desagrado, pero contesta:

—Lo único que puedo decir es que los mendigos viven de su ingenio.

Mendigos o no, son más listos que yo. Por más que me devano los sesos, no comprendo cómo lo ha sabido.

23 DE ENERO

Hoy hay previstas concentraciones de protesta en toda Rusia. He intentado averiguar qué está sucediendo haciendo zapeo, pero lo único que he encontrado ha sido la noticia reiterada de que «en las delegaciones de Navalni» involucraban a menores en las manifestaciones. En la noticia aparecían dos mujeres fornidas con charreteras de general, una del Ministerio de Interior y la otra del Comité de Investigación.

—Están implicando a niños. Han recibido instrucciones del extranjero. Se pone el énfasis en difundir información falsa entre la oposición y los medios de comunicación foráneos. Y eso son delitos.

No se dice ni una sola palabra sobre de qué tipo de información se trata ni del porqué de las manifestaciones.

He comprobado que el tiempo de patio equivale a la reproducción de veinte canciones por la emisora Retro FM.

Han venido dos oficiales barbudos de la Comisión de Supervisión Pública con un aspecto muy cómico. Han mencionado que nuestra investigación ha alcanzado los sesenta y siete millones de visionados.

En el telediario aparecía un rótulo en pantalla en el que se leía: «La mujer de Navalni, arrestada». He vivido un breve instante de preocupación, pero el texto ha seguido corriendo y aclaraba: «Según el Ministerio del Interior, ha sido puesta en libertad sin cargos».

24 DE ENERO

Por fin he oído a alguien maldiciendo y soltando palabrotas en el pasillo. Empezaba a dudar de que esto fuera una cárcel de verdad.

Hace tres días me suscribí a cuatro periódicos: *Novaya Gazeta*, *Kommersant*, *Védomosti* y el diario económico *RBK*. Era reacio a invertir dinero en los tres últimos, no por su coste, sino porque odio darles ni un solo kopek a esos capullos corruptos. Pero al final he decidido que al menos a través de ellos conseguiría acceder a alguna información. Tras el rato de patio de hoy he preguntado:

—¿Cuándo recibiré los periódicos?

—Tu suscripción empieza en marzo.

¡Pues como para estar al corriente de las noticias! ¿Cómo es posible que en 2021 siga imperando la estúpida norma de que uno solo pueda suscribirse a la prensa a partir de principios del trimestre siguiente? No me extraña que la prensa escrita esté condenada a morir...

La comida preparada del economato de la prisión está etiquetada como «halal», lo cual es ilustrativo de la diversidad étnica de esta prisión.

En su biblioteca figuran las obras completas de Guy de Maupassant. Yo solo había leído *Bola de sebo* y *El papá de Simón*. Encontré aquí *Bola de sebo*. Cuando lo leí por primera vez no me causó ni la más mínima impresión, pero ahora me ha fascinado. Me imagino lo soberbio que tiene que ser en francés. Tengo que averiguar cómo hacerme con el original y descubrir si sé suficiente francés para entenderlo bien.

Me estoy acabando el último libro de la biblioteca, que es de Shakespeare. Me preocupaba no tener nada que leer, pero durante la inspección nocturna ha venido el vigilante de guardia y me ha traído una enorme saca de correo. Contendrá al menos quinientas o seiscientas cartas. Bien.

Por cierto, no entiendo por qué las feministas no exigen que se «retire» de las bibliotecas *La fierecilla domada*. Es diabólico, incluso para su época.

25 DE ENERO

He pasado mucho tiempo contestando las cartas. He descubierto que (1) son muy interesantes; (2) tenía que responder, sí o sí, a cada una de ellas, y además quería hacerlo; y (3) he aquí en realidad la respuesta a preguntas como por qué estoy haciendo esto.

Una de cada dos cartas ha hecho que se me saltaran las lágrimas solo con leerlas. La gente es maravillosa.

Una muchacha de la Facultad de Medicina de Ekaterimburgo exponía de manera magistral sus dudas acerca de si ir o no a la manifestación. Al final decidió que le asustaba, pero que era necesario hacerlo. He dejado su carta aparte.

Una persona me deseaba fuerza de manera sucinta.

Otra ha escrito hojas y más hojas.

Leer toda esa correspondencia no solo me ha resultado inspirador, sino muy útil. Contenía un montón de propuestas inteligentes. Ha sido como participar en una lluvia de ideas.

He respondido a todas las cartas. Me ha llevado un día entero, aunque el 85 por ciento de mis réplicas sean poco más que un «¡Gracias, Alina!».

Luego me han traído la cena. Y me han pasado otro fajo considerable de correspondencia a través de la trampilla para la comida.

—Caray —he dicho yo—. Más cartas.

—Sí —ha contestado el guardia.

Y entonces, con ambas manos, ha metido un segundo fajo por la trampilla. Unas cien cartas más.

Y luego otro.

Y otro más.

Tenemos que hacer algo al respecto.

26 DE ENERO

El diario se está volviendo monótono. Son las 7.30 horas y sigo respondiendo cartas.

Algunas son osadas. Una de ellas va dirigida a:

Alexéi Navalni
Moscú
Cámara de la Muerte de la prisión de Matrosskaia Tishina

Concluye con las siguientes palabras: «No dejes que tu verdad nos impida morir».

27 DE ENERO

Ha venido Olga. Me ha explicado que Oleg había ido a nuestro apartamento en Maryino y encontró la puerta derribada y a un montón de gente efectuando un registro.

Acabo de poner Euronews en la televisión y el rótulo en pantalla informa: «Registros en la sede de la Fundación Anticorrupción, en el hogar de Navalni en Maryino y en un apartamento alquilado en la calle Avtozavodskaya». Pobre Yulia. Está sola allí.

El fluorescente de la habitación centellea ahora a intervalos aleatorios. Mi celda perfectamente decente se ha convertido de repente en una cámara de tortura. Es imposible leer, ni siquiera puedo quedarme mirando la pared tranquilo. Veo los fogonazos incluso con los ojos cerrados. No hay escapatoria. ¡Maldita sea! Es una tontería, pero me saca de quicio.

Al parecer, alguien ha escrito: «Registrad todas las instalaciones de los Navalni», pero el sistema funciona aplicando la literalidad, sin pensar, y han registrado mi celda.

Hay un momento en el que uno se da cuenta de que una cárcel es una cárcel, aunque la mantengan limpia y ordenada.

—Saca todas tus cosas de la celda, incluido el colchón.

—¿A qué te refieres con «todas»?

—A todo sin excepción.

—Pero entonces luego lo tendré que volver a colgarlo todo y a colocar cada cosa en su sitio.

—Saca todas tus pertenencias de la habitación. Vamos a efectuar un registro.

He tenido que vaciar íntegramente la habitación en poco tiempo, quitar todas las cosas que con tanto esmero había colocado en los estantes de un pequeño armario metálico y meterlas de cualquier manera en una enorme saca. ¡Todas mis cosas en la saca! Incluso el colchón y la ropa de cama. Y luego he tenido que arrastrarlo todo hasta la sala de registros. Allí lo han sacado todo de la saca y lo han sometido a un escrupuloso e inútil examen con un detector de metales. A continuación, me han indicado que me desnudara. También tienen que registrar toda la ropa que llevas puesta.

Al acabar me han devuelto a la celda, donde cuatro personas han llevado a cabo un registro meticuloso, revisando hasta el último recoveco y la última rendija.

Y después he tenido que volver a meterlo todo en la celda, arrastrándolo, mientras maldecía a diestro y siniestro, y lo he colocado o colgado de nuevo en su sitio.

Al menos, mientras estaba en la sala de registros, han arreglado el fluorescente.

En un reportaje de las noticias de la televisión estatal afirman que la gente que acudió a la manifestación el día 23 son terroristas biológicos que se dedican a propagar de manera deliberada la COVID-19.

Y lo dice la misma gente que organizó un desfile y una votación nacional en plena pandemia.

He recibido una carta de una chica de Múrmansk en la que me expresa su apoyo y agradecimiento.

Tiene parálisis cerebral y se pasa la vida ahorrando parte de su paga por discapacidad para viajar a Europa una semana cada pocos años. Echa de menos el sol. En Múrmansk se registra menos de un mes de días soleados al año.

Uno lee algo así y se le esfuman las ganas de autocompadecerse.

Han apagado las luces.

Me echaré a dormir. Espero que Yulia esté bien. La echo de menos.

28 DE ENERO

Anoche no fui yo quien apagó la radio. La desconectaron centralmente después de apagar las luces. Y en la misma línea, esta mañana, a las 5.50 horas, la cantante Sandra ha sonado a tal volumen que me he llevado un susto tremendo.

En este lugar suena Retro FM en todas partes, de manera incesante. En realidad, no es tan mala elección. Lo verdaderamente atroz son los informativos y los presentadores, pero hay pocas interrupciones, y muy espaciadas. Se nota que les indican a los locutores en directo que introduzcan algún comentario simpático cada cuatro canciones, más o menos, pero esos momentos bochornosos relativamente escasos son soportables.

Recuerdo que un día, en un centro de detención especial, pusieron una emisora cómica todo el día. Me dieron ganas de cortarme las venas. Por suerte, no era el primer día que pasaba allí y sabía cómo silenciar la radio de la celda con papel de periódico y agua con jabón.

Yulia escribe cartas muy entretenidas. Le pregunté cómo estaban los niños y ayer me contestó: «Los niños están bien, aunque Zajar está un poco nervioso porque todo el mundo quiere hablar con él y reconfortarlo y no le gusta».

Ha salido a mí.

La audiencia contra mi arresto en el juzgado ha dado comienzo.

Ayer Olga se mostró muy optimista. Tenía la impresión de que el procedimiento iniciado por el Tribunal Europeo de Derechos Humanos con acuerdo al artículo 39 preocupa de verdad al régimen. Eso me sorprendió. Hablaba como si el caso estuviera ya sentenciado y fueran a dejarme en libertad mañana mismo. La única pregunta era si el juicio se celebraría en un juzgado o unos días después en la cárcel.

Olga consideraba que sería mejor en un juzgado, porque la documentación para la puesta en libertad suele tardar varios días en llegar desde el juzgado a la cárcel.

Esa actitud es muy poco habitual en Olga, quien suele dar por sentado que van a encarcelar a todo el mundo de por vida.

Hoy me habría gustado chincharla por ello, pero por videoconferencia no es lo mismo.

Me han subido a la sexta planta, a una sala con un gran televisor y una cámara acoplada a la parte superior de la pantalla. Había dos guardias flanqueando el aparato a izquierda y derecha, cada uno de ellos filmando con su propia cámara, como si la principal no fuera suficiente. Además, había otra cámara en una pared.

El juez es un viejo capullo lameculos llamado Musa Musaev. Habla un ruso agramatical con un acento muy marcado. Seguramente solo lo tienen para que presida este tipo de farsas.

De puertas afuera, todo parece muy correcto. Correcto, pero ilegal. Incluso me concedió cinco minutos para consultar con mi defensa.

Vadim me explicó que habían serrado la puerta de nuestra casa y habían llevado a cabo el registro más salvaje que hemos tenido hasta la fecha.

No permitieron entrar a nuestra abogada, trataron a Yulia de manera ofensiva y, por supuesto, se lo llevaron todo requisado.

El registro se alargó hasta bien entrada la noche. Pobre Yulia, me pregunto qué sentiría cuando vio que serraban la puerta.

Me hizo llegar un mensaje a través de Olga: «Todo va bien».

El juicio concluyó a la velocidad del rayo. El 70 por ciento del tiempo lo ocupó el recitado de los cargos presentados contra mí. Miré fijamente a la cámara y prometí que nunca rendiría Rusia a un régimen de villanos. Es una lástima que los discursos siempre se antojen un poco absurdos en vídeo.

29 DE ENERO

Es la primera vez que le chillo a la dirección de esta cárcel, pero lo he hecho hasta desgañitarme.

Hace dos días registraron mi celda, lo cual me obligó a sacarlo todo, incluido el colchón, y llevarlo a rastras a la sala de registros. Y ahora tengo un dolor de mil demonios en la espalda. Seguramente afirmar que «mi estancia en esta cárcel se ha ido al traste debido al dolor de espalda» suene ridículo, pero es así. Me duele tanto que casi no puedo levantarme de la cama por las mañanas. Un mal gesto y me dan ganas de llorar de dolor. Tengo un nervio pinzado y me duele tener que andar arrastrando cosas de un lado para otro. No puedo encorvarme.

Y aun así esta tarde la puerta de mi celda se ha abierto otra vez. Estaba fregando los platos y he retrocedido un paso para ver qué sucedía. Me he encontrado con un capitán y unas cuantas personas más.

—Vamos a proceder a realizar un registro rutinario de tu celda. Saca todas tus pertenencias.

«Hijos de perra —he pensado—. Han visto a través de la cámara que me cuesta hasta caminar. Lo están haciendo a propósito.»

—No voy a llevar nada a ninguna parte.

He seguido fregando los platos. Han permanecido allí de pie. Y yo aquí. He notado que me hervía la sangre de ira. Cuando he acabado de fregar, he señalado hacia la cámara corporal y he preguntado si estaba grabando. El comandante de guardia ha respondido:

—Sí.

Entonces he mirado a la cámara y les he dicho ni más ni menos lo que pienso de ellos. He gritado tan fuerte que tiene que haberse oído en toda Matrosskaia Tishina.

A continuación le he espetado al comandante:

—Como ya le he dicho, no pienso llevar nada a ninguna parte. Voy a redactar una protesta formal ahora mismo. Puede meterme en una celda de castigo.

Se han quedado allí de pie, sin saber qué hacer.

Luego han empezado a ir de un lado a otro. Unos diez minutos después ha llegado un joven coronel.

—Soy de la dirección —me ha indicado.

Le explico lo de mi dolor de espalda y los «registros rutinarios» cada dos días.

Al César lo que es del César: es evidente que el coronel tiene talento, tanto para la psicoterapia como para la negociación.

—Vamos a relajarnos. Los registros se efectúan dos veces al mes. Ha sido una coincidencia. Si te duele la espalda, trasladaremos tus cosas de una en una.

A esas alturas había ya unas ocho personas afuera, en el pasillo. Refuerzos. La clásica situación. A ver quién parpadea primero y cómo se lo montan ambas partes para no quedar mal.

Discutimos largamente sobre cada objeto. El coronel me ayuda a transportar la saca. Es un gesto. Me niego a cargar con el colchón. Tampoco tengo que sacar toda la comida. Eso es lo que más lío comporta.

Lo registran todo. Les entrego mi queja. Por supuesto, una hora después me arrepiento de haberle gritado al comandante. Es un hombre entrado en años. Durante la inspección vespertina me disculpo:

—Lamento haberle gritado. Sigo pensando que, en el fondo, tengo razón, pero no debería haberle alzado la voz.

30 DE ENERO

Sábado. No vienen mis abogados, ni viene nadie. Miro por la ventana. Por puro aburrimiento, decido aprender a bailar *shuffle dance*,* cosa que ya había probado sin éxito al salir del hospital en Alemania. Quería mejorar la coordinación de mis movimientos, pero sencillamente me resultaba imposible.

Esta vez me sale mucho mejor.

31 DE ENERO

Hoy se celebra una nueva jornada de concentraciones en las calles en mi apoyo. Informan por televisión de que han

* Baile nacido en la pista de las discotecas entre finales de los años ochenta y principios de los noventa en el que los pies se deslizan de manera continua en coordinación con el resto del cuerpo. En el pasado reciente se ha convertido en un fenómeno mundial gracias a las redes sociales. *(N. de las t.)*

acordonado todo el centro de Moscú, incluso se han cerrado las estaciones de metro.

Según Euronews, han arrestado a 1.600 personas. Así lo indica el rótulo que aparece en pantalla, pero no se amplía la información.

Llevan ya 2.000 detenidos.

Camino por la celda de un lado para otro, preocupado por quienes han salido a manifestarse. Otro rótulo informativo en pantalla: «Yulia Naválnaya, arrestada». Es horrible estar aquí sentado sin saber lo que está pasando.

Una nueva información en texto sobreimpreso: «Un hombre ha intentado quemarse a lo bonzo en el centro de Moscú». Menuda pesadilla.

Ya hay 4.000 detenidos.

1 DE FEBRERO

Por la mañana: «Prepárate y lleva contigo tu documentación».

En la jerga local, tal como ya he mencionado, eso significa que puede pasar cualquier cosa, pero dentro de estas instalaciones. Lo fundamental en prisión es que no tengas el control sobre nada, que no sepas nada, que no tengas ni pajolera idea de lo que va a ocurrir dentro de un minuto. «Lleva contigo tu documentación». ¿Qué será esta vez? ¿Una visita de un abogado, de la Comisión de Supervisión Pública, un investigador, una vista en un tribunal (mediante videoconferencia), un psicólogo, una llamada telefónica?

Un día pregunté:

—¿Qué documentación? No sé adónde me dirijo, de manera que no sé qué documentos tengo que llevar.

—Tu documentación.

—Pero ¿cuál, exactamente?

—La de tu causa penal.

—No tengo abierta ninguna causa penal.

—Trae tu documentación.

Y no conseguí saber adónde íbamos. Es evidente que hay una orden que obedecer, y un principio en juego: la persona arrestada debe temblar al contemplar su futuro.

En esta ocasión resultó tratarse de una causa judicial. Se me había olvidado por completo. Una audiencia técnica acerca de ampliar el periodo para la familiarización con el material en el caso de «difamación a un veterano». No dije nada, me limité a dar mi consentimiento a todas las sugerencias de Vadim para zanjar aquel asunto lo antes posible. Al menos pude hablar con él durante el receso. Me informó de que en estos momentos están juzgando a Yulia por participar en una protesta.

En cuanto la vista concluyó, apareció un capitán que me comunicó:

—Se le ha concedido el privilegio de poder efectuar una llamada telefónica.

No podía haber escogido un momento más inoportuno. Le indiqué que en aquel instante estaban juzgando a mi esposa en un tribunal y no podría responder a la llamada.

—¿Podría llamarla más tarde?

—No, tiene que ser ahora.

Intentamos telefonearla, pero, como es lógico, Yulia no contestó.

Por suerte, como es una mujer inteligente, Yulia entendió la situación, de manera que se puso en pie y salió de la sala del tribunal alegando:

—Necesito hacer una pausa de cinco minutos.

Y me devolvió la llamada.

Yo estaba ya abatido por haber desperdiciado la oportunidad.

Conversamos durante siete minutos, pero luego ella tuvo que volver a entrar en el juzgado. Hablamos de lo típico:

—No te preocupes por mí. Estoy bien. ¿Cómo estás tú?

—Todo va bien. Tengo todo lo que necesito. No te preocupes por mí. Prefiero que me expliques cómo están los niños.

Yulia es una mujer sensacional.

No tuvimos tiempo de hablar de los críos. La llamada se colgó y, cuando intenté telefonearla de nuevo, no respondió.

Luego supe a través de un rótulo en pantalla del telediario de Euronews (mi única fuente de información) que la condenaron a pagar una multa de 20.000 rublos.

Fui tonto al enviar a la lavandería tres de las cinco camisetas de manga corta que tengo. Pensaba que me las devolverían al cabo de tres días, pero ya han transcurrido diez y no hay rastro de ellas. Tengo que lavar las dos que me quedan en noches alternas.

Me llegó la orden siguiente a través del intercomunicador:

—Prepárate para ir a la ducha.

Pero no tenía ni una sola camiseta de manga corta limpia, así que tuve que llevarme una de tirantes. A través de internet, Yulia encargó dos para mí en el economato, una gris y una negra, el primer día que pasé aquí. Por si acaso.

Es una camiseta de tirantes de algodón «fabricada en Rusia» básica. Probablemente las cosan prisioneros. En muchas fotografías de la cárcel, los presos llevan este tipo de camisetas. Al ponérmela, después de ducharme, me di cuenta de que estaba un poco torcida y me quedaba justa por las sisas. Fue la primera vez que tuve la sensación de ser un preso.

No obstante, hoy ha sido un día genial. He hablado con Yulia, me he duchado y me han traído la primera comida que había encargado en el economato. Llevaba más de una semana esperando. Antes, de todo lo que compraba, solo me suministraban los artículos del hogar. Pero ahora tengo una tortilla (que me desayunaré mañana), rabanitos, pan normal y huevos cocidos, entre otras cosas. Todas estas exquisiteces me las han facilitado a través de la trampilla para la comida y me he sorprendido pensando: «Vaya, si mañana me dejan en libertad todo esto se desperdiciará».

Mañana hay una vista oral en el juzgado en la que solicitamos convertir una condena condicional en una condena bajo vigilancia.

¡Ha salido Yulia en la tele! Es una estrella.

2 DE FEBRERO

5.50 horas. Suena la radio. 6.00 horas. Encienden las luces. Me levanto y al instante el intercomunicador de la pared me ordena:

—Ponte ropa de abrigo. Prepárate y lleva contigo tu documentación.

¡Caramba! Eso significa que van a llevarme a los juzgados, en lugar de declarar por videoconferencia. Pero ¿por qué tan temprano? La audiencia está programada a las 10.00 horas.

Pido una cuchilla de afeitar (que me proporcionan al instante), me afeito, hiervo un poco de agua y me preparo un café. Se abre la puerta.

—Sal.

—¿A qué viene tanta prisa? No me habéis dado ni cinco minutos.

No me queda más remedio que salir.

No vamos muy lejos. Primero toca pasar por mi sala de registros «favorita». Otra vez desnudo, inspeccionan y listan hasta el último artículo. Después de eso me encierran en un «estuche» de hormigón, una celda estrecha, de uno por dos metros y medio. Aquí estoy esperando.

Han venido a buscarme bastante rápido (en quince minutos) y me han conducido al furgón policial. Había tropas de las fuerzas especiales, con casco y armados con semiautomáticas. No sé por qué, pero me han trasladado al Juzgado Municipal de Moscú. Se suponía que iban a juzgarme en el juzgado de Simonovski. He tenido que desnudarme otra vez, pero esta vez solo hasta la cintura. Me he quedado con los pantalones puestos, pero me he tenido que quitar las botas y los calcetines. Ahora estoy sentado en otro estuche. Este es un cuadrado de 3,2 metros de lado. Espero.

He estado sentado en una celda y luego me han trasladado a otra. Me he quedado allí sentado hasta que me han conducido a la sala del tribunal. El juicio ha sido aburrido.

La sala era grande y bonita. Han trasladado allí el juicio desde Simonovski debido a las múltiples solicitudes de asistencia de la prensa. De todos modos, no han permitido entrar a mucha gente. Yulia estaba en primera fila.

Nos hemos guiñado el ojo.

Ahora hay un receso de dos horas.

Me traen comida preparada. Pido agua caliente, pero el vaso de plástico está agrietado.

Estoy en una celda adyacente al juzgado.

—¿Podrían ir a pedirles a mis abogados que me compren un vaso en la cafetería? —les pido a los guardias.

—Va contra las normas.

Salta a la vista que a los policías les abochorna no darme agua caliente, así que sacan una botella de plástico, la cortan por la mitad y «aquí tiene su taza». Problema zanjado.

La segunda parte de la vista oral ha sido más animada. He declarado y luego se ha acabado. La jueza se ha retirado a tomar una decisión, que no nos sorprenderá en absoluto.

Ya está. Ya es oficial:

Soy un convicto. Tres años y medio en una cárcel en condiciones estándar.

3 DE FEBRERO

El que me hayan sentenciado parece haber tenido un efecto relajante en mí. He dormido como un bebé. En realidad, duermo bastante bien aquí, aunque la cama es incómoda y me duele la espalda cuando me giro. Pero esta ha sido la mejor noche hasta la fecha. A las 5.55 horas, cinco minutos antes de lo necesario, me he despertado con la sensación de haber descansado profundamente.

Me ocurrió lo mismo en 2013 en Kírov. Una vez pronunciaron la sentencia, cinco años, me llevaron de vuelta a la cárcel y al instante me venció el sueño y dormí como un tronco. Seguramente porque se había acabado la incertidumbre.

He mantenido la misma conversación íntima un centenar de veces: ¿me arrepiento? ¿Estoy preocupado?

En absoluto. La convicción de tener razón y la sensación de formar parte de una gran causa pesan más que todas las preocupaciones en un millón por ciento. Y, además, todo esto era perfectamente previsible. Había reflexionado sobre lo que ocurriría muchas veces y tenía claro que la creciente eficiencia de nuestro equipo haría que Putin diera la orden de encarcelarme. No tendría otro modo de atajar su problema. O sí, pero no le funcionó.

Me han sacado de la celda para ir a reunirme con Olga y junto a la puerta había unas cajas valiosísimas, llenas de tomates y pepinos.

¡Soy rico!

Tras nuestro encuentro, me lo han llevado todo a la celda. Por alguna lógica inexplicable e inescrutable, parte de mi pedido ya había llegado esta mañana. Normalmente hay que esperar más de una semana. (Ya lo sé, ¿por qué digo «normalmente» si solo llevo aquí poco más de dos semanas?)

En suma, que estamos ante una situación única. En el mundo normal, tales coincidencias llevan a la creación de nueva vida o, al menos, causan erupciones volcánicas y tsunamis.

Tengo en la celda, de manera simultánea, pepinos, tomates, cebollas y un surtido de aceite de oliva y de girasol.

Por supuesto, me habría gustado que me enviaran nata agria también, pero tales lujos son inaceptables. Solo imaginar una ensalada con nata agria podría socavar la determinación del convicto de dar el primer paso en la senda de la reforma.

Me han facilitado un cuchillo. Hoy se hará la magia culinaria.

¡Vaya! Cuando ya tenía todo exquisitamente preparado, ¡me he acordado de que no tengo sal! ¿Y qué es una ensalada sin sal?

Hoy me han entregado la correspondencia de ayer. La gente me envió cartas después del veredicto y las he recibido con un día de retraso.

En el rótulo en pantalla del telediario de Euronews se informa de que Serguéi Smirnov* pasará veinticinco días en custodia por la protesta. Vadim me ha explicado que lo acusan de tuitear: «Se prevé buen tiempo para el treinta y uno». Putin se limita a copiar al cien por cien lo que Lukashenko hace en Bielorrusia.

4 DE FEBRERO

Después de comer me he echado una siesta. Dormía a pierna suelta y me ha molestado mucho que me despertara un chirrido en el intercomunicador. Una voz me ha preguntado:

—¿Quieres ir al gimnasio?

* El editor del medio de comunicación de la oposición Mediazona.

Y, pese a que en verdad me apetecía decir que no y seguir durmiendo, hacía dos semanas que intentaba acceder al gimnasio, así que he contestado:

—Claro.

El gimnasio ha resultado ser otra celda de mi planta, aunque más amplia. Hay espalderas en las paredes, una barra horizontal, dos bancos para hacer pesas (con sujeciones para las barras) y mancuernas. También un banco para hacer sentadillas inversas; me irá genial para la espalda. No hay gimnasio que se precie que no lo tenga.

Para mi enorme decepción, no había nadie más haciendo ejercicio, así que no se parecía en nada al típico gimnasio carcelario de las películas lleno de deportistas taciturnos tatuados.

Entrenar solo no es muy divertido, y, además, mientras me duela la espalda, tengo que ceñirme a hacer los ejercicios más fáciles con el mínimo peso. Sobre todo, halteras.

Se nos permite hacer ejercicio durante una hora al día y, en general, el gimnasio no está mal. Además, un cambio de rutina sienta tan bien como descansar.

Después de la ducha se ha abierto la trampilla para la comida y me han pasado por ella un recibo para firmar. Era por un postre. Una joven llamada Christina me había comprado un tiramisú en el economato. Un pastel considerable.

Aquí se aplica la absurda regla de que los paquetes no se entregan a través de la puerta, sino de la trampilla para la comida. De manera que han metido el pastel en la caja como han podido y, cómo no, la caja se ha rasgado y el tiramisú se ha chafado.

En principio, me mantengo a raya de pasteles. Aquí no tengo ocasión de hacer mucho ejercicio. Pero no está permitido renunciar a ellos ni regalárselos a alguien de otra celda.

Tendré que comérmelo.

5 DE FEBRERO

El intercomunicador de la pared me despierta al amanecer, es decir, a las 6.00 horas. Una voz farfulla algo que suena como: «Prepárate. Coge tus pertenencias». Humm. ¿Ya me trasladan? Me levanto y me acerco renqueando al intercomunicador, solo en ropa interior. Pulso el botón y espero a que conteste alguien:

—¿Sí?

—No he oído lo que ha dicho.

—Ponte ropa de abrigo y lleva contigo tu documentación. Tienes entre diez y quince minutos.

—Pero hoy no tengo ninguna vista en los tribunales. ¿Adónde voy?

—Prepárate.

Maldita sea. Esto me molesta mucho. Tengo un juicio programado mañana. ¿Adónde me llevan hoy? ¿Van a empezar a arrastrarme de un lado para otro para que asista a las vistas por las demandas patéticas y soporíferas del «cocinero de Putin», Yevgueni Prigozhin? Me ha denunciado por tantas cosas que he perdido la cuenta. ¿O acaso hay una investigación en curso? Eso es más probable, sí. No tengo tiempo de afeitarme y, además, por qué iba a molestarme en hacerlo para ir de excursión al Comité de Investigación, que son una panda de delincuentes. Pongo agua a hervir y me lavo. Como ahora tengo leche, puedo prepararme esa bebida celestial: café soluble con leche. Por supuesto, también tomo café en polvo con agua (aunque está asqueroso), pero solo porque no tengo nada mejor. Si puedes añadirle cincuenta mililitros de leche a la mezcla, se transforma en un brebaje delicioso. Soy plenamente consciente de que a los sibaritas del café lo que yo bebo les parecerá una desgracia: café solo preparado en cafetera con un poco de leche normal (a temperatura ambiente) de tetrabrik.

En eso pienso mientras me tomo el café de pie, a la espera de que se abra la puerta. La última vez no me dejaron acabármelo, así que intento hallar un equilibrio entre bebérmelo a grandes sorbos y saborearlo.

El jefe del turno abre la puerta, pero él tampoco parece saber nada. Me dice que los guardias que me escoltarán me lo explicarán todo.

El mismo procedimiento de siempre: sala de registros, me desnudo y lo pasan todo por los rayos X. El jefe de los guardias de escolta es el mismo que me acompañó al último juicio. Nos saludamos con una inclinación de cabeza, como viejos conocidos. Él tampoco sabe nada o no me lo dice, lo cual es más probable. Me conducen al exterior, la brigada de escolta está formada por los mismos tipos. Es evidente que me los han asignado. Me meten en la caja metálica dentro del furgón policial.

—¿Adónde vamos? —pregunto—. Hoy no tengo vista en el juzgado.

—No sé adónde vamos, pero tus abogados te dijeron «Nos vemos en el juzgado».

—Pero el juicio es el viernes y hoy es jueves.

—Hoy es viernes.

¡Joder!, me he confundido de día. Tengo que conseguir un calendario.

El juicio es por, supuestamente, haber «calumniado a un veterano». Lo ha ideado la gente de relaciones públicas del Kremlin, a quien le pareció una magnífica idea. Basta pensar en los titulares: «Navalni difama a un veterano de guerra». Hoy habrá cámaras y voy sin afeitar. Parezco un vagabundo. «Primero calumnia a un veterano y luego lo insulta por segunda vez presentándose en el juzgado sin rasurar. ¡Qué falta de respeto a la memoria de la guerra! ¡Culpable!»

Me conducen al juzgado de Bábushkin. Otra inspección. Me llevan a una celda. «¡Vaya, qué bien!», he pensado cuando han abierto la puerta. «Al menos es grande y luminosa, no un estuche claustrofóbico.»

«Pues no está tan bien, no está para nada bien», pienso cuando cierran la puerta de un portazo. Es evidente que han limpiado la celda antes de mi llegada. ¿Y qué significa «limpiar» en un tribunal de distrito o una comisaría de policía? En efecto, lejía a tutiplén.

Esto es una cámara de gas natural. Lo han limpiado todo a conciencia con lejía y no hay ventilación. Camino de un lado para otro en la amplia celda, sintiéndome como un soldado en un campo de batalla de la Primera Guerra Mundial. Me consuelo pensando que el cloro demostró ser la variedad de arma química menos eficaz y enseguida se abandonó en favor del gas mostaza. ¡Qué suerte que las celdas no se limpien con gas mostaza!

Creía que me acostumbraría al olor al cabo de una hora, pero cuando me he sentado a escribir estas líneas una hora y media después de que me hayan metido aquí, ya no huelo el cloro, pero sigue escociéndome la nariz y tengo los ojos lacrimosos.

No tengo ni idea de a qué hora será el juicio. Me han traído a las 7.15 horas de la mañana y ya deben de ser cerca de las 9.00.

A las 14.00 horas me han devuelto a la celda. Hay un receso hasta las 15.00. ¡Aaarg! ¡Menudo juicio más repugnante! Salta a la vista que el guion lo ha escrito alguien de relaciones públicas. No me sorprendería que hubiera sido Margarita Simonián* en persona. Todo suena a ella y es más que evidente que el caso se ha armado en respuesta a «Parásitos», nuestra investigación sobre Russia Today, y sobre Simonián y su marido.

Para resumir, al pobre viejo de noventa y cinco años, claramente ajeno a todo esto, lo habían colocado ante una cámara, en su casa, con sus condecoraciones puestas. El viejo no entendía las preguntas que le hacían, y se oía perfectamente cómo le gritaban lo que tenía que contestar. Al llegar el momento del interrogatorio, ha leído tres frases de un papel y luego ha pedido poner fin a la entrevista porque no se encontraba bien.

El fiscal ha intervenido de inmediato con un alegre:

—¡Leamos su declaración escrita en voz alta!

La jueza, con idéntico júbilo, ha respondido:

—¡De acuerdo! ¡Adelante!

Y han procedido a leerla en voz alta. La declaración en cuestión constaba de veinte páginas de recuerdos de la guerra y estaba claro que no la había escrito aquel anciano.

El viejo miraba a la cámara. Transcurridos diez minutos, la jueza, que estaba en casa del anciano (como exige la ley), ha asomado la cabeza por la misma cámara y ha anunciado:

—No se encuentra bien. Acaba de llegar una ambulancia.

Menudo espectáculo.

En septiembre, el anciano había entregado una fe notarial certificando que estaba enfermo y no quería personarse

* Jefa de redacción de Russia Today.

en el juicio. Pero quienquiera que escribiera el guion de este juicio indicó que tenía que estar presente. Y aquí está.

Se anuncia una pausa. Estoy sentado en mi celda, comiendo unas galletas de mi «ración diaria». Los policías me han dado agua caliente.

Por supuesto, ya me habían amenazado antes con expulsarme de un juzgado, pero nunca tantas veces seguidas. Jamás me habían hecho tres «últimas advertencias» sucesivas ni la juez me había gritado que iba a ordenar «que me trasladaran a la sala de guardia». La juez es una mala pécora que descarrila constantemente, incluso para los estándares de la judicatura de Putin. En realidad, no es solo que descarrile, es que es más tonta que Abundio. Le han encargado este caso inventado y no sabe cómo comportarse. A resultas de ello, se limita a desestimar nuestras preguntas cuando podemos atrapar a los testigos en una contradicción, corta los contrainterrogatorios o anuncia un receso. Ni siquiera entiende el procedimiento para presentar un documento del expediente de un caso.

El nieto del veterano, un payaso que ha conspirado con los investigadores para confeccionar este caso, declara con vehemencia que ni su abuelo ni él efectuaron una declaración concreta. Pero resulta que yo sé que sí figura una en el expediente. Así que lo acribillo a la vieja usanza:

—¿De verdad no existe ninguna declaración?

—No.

—¿Está seguro?

—Sí.

Acto seguido, solicito triunfante que se presente el documento. La juez espeta:

—¡Bajo ningún concepto!

Y detiene el juicio. Anuncia un receso de una semana.

El nieto esperaba utilizar el contrainterrogatorio como trampolín y había empezado ya a formular una chorrada sobre que «debería comportarme como un hombre». Es evidente que también formaba parte del guion. Me he sentido obligado a gritarle que se estaba prostituyendo al vender a su abuelo. Les ha pedido un vaso de agua a los ujieres.

Al final, he vuelto del juzgado hambriento y malhumorado. Mientras me cacheaban, he pensado que me había saltado la cena y que lo único que tenía en la celda era el tiramisú y ensalada de zanahorias de Corea. Al regresar a la celda, he encontrado allí un paquete de mi amadísima. Contenía una botella de aceite, una ensalada y cuatro latas de carne en conserva. Estaban de rechupete. Me he comido dos latas con el corazón henchido de amor. Las he disfrutado mucho.

Más buenas noticias. Presenté una solicitud al comandante indicando que, para poder ejercer mi derecho al aprendizaje autodidacta, necesitaba dos diccionarios y libros en inglés y francés. No ha accedido a lo de los libros, pero ha pasado algo incluso mejor. En algún momento recopilaron un catálogo de libros en idiomas extranjeros que están a la venta. No son caros, pero aun así... Me alegro por ellos, han hecho cuanto podían. Les estoy agradecido de verdad.

6 DE FEBRERO

Es el segundo sábado en que me descubro pensando que me gustan los fines de semana en este lugar. Es verdad que no llegan paquetes, pero tampoco te lleva nadie a ninguna parte ni te gritan: «Prepárate y lleva contigo tu documentación». Se respira una cierta quietud e incluso se oye menos que de costumbre el chirrido de las puertas metálicas al cerrarse.

Me he pasado medio día respondiendo cartas. La que más me ha gustado contenía solo una frase: «Alexéi, quiero que sepas que me alegro de lo que haces».

Sigo recibiendo cartas de muchachas que me dicen que me han designado «*crush*» en TikTok. Algunas me explican lo que es un *crush*, un flechazo. Les respondo alegremente que no soy tan viejo como para no saber lo que es un *crush*.

Estamos a quince grados bajo cero, por cierto. Se me hiela la nariz.

7 DE FEBRERO

Es para partirse de risa. Les han prohibido a los guardias hablar conmigo. Solo les permiten darme órdenes, como «Entra» o «Sal», y como me graban en vídeo todo el tiempo, cumplen tal prohibición. Al parecer les han amenazado con represalias atroces si no lo hacen.

Entra un comandante. Está de guardia cada dos días. Es joven, parece un buen tipo.

—Buenos días.

—Hola —lo saludo—. ¿Qué tal?

El comandante guarda silencio, me mira. Lo observo con ojos interrogantes y le repito:

—¿Qué tal?

El comandante sigue mirándome, no sé si con horror o con angustia. Es consciente de la absurdez de la situación, pero no es capaz de cometer un delito contra los cimientos del orden constitucional respondiendo: «Bien».

Hoy es domingo y desayuno pan. Normalmente no me molesto en desayunar. Dejé de hacerlo hace unos años, cuando pasé bajo arresto dos meses y me di cuenta de que, por la mañana, no tengo hambre. ¿Por qué comemos a esa hora? ¿Quizá porque de niños nos decían eso de «Desayuna solo, come con un amigo y cédele la cena al enemigo»? ¿O tal vez porque un ejército de publicistas canallas se han pasado la vida anunciando cereales (que son nefastos para la salud, porque están repletos de azúcar) en televisión y asegurando que «el desayuno es la comida más importante del día»? En aquel entonces, cuando me dejaron en libertad, me conecté a internet para documentarme sobre el tema y llegué a la conclusión de que no existe una base científica que sustente la importancia del desayuno. No te «carga de energía» para el resto del día. Eso es una patraña. Así que ahora creo que hay que comer solo cuando se tiene hambre. Por eso yo no desayuno, y aquí solo dan pan por la mañana. Yo no me lo como. Y también rechazo las patatas, que siempre figuran en el menú. Aquí no gastas suficiente energía para atiborrarte de pan y patatas. Calculo que me paso veinte de las veinticuatro horas del día tumbado. Si me lío a comer pan, no tardaré en pesar 120 kilos.

Por supuesto, miles de años de evolución nos han inculcado la regla de hierro de «Como como un cerdo, hasta reventar». Mañana los mamuts se irán al norte y pasarás hambre durante un mes. ¿Eso es azúcar? Genial. Atibórrate, acumula grasa para los malos tiempos.

Por eso no soy capaz de abandonar por completo los carbohidratos. (Para qué vamos a engañarnos, hace solo dos días me zampé medio pastel de tiramisú y al día siguiente me lo habría acabado de no haberme obligado a tirarlo.) Así que he decidido comer pan los domingos.

Y ahora, por tercer domingo consecutivo, corto solemnemente con la mano una barra de pan blanco insípido y me lo como. Lo corto con la mano porque no tengo cuchillo. Hoy incluso tengo mantequilla. Así que me preparo un café, saco dos dedos de mantequilla con una cuchara de aluminio, la extiendo sobre los trozos de pan y me homenajeo con un desayuno propio de un hotel de lujo que remojo con un café con leche.

Lo mejor de todo es que este truco de una vida sencilla convierte el domingo en un día festivo verdaderamente especial.

Me he preparado una ensalada de pepino, tomate y cebolla con aceite, pero sigo sin tener sal. Sin pensarlo siquiera, he cogido un poco de polvo de un sobre de «caldo de pollo» y lo he espolvoreado por encima.

¡Estaba buenísimo! No sé cómo se me ha ocurrido hacerlo. Luego he recordado la infinidad de veces que me sulfuraron los viejos a quienes conocí en el centro de detención. Muchos de ellos tenían pastillas de caldo de pollo, como Knorr, y las usaban para sazonarlo todo. Me asqueaba ver cómo chafaban las pastillas entre los dedos y se las echaban por encima de las gachas, pero, en realidad, las pastillas de caldo son una mezcla de sal, pimienta, aderezo y aroma a pollo.

Por fin he dado con un modo de aliñar la ensalada como Dios manda.

¿Qué será lo siguiente? ¿Aprenderé a hervir agua en una bolsa de plástico?

En el rótulo del telediario de Euronews se lee: «Grigori Yavlinski escribe en un artículo que una Rusia democrática y Navalni son incompatibles». Ya está el Kremlin ridiculizando al viejo cobarde, obligándolo a escribir algo así en este preciso momento. La humillación pública como pago por registrar su partido y financiarlo. Qué espanto acabar así.

He terminado de leer *Madame Bovary*. Menuda decepción. Iba a escribir que era una especie de *Anna Karénina*, pero no tiene ni punto de comparación.

Ahora que me he acabado de leer al chapucero de Flaubert, he retomado el segundo volumen de las obras reunidas de Maupassant. Se supone que fue discípulo de Flaubert, pero es un millón de veces mejor. Un escritor de verdad. Casi todos sus relatos breves son malos, pero las grandes obras están muy bien. Tropiezo en ellas con frases realmente ingeniosas. Acabo de salir de mi litera para anotar una de ellas, dice algo así como: «Tenía el afortunado aspecto con el que sueñan las mujeres pero que repele a los hombres». Sensacional, ¿no?

No dejo de pensar en que debería leer el original. Hay un par de libros en francés en la biblioteca. También parece que tienen *Bel-Ami*, pero me temo que mi dominio del francés no da para tanto.

8 DE FEBRERO

Hace frío, estamos a dieciséis grados bajo cero, pero aun así he caminado por el patio una hora entera, no me he rendido. Menos mal que Yulia me envió calcetines de lana.

He decidido limpiar la celda, aunque ya está limpia. La he barrido y he empezado a fregar el suelo con un trapo nuevo que encargué en el economato. Les dije:

—Necesito una mopa.

—Las mopas van en contra de la normativa.

—¿Se supone que tenemos que fregar el suelo a mano? ¡Menudo engorro!

—Sí, tiene que ser a mano.

¡Vaya estupidez!

—Prepárate para ir al médico. Lleva contigo tu documentación.

—¿Me abrigo para salir al exterior?

—No, está dentro del edificio.

Hace más o menos una semana escribí diciendo que necesitaba que me viera un oftalmólogo para que me encargaran unas gafas nuevas.

Me han llevado a otra planta en la que no había estado hasta ahora. Es el ala hospitalaria. Las celdas y las puertas metálicas son iguales, pero en las puertas hay carteles que anuncian cosas como «Sala de tratamiento» y todo está pintado de azul.

Hay dos personas en la sala. Conozco a la enfermera, es la misma que me hizo la revisión cuando entré en prisión. La acompaña un joven doctor del Cáucaso, un médico inteligente y de aspecto agradable. La enfermera es una mujer malhumorada y salta a la vista que el doctor se siente fuera de lugar. Eso mismo hace que resulte evidente quién trabaja aquí y a quién han mandado venir de fuera.

—Soy oftalmólogo.

—Genial. ¿Cómo se llama?

—Ilmar Halilović.

El hecho de que se haya presentado y no me haya pedido que lo llame «camarada oftalmólogo» me confirma que no es de por aquí.

Hay una jaula en la consulta. Una jaula de verdad, grande. Me meten dentro y me encierran. El médico se sienta fuera, a una mesa, y toma notas. A continuación, a través de las rejas de la jaula, me pasa, enrollada en un tubo, una hoja laminada con muestras de texto en distintos tamaños de impresión y, del mismo modo, unas gafas con lentes intercambiables, que cambia para mí, metiendo las manos en la jaula. Salta a la vista que el médico está abochornado.

—Es la primera vez que hago un examen ocular en estas condiciones —farfulla.

—¿Trabaja usted aquí o viene de fuera?

—De fuera.

Resulta divertido ese «de fuera», como si en lugar de hallarnos en el distrito de Sokólniki, prácticamente en medio de una ciudad de diez millones de almas, estuviéramos en un remoto campo de detención de Siberia.

¡Voy a tener gafas nuevas!

Lunes. Hoy toca ducha. Me ha escoltado hasta los baños un tipo decente. Me ha dicho:

—Tienes quince minutos. Te avisaré cinco minutos antes de que se acabe el tiempo.

Eh, eso está mucho mejor. Sin reloj, no tienes ni idea de cuánto tiempo ha pasado. Y lo que pasa es que te apresuras, porque no te apetece andar con prisas después y tener que ponerte la ropa con el cuerpo aún mojado, y al final acabas esperando vestido, preguntándote por qué has ido tan deprisa si podías quedarte bajo el agua un rato más.

Esta vez he podido ducharme a placer. ¡Y con esponja vegetal! La última vez que usé una debía de ir a la escuela todavía. Después de eso me he quedado bajo el chorro de agua caliente unos minutos y luego me he secado y me he vestido con calma.

La vida está llena de rituales. Tengo un limón y un tarrito de miel que Yulia me envió en el primer paquete. Los consumo muy poco a poco, para poder tomarme un té con limón y miel después de ducharme. Mi ceremonia para prepararlo es tan dilatada y meticulosa que cualquier japonés se pondría verde de envidia. La felicidad de preparar el té es equiparable a la de bebérselo.

Aquí en la cárcel, un psicólogo se lo pasaría bomba. Podría escribir un centenar de disertaciones sobre la asombrosa capacidad de los seres humanos para adaptarse y obtener placer de las cosas más triviales.

Ha venido Olga y me ha comunicado las últimas novedades. Había leído el artículo de Yavlinski, porque sabía que yo tendría curiosidad. Pensaba que sería más de lo mismo: montones de demagogia y palabras huecas, con un par de frases críticas que justifiquen su escritura. Pero resulta que era un artículo inmenso dedicado a mí. Sobre lo populista y terrible que soy y sobre mi participación en las Marchas Rusas. Además, me acusa de ser un agente del Kremlin. Y dice que todas mis investigaciones y vídeos son una pérdida de tiempo y cosas por el estilo. Podría considerarse algo similar a un ataque personal, lo cual no es habitual en Yavlinski.

Pobre hombre. Me imagino cuánto ha debido atormentarlo tener que escribir algo así. Dejando de lado que el Kremlin lo haya obligado, debía de ser consciente de que iban a hacer una escabechina con él, que es justo lo que ha pasado. Pero no ya por mí, sino porque, por todos los diablos, ¿por qué iba a escribir nadie un artículo así sobre alguien a quien acaban de encarcelar? Como suele decirse, ha perdido la oportunidad de tener el pico cerrado.

No sé lo que la mano alargada del Kremlin tiene contra él, pero lo que sí sé seguro es que lo tienen bien pillado. No diría que ha enterrado sus perspectivas de futuro, porque para empezar no las tenía. Para ser más exactos, diría que lo que ha conseguido es alienar a sus últimos simpatizantes y torpedear las posibilidades de que muchos de sus compañeros de partido sean elegidos. De hecho, sus correligionarios son quienes han quedado más estupefactos. Por fin ha llegado el esperado maremoto político, justo en la víspera de las elecciones. Solo tenían que aprovecharlo.

Y, en lugar de hacerlo, se han zambullido en la dirección opuesta, han tragado un montón de arena y agua, han perdido los troncos a los cuales nadar agarrados para sortear el oleaje y ahora se encuentran vadeando en la orilla, tapándose con las manos y siendo el hazmerreír de todo el mundo.

Me han vuelto a sacar de la celda, esta vez para ir a ver al comandante. Llevaba tomando notas mucho tiempo, había recopilado incluso una lista de preguntas, la mayoría de las cuales casi se han respondido solas.

Era la segunda vez que lo veía. El primer día vino con los oficiales de la Comisión de Supervisión Pública. Se mostró malhumorado y taciturno, como todo el mundo aquí. Tal vez fuera por las mascarillas para la COVID-19. Todo el mundo parece más triste detrás de una mascarilla.

Esta vez parecía estar feliz como unas castañuelas, incluso bromeaba. Me sorprendió mucho. Es cierto que todo transcurría bajo el ojo vigilante de la grabadora de vídeo que colocó sobre la mesa. Mantuvimos una conversación de lo más agradable. Respondió a todas mis preguntas con todo lujo de detalle, incluso a las más tontas, como por ejemplo cómo conservar el helado que venden en el economato. Al parecer, parte de mi frigorífico funciona como un congelador.

Hablamos de libros. Hablamos de la Comisión de Supervisión Pública. Hablamos de formación. E incluso de la posibilidad de disponer de una cama más larga. Me había acostumbrado ya a que nadie respondiera a mis preguntas, a recibir por toda respuesta una mirada de espanto y silencio, o bien la contestación automática: «Presenta una solicitud».

Por desgracia, no pudo contestarme a la gran pregunta que lleva atormentándome todo un mes: ¿cómo sabe alguien que está en el patio de «ejercicio» adyacente que estoy haciendo gimnasia? Solo me ha sucedido una vez, pero aquel tipo sabía a ciencia cierta que yo estaba allí. No fue coincidencia que me gritara. Y tampoco creo que el guardia que estaba patrullando por encima, controlándonos a todos los que estábamos en los patios, se lo dijera. Tiene que haber una respuesta sencilla.

Acaba de pasar algo curioso. Se ha abierto la trampilla para la comida. Al oír el ruido metálico he pensado: «Ah, hay algo más que firmar». Así que he cogido un bolígrafo y me he dirigido hacia allí. Ha aparecido la cabeza de un gato por la trampilla, con la boca abierta de par en par, sonriendo. Con gran dificultad, han metido a la fuerza un enorme montón de cartas a través de la trampilla. Parecía haber al menos dos mil y, encima de la pila, había fotografías de alguna carta: un gato impreso a toda página, con la boca abierta de par en par y las patas estiradas hacia mí, con el pie de foto: «¡Ven, que te doy un abrazo!».

Bueno, al menos ahora sé lo que haré durante el próximo par de días. Quizá tres.

«Una noche que estaban en la playa, al atardecer, el tío Lastique se les acercó y, sin quitarse de la boca esa pipa sin la que, con toda seguridad, su aspecto habría resultado más sorprendente que si le faltase la nariz...» ¿No es un genio Maupassant? Estoy leyendo *Una vida* y estoy disfrutando de lo lindo de su estilo.

9 DE FEBRERO

Hace frío, pero he pasado una hora y media en el patio. Al final estaba congelado.

Me he inventado una ensalada. Troceas pepinos, tomates y cebollas como para preparar una ensalada corriente, le añades aceite de girasol, luego picas filetes de arenques (me los envió Yulia) y se los añades. Los arenques son salados y compensan la falta de sal, ya que aún no he conseguido hacerme con un paquete.

10 DE FEBRERO

Muy pocas veces bebo bebidas azucaradas... ni zumos, ni refrescos de cola ni sorbetes de fruta de ningún tipo. Pero hoy he pensado: «Me apetece un zumo de frutas».

Los venden de tres tipos en el economato. Me lo he pensado muy bien antes de encargar el de arándano azul. Luego lo he tachado y he escrito: «arándano rojo».

Por la noche me han llevado de nuevo a la celda. He visto una caja junto a la puerta. Contenía una botella de zumo de arándano rojo. «Vaya, ¡qué rapidez!», he pensado admirado.

Una hora después me han pasado la caja a través de la trampilla para la comida. Tenía que firmar el recibo, en el que había escrito: «Paquete de Yulia Naválnaya».

¿Cómo lo hace?

Me he pasado dos días contestando la correspondencia. No he hecho nada más. Me duele mucho el cuello. Todavía me faltan doscientas cartas. Me acaban de traer un fajo similar, de otras dos mil, por lo menos.

11 DE FEBRERO

Nieva. Es la primera vez que hago «ejercicio» caminando por la nieve. Bueno, se han colado unos copos de nieve en la parte del patio de la prisión que queda más cerca del hueco de un metro y medio por el que se puede ver el cielo. Aun así, ha sido muy bello y apocalíptico. Grandes copos de nieve de Año Nuevo flotando a través de espirales de alambre de espino.

En tiempos soviéticos corría un chiste acerca de por qué puedes pasarte una eternidad esperando un autobús, que parece que no va a venir nunca, y, de repente, llegan tres seguidos. Porque los autobuseros han estado jugando a cartas en la terminal. Cuando acaba la partida, todos se ponen en pie y se dirigen a conducir sus autobuses.

Parece pasar lo mismo con mi comida. Había hecho un pedido y no había recibido nada. Pensé que habían perdido la hoja de encargo e hice el pedido de nuevo. Hoy me lo han traído todo de golpe y me las he visto y deseado para que me cupiera todo en el frigorífico. El estante superior está a tope. Ahora tengo sal, nata agria (dos recipientes), rollitos de col, pescado y pollo. Alitas de pollo, seguro que las ha encargado Yulia. Incluso me han traído el «pollo *tabaka* con puré de patata» que encargué hace veinte días. Estaba seguro de que el pedido se había extraviado o de que ya no lo preparaban.

El pollo *tabaka* ha resultado ser medio pollo frito frío.

Tengo tantos tomates que podría poner una tienda. Y con las cebollas podría construir una pirámide del tamaño de un hombre. Tengo todo lo necesario para lanzarme a la experimentación culinaria más osada.

Ha llegado el almuerzo. Me he negado a aceptarlo alegando que ya tengo demasiada comida y tengo que consumirla.

—¿En serio? Hoy hay sopa con pepino encurtido —me ha dicho la chica que trae las comidas, y me ha mirado con una expresión que decía: «Eres tonto, Navalni. Llevas un mes comiendo porquería y hoy le haces ascos a un *rassólnik*».

He accedido, obediente, a tomarme la sopa. Ha sido la decisión acertada. Estaba sabrosísima.

He ido al gimnasio. Bien. El único inconveniente es que, por desgracia, me sigue doliendo la espalda.

El rótulo en pantalla de Euronews, mi principal fuente de información, está dividido en dos partes. A la izquierda, ocupando una quinta parte de la pantalla, aparece en negrita el nombre del país sobre el cual versa la noticia. Y a la derecha se da la noticia, en letra más pequeña. Va cambiando constantemente: Alemania, Lituania, España, Estados Unidos.

Cuando dan noticias sobre mí, en lugar del nombre del país, escriben «Navalni» en mayúsculas. Queda curioso.

Me acaba de llegar otro fardo de cartas parecido. Si da la impresión de que me lo estoy inventando para intentar impresionar, no es así. En estos momentos tengo varios miles de cartas por responder en la celda. A ojo de buen cubero, calculo que habrá unas cuatro o cinco mil.

12 DE FEBRERO

Hoy tengo comparecencia en el juzgado. Anoche me dijeron:

—Mañana tienes que ir al juzgado, así que tendrás que levantarte un poco más temprano.

No sé por qué, pero por la mañana siempre me meten prisa. Aunque todo el mundo se despierta a las 6.00 horas, yo siempre estoy listo, lavado y afeitado, hacia las 6.25, pese a que quizá no tenga que irme de aquí hasta las 10.00. ¡Hay tiempo de sobra!

—Vale, pero tendréis que despertarme a las 5.45 —les digo.

—¡Sí, hombre! —(¿Qué te has creído, que esto es un hotel o qué?)—. Ya te apañarás para despertarte tú solito.

—¿Cómo voy a despertarme yo, si no sé qué hora es? No tengo reloj y la radio a esa hora no está encendida. Aunque me despertara a las 5.45, ¿cómo iba a saber qué hora es?

No hay respuesta.

Esta mañana han encendido las luces antes que la radio.

—Buenos días. ¿Qué hora es, exactamente? —he preguntado por el intercomunicador.

—Buenos días. Son las 5.46.

Genial, casi como un hotel. La recepcionista me ha despertado a la hora exacta.

Como siempre, todas esas prisas son innecesarias. Hoy me he vestido y me han trasladado a la sala de registros, que está en la celda de al lado. Allí he tenido que desnudarme de nuevo. Cachean toda mi ropa y la comprueban con un detector metálico. Después he vuelto a vestirme. Y luego me han encerrado en un cuartucho diminuto, que es donde estoy ahora sentado esperando algo que desconozco.

Buenas noticias. Suena música decente en la radio del furgón policial. Hemos tenido un viaje fantástico. Empiezo a estar un poco harto de Retro FM.

Cuesta imaginar una juez más diabólica, maligna y, lo más importante, completamente mentecata que la que preside el juicio por «difamación». La última vez debió de verse con el agua al cuello por permitir que apareciéramos ante la opinión pública como la parte más fuerte y convincente, y deben de haberle ordenado que no nos permita hablar, sin más. A tal fin, no deja de echarnos reprimendas. Olga ha recibido dos en el primer minuto del juicio por el mero hecho de abrir la boca. A lo largo del día, yo he superado las trescientas.

Los procesos ilegales más flagrantes suelen asignarse a jueces razonablemente sofisticados que conocen bien el caso y en quienes puede confiarse para que actúen tal como se les solicita de manera educada. En cambio, esta jueza es una cretina vengativa y no tiene ni idea de cómo comportarse con aplomo. Eso ha jugado en nuestro favor, porque cuanto más agresiva se ponía, más evidente era su sesgo. Pero también nos ha obligado a pasarnos todo el juicio gritando.

La fiscal se lamía los dedos mientras hojeaba el material del expediente. ¡Era nauseabundo! Pero más nauseabundo aún ha sido el numerito que ha escenificado al leer las reminiscencias de la guerra del anciano veterano, que pretenden hacer pasar por sus declaraciones. Ha derramado lágrimas de cocodrilo y ha hecho largas pausas dramáticas. ¡Menuda pandilla de cabrones! Se inventan su declaración y lloran al leerla.

A modo de guinda final, la fiscal me ha formulado preguntas como: «¿Asistió usted a las Marchas Rusas?» y «¿Por qué pretende destruir la memoria histórica?». Por supuesto, todo eso no tiene nada que ver en este caso. Es lo mejor que se les ocurre para llevar a cabo un contrainterrogatorio riguroso. En alguna ocasión ha añadido: «Tiene la libertad de no responder». Sus preguntas han desconcertado incluso a la jueza, que, pese a ello, no las ha considerado improcedentes. (A diferencia de todas mis preguntas a los testigos.) Se ha dedicado a mirarme con los ojos como platos.

Me he permitido desahogarme un poco al responder.

Olga y Vadim se han mostrado eufóricos cuando, al someter a un contrainterrogatorio al testigo experto del Comité de Investigación, ha afirmado que mis tuits contenían «juicios de valor», lo cual significa que habría que retirar los cargos contra mí. Ha quedado claro que tal sutileza legal no era del interés ni de la jueza ni de la fiscal.

El conductor del furgón policial ha conducido como un psicópata en el trayecto de vuelta y me he mareado.

He regresado a las 21.45 horas, hambriento.

—¿Puedo cenar?

—No, es demasiado tarde.

Me había pasado el día soñando con hacerme una ensalada de tomate, pepino y nata agria. La he aliñado con aceite otras veces, pero en realidad siempre he querido probarla con nata agria. «Déjalo —me he dicho—. Ya me la haré para comer mañana. Ahora me consolaré con un trozo de pollo frío.» Pero el pollo tenía un aspecto tan nauseabundo como el juicio de hoy y he decidido cumplir mi sueño. Así que me he preparado la ensalada, aunque puede que apaguen las luces en breve y tenga que acabar de comérmela en la penumbra.

Por fin tengo cubiertos de plástico en la celda, incluso un cuchillo, aunque, como es previsible, no corta nada. Al final he acabado troceándolo todo como he podido, en lugar de cortarlo.

Y luego le he echado sal a la ensalada, porque ahora también tengo sal. Incluso tengo pan. Yulia lo compró para que me lo enviaran, aunque le dije que no lo hiciera.

Bendita sea.

13 DE FEBRERO

Fuera está nevado, incluso hay nieve en la reja de la ventana. Tengo ganas de salir al patio. Seguro que habrá un ventisquero.

Es fantástico. Estoy contestando la correspondencia. Montones de cartas. No dejo de escribir y escribir. Hay una de un camarero de una bodega de vinos frente a nuestra oficina. Me escribe diciendo que tiene ganas de volver a vernos a Yulia y a mí, y de servirme lo de siempre. Qué sorpresa tan agradable. Han pasado cinco minutos y aún no se me ha borrado la sonrisa de la cara.

Vaya, pues no había ventisquero.

Me han sacado al patio bastante tarde, a las 12.45, aunque se supone que tiene que ser entre las 9.45 y las 10.30. Es evidente que a esa hora tenían a otro preso esparciendo la nieve acumulada de manera uniforme por el patio.

La parte positiva es que toda la zona estaba cubierta de nieve, en lugar del asfalto de costumbre. Había un círculo muy desigual pisoteado por usuarios anteriores. Notaba la nieve crujir bajo mis pisadas. Y digo notar, porque oírla es imposible, con la radio a un volumen ensordecedor.

Aun así, se respira Año Nuevo.

14 DE FEBRERO

Esta mañana, temprano, he empezado a hacer mis series de tabata (¡bravo por mí!) y la radio me ha recordado que hoy es el Día de los Enamorados.

He hecho una operación especial y he pasado un mensaje para publicarlo en mi Instagram sin que Yulia lo supiera. Deberían publicarlo hoy a mediodía. ¿Con qué foto elegirán combinarlo?

Creo que he inventado una nueva manera de tratar las quemaduras. Hace unas tres semanas me escaldé la mano izquierda con agua hirviendo, una quemadura grave. Evidentemente necesitaba que me viera un médico. Había que aplicarle algo, algún tipo de crema específica. Sin embargo, eso aquí es un auténtico quebradero de cabeza, sobre todo por la noche, y el accidente se produjo a las 21.00 horas. Cualquier solicitud de visitar al médico se percibe con recelo, en particular si eres tú quien ha provocado el accidente. Necesitaba pedir un tratamiento, pero no me apetecía hacerlo.

Me imaginé yendo al juzgado con la mano vendada, a todo el mundo preguntándome qué me había pasado y a la opinión pública pensando que me habían torturado.

Para acabarlo de rematar, según la normativa, hay que quitarse los vendajes para las inspecciones.

¡Menuda pesadilla!

Justo el día antes me habían traído loción corporal y crema para las manos Dove del economato. Son cremas estándares, muy baratas y aceitosas. Solo Dios sabe por qué las compré. Una coincidencia afortunada. Supuse que no empeorarían la situación. A fin de cuentas, los ungüentos para las quemaduras probablemente funcionan porque hidratan.

Me cubrí la quemadura con una capa de crema. La absorbió a una velocidad increíble. Me estuve frotando más crema el resto del día, y tres veces el día siguiente. Se me peló la piel de la zona, pero fue mucho menos horrible de lo que preveía, y ahora no queda ni rastro de nada. De hecho, tiene mejor aspecto que antes.

Mi tradición dominical: para desayunar me he comido media barra de pan, que hoy no es blanco, sino negro, al parecer porque está hecho de harina de centeno. Conseguí un poco de mantequilla y también tengo queso. Y me he servido un café. ¡Eso es tener estilo!

15 DE FEBRERO

Hoy me toca patio y vuelve a hacer frío. Debe de hacer mucho más para el guardia que patrulla todos los patios desde la alambrada, por encima de nuestras cabezas. Al menos los presos estamos entre cuatro paredes, aunque al raso. Él, en cambio, patrulla a la altura de nuestra cubierta. Debe de hacer un viento de mil demonios ahí arriba todo el tiempo. Por eso calza botas de fieltro y lleva un abrigo de piel de borrego encima de su gruesa chaqueta militar. Un abrigo que parece de piel de borrego marrón auténtica.

Pasa de largo. Lo observo y aprecio que tiene un rasgón de un tamaño considerable en la parte de atrás del abrigo, a un lado, como si se lo hubiera desgarrado un perro o se hubiera visto inmerso en una refriega. La imagen es fascinante. No es solo un abrigo de cordero arcaico, sino que, además, está raído. Es como el que podría verse en una película o en *La hija del capitán* de Pushkin. Como en la literatura.

Me llevan a darme una ducha. Camino por nuestra planta, donde hay recipientes de plástico con comida junto a las celdas para los prisioneros. Los traen a la hora de comer, pero no se distribuyen en las celdas hasta la tarde. ¡Uno de los recipientes contiene un pastel y una piña! Una piña de verdad, esplendorosa, con su corona de hojas o como se llame la parte que pincha. Queda exótica y extraña en un contenedor de plástico junto a la puerta de hierro de una celda.

¡Ja! ¡Chúpate esa, piña! Una desconocida ha pagado en el economato para que me traigan una hamburguesa, arándanos azules frescos y un montón de cosas más. Tengo que hallar un modo de frenar que gente anónima me compre comida; de lo contrario, se correrá la voz y acabaré inundado de alimentos enviados por gente bienintencionada que intenta mantenerme con buen ánimo e impedir que me muera de hambre.

Por supuesto, me ha llegado más sal; esta vez la ha enviado Yulia. Y pepinos. Ahora tengo dos kilos de sal y un montón de pepinos. Me estoy planteando seriamente que debería hacerme con una receta y empezar a encurtirlos. El problema es que no tengo tarros.

¡Hurra! Ya he contestado toda la correspondencia. Me sentía presionado por las pilas de papel que llenaban hasta el último recoveco de la celda y me recordaban que aún no había terminado de hacerlo. He tenido que limitar el 90 por ciento de las respuestas a «¡Gracias!» o «Gracias :)», pero aun así me ha llevado muchas, muchas horas.

16 DE FEBRERO

Solo son las 7.30 horas de la mañana, pero ya:

- me he levantado
- me he afeitado
- me he vestido
- me he tomado un café
- me he desnudado
- me he vuelto a vestir
- me han transportado en un furgón policial
- me he desnudado
- me he vestido otra vez

Ahora estoy sentado tomándome un té en una sala de seguridad, a la espera de que me conduzcan a un tribunal.

La segunda mitad del día, tras la comparecencia ante el tribunal, ha estado dedicada a un debate tontorrón, inútil y tedioso sobre si infrinjo las normas al dormir en un lado y leer en otro. Donde duermo no hay luz suficiente para leer.

Durante un mes entero a nadie le ha importado ni una cosa ni la otra, pero ahora dicen que se han infringido las normas. ¿Les han dado órdenes de trasladarme a una celda de castigo y solo buscan una excusa?

Por la tarde, cómo no, hubo un nuevo registro. No dudaba que fuera a haberlo. Pero si organizas bien las cosas que van a inspeccionar, luego no se forma tanto desorden, así que ahora ya no me saca de mis casillas que me registren la celda. A todo se acostumbra uno.

17 DE FEBRERO

Me han sacado al patio de «ejercicio» antes de lo habitual. No eran ni las diez de la mañana. Al salir me he preguntado: «¿Por qué me siento tan bien? Todo me parece genial».

Y de repente me he quedado pasmado: ¡no sonaba música!

Qué sensación tan maravillosa caminar y poder escuchar el sonido de tus propios pasos. Y, además, sobre la nieve.

Se oyen ruidos procedentes del exterior. Coches en la carretera.

Caminas por la vida como un ser humano normal.

Por desgracia, al cabo de unos siete minutos han encendido el altavoz, y allí estaba de nuevo, caminando como un preso.

Hola, soy Navalni.

Quiero deciros que va todo bien, porque tengo lo más importante que necesita cualquiera que se halle en mi situación: vuestro apoyo. Creedme, me llega.

Por desgracia, no puedo hacer comentarios sobre las noticias o los acontecimientos, porque los desconozco. Así que he decidido compartir con vosotros algunos hechos de mi vida aquí.

A menudo me preguntan si estoy deprimido. No, no estoy deprimido. La cárcel, como es bien sabido, está en la mente. Y, si lo pensáis bien, os daréis cuenta de que no estoy en la cárcel. Estoy de viaje espacial.

Juzgadlo por vosotros mismos. Tengo un compartimento sencillo, espartano: un armazón de cama metálico, una mesa y una taquilla. En esta nave espacial no tienen cabida los lujos. La puerta del camarote solo puede abrirse desde el centro de mando. Entra gente uniformada. Solo pronuncian frases escuetas, frases estándar. En su pectoral resplandece la luz iluminada de una videocámara activa. Son androides. No tengo que cocinar. Me sirven la comida directamente en el camarote, sobre un carrito automático. Mis platos y cucharas son de metal pulido.

El centro de mando de la nave espacial se comunica conmigo tal como ocurre en las películas del espacio. A través del intercomunicador, sale una voz de la pared que anuncia: «Tres, cero, dos, prepárate para la limpieza». A lo que yo respondo: «Vale, de acuerdo. Dadme diez minutos. Tengo que acabarme el té».

Naturalmente, en ese momento me doy cuenta de que estoy en un viaje al espacio, volando hacia un nuevo mundo.

¿Podría yo, que soy aficionado al cine y los libros sobre el espacio, negarme a hacer un viaje así, aunque fuera a durar tres años? Por supuesto que no. Es verdad que viajar por el espacio tiene su riesgo. Puedes llegar y no encontrar nada. Y el vuelo puede prolongarse mucho más debido a un error de navegación. Un asteroide fortuito podría destruir la nave y moriríamos.

Pero en esos momentos suele llegar ayuda. Detectas una señal amistosa y un túnel en el hiperespacio te conduce a tu destino: abrazar a tu familia y a tus amigos en un nuevo mundo.

Solo hay una gran diferencia con respecto a las películas de ciencia ficción: voy desarmado. ¿Qué pasará si seres xenomorfos atacan la nave? Dudo que pueda enfrentarme a ellos con un hervidor.

Quizá afile la cuchara contra la pared.

---

18 DE FEBRERO

Es para morirse de risa. Estoy sentado comiendo mientras miro el telediario en Euronews. Anuncian que el Tribunal Europeo de Derechos Humanos exige mi liberación, cosa que el Ministerio de Justicia de la Federación de Rusia considera una injerencia ultrajante en los asuntos internos del país.

Luego se produce un revuelo de actividad histérica: prepárate y lleva contigo tu documentación. Eso suele ser indicativo de una entrevista con la Comisión de Supervisión Pública u otro departamento de asuntos internos de la cárcel.

Y así es. Me conducen a una sala donde hay un capitán, un teniente coronel (un subcomandante de la prisión) y un coronel a quien no reconozco.

—Esta es una reunión de la Comisión Preventiva —me informan.

El capitán lee los cargos: blablablá, detectado, blablablá, recluso Navalni, blablablá, someterlo a supervisión preventiva por las probabilidades de intento de huida.

No he podido reprimir una carcajada.

Al instante me han colocado delante un papel en el que me informan de que me hallo bajo supervisión preventiva por riesgo de intento de huida.

Sabiendo cómo funciona el Servicio Penitenciario Federal y que por segundo día he tenido que escribir una explicación oficial de por qué leo en un sitio no autorizado, caigo en la cuenta de que les han dado instrucciones para que conciban una sanción que imponerme y se les ha ocurrido esta memez. Me impresiona que consigan mantener esa cara de póker.

La supervisión preventiva es un engorro cuando se está en una penitenciaría: tienes que informar de tu presencia más a menudo y se toman medidas especiales para escoltarte cuando estás bajo custodia. En la escritura popular esto se conoce como «ponerle una raya» a alguien. Los presos llevan en el pecho una tarjeta identificativa con su apellido y fotografía. Le pueden añadir una raya diagonal para indicar (1) riesgo de suicidio o (2) riesgo de huida. El riesgo de huida está peor considerado. En la práctica, no está claro lo que significa. Sospecho que nada.

En cualquier caso, me tienen encerrado en la celda todo el tiempo.

19 DE FEBRERO

Hoy no he respondido ninguna carta. He decidido tomarme el día libre. Mañana tengo dos comparecencias ante los tribunales y me brindarán la oportunidad de hacer dos declaraciones finales, y necesito pensar bien lo que quiero decir.

Además, estoy harto de escribir a mano.

Me han traído las gafas. ¡Hurra! Pero vienen en una bolsa de celofán.

—¿Dónde está la funda?

—La funda no se ha autorizado.

—Creía haber mencionado que no era metálica.

—Es de piel. La normativa de la prisión solo autoriza fundas de plástico.

Ahora tengo unas gafas en una bolsa de plástico.

Me he preparado un poco de «helado» para mañana, para cuando regrese de los tribunales. Guiándome por una receta más sofisticada, he añadido ciruelas y nueces y he ajustado las proporciones de mantequilla y nata agria. Lo he hervido y removido todo durante un largo rato. Mañana, cuando vuelva, me cambiaré de ropa, sacaré mi «helado» y me tumbaré a ver cómo me llaman fascista y traidor en la televisión.

20 DE FEBRERO

Es muy divertido que te lleven de paseo en un furgón policial. Ponen música, a todo volumen. Les gusta mucho la música moderna. Tras mi exposición a dosis elevadas de Radio Retro, es un placer.

Estoy disfrutando de verdad (ja, ja, ja) que me lleven de un lado para otro en este furgón policial, aunque los trayectos suelen ser espantosos y una de las experiencias más incómodas del mundo. Debe de parecer divertido. Voy sentado en una caja metálica con las rodillas presionadas contra la puerta de reja, agarrado a esta con ambas manos para no golpearme la cabeza con tanto bandazo. Con cada bache doy un salto en el aire y aterrizo con dolor sobre el banco de madera.

Muevo la cabeza al son de rap o música electrónica quejumbrosa. Un guardia y dos soldados de operaciones especiales con casco y metralleta en la mano me vigilan desde su compartimento.

Acaba el primer juicio. Han enviado a un juez astuto del Tribunal Municipal de Moscú. (Han decidido trasladar la sesión aquí, al tribunal de Bábushkin, supuestamente para hacerme un favor, para que no me tengan que conducir hasta tan lejos, y para evitarles a mis abogados atascos de tráfico. Obviamente, la verdadera finalidad era limitar el número de periodistas y miembros del público asistentes al juicio.) El juez era un tipo agradable y resolutivo. Se ha apresurado a indicarme varias veces que tendría tres oportunidades de hablar sin restricciones. Me ha pedido que me comporte con educación. En plan, acordemos algo: tendrá usted oportunidad de hablar cuanto le plazca, así que no me interrumpa y yo no le interrumpiré.

Y todo se ha desarrollado al amparo de esta cortesía mutua. Al menos ha acabado en sonrisas y sin demasiados gritos. Me ha rebajado la condena un mes y medio. Yo he pronunciado un discurso que había ensayado mentalmente muchas veces: «Rusia será feliz». Me ha parecido que hoy, a diferencia de una comparecencia anterior ante los tribunales en la que improvisé unas palabras tras las cuales todo el mundo me felicitó, no he estado particularmente fino. Era un discurso demasiado largo, y al público general no le gustan demasiado las disertaciones filosóficas y religiosas. Cuando les he preguntado a Vadim y Olga qué les ha parecido, se han mirado con escepticismo y han sonreído. Tras la pausa han dicho que, si el público objetivo fueran creyentes religiosos, entonces habría hecho diana. Me lo he tomado como un premio de consolación. Para colmo, ahora los no creyentes me considerarán un pirado con complejo de mesías.

Aun así, tenía la necesidad imperiosa de quitármelo de encima. A veces, los pensamientos de uno parecen a punto de estallar.

Ahora tengo una pausa de dos horas antes del próximo juicio.

«Última palabra» de Alexéi en la apelación del caso de Yves Rocher

¡Me sorprendo tan a menudo farfullando mi última palabra! Nuestro juicio está a punto de concluir, pero luego vendrá el siguiente y allí también podré pronunciar una alocución final. Sospecho que, si alguien se decidiera a publicar mis «últimas palabras», acabaría con un volumen bastante grueso entre manos. Tengo la sensación de que tanto el régimen en su conjunto como el amo de ese asombroso palacio en persona, Vladímir Putin, pretenden enviarme una extraña señal. «De acuerdo —me están diciendo—, esto tal vez parezca raro, pero ya verás cómo nos salimos con la nuestra. De verdad que podemos.» Como un malabarista o un mago, Putin hace girar en un tribunal una bola sobre un dedo y luego, ¡úpala!, sobre un dedo distinto, sobre su pie y finalmente sobre su cabeza. Lo que pretenden decirme es: «Mira, podemos darle vueltas a este sistema judicial sobre cualquier parte de nuestro cuerpo. ¿Acaso crees que puedes enfrentarte a nosotros? Podemos hacer lo que nos plazca. Así de fácil».

A mí me parece que son una panda de engreídos. Claro que hacen daño; me lo están haciendo. Pero no soy el único que lo ve. Y consiguen su objetivo de desalentar a la gente normal. Porque el ciudadano corriente, al verlo, piensa: «Si tengo que enfrentarme a ese sistema legal, ¿qué posibilidades tengo de conseguir nada?».

Pero vuelvo a mi última palabra. Tengo que pronunciar mi discurso de cierre.

Con la mano en el corazón, señoría, ya no estoy seguro sobre de qué hablar. ¿Cree, quizá, que deberíamos hablar de Dios? ¿De salvación? ¿Debería elevar al máximo el patetismo, por decirlo de algún modo? El hecho es que soy un hombre religioso, lo cual me expone de manera constante al escarnio en el seno de la Fundación Anticorrupción y de la gente que me rodea, en su mayoría ateos. Yo también lo era, y bastante militante. Pero ahora soy creyente y considero que serlo me ayuda mucho en mi labor. Todo resulta mucho más claro. Paso menos tiempo tomando decisiones y afronto menos dilemas en la vida porque, como sabrá, existe un libro y dice de forma bastante clara lo que uno tiene que hacer en cualquier situación. No siempre es fácil hacer lo que propone el libro, pero lo intento. Y por eso a mí me resulta más fácil que a mucha otra gente dedicarme a la política en Rusia. Hace poco alguien me envió una carta que decía: «Navalni, ¿por qué te dice todo el mundo que "seas fuerte", que "no te rindas", que "no desfallezcas" y que "aprietes los dientes"? ¿Qué es lo que tienes que aguantar? ¿No dijiste un día en una entrevista que crees en Dios? Pues la Biblia dice: "Bienaventurados los que tienen hambre y sed de justicia, porque ellos serán saciados". Y es fantástico... ¡porque tú lo has conseguido!». Y yo pensé: «¡Caramba! Qué bien me entiende esta persona». No estoy seguro de haberlo conseguido exactamente, pero siempre he asimilado ese precepto en concreto como una instrucción que guía mi manera de proceder.

Por eso, pese a que evidentemente no disfruto de mi situación actual, no me arrepiento de haber regresado y de hacer lo que hago. Porque todo lo que hice era lo correcto. En realidad, siento, cómo decirlo, una cierta satisfacción. Porque en un momento difícil hice lo que se suponía que debía hacer y no desoí ese precepto. Hay algo importante que aprender de él. A una persona moderna, esta frase en su conjunto —con el «bienaventurados», el «hambre y sed de justicia» y el «serán saciados»— le suena un poco rara, para qué vamos a engañarnos. Y las personas que hablan así, sinceramente, parecen haber perdido el juicio. Es gente rara, loca, gente extraña sentada en una celda con el cabello despeinado que intenta hallar algo que les infunda ánimos porque se siente sola, porque son solitarios, nadie los necesita. Eso es, precisamente, lo que nuestro Gobierno y todo el sistema intenta decirle a la gente así. «Estáis solos.» «Estáis aislados.»

El objetivo principal es intimidarte, para luego demostrarte que estás solo. Al fin y al cabo, ¿qué ser humano normal, y eso es lo que somos nosotros, gente normal, gente con sentido común, va a empezar a obedecer un mandamiento? Esta idea de que estás solo es fundamental. Es crucial. Es vital para el régimen que cale. Por cierto, que la maravillosa filósofa Luna Lovegood (de *Harry Potter*, ¿recuerda?) tenía algo que decir al respecto. Hablando con Harry, le dice que, en los momentos difíciles, es importante no sentirse solo, porque, si ella fuera Voldemort, lo que querría por encima de todo sería que él se sintiese solo. Eso es lo mismo que pretende nuestro Voldemort desde su palacio.

Los guardias de mi prisión son grandes tipos. Son gente normal, pero no me hablan. Es evidente que se lo han prohibido. Solo me dicen lo más básico. Y eso también es importante, porque es una manera de conseguir que una persona se sienta siempre sola. El problema es que eso a mí no me ocurre, y le explicaré el porqué. Porque esas palabras, «Bienaventurados los que tienen hambre y sed de justicia», puede antojarse exótica y un poco rara, pero en realidad expresan la idea política más relevante hoy en Rusia. Señoría, ¿cuál es la fórmula política más popular en Rusia? ¿Cuál es el eslogan político más famoso? Que alguien me ayude. ¿Dónde radica el poder? ¡Ah, eso es! ¡El poder está en la verdad! Es la frase que repite todo el mundo. Y es la misma idea que hay en la bienaventuranza, con toda esa palabrería sobre el «hambre» y la «sed». Lo que pasa es que ahora se ha sintetizado al tamaño de un tuit. Todo el país repite de manera constante e insistente que el poder está en la verdad. Quien tenga la verdad de su parte ganará. Eso es muy importante. Aunque nuestro país esté apuntalado por entero sobre la injusticia (la afrontamos de continuo, y el peor tipo es la injusticia armada), vemos que, de manera simultánea, millones de personas, decenas de millones de personas aspiran a la verdad. Tienen sed de verdad, y tarde o temprano conseguirán su objetivo. Serán saciados.

Hay cosas que están a la vista de todo el mundo. El palacio de Putin existe de verdad. Puede decir que no le pertenece o que no existe, pero sí existe. Y también es cierto que hay gente que vive en la pobreza. Pueden repetir una y mil veces que tenemos un elevado nivel de vida, pero Rusia es pobre y todo el mundo lo ve. La población debería ser rica. Han construido un oleoducto y se está generando dinero, pero ¿adónde va a parar? Esa es la verdad, y no puede argumentarse lo contrario. Antes o después, las personas que aspiran a la verdad la conocerán.

Hay una última cosa importante que me gustaría decirle y, de rebote, también a la fiscal y a todos cuantos integran el régimen. Y a todas las demás personas también. Es importante no temer a quienes buscan la verdad. Mucha gente tiene miedo: Oh, Dios mío, ¿qué pasará? Habrá una revolución, habrá enfrentamientos, todo esto se convertirá en una pesadilla. Pero piensen en lo feliz que sería la vida sin este engaño constante, sin todas estas mentiras. Poder no mentir es maravilloso. Piense en lo extraordinario que sería trabajar como jueza si no existiera la «justicia telefónica», si no hubiera nadie que la telefoneara y pudiera ser usted una alta magistrada con un buen salario, incluso más alto del que percibe ahora. Sería usted un pilar respetado de la sociedad, sin nadie que le diera instrucciones sobre qué veredictos emitir. Regresaría usted a su hogar, junto a sus hijos y nietos, y podría decirles que sí, que es usted de verdad una jueza independiente, y que todos los demás jueces también son absolutamente independientes. Sería fantástico. Sería realmente genial ver a un fiscal que operara en el seno de un sistema contencioso, que jugara una partida legal interesante, que defendiera a unas personas y acusara a delincuentes de verdad. Me cuesta creer que la gente se matricule en la Facultad de Derecho y se incorpore a la Fiscalía porque aspira a participar en la elaboración de causas penales inventadas y a falsificar firmas de otras personas. Y tampoco creo que la gente quiera ser policía para poder decir al final del día: «¡Hemos hecho un gran trabajo abriéndole la cabeza a un manifestante!». O «Hemos escoltado a un tipo que, en realidad, es inocente. En unos minutos escucharemos sus palabras finales».

¡Nadie quiere eso! Nadie quiere ser así. Los policías quieren ser normales. Porque todas estas farsas solo tienen desventajas, ninguna ventaja. Ni siquiera le pagan a uno mejor. Y, en el caso de los empresarios, cualquier empresa en este país vale la mitad de lo que debería porque no existe un sistema judicial, porque impera la injusticia, porque el caos y la pobreza reinan en todas partes. Todo el mundo viviría mucho mejor si se pusiera fin a la mentira y la injusticia.

Sería mucho mejor que toda esa gente que aspira a la verdad lograra conocerla. Y lo mismo se aplica a los agentes del FSB. Nadie, ni una sola persona en este mundo fue un escolar que dijo con los ojos brillantes: «Quiero formar parte del FSB y que me envíen a lavarle la ropa interior a un opositor porque alguien se la ha manchado con veneno». ¡No hay nadie así! ¡Nadie quiere hacer eso! Los policías quieren ser gente normal y respetada que atrapan a terroristas, a mafiosos y a espías, y combatir todo eso.

Es fundamental no temer a las personas que persiguen la verdad y, quizá, incluso hallar maneras de apoyarlas, sea directa o indirectamente. O, si no se las apoya, al menos no contribuir a la mentira, no contribuir al engaño, no convertir el mundo que nos rodea en un lugar peor. Por supuesto, ello comporta un riesgo, pero no es un riesgo exagerado; como dice Rick Sánchez, otro filósofo actual destacado: «Vivir es arriesgarlo todo; de lo contrario, no se es más que un trozo inerte de moléculas ensambladas al azar que vagan adonde las lleve el universo».

Por último, quiero añadir que me están llegando montones de cartas y casi todas ellas concluyen con las palabras: «¡Rusia será libre!». Es un eslogan fantástico. Yo también lo repito a todas horas, lo escribo en mis respuestas y lo canto en manifestaciones. Pero tenía la sensación de que se me escapaba algo. No me malinterprete. Por supuesto, yo quiero que Rusia sea libre. Es necesario. Pero no es suficiente. No puede ser un fin en sí mismo.

Quiero que Rusia sea tan rica como debería ser, teniendo como tiene recursos naturales. Quiero que se distribuyan de manera más justa para que todo el mundo se lleve su parte del pastel del petróleo y el gas. No me contento con que seamos solo libres, sino que también aspiro a tener un sistema sanitario decente. Quiero que los hombres vivan el tiempo suficiente como para llegar a la edad de la jubilación, porque, en la actualidad, la mitad de los hombres rusos no lo hacen, y las mujeres tampoco salen mucho mejor paradas. Me gustaría ver que en Rusia la gente recibe los mismos salarios por desempeñar los mismos empleos que en cualquier país europeo medio, porque nuestros sueldos actuales son muy inferiores. Todo el mundo, desde un policía hasta un programador informático, un periodista o cualquier otra profesión que se nos ocurra, cobra mucho menos que sus homólogos en otros lugares. Quiero una educación normal y que la población pueda estudiar con normalidad.

Me gustaría que sucedieran muchas otras cosas en nuestro país. Nuestra lucha no debe ser tanto porque Rusia no es libre, sino porque, en general, es infeliz, en todos los aspectos. Tenemos todo lo que necesitamos y, sin embargo, por algún motivo, no somos un país feliz. Lean la literatura rusa, nuestra excelsa literatura. ¡Todo son relatos de infortunios y padecimientos! Somos un país muy infeliz y no conseguimos zafarnos de este círculo de desgracias, aunque anhelamos hacerlo. Así que propongo que cambiemos nuestro eslogan y digamos que Rusia no solo debería ser libre, sino también feliz. ¡Rusia será feliz!

He pronunciado mi segundo discurso de cierre, de nuevo improvisado. Para empezar, he utilizado la hoja de papel con la lista de las ayudas estatales de bienestar social que percibe el veterano de guerra. La copié del material del caso el primer día y decidí que la usaría al inicio de mi alocución final. He hablado durante unos diez minutos más o menos, tras lo cual la jueza se ha ausentado para considerar su veredicto.

Ha dicho que lo anunciaría a las 18.00 horas, lo cual implicaba que tenía que quedarme en la penitenciaría de alta seguridad durante cuatro horas. Dentro hacía un calor sofocante. El banco en el que me he tumbado era estrecho y el brazo se me resbalaba hacia el suelo. Si me lo ponía debajo del cuerpo, se me quedaba dormido. Después de eso, ha tenido que transcurrir una hora para que dejara de dolerme todo. Me he adaptado. A todo se acostumbra uno.

La jueza ha llegado con una hora de retraso y luego se ha pasado una hora y media más leyendo su veredicto. Como es lógico, alguna norma absurda me exigía escucharlo en pie y esposado. Así lo he hecho.

Olga ha empezado a discutir con los guardias. Saltaba a la vista que los policías no se sentían cómodos con la situación. Entendían que se trataba de una norma sin sentido. Ya me tenían dentro de la pecera y esposado. Pero no podían hacer nada. Había veinte cámaras filmándome y se meterían en problemas si me quitaban las esposas. Han permanecido de pie en silencio, sin apartar la vista de enfrente y sin decir ni mu.

El veredicto es el que anticipábamos. Necesitaban que primero me sentenciara el Tribunal Municipal de Moscú y luego una segunda vez por difamación. De nuevo, la juez de la difamación ha activado una sentencia suspendida y la ha convertido en una sentencia real. Ahora podrán decir en televisión: «Navalni, encarcelado por calumniar a un veterano de guerra». También han enviado documentación al Comité de Investigación alegando que he insultado a la juez y a la fiscal.

El trayecto de vuelta ha sido sensacional. Han puesto la música a un volumen aún más alto.

Estoy tan cansado que apenas puedo caminar. Me duele muchísimo la espalda. Me he pasado de pie todo el día, salvo la hora que he dormido en ese banco. Todavía no puedo sentarme, solo estar de pie o tumbado.

Me acabo de comer el «helado». Estaba bueno. Estoy esperando a que sean las 22.00 horas (ahora son las 21.15) para poder desnudarme y meterme en la cama.

Mañana me tomaré el día libre. Ni entrenamiento ni correspondencia, solo lectura. Sobre todo porque mañana es domingo y volveré a disfrutar de mi festín matutino de pan, mantequilla y café.

21 DE FEBRERO

Por segundo día desde que estoy aquí, no me he levantado a las 5.55 horas y no he tenido que patalear en el suelo para entrar en calor antes de hacer mi tabla de ejercicios de alta intensidad. En lugar de ello, me he levantado, he hecho la cama, me he vestido y me he tumbado otra vez a dormir. En realidad, no me he quedado dormido, simplemente he permanecido tumbado media hora. Aquí te permiten dormir después de las 6.00 horas. Si quieres, puedes dormir todo el día. Lo único es que la cama tiene que estar hecha entre las 6.00 y las 22.00 horas. Es una norma importante.

A la hora del desayuno había resuelto ya un dilema muy serio, tras haber acumulado unas diez mil cartas por responder. Las he leído todas, pero solo he contestado las más desgarradoras y las de las personas a quienes conozco. En el pasado las respondía todas, aunque fuera con una sola palabra.

Sin embargo, ayer por la tarde me llegó un nuevo fajo. Parto de la base de que, de hoy en adelante, estaré en la cárcel cumpliendo una condena que ha recibido el castigo de la ley, y eso me da derecho a empezar de nuevo y responder solo las cartas que reciba a partir de ahora.

Después de mi rato de patio le he preguntado al oficial de guardia si era posible cambiar la emisora de radio, aunque fuera por un día, y su respuesta me ha dejado boquiabierto.

—Es una decisión que se ha tomado de manera colectiva. Mediante votación.

Fascinante.

Dudo mucho de que los prisioneros participaran en esa votación.

El comandante de esta cárcel me dijo un día que el estante superior de mi frigorífico es un congelador. No lo parece. No hay hielo. No dejaba de preguntarme cómo comprobar si realmente congela, de manera que encargué helado en el economato. Hoy, en el patio, mientras caminaba sobre la nieve, he caído en la cuenta de lo estúpido que he sido. Al regresar a la celda, he vertido un poco de agua en un plato y lo me he metido en el estante superior.

22 DE FEBRERO

Pasarme el día de ayer dormitando fue un error. Me puse un antifaz y dormí desde la hora de la comida hasta la de la cena. Huelga decir que luego no pude conciliar el sueño por la noche, y que por la mañana me costó despertarme cuando sonó la radio. La apagué al instante, me vestí, hice la cama, me puse el antifaz y volví a tumbarme a dormir.

No he dormido bien y ahora no me apetece hacer ejercicio. Así es como empieza a caer la gente pendiente abajo.

Hoy toca limpieza y ducha. Hay un problema: ayer lavé los pantalones que había llevado a las comparecencias en los juzgados cada día y el sábado, cuando dormí en aquel banco. Me pareció que necesitaban un lavado. Pero ahora son las 7.00 horas y no se han secado. El «ejercicio» suele empezar a las 9.30 y estamos a temperaturas bajo cero. Por supuesto, siempre puedo ponerme los vaqueros, pero están limpios y planchados y los guardo para una ocasión especial (ja, ja, ja). No está claro qué tipo de ocasión especial puede darse aquí, pero el rato diario de patio desde luego no encaja en esa definición.

La afirmación sobre el congelador carecía de fundamento. El agua no se ha congelado. Aquí es cuando la física viene en ayuda de los presos y les permite hacer visibles las mentiras del Servicio Penitenciario Federal.

Empiezo a contestar el resto de las cartas y me conmueve profundamente una de Aleksandr, que me pide que bendiga su matrimonio con Anna.

Esto es una auténtica anomalía. Me escribe una cantidad inconcebible de chicas llamadas Alina. Es una imposibilidad estadística.

Le he mostrado al oficial de servicio que mis pantalones todavía no estaban secos y le he pedido que me saque al patio lo más tarde posible. Lo han hecho hacia las 12.30 horas, mucho más tarde de lo habitual, y resultaba evidente que era el último en hacer «ejercicio» porque al final han apagado la radio. En un momento estaba haciendo ejercicio y había alguien berreando en español y al siguiente, ¡pam!, un silencio total, ensordecedor y solo el crujido de mis propios pasos. He seguido caminando otros diez minutos sin música. Ha sido una bendición absoluta.

Eso demuestra lo poco que necesita una persona para ser feliz.

23 DE FEBRERO

Hoy, no sé por qué, pero me siento alicaído. Me duele la espalda. Hace tres días que no hago tabata.

He terminado de leer *Airport*, de Arthur Hailey, en inglés. Es igual que *Hotel*, que me leí en la escuela o en el instituto. Me gustó más *Hotel*, porque la aviación me deja frío. Los fragmentos sobre cómo funciona un aeropuerto son más interesantes que las partes sobre vuelos y torres de control, pero aun así no me interesan demasiado.

De todos modos, el objetivo era mejorar significativamente mi dominio del inglés y he tenido un golpe de suerte: había un breve glosario al final del libro. Casi todas las palabras que desconozco (y que anoto en un cuaderno) proceden de Agatha Christie, anglicismos diabólicos que nadie usa desde hace décadas. En el glosario del libro de Hailey solo había cinco.

En un mes me he leído seis libros en inglés. Es un buen ritmo, pero me voy a quedar sin provisiones en breve.

¡Brrrr! Hace un frío que pela. Por la radio han dicho que estamos a veinticinco bajo cero, quince grados por debajo de lo normal. He hecho «ejercicio» a la intemperie durante seis canciones antes de tener que pedir que me dejaran entrar de nuevo.

24 DE FEBRERO

No consigo que me envíen libros en inglés ni en francés. No está claro si los recibiré alguna vez o si es que tardan un mes en suministrarlos. Con la esperanza de que sea esto último, hoy voy a encargar un par más.

Pediré un catálogo de publicaciones periódicas y veré a qué otras opciones interesantes me puedo suscribir.

Tras pasar un cierto tiempo en prisión acabas teniendo un turno «favorito» y otro «menos favorito». Aquí me está llevando mucho tiempo decidirme. Los guardias casi nunca dicen nada y se comportan de un modo neutral. Sin embargo, sí que se intuyen algunos rasgos de personalidad. Para mí lo más importante es siempre quién es más divertido, porque no espero ninguna concesión de su parte. Y todavía no he determinado quién es más alegre.

El candidato más probable al título de menos favorito en estos momentos lo encabeza un comandante entrado en años. Es detestable y siempre sale con alguna chorrada estúpida. Hoy ha anunciado que tenía que «formar» mientras realizaban la inspección. Es cierto que el reglamento penitenciario incluye esa norma, pero dice: «Formar en la ubicación designada».

Así que he replicado:

—El problema es que no hay ninguna ubicación designada para que forme.

—Allí —me ha ladrado, señalando hacia la ventana de la otra punta de la celda.

La celda es larga y estrecha, y estar de pie junto a la ventana no resulta práctico para poder hablar con quienquiera que entre en ella, ya que estará a cuatro metros de distancia.

Es gracioso que haya decidido incordiarme con esto ahora, cuando hace más de un mes que estoy aquí. Aunque es tan trivial que no estoy seguro de si es lo bastante importante para concederle el título al turno menos favorito. Los demás guardias que lo integran son tipos de lo más normal, lo cual significa que no dicen nada :)

Aunque suene raro, el personal de este lugar me cae bien. Todos son muy educados.

Me he preparado una ensalada de rechupete con una lata de carne, dos tomates y un pimiento verde. ¡Y todo sin cuchillo!

25 DE FEBRERO

Allá vamos. Llevo mucho tiempo esperando, y hoy es el día.

Me he levantado, he hecho mis ejercicios de tabata y entonces una voz que salía de la pared me ha ordenado:

—¡Recoge tus pertenencias!

No tengo claro qué debo hacer con la comida, con los tarros, los paquetes, los artículos de limpieza del hogar, etcétera.

Si simplemente me van a trasladar a otra celda, puedo meterlo todo en bolsas de basura, pero si me van a transferir a otra cárcel, habrá que tirarlos. Le he pedido a la voz de la pared que me lo aclare y me ha contestado, sin más:

—Recoge todas tus pertenencias, comida incluida. —Y al cabo del rato ha añadido—: No hay prisa.

Ahora escribo desde la región de Vladímir, desde la prisión preventiva 3 de Kolchugino (es el mismo tipo de prisión que Matrosskaia Tishina). Ha sido un día extenuante. Visto en retrospectiva, me doy cuenta de cuánto me equivoqué con respecto a mis pertenencias.

Había leído en libros (y también me lo había dicho mi hermano, Oleg) que es mejor viajar ligero de equipaje. Al final lo metí todo en una bolsa, que tenía planeado meter en otra bolsa de almacenaje. Esa segunda bolsa tiene correas y puede llevarse a modo de mochila, así que pensé que haría el traslado con una bolsa-mochila práctica. Los demás andarían arrastrando fardos inmensos con las manos y los dientes mientras yo caminaba a su lado como si nada, silbando, dejando atrás hileras de pastores alemanes ladrando, con las manos en los bolsillos y la mochila a la espalda.

Al final, la saca con los enseres de la celda, llena de ropa y de todo tipo de cosas que había ido acumulando, inclusive vajilla y una tabla de cortar, era enorme. Empaqueté toda la comida en bolsas de basura, pensando que tal vez podría donársela a otra celda. ¡Qué iluso!

Al cabo de dos horas apareció el oficial de guardia. No me provocó con su habitual «Coge tus pertenencias. Ya averiguarás adónde vamos cuando llegues», sino que se limitó a decir con voz normal:

—Pues ya está. Te vas. Yo firmé tu entrada y ahora firmaré tu salida.

Quiso la casualidad que fuera el mismo oficial que estaba de guardia cuando me internaron y el mismo a quien, cuando le pregunté cuándo me trasladarían a un «bloque especial» más aislado, respondió:

—Ya estás aquí.

Era un tipo anodino que alguna vez incluso bromeaba. En sí mismo, eso ya era sensacional.

Tonto de mí, decidí abandonar toda la comida y los utensilios. Es verdad que el aceite vegetal estaba abierto y podría haberse derramado, pero ¿y la comida enlatada, los cereales y cosas por el estilo? ¿Y la sal y los frutos secos? Pensaba que no me cabrían en una bolsa y no quería cargar con una segunda, porque llevar colgando una bolsa de comida habría echado por tierra mi feliz idea de hacer el recorrido caminando tranquilamente, con la mochila a la espalda, silbando.

Cuando le dije al oficial de guardia que pretendía tirar todas las bolsas de comida, me aconsejó que me lo pensara bien, porque no iba a hacer el trayecto a pie.

Como ya he dicho, era imposible donárselo todo a otro preso. Una transgresión tan atroz del reglamento penitenciario superaba todo lo imaginable en la Central del Kremlin.

Luego tuve que enrollar el colchón, junto con mi única cuchara y mi único bol de propiedad estatal, y dirigirme al «punto de reunión», una sala donde se sometía a inspección a los presos y todas sus pertenencias al llegar a la cárcel y, de nuevo, al abandonarla. Allí me quedó claro que tenía otro gran problema. Mis pertenencias no solo abarcaban la mochila con las cosas de la celda y la bolsa del almacenamiento, sino también una gran caja de libros, una caja pesada. Había unos veinte volúmenes, de los cuales yo, personalmente, solo había encargado dos o tres. El resto me los habían enviado personas amables que se habían conectado a la página web de la prisión y me los habían comprado para que no me aburriera. Habían hecho bien. Me lo pasé estupendamente con libros muy pesados, como *Moscú y los moscovitas* de Vladímir Guiliarovski o los inmensos volúmenes de gran formato de Leonid Panfyonov *Yesteryear*, acerca de la historia soviética y rusa. La principal preocupación del centro era asegurarse de que no pudiera acusarlos si me faltaba algo, de manera que insistieron en que me llevara hasta el último libro.

—Donadlos a la biblioteca —sugerí.

—No está permitido.

—Pues dádselos a los presos.

—No está permitido.

—Quedaoslos vosotros entonces. Son buenos libros, y están nuevos.

—No está permitido.

—Entonces reniego de ellos.

—No está permitido.

—Bueno, pues entonces los tiraré.

—Es demasiado tarde para tirarlos.

—Escuchad, he tirado la comida. Si ahora mismo tuviera un kilo de tomates aplastados, no me obligaríais a llevármelos.

(Había dejado toda la comida, metida en bolsas negras, apoyada en una pared del pasillo de la tercera planta.)

—Podrías haberlos tirado antes, pero ahora no vamos a ir a ningún sitio donde se puedan tirar cosas.

Al final, intenté redactar una solicitud para que los reciclaran o se los entregaran a mis abogados. Se produjeron varias llamadas telefónicas a una autoridad superior, pero estaban decididos a darme la patada de allí con todas mis pertenencias.

Me meten en una pequeña celda.

—¡Espera aquí!

Diez minutos después se oyen fuertes pisadas de botas y el sonido de voces al otro lado de la puerta. Al abrirse se revela una escena que recuerda a la vida carcelaria tal como se retrata en la literatura y en el cine. Hay tres hombres corpulentos, tan altos como yo, pero con anchas espaldas, rostros mofletudos y vestidos con chaquetas militares. El teniente coronel (¡ni más ni menos!) al mando berrea:

—¿Nombre?

—Navalni.

—¿Artículo?

—No lo sé —respondo, y me echo a reír—. Es complicado. Se me acusa de un montón de delitos.

El teniente coronel se me queda mirando de hito en hito, sin saber qué hacer.

Para cualquier preso, este es el rito más básico y, en cierto sentido, también el más sagrado. Le preguntan su nombre hasta la saciedad, así como el artículo del Código Legal por el cual le han condenado y cuándo comenzó y cuándo concluirá su condena. Precisamente por eso aquella risueña muchacha del tribunal de Jimki me dijo:

—Es una fecha que probablemente recordará muy muy bien. Su condena empieza a contar a partir de hoy y tendrá que repetir esta fecha muchas veces.

Sin embargo, hoy no sé a cuál de mis veredictos en los juzgados aluden los documentos que tienen los guardias.

—¿En qué fecha empezó a cumplir condena? —El teniente coronel adopta una expresión adusta y grita para que le oigan todos los presentes en el punto de reunión.

—No lo sé.

—¿Qué día finaliza su condena?

—Tampoco lo sé.

Mis guardias de la prisión (acompañados por el vicedirector) sonríen e intercambian miraditas. Les resulta divertido que el teniente coronel lo haya preparado todo con tanto esmero y se esfuerce tanto por impresionarme. (Antes de que se abriera la puerta he oído a los guardias susurrar y comprobar que todo el mundo tuviera las cámaras corporales encendidas.) Y ahora sus deseos de causar impresión se han ido al traste. Es verdad que desconozco mis fechas, de manera que la emotiva escena en la que el preso, en posición de firmes, comunica sus datos al guardia en jefe se ha desbaratado. En circunstancias normales, al reo le habrían propinado un puñetazo en la cara y habría empezado a responder a lo que se le pregunta. Pero la situación actual no es normal. Hay varias cámaras filmando y salta a la vista que el hercúleo teniente coronel carece de las herramientas habituales para comunicarse con los convictos.

Al final han conseguido de algún modo establecer la identidad del preso.

—Coge tus pertenencias. Acompáñanos.

Agarro las bolsas y les digo a los muchachos de la cárcel que he disfrutado mucho de mi estancia. Me preparo para marcharme.

—Eh, un momento. ¿Qué pasa con los libros?

—No me los llevo.

—Tienes que llevártelos.

—No son míos.

—Son pertenencias tuyas. Figuran en tu lista de artículos personales.

—Pero ya veis que me es físicamente imposible cargar con ellos.

Un porrazo mágico en la espalda con una cachiporra de policía suele aumentar la capacidad de carga de un preso en un 150 por ciento y duplica el número de manos que tiene, pero, evidentemente, sería poco conveniente golpearme ante las cámaras.

El subcomandante le hace un gesto con la cabeza a uno de los guardias, que levanta mi malhadada caja de libros y la transporta por mí.

Fuera hay dos vehículos esperando. Uno es un camión, posicionado, aparentemente, para apantallar lo que sea que tiene lugar, quizá para evitar que los presos se asomen por las ventanillas y filmen con sus teléfonos.

Me meto en el furgón policial, cosa que no me resulta fácil con las bolsas, y, maravilla de las maravillas, hay gente dentro. Otros presos. ¿Qué te parece eso? Se me había olvidado por completo qué se siente teniendo compañía.

En la jaula de la izquierda hay tres tipos. La de la derecha está abierta, y dentro hay dos hombres. Me miran con los ojos como platos. Es la típica escena de la «celebridad encarcelada», siempre la más cómica e irónica.

—¿De verdad eres tú? —El mayor me formula la pregunta clásica que me hacen a todas horas.

—Eres muy alto —añade el más joven.

Serguéi es el mayor de los dos. Lo condenaron a cinco años por fraude y está triste y enfadado. A Dima le cayeron dos años por robo. Todo esto lo averiguo mientras viajamos. Tras descubrir que soy un ser humano normal y corriente como ellos, mis compañeros de viaje han empezado a charlar y me cuentan anécdotas relacionadas con sus vivencias en prisión, muchas de ellas acerca de todo tipo de procedimientos absurdos a los que los sometían en la cárcel de Matrosskaia Tishina anticipando un escrutinio más esmerado de las altas esferas debido a mi presencia.

Serguéi explica de forma muy amena que un oficial de guardia de su corredor entró en su celda y les advirtió:

—Van a traer a Navalni.

Las autoridades también podían presentarse a supervisarlos a ellos, de manera que tenían que «velar por que todo volviera a ser gris». En la práctica, esto se conseguía eliminando las palanganas extra (dejando solo una en cada celda), los libros y los termos. Qué expresión más atinada, no podría dar más en el clavo, como tantas metáforas de las cárceles. Resulta evidente que la crudeza de la situación agudiza el ingenio y elimina todo lo superfluo.

No sabemos adónde nos dirigimos. Uno de los principios nucleares del sistema penitenciario es que los reos desconozcan qué va a ser de ellos, y se preocupen. En realidad, a veces los guardias te susurran adónde te llevan. Oleg me dijo que cuando lo estaban transfiriendo su guardia miró hacia un lado y dijo al aire, en voz baja:

—Institución penal 5, provincia de Oriol.

Y así fue.

Les pregunto a mis tres fornidos escoltas apiñados en un banco al otro lado de la reja:

—Con acuerdo al reglamento penitenciario, ¿no se supone que deberíais susurrarme adónde nos dirigimos? Estoy seguro de haberlo leído en algún libro.

Los tiparrones me sonríen afablemente, pero sacuden la cabeza a ambos lados y miran hacia las cámaras corporales que llevan en el pecho.

Al poco queda claro que el furgón policial ha dejado Moscú y conduce por una autopista. Los guardias corpulentos miran a menudo por la ventanilla, con curiosidad, y se hablan entre murmullos. Los más probable es que ni siquiera ellos sepan adónde nos dirigimos.

Mis compañeros de viaje siguen contando anécdotas. El día después de que me internaran, apagaron la calefacción y el agua caliente, dicen. Por la mañana me habían explicado con mucha educación que había habido un accidente y todo el mundo se había quedado sin calefacción. Los demás presos de Matrosskaia Tishina dedujeron que lo habían hecho para que me quedara claro dónde estaba. La incomodidad del resto de las personas no era más que un daño colateral.

Escucho sus historias y me río, pero en realidad lo único en lo que pienso es en mi espalda. No puedo ponerme de pie ni tumbarme, pero ir sentado en un banco metálico en esta caseta de perro me supone un problema. Sobre todo, cuando el estado de la calzada se complica. (¡Ajá! Hemos salido de la autopista interurbana.) En nuestra jaula, ahora parecemos —se me ocurre un extraño símil— hortalizas en un frigorífico que se ha despeñado por una ladera y da vueltas de campana en el aire.

A decir verdad, el tipo joven, Dima, sufre mucho más que yo. Me sorprende que nadie le haya explicado la regla de oro de todo preso, que incluso yo conozco. Antes de que te transfieran a otra prisión no hay que comer ni beber. No te permitirán ir al lavabo en ruta. A Dima lo han metido en el furgón a las seis de la mañana y el muy inteligente antes se ha bebido un tercio de una botella de litro y medio de agua. Ahora tiene el dolor grabado en el rostro. Se retuerce incómodo, de un lado para otro; está sufriendo mucho. Por supuesto, los guardias lo han mirado como si hubiera perdido el juicio cuando ha dicho que necesitaba orinar. Lo han mirado como diciendo: ¿qué te crees, que vamos a parar el furgón, abrir las puertas y sacarte al arcén?

Nos hemos desviado de la autopista principal tras unas dos horas de trayecto, lo cual sugiere que nos dirigimos a la región de Vladímir. Pienso en voz alta, cosa que no ayuda a insuflarles ánimos a mis compañeros. La región de Vladímir tiene mala reputación entre los convictos. Aquí asesinan a gente. Si solo te pegan una paliza, puedes darte con un canto en los dientes. La región se considera un lugar «de un rojo subido»,* lo cual significa que la dirección de la cárcel combate las tradiciones de los ladrones con métodos que hacen que estos últimos parezcan seres humanitarios.

Se intensifican los baches, señal de que casi hemos llegado. Nos detenemos. Sonidos de verjas abriéndose: una primera y luego una segunda.

—¿La región de Vladímir? —les pregunto a los guardias.

Asienten con la cabeza.

—Todo el mundo fuera.

Como es previsible, es a mí a quien sacan primero, y me apartan de los demás. Me despido de mis compañeros, me cargo la bolsa a la espalda y apenas puedo enderezarme. En el transcurso de un trayecto de cuatro horas mi espalda se ha convertido en un gran dolor. Desciendo los desvencijados escalones del furgón esforzándome por no caerme, porque no es la primera impresión que quiero dar.

Una vez fuera, mantengo el diálogo de costumbre con los guardias: ¿nombre, artículo, condena? Miro a mi alrededor. Ahí está: la clásica imagen de una prisión rusa al más puro estilo Hollywood. Enormes ventisqueros, personas con gorros peludos y gruesas chaquetas, con charreteras que denotan su rango. Un edificio bajo, desvencijado, con

* Las cárceles rusas se dividen entre cárceles rojas, las controladas por el Estado, y cárceles negras, en las que los presos establecen las normas y las autoridades miran para otro lado. *(N. de las t.)*

un porche destartalado. Solo faltan los pastores alemanes aullando y forcejeando en sus correas.

Mi primer pensamiento es «Rusia tiene que dejar de alimentar a Moscú». Toda esta imagen de «una cárcel rusa» no es el resultado de la brutalidad humana ni de ninguna susceptibilidad nacional a la depresión inducida de manera artificial. Es el resultado de la pobreza. Oficiales del Servicio Penitenciario Federal normales y corrientes montan guardia junto a un edificio normal y corriente. Da la sensación de que la última vez que se invirtió algo de dinero en mantenimiento aquí fue hace veinte años. Como en todas las demás esferas, todo el dinero se drena hacia Moscú, donde las instituciones son ricas, mientras aquí no hay financiación para nada.

Mi segundo pensamiento es que este es un lugar magnífico, porque estoy de pie en un espacio más o menos abierto y, lo que es aún más importante, al aire libre. Desde mi arresto no he pasado ni un instante sin un techo de algún tipo sobre mi cabeza. Y todas las veces que me han trasladado de la cárcel a los juzgados o viceversa todavía no había amanecido o ya era de noche. De manera que hoy es la primera vez que me hallo en pleno día bajo un cielo blanquecino. Es una sensación asombrosa y, por supuesto, me incita a pensar en la capacidad que tenemos los humanos para adaptarnos psicológicamente y en lo rápido que cambia nuestra pirámide de necesidades. Si el psicólogo Abraham Maslow hubiera podido pasar aquí un par de semanas, habría comprobado lo atinada que era la jerarquía que estableció.

El punto de reunión en este sitio también es un lugar pobre, desvencijado y precario. En una palabra, provinciano. Pero no hay nada en él esencialmente espantoso, aunque está claro que, a diferencia de mi último centro de detención, esto es una fábrica para procesar convictos en serie. La primera vez que me arrestaron había pocos prisioneros además de mí, lo cual permitió que nos cachearan y nos escoltaran a cada uno en estricto cumplimiento de las reglas. Aquí esa posibilidad no existe. Han llegado otras cinco personas conmigo y, a juzgar por el ruido, se nos han sumado unos cuantos furgones policiales más. Si hubiera que cachear, documentar y tomarles las huellas dactilares a todos los prisioneros con la misma escrupulosidad que en la Central del Kremlin, donde se pasaba hasta el último de los artículos por una máquina de rayos X, se tardarían días. Ahora bien, a grandes rasgos, el procedimiento es el mismo. Desnudos y agachados. Detrás de una cortina. Pudor provinciano.

Un oficial de complemento inspecciona mis pertenencias. Es un subordinado de un teniente mayor, que se dirige a mí y está claro que va a ser mi responsable. En la sala hay también un teniente coronel y un comandante. No dicen nada. De hecho, todo el mundo intenta guardar silencio, no pronunciar ni una palabra si no es absolutamente necesario. Las tres cámaras corporales están filmando y, además, hay otras cámaras en los rincones de la estancia.

Enseguida me doy cuenta de la razón que tenían las personas expertas en la materia cuando advertían de que las reglas escritas en papel tienen mucho menos peso que las comunicadas verbalmente por el responsable de cada centro. Aquí, por ejemplo, me confiscan todos los utensilios de plástico que había comprado en el economato.

—¿Qué hacen? —les digo—. El reglamento penitenciario permite específicamente tener un plato, una cuchara y un tenedor de plástico.

No discuten conmigo ni me rebaten el reglamento penitenciario; es más, se muestran extremadamente educados, pero su consternación ante la posibilidad de que haya algo tan escandaloso e inaceptable en esta cárcel como un plato de plástico en una celda es tal que, desobedeciendo la normativa, confiscan todo mi menaje de plástico y me invitan a presentar una queja por escrito.

Lo que inspeccionan con más detenimiento son los libros. Ya me había dado cuenta de eso hace tiempo: es un claro legado de la antigua Unión Soviética. Los libros son fuente de inestabilidad y disidencia. En una cárcel es concebible que no examinen a conciencia tu chaqueta y que pasen por alto que tienes un teléfono móvil. En cambio, puedes estar seguro de que se llevarán, listarán, examinarán y estamparán con el sello «Contenido extremista comprobado» hasta el último de tus libros antes de devolvértelos. Tal es el poder de la palabra escrita.

A pesar de mis protestas y explicaciones de que los libros se han comprado «en la red comercial a través de la administración penitenciaria» y que dentro de cada uno de ellos hay un montón de sellos azules oficiales estampados por mi cárcel anterior, se los llevan todos. Los libros, dejan claro, son tan importantes que su departamento de censura los inspeccionará, y solo después de ello me los devolverán.

Otra vez huellas dactilares, fotografía, revisión médica y toda la pesca. Luego me conducen a mi celda. Es para tres presos, pero los camastros no son literas de dos niveles. Mide cuatro por cinco metros. Los «caracoles» (un colchón enrollado, ropa de cama y toallas en la jerga carcelera) están sobre las camas. Encima de cada uno de ellos hay un bol y una taza metálicos.

El teniente mayor señala mi cama y me advierte que no toque nada más porque tendré compañeros de celda. No dudo que serán las mismas personas con quienes he compartido la jaula en el furgón policial.

Sería injusto decir que la celda está sucia, pero tampoco está limpia. Las paredes están manchadas de huellas de dedos y de manos. ¿Por qué siempre hay degenerados que, después de que les tomen las huellas dactilares, en lugar de lavarse las manos, empiezan a toquetear las paredes y las cubren de manchas negras grasientas?

El suelo es de tablones de madera tosca, también muy gastado, y bajo el lavabo ha quedado reducido a un hoyo podrido. Es una demostración de la superioridad de los suelos de hormigón de Matrosskaia Tishina. Aunque es un suelo frío y duro, desagradable al tacto, el hormigón al menos es fácil de lavar y, cuando se friega, se nota que está limpio y puedes caminar tranquilamente por él en calcetines o descalzo. Aquí, en cambio, le echo un vistazo y pienso: «Dios bendiga las pantuflas».

No hay frigorífico ni hervidor de agua. Me regocijo en mis dotes adivinatorias. En la lista de precios del economato de Moscú había un hervidor sospechosamente barato que encargué por mera curiosidad. Resultó ser una absoluta monstruosidad, una especie de falsificación producida específicamente para los desafortunados convictos. Se parece mucho a una jarra de plástico con bordes toscos y afilados en cuyo fondo hay un elemento calefactor con un cable muy corto. Cuando me llegó, estuve tentado de tirarlo, pero al final no lo hice. Luego, cuando me ordenaron «Recoge tus pertenencias», tuve que llevármelo conmigo. Sin embargo, ahora me queda claro que ese pequeño monstruo me resultará de suma utilidad y será el objeto al que más uso dé en esta celda. ¿Acaso puede hacerse alguna actividad sin acompañarla de una bebida caliente? ¿Cómo se va a cocinar sin hervir agua y recalentar la comida?

Ordeno mis cosas. Me mudo de ropa, me tomo un té, me como la carne envasada del almuerzo para llevar que me han dado en Moscú. Compruebo la televisión (por supuesto, hay un televisor; ¿qué íbamos a hacer sin él?) y me llevo una gran decepción: Euronews no está sintonizado, me niegan el acceso hasta a los restos de información.

La puerta repiquetea. ¡Ajá, lo sabía! Mis compañeros de viaje. Los saludo como si fuéramos viejos amigos.

---

3 DE MARZO

¡Hola! ¡Sigo siendo Nalvani!

Pero ya no escribo desde la Central del Kremlin, sino desde la prisión preventiva 3 de Kolchugino, en la región de Vladímir.

Cuando un prisionero al que están transfiriendo oye «región de Vladímir», se le encoge el corazón. Tal es la reputación de las instituciones de este lugar. Sin embargo, estoy bien. Incluso hay una barra horizontal en el patio de «ejercicio».

Todavía no he recibido correspondencia y ahora estoy incluso menos al corriente de lo que acontece en el mundo exterior que cuando estaba en Moscú.

Además, tampoco he podido acceder a la biblioteca, de manera que mi único entretenimiento es experimentar en el campo de la alta cocina. Un aliciente extra en este sentido es que todavía no tengo acceso a la comida que venden en el economato de la cárcel.

Lo creáis o no, estamos secando rebanadas de pan del tamaño de un bocado, y nunca había sido consciente de que fuera tan apasionante. Ahora mismo tenemos un enfrentamiento entre dos cocinas: la cocina callejera y la molecular.

La escuela de la cocina callejera está representada por Dmitri (artículo 158, robo), quien insiste en que el pan debe

cortarse en rectángulos y guardarse en una bolsa de plástico. A eso hay que añadirle dos paquetes de los condimentos que vienen con los fideos instantáneos Rollton, y que se trajo consigo cuando lo transfirieron. Acto seguido, hay que agitar bien la bolsa y colocarla sobre el radiador.

La cocina molecular está representada por Serguéi (artículo 150, fraude), quien corta el pan en dados perfectos y pone en cada uno de ellos unos granos de condimento. Solo entonces los mete en una bolsa y los deja sobre el radiador.

Serguéi insiste en que estas tostaditas solo pueden perfeccionarse si las cortas al son de un programa televisivo en el que hablaban de que soy un peligroso espía de Occidente. Se pone eufórico y, mientras rebana los dados de pan, musita para sí mismo: «Si alguien me hubiera dicho hace un año que acabaría haciendo biscotes con Navalni, no me lo habría creído».

Espero que vaya todo bien y que no os aburráis.

Recordad llevar una alimentación saludable.

---

8 DE MARZO

Hace más de una semana que no escribo nada en mi diario. El ritmo de la vida en una celda con otras personas es muy diferente del confinamiento solitario. Tiene sus más y sus menos. He sido afortunado con los compañeros que me han tocado, son tipos fantásticos, pero ahora la celda está siempre llena de humo de cigarrillos (ambos son fumadores) y la televisión está puesta dieciséis horas al día. Lo odio, pero es muy típico en la cárcel.

Esta es una cárcel «roja», y no solo se observa hasta la regla más ridícula, sino que incluso se inventan otras nuevas. Por ejemplo, no está permitido dormir durante el día, pero sí se puede «ver la televisión». Es decir, puedes tumbarte boca arriba como si estuvieras mirándola, pero nadie se va a meter en si tienes los ojos abiertos o cerrados. Yo prefiero no dormir durante el día, pero Dima, el más joven de mis compañeros, siempre se queda dormido y se hace un ovillo. Solo por eso ha estado a punto de que le cayera una sanción. Sin embargo, al tratarse de una primera falta, las autoridades se han limitado a hacerle una advertencia. La televisión está siempre encendida, con o sin sonido.

Esta obligación de estar «viendo la televisión» ya nos ha llevado a generar una broma interna. Dima se cansó de «verla» tumbado boca arriba, se giró hacia un lado y encogió las piernas. Cinco minutos después graznó el intercomunicador. Aquí tienes que acercarte hasta él y pulsar un botón. Lo hizo Serguéi, pero «mi» teniente sénior (cuya voz reconozco fácilmente) mandó llamar a Jarchikov, es decir, a Dima.

—Hola. Jarchikov al aparato.

—Jarchikov, ¿qué hacías? ¿Te estabas echando una cabezadita?

—No, no estaba dormido. Estaba viendo la tele.

—Claro. Ya he visto tu manera de ver la tele. No está permitido dormir. Es una infracción de la rutina diaria.

Ahora repetimos ese «¿Te estabas echando una cabezadita?» entre carcajadas unas veinte veces al día.

Aquí no hay libros en inglés ni en ninguna otra lengua extranjera. Leo muy poco. No escribo en el diario. En pocas palabras: voy cuesta abajo.

Ya es por la mañana y estaría bien leer doscientas páginas de *Vanity Fair*, una novela realmente aburrida y cutre llena de sátiras de tercera categoría, pero tan conocida que por pura decencia hay que leérsela. Pero en la tele emiten una nueva secuela de *La jungla de cristal* y luego pasan todas las cintas anteriores seguidas. Las veré y caeré un poco más pendiente abajo.

9 DE MARZO

Apagan la televisión a las 22.00 horas y la encienden de nuevo a las 6.00 de la mañana, en el mismo canal y con el mismo volumen que la noche anterior. Dejamos puesto Muz-TV para despertarnos con música. Pero hoy, en lugar de música, aparece Stas Kostyushkin, de la banda de música pop Chai vdvoiom, en un estúpido miniprograma culinario.

—Empieza la Maslenitsa,* así que vamos a preparar unos cuantos blinis —anuncian.

Como es natural, aguzo los oídos, porque el noviembre pasado me convertí en una especie de experto en blinis.

Es imposible mirar al chico sin llorar cuando añade una cucharada colmada de azúcar (que él denomina «media cucharadita») a un huevo. Tampoco sabe ni batir la masa ni freír bien los blinis. Me hierve la sangre. Mientras no deja de perorar sobre blinis, me dan ganas de abofetearlo y gritarle «¡Cierra el pico de una vez!», como en el meme de Batman.

Por suerte, mi pensamiento se desvía rápidamente hacia Yulia. Recuerdo cuando la alimentaba a base de blinis mientras aprendía a hacerlas. Es divertido cómo me erizo, como un cocinero celoso, cuando alguien asegura que sabe cocinar blinis.

* La Semana de los Blinis, una festividad religiosa y popular rusa.

Pero hay un problema. Si esta es la Maslenitsa, quiere decir que pronto será Cuaresma, y no quiero ni imaginarme cómo va a ser la Cuaresma en este lugar. La única comida decente aquí son las gachas con carne enlatada que sirven a mediodía. Y el pan y los huevos, claro. Por otro lado, esta Cuaresma va a ser toda una prueba. Me la voy a pasar muerto de hambre y reflexionando sobre cuestiones eternas, como se supone que hay que hacer.

Aquí no paramos de beber. Bebidas calientes, quiero decir. No hay demasiada variedad: o té o café. Por eso he pedido que me envíen distintos cafés, tés y «cualquier cosa que pueda prepararse con agua hirviendo y beberse».

Me han enviado dos tipos de café, dos tipos de té y un polvo amarillo. No hay envase, porque en la recepción abren todos los paquetes y todo lo que viene suelto se traspasa a una bolsa. Así que lo que tenemos es una bolsa de polietileno que contiene doscientos gramos de un polvo amarillo.

Dima lo ha probado. Había pensado que era cacao, pero no le ha gustado y no ha sabido decir qué es. Ha bautizado la bebida hecha con polvos con el nombre de «Flores de Chuvasia».* Ja, ja, ja. Me da risa el nombre. Sería hilarante que lo que estamos infusionando en agua hirviendo y bebiéndonos resultara ser un producto de limpieza.

Ahora me estoy preparando una taza de Flores de Chuvasia. Yo tampoco sé decir a qué sabe.

* Chuvasia es una región de Rusia.

10 DE MARZO

Hoy le toca al tiktoker Habeeb preparar los blinis. Es evidente que esta semana, cada mañana, va a elaborarlos un capullo distinto.

—Se cogen dos huevos, se añaden tres cucharadas de azúcar...

Pero ¡¿se han vuelto locos o qué?! ¿Quién escribe estas recetas? Por eso si fuera poco, le unta una capa de crema de chocolate de un dedo de grueso a una tortita que ya contiene una cantidad estratosférica de azúcar.

Las reglas aquí y en todas las prisiones de este tipo son absurdas. Incluso me atrevería a decir que son ridículamente absurdas. Se supone que tienes que cuidar bien la propiedad estatal. Cuando llegué aquí me confiscaron la tabla de cortar que había comprado en Matrosskaia Tishina, de manera que voy a tener que rebanar el pan y el salchichón sobre la mesa, a resultas de lo cual le van a quedar marcas. Precisamente para evitarlo se venden tablas de cortar en los economatos de las cárceles. Pero aquí no.

Si uno no busca los defectos, no hay mucho que comentar acerca de la celda que ocupamos. Lo único es que el suelo está hecho con esos ridículos tablones de madera sin pulir que te hacen pensar que está sucio. Pero, en general, es una de las celdas más limpias y decentes en las que he estado.

Como he dicho ya, la primera vez que entré pensé: «Joder, este lugar es una pocilga». Serguéi, Dios lo bendiga, nos dio ejemplo. Sacó una esponja y lavó la pared de alrededor de la mesa (que por algún motivo se llama «el roble» en la jerga carcelaria). Descubrimos entonces que los manchurrones negros se eliminaban con facilidad con agua y jabón.

Serguéi amenazaba con lavar toda la celda, pero me habría sabido mal que hubiera lavado él la parte de encima de mi cama. Así que hoy me he pasado toda la mañana frotando mi rincón. La pared ya se ha secado y ha quedado estupenda. Da gusto mirarla y tocarla. Me tumbo en mi litera, contemplo la pared y siento una admiración abrumadora.

11 DE MARZO

Hoy los blinis los hacía RASA, un grupo musical al que no conozco, pero al menos han conseguido preparar bien la masa. Lo que no han sabido es freírlos. La chica (es un dúo formado por un hombre y una mujer) ha frito la tortita por un lado y acto seguido ha anunciado: «Ya está» y la ha transferido a un plato. Por supuesto, estaba blanda.

Ayer hubo una emergencia. Hacia las 20.00 horas, Dima decidió comerse una taza de fideos instantáneos. Ensalzó sus virtudes, pero después anunció de repente:

—Me he tragado un trozo de tenedor mientras me los comía.

Nos enseñó el tenedor de plástico al que le faltaba un diente. Le manifestamos nuestra compasión, al tiempo que nos mofábamos de él. Entre todos decidimos que no tenía importancia. Pero un cuarto de hora después, Dima dijo que el trozo de tenedor se le estaba clavando «justo aquí». Se señaló el centro del pecho, por encima del plexo solar. Estaba visiblemente preocupado.

—Me voy a morir —anunció.

Precisamente ayer habíamos estado hablando largo y tendido sobre el hecho de que tener aquí una apendicitis comportaría una muerte segura. Nadie se creería que te duele de verdad la barriga y no te llevarían al hospital.

—Será mejor que llame al médico —dije.

Dima no quería que contactáramos con las autoridades. La situación era cómica. Tenía miedo a morirse, pero tenía aún más miedo de que las autoridades le golpearan en la cabeza.

En todo caso, ya eran las ocho y media pasadas, ¿y dónde iban a encontrar a un médico a esas horas?

—Pidámosle al oficial de guardia que busque en Google qué tenemos que hacer. Mucha gente debe de tragarse trozos de tenedores de plástico. Habrá un montón de consejos sobre cómo solucionarlo.

Dima agonizó durante un largo rato, pero al final su miedo a morir le superó y llamó al intercomunicador.

Huelga decir que no hubo respuesta. Empezó a golpear la puerta (los «frenos», otro término inexplicable de la jerga carcelaria). Estuvo aporreándola durante una eternidad, mientras intentaba hablar por el intercomunicador. Al cabo de unos veinte minutos, la funcionaria de guardia contestó.

Dima titubeó, porque pensaba que no podía limitarse a decir «Me he tragado un trozo de tenedor», y farfulló algo acerca de un dolor de estómago y de haberse tragado un objeto extraño.

—Informaré del asunto —dijo la funcionaria, y cortó la comunicación.

En circunstancias normales, el resultado en un 99 por ciento de las ocasiones habría sido que la guardia le replicara:

—Jarchikov, vuelve a golpear los frenos una vez más y te vas derechito a la celda de castigo. El médico vendrá por la mañana. Podrás consultárselo entonces.

La lógica que se aplica es: primero te mueres y luego nos lo explicas.

Pero yo estoy en esta celda, lo cual significa que ni puede pasarse por alto ni la puerta puede abrirse sin motivo. En nuestro caso, ni siquiera abren la «trampilla para la comida» de la puerta sin grabarlo en vídeo. (La señal «Atención, grabación activada» desde el otro lado indica que ha llegado la comida.) Y siempre está presente Vlad, alias Vladislav Vladimírovich, el teniente mayor que se ocupó de mi ingreso, el mismo que me traslada a todas partes y que tiene asignado vigilarme. Llevo aquí dos semanas y el pobre tipo no ha tenido ni un día libre. Tiene que estar presente cuando se sirven el desayuno, la comida y la cena, en cada inspección y cuando me sacan a hacer «ejercicio». Es evidente que es el único oficial de bajo rango del lugar en el que las autoridades creen que pueden confiar para que no meta la pata. No va a decir nada fuera de lugar, será educado, conoce bien el reglamento penitenciario y se encargará de que yo no vea nada que no tenga que ver.

Media hora después comenté:

—Seguro que han enviado en busca de Vlad y están esperando a que llegue.

Así era. Media hora después, la puerta se abrió y Vlad estaba allí de pie, con rostro ceniciento.

—¿Quién tiene dolor de barriga?

Dima, con cara de cordero degollado, dio un paso al frente y le mostró el tenedor al que le faltaba el diente.

—¡Mire! Me he tragado un trozo de tenedor y se me está clavando por dentro.

Serguéi y yo no pudimos evitar partirnos de risa.

Vlad miró a Dima un par de segundos, luego apoyó la cabeza, con su gorro de pelo, contra la pared, puso los ojos en blanco y suspiró. Con la cámara corporal activada, eso era lo máximo que podía permitirse. Pero tenía en la cara escrito lo que le habría gustado decir al respecto de Dima y su tenedor.

—Sal.

Unos cuarenta minutos después volvieron a traer a Dima. En la unidad médica lo examinó un capitán borracho que estaba dormido en la oficina cuando llegaron.

—¿Y qué te ha dicho?

—Me ha asegurado que está todo bien —respondió Dima con un suspiro—. Me ha escrutado y me ha dicho: «Veo que estás durmiendo muy poco y que apenas comes nada. No discutas conmigo; para mí eres como un libro abierto. Necesitas dormir y comer más».

Un diagnóstico excepcional. Dima se pasa el día durmiendo (de ahí nuestra broma «¿Te estabas echando una cabezadita?») y come como una lima.

Al cerrar la puerta, Vlad dijo:

—Si empeoras, llama al intercomunicador.

Intuimos que lo habían hecho venir desde donde vive, que había tenido que conducir casi cincuenta kilómetros.

12 DE MARZO

Hoy es viernes y, al parecer, unos guardias mezquinos me han robado el diario, así que he perdido un montón de entradas de días. Una lástima. Voy a empezar un cuaderno nuevo.

Han sucedido muchas cosas, pero lo principal es que ahora escribo desde la Colonia Penal 2 de Pokrov, que es donde el Servicio Penitenciario Federal aseguró en una «filtración» que me encontraba hace dos semanas.

Debo decir que el Servicio Penitenciario Federal ha conseguido sorprenderme. Ha establecido un campo de concentración al más puro estilo fascista a solo doscientos kilómetros de Moscú. Me trasladaron aquí a primera hora de la tarde de ayer. Ahora son las 21.00 horas y, por primera vez, tengo unos minutos para anotar algo. Escribo desde la sala de las instalaciones educativas, donde otros cinco presos con sus uniformes carcelarios negros ven una película soviética de 1971 titulada *Caballeros afortunados* y se ríen de los chistes sobre prisiones, huidas y reforma de delincuentes.

¡Qué ironía!

13 DE MARZO

Tengo muy poco tiempo para escribir. Solo tenemos permitido usar un cuaderno y bolígrafo entre las 19.00 y las 20.00 horas, lo que en el horario aparece listado como «tiempo libre». Es un verdadero campo de concentración. Lo llamo para mis adentros «nuestro amable campo de concentración».

El personal es muy correcto, incluso agradable. Bueno, salvo porque constantemente lo graban todo con sus cámaras corporales, lo que en cierto sentido desmerece la amistad. Pero es evidente que no les interesa que me interne por la ruta que conduce al Área con Tipo de Celda en Régimen de Condiciones Estrictas-Celda de Castigo y me instan de continuo a no saltarme el reglamento. Me dicen: «Haz caso y ya está; esto es solo mientras estás en el proceso de cuarentena». Ahora bien, hay que tener presente que, por más educados que sean, esto sigue siendo un campo de concentración. Solo puedes satisfacer todos los requisitos convirtiéndote en un robot esclavo.

De ahí que aquí se mantenga un diálogo infinito y bastante desagradable. Desde el punto de vista de los guardias, ellos intentan ayudar y hacer lo que más me conviene, mientras que yo me niego obstinadamente a cumplirlo. Si fueran toscos y duros, todo seguiría su cauce.

Por cierto, ayer hablé mal de ellos de manera injusta. Los acusé de haberme robado el cuaderno. Hoy he sabido que lo habían guardado con mis enseres personales. Me siento un poco avergonzado. Es por el síndrome de Estocolmo, claro está. Aquí estoy, inocente, encarcelado en un campo de concentración y preocupado por mis sentimientos hacia los guardias que lo vigilan. Por otro lado, también existe la inteligencia emocional.

Ayer escribí sobre el acompañamiento de *Caballeros afortunados*. Hoy están dando la película de 1973 *Ivan Vasilievich cambia de profesión*. En la sala de instalaciones educativas hay dieciocho sillas repartidas en tres filas frente al televisor. Siete hombres con ropa de trabajo negra y mascarillas higiénicas están sentados de modo taciturno en ellas, en idéntica pose, viendo esa comedia soviética. Yo estoy en la fila de atrás, escribiendo. Menuda imagen.

Es mi tercer día aquí y por tercera vez me he sorprendiendo deseando que fueran las diez, porque entonces me permitirían tumbarme. El dolor de espalda me está matando. Esta mañana casi no podía levantarme de la cama. Necesito que me dejen estar tumbado unos días, pero el tiempo para tumbarse está estrictamente racionado. Mientras estoy aquí sentado, me pregunto si seré capaz de volver a ponerme en pie.

¿Por qué tenía que fastidiárseme la espalda precisamente en el momento más inoportuno de mi vida?

A las 21.30 dan comienzo «los preparativos para dormir». Me gustaría seguir escribiendo, pero no me quedan fuerzas. Eso sí, una última cosa, antes de que se me olvide: el grupo de música local* se llama Gracia de Dios.

14 DE MARZO

Hoy es domingo. La Cuaresma empieza mañana y he vuelto a celebrar un desayuno ceremonial con pan y café. Aunque sin mantequilla, porque no tengo, pero aun así ha sido una gran celebración gracias al café. Es la primera vez desde que me trajeron aquí en que he podido beber algo más que el té dulce que impone el reglamento. La realidad de que, en la cárcel, la gente se pasa el día bebiendo té y café no se aplica en este lugar. Por absurdo que suene, no tenemos acceso a un hervidor, té o una taza excepto «en los horarios para la ingesta de alimentos».

Cuando «te quedan siete minutos para desayunar», no sobra demasiado tiempo para hervir agua. Y, cuando finalmente tuve tiempo, resultó que el hervidor estaba roto y tenía que encenderse de una manera concreta que solo conoce Yevgueni, el preso de confianza** del turno nocturno.

* Convictos obligados a formar un grupo musical, reeducación de los reos mediante la cultura.

** Un preso designado por la dirección para llevar a cabo tareas relacionadas con el mantenimiento de la limpieza y el orden en las instalaciones.

El verdadero problema es que todos los convictos tienen tanto miedo que no se atreven a pedir ni té ni agua hirviendo y Yevgueni considera una situación crítica que alguien perpetre un acto tan ultrajante como beberse un té en la cocina. Se supone que tienes que comer en tres minutos, ni uno más, y después recoger tus cosas.

No obstante, como siempre, la Biblia proporciona la respuesta: «Pedid y se os dará».

Basta con decir:

—Me gustaría tomar café con el desayuno.

Vasili, el teniente perfectamente equilibrado a cargo de nuestra unidad, responde:

—De acuerdo. Adelante.

Tuve que negociar dos días más en los mismos términos, a los cuales hubo que sumar el tiempo para averiguar cómo funciona el hervidor, pero, con un poco de constancia, acabas teniendo café para tomar con el desayuno el último domingo antes de Cuaresma.

También es interesante observar la degradación de los propios deseos y pensamientos. ¿Debería estar pensando en algo filosófico acerca de la vida y la política? Ahora mismo todos mis pensamientos giran en torno al café, mi dolor de espalda y otros asuntos rutinarios. En los últimos cuatro días no he leído ni una página de un libro. Tampoco he oído ninguna noticia acerca de lo que pasa en el país. Diría que no me encontraba en una situación semejante desde que tenía ocho años.

No podemos acceder al correo electrónico del Servicio Penitenciario Federal, de manera que todo el mundo se ve forzado a escribir mucho en cuadernos. Desde que envías una carta hasta que recibes la respuesta transcurren, al menos, tres semanas.

Tengo que escribirle a Yulia una carta larga.

Vuelvo a estar sentado en la sala de las instalaciones educativas. Todo el mundo está viendo *Planeta Tierra* mientras escribo.

Se supone que hoy tenían que llevarnos a los baños (porque hoy es día de sauna). Incluso nos habían hecho formar fila en el exterior, pero luego el jefe de nuestra unidad ha hablado con alguien por teléfono y nos ha dicho que había cambio de planes y que teníamos que lavarnos en nuestras instalaciones. Ahí hay solo una ducha, y el agua se calienta con una caldera y enseguida se acaba. Es todo muy incómodo. Por lo general, no hacen las cosas así, pero es evidente que la dirección no quiere que yo vea los baños o no quiere que los otros presos me vean mientras me dirijo a ellos. Muy bien. Tendremos que ducharnos aquí.

Aun así, ha pasado algo muy positivo. Ayer me dieron permiso para utilizar la barra horizontal. Hay una en nuestra zona local (nuestra «localidad»), pero no tenía autorización para usarla. Eso se calificaría como «actividades deportivas», que solo están permitidas durante las franjas designadas en el horario. Y la rutina diaria mientras estamos en cuarentena no contiene ninguna de esas franjas. Ja, ja, ja. Por cierto, tampoco hay tiempo asignado para hacer «ejercicio». Salimos fuera durante las inspecciones, mientras ventilan las instalaciones y para hacer trabajo no remunerado. Yo no participo en este último, lo cual es causa de constantes discusiones agotadoras con esta gente. Dicen que deberían castigarme, pero les remito a mi estado de salud. Entonces me solicitan un certificado médico. Y yo solicito un examen médico para que me lo extiendan. Me responden que no hay unidad médica. Y así andamos, en un círculo vicioso.

Para abreviar, durante uno de los episodios de nuestras discusiones, mencioné que la barra horizontal podría ayudarme a aliviar el dolor de espalda, lo cual es cierto. Así que ahora me han dado permiso para utilizarla. La clásica negociación. Si a ambas partes les beneficia llegar a un acuerdo, acabará hallándose una solución.

También es importante que desde buen principio todo el mundo se muestra muy educado. Eso es esencial. Tanto el personal como yo. De lo contrario, tendríamos la situación habitual en la que todo el mundo se sulfura y se desencadena el caos.

Así que, por ahora, estoy haciendo flexiones.

Es maravilloso darse una ducha, aunque sea en nuestras minúsculas instalaciones de la cuarentena. Y aún mejor es lavarse la cabeza rapada. Estoy planteándome seriamente que este sea mi peinado para siempre.

Además, acaba de ocurrírseme que este es el momento indicado en mi vida para dejarme una cresta. Según el reglamento penitenciario, el pelo no debe medir más de dos centímetros de largo, pero nadie me prohíbe afeitarme la cabeza y dejarme una tira de pelo de dos centímetros que recorra el centro. Voy a pensármelo bien.

15 DE MARZO

Hoy, a la hora del desayuno, hemos vivido una clara situación bíblica. Estoy ayunando por la Cuaresma y, además, yo no suelo desayunar. Estoy bebiéndome un té. Hay otros dos presos conmigo a quienes pusieron en cuarentena al mismo tiempo que a mí. Valera es armenio y habla ruso con mucha dificultad, y Artiom, un lugareño de Vladímir, está jorobado porque perdió una vértebra a causa de su empleo como cargador de mercancías. Artiom tiene tatuajes en los lados de las manos: «Por las Fuerzas Especiales» y «Por los Regimientos de Paracaidistas». En los dedos de la mano derecha tiene tatuados los números 1, 4, 8 y 8.

En la cocina también están Yevgueni y el responsable de nuestra unidad, el teniente Román Vladimírovich. La unidad cuenta con dos oficiales al cargo. Cada dos días, Vasili Anatólievich reemplaza a Román Vladimírovich.

Bueno, lo que ha ocurrido es lo siguiente. Estábamos aquí sentados. Cada uno de nosotros tenía delante un plato de gachas de avena, dos trozos de pan (uno de pan blanco y otro de pan negro) y una taza de té. Los otros se estaban comiendo las gachas y yo me estaba tomando el té. Artiom, que sabía que no desayuno, me ha preguntado:

—¿Te vas a comer el pan blanco?

—Todo tuyo —le he contestado.

Lo ha cogido y estaba a punto de romperlo cuando el responsable de la unidad ha dicho:

—Eso no está permitido. Deja ese pan donde estaba. Los presos no están autorizados a regalar sus pertenencias.

Es una situación que merecería plasmarse en una pintura. Todo el mundo sabe que no está permitido dar, vender o comprar pertenencias. Pero estamos hablando del pan comunitario de propiedad estatal que se reparte durante el desayuno. Hasta ahora yo me había comido el pan negro que dejaban los demás.

Artiom ha dejado de nuevo en su sitio el mendrugo de pan, delante de mí.

Yo he empezado a discutir, con educación. Esto es ridículo. El pan no es de mi propiedad personal; es comida que se suministra para todo el mundo.

Román Vladimírovich nos ha soltado una monserga sobre que las normas se escriben por un motivo y deben acatarse. La cuota nutricional está especificada con precisión y, por consiguiente, «durante el periodo de la cuarentena un convicto debe acostumbrarse a esa norma». Así es como lo «procesan».

—Supongo que será consciente de haber creado toda una teoría para apoyar el simple hecho de que acaba de quitarle usted el pan a alguien. Literalmente —he dicho yo.

Todo el mundo ha guardado silencio, mientras, a todas luces, pensaba algo parecido. Román Vladimírovich ha vuelto a soltar un discursito sobre que las normas son la máxima prioridad.

Se ha acabado la hora del desayuno. Nos hemos ido y han tirado el pan que ha sobrado.

Estoy asistiendo a una «conferencia». Viene gente a leer fragmentos del reglamento penitenciario.

Después de rehusar asistir a más eventos de este tipo y tras varias rondas de negociaciones, me he ganado el derecho a asistir a la conferencia con un cuaderno de notas. Para tomar apuntes, quiero decir.

He descubierto que en la cárcel se expiden nuevos pasaportes si alguien necesita renovarse el suyo. Yo cumpliré cuarenta y cinco años este verano y, por consiguiente, tendré que renovarme el mío. Lo harán aquí.

Le pregunto a otro tipo en cuarentena que ha estado en la cárcel en el pasado y ha cumplido ya varios años aquí:

—Entonces ¿cómo funciona esto? ¿En la foto del pasaporte voy a aparecer rapado y con el uniforme de presidiario?

—Rapado desde luego, pero, en lugar del uniforme, te pondrán un traje con Photoshop.

No quiero aparecer con traje. Prefiero salir en la foto del pasaporte con el uniforme de presidiario.

Seguimos «asistiendo a conferencias». Es una memez como la copa de un pino y una ofensa a la dignidad humana. La videoconferencia es una película que se emite a través de una red local. El tipo de la pantalla se encuentra a media frase cuando la imagen y el sonido se congelan durante diez segundos. Luego continúa a partir del undécimo segundo. A resultas de ello, vemos una conferencia de la cual faltan dos tercios.

---

15 DE MARZO

Hay tres cosas que nunca dejan de asombrarme: el cielo estrellado, el uso del imperativo categórico con nosotros mismos y la fascinante sensación que tienes al pasarte la mano por la cabeza rapada recién lavada.

Hola a todo el mundo desde el Sector A de Vigilancia Intensiva.

Debo confesar que el sistema carcelario ruso ha conseguido sorprenderme. Jamás habría imaginado que fuera posible establecer un campo de concentración en toda regla a doscientos kilómetros de Moscú.

Todavía no he presenciado violencia, ni siquiera un conato. Aunque, a juzgar por la postura tensa de los convictos cuando forman y por su temor a girar la cabeza de manera innecesaria, me creo las incontables denuncias de que aquí, en la Colonia Penal 2 de Pokrov, hasta hace bien

poco apalizaban a la gente con mazos de madera hasta dejarla medio muerta. Ahora los métodos han cambiado y no recuerdo ningún otro lugar donde nadie te hable con tanta educación e incluso, hasta cierto punto, con cortesía.

Por eso llamo a mi nuevo hogar «nuestro amable campo de concentración».

Reglamento, cinta roja, rutina diaria. Aplicación literal de normas infinitas. Está prohibido usar palabrotas y *slang*, una prohibición que se hace cumplir a rajatabla. Creo que en la planta de arriba alguien debe de haber leído *1984* de Orwell y habrá pensado: «Anda, esto es genial. ¿Por qué no lo hacemos nosotros también? Educación mediante la deshumanización».

Sin embargo, mientras seas capaz de ver el lado positivo de las cosas, no está tan mal.

En general, estoy bien.

Incluso hay puntos luminosos en el mundo en blanco y negro de esta vida cotidiana. Por ejemplo, llevo una placa identificativa en el pecho con mi nombre y una fotografía marcada con una bonita raya roja. Recordaréis que presento riesgo de fuga. Durante la noche me despierto cada hora sobresaltado por la presencia de un hombre con abrigo que monta guardia de pie junto a mi cama. Me graba en vídeo y anuncia:

—Dos y media de la madrugada, preso Nalvani. Grabado en vídeo como medida preventiva por probabilidades de fuga. Presente.

Entonces vuelvo a dormirme, sosegado por el hecho de que haya gente que piensa tanto en mí y no permitirá bajo ningún concepto que me pierda. ¿A que es sensacional?

No perdáis vosotros tampoco el contacto con vuestros seres queridos. Un abrazo a todo el mundo.

---

16 DE MARZO

Olga y Vadim llegaron ayer por la tarde. Tal como sospechaba, el viernes pasado les dijeron que no estaba aquí, pero intuyeron que era mentira.

Les escribí la publicación para Instagram en la que llamaba a esta colonia «nuestro amable campo de concentración». Como era previsible, la Comisión de Supervisión Pública ha llegado hoy. La comisión de Vladímir es célebre por respaldar de manera descarada a la dirección de la prisión. El hecho de que esta no tenga que rendir cuentas por sus acciones es uno de los motivos por los que aquí pasan tantas cosas malas. Los oficiales de la comisión van a todas partes y luego informan de que todo va bien. No se pega a nadie ni se vulnera ninguna ley. Han venido por lo de ayer. Es la respuesta del Servicio Penitenciario Federal al hecho de que todo el mundo se agitara tras mi publicación en Instagram.

De manera que cuando el responsable de la unidad me ha anunciado que habían venido a verme dos miembros de la Comisión de Supervisión Pública, me he negado educadamente a recibirlos. He respondido que tuvieran la amabilidad de dejar sus nombres y números de teléfono, pero que en ese momento no podía atenderlos.

Para mis adentros he pensado: «Apuesto a que los hacen entrar aquí».

Y así ha sido. Al cabo de pocos minutos, el preso de confianza ha puesto una expresión fiera y ha ordenado levantarse a todo el mundo.

Todos nos hemos puesto en pie, firmes. Yo también me he levantado. El responsable de nuestra unidad ha entrado y me ha pedido que saliera al corredor, donde había dos personas con ropa de calle, además del comandante del campo de detención y un coronel a quien no conozco, claramente un miembro del Gobierno regional.

—¿Qué tal estás? Somos de la Comisión de Supervisión Pública.

He intentado hablar con ellos sin decir nada. Saltaba a la vista que eran falsos «defensores de los derechos humanos» conchabados con los guardias, pero no parecía haber necesidad de ser maleducado con ellos.

Me he interesado con educación por su labor y les he dicho que era demasiado pronto para poder comentar cómo funcionaba el campo de detención porque acababa de llegar.

—Entonces no tiene ninguna queja, ¿es así?

He estipulado por separado lo que podían decirles a los medios de comunicación.

Nos hemos despedido con mucha amabilidad.

Ha venido Alekséi Liptser, uno de mis nuevos abogados. Es nieto de un defensor de los derechos humanos de verdad, Lev Ponomariov.

Mientras estaba sentado hablando con mi abogado, la espalda me dolía horrores. El dolor ha empezado a bajar hasta la pierna derecha. Apenas podía caminar. Alekséi me ha alertado. Él también tiene problemas de espalda y dice que, si el dolor se extiende a las piernas, puede haber complicaciones graves.

He decidido pedirle al oficial que me escolta a las reuniones con mis abogados que me lleve a la unidad médica para que me pongan una inyección de ketorolaco.

El oficial, el teniente mayor Aleksandr Leonídovich, es un tipo decente. En un momento dado tuvimos un pequeño encontronazo, pero después nos hemos mantenido en términos cordiales. Me ha conducido de inmediato a la enfermería y me han puesto la inyección.

No ha servido de nada.

18 DE MARZO

La verdad pura y dura es que esto es un infierno. He tenido un dolor insufrible toda la noche, como durante los primeros días que pasé en la prisión de Matrosskaia Tishina. Por la mañana apenas podía levantarme de la cama. Iba a negarme a hacer ejercicio, pero al final me he vestido y he salido renqueando. No he podido ni siquiera hacer la cama. He redactado otra solicitud para que me vea el médico.

Me han llevado a la enfermería. Solo había una enfermera. Me ha examinado por encima y me ha dicho que el médico vendrá la semana que viene.

La semana que viene ya no seré capaz de andar.

Es evidente que la dirección piensa que estoy fingiendo.

Todo esto es un verdadero engorro. ¿Por qué habrá decidido mi espalda rebelarse justo ahora? Es el peor lugar en el que podría pasarme esto.

Todo este diario se está convirtiendo en un gran lamento sobre mi espalda.

Estoy viendo otra «conferencia». Esta vez es un vídeo sobre la ciudad de Vladímir. Entre las imágenes se incluye una de la Central de Vladímir, su célebre prisión para sus célebres convictos.

Típico de Rusia. Alardeamos de la gente a la que metemos en la cárcel.

Ya hemos visto todas sus absurdas conferencias en vídeo. Hemos visto todos los documentales. Pero el horario diario es sagrado, así que, pase lo que pase, todo el mundo tiene que estar sentado en esa sala delante del televisor. He puesto el canal de música, Muz-TV.

El responsable de la unidad ha aparecido en un pestañeo.

—Eso no está permitido. Solo puede ponerse Channel One o Russia-24.*

19 DE MARZO

Estamos sentados otra vez en mi sala favorita, la de las instalaciones educativas, viendo una conferencia titulada «Prevención del terrorismo». La cámara muestra a una mujer en el atril dando una charla en una penitenciaría. La mujer pronuncia unas palabras introductorias y proyecta una película en una pantalla que hay tras ella.

En efecto, estamos viendo una película de una película que se está proyectando en otra cárcel. El problema es que solo vemos la mitad de la pantalla.

Por la mañana me han llevado a la enfermería. La enfermera era una mujer bastante agradable, pero, por algún motivo, se ha puesto terriblemente nerviosa cuando se disponía a extraerme sangre. Lo ha intentado tres veces y no ha sido capaz de hallarme una vena. Ha empezado a maldecir, a caminar de un lado para otro en la consulta y a quejarse:

—¡¿Por qué me tiene que tocar a mí?!

* Ambos son canales estatales conocidos por su propaganda.

—¿Quiere que abra y cierre el puño un poco más? —le he preguntado yo.

—Lo que quiero es jubilarme, ¡y cuanto antes, mejor!

—Yo no tengo ningún problema en que lo haga, y me ocuparé de que le mejoren la pensión.

No se ha reído. Al contrario, ha sacado malhumorada otra jeringuilla. Al cuarto intento ha logrado extraerme un poco de sangre, del otro brazo. La buena noticia es que me ha dicho que el médico va a venir por fin.

Ha venido el director de la escuela de formación profesional. Aquí, si quieres que te dejen en libertad condicional antes, tienes que hacer un curso de formación y luego poner en práctica el empleo en la zona de trabajo para presos. Parece un buen hombre, bienintencionado, es claramente alguien que «cree en lo que hace». Nos ha explicado todo con sumo detalle. Pero Oleg me escribió avisándome de que inscribirse en la escuela de formación profesional no es una buena estrategia y que mi idea de formarme para ser panadero puede suscitar recelos.* Qué lástima. Tendré que darle otra vuelta.

Nos han reunido a todos y nos han hecho formar fila en el patio.

—Ahora os llevarán a la unidad médica para examinaros. Han llegado varios especialistas para veros a todos.

Me he alegrado.

* Los panaderos se consideran afines a la dirección de la prisión, es decir, chivatos.

Al llegar, me han conducido al neurólogo, que me ha examinado durante un cuarto de hora, más o menos.

Al salir, me he encontrado a todo el mundo en posición de firmes en el pasillo, con la ropa de abrigo.

—Hora de irse.

—¿Qué pasa? —he preguntado—. ¿Es que nadie tiene que preguntarles nada a los médicos? ¿Por qué no ha entrado nadie?

—Nos han dicho que nos verían después de examinarte a ti, pero, en cuanto has salido, nos han informado de que nos vamos —me ha aclarado el desafortunado Artiom, el hombre al que le falta la quinta vértebra.

Sobre el papel, nos habían llevado a todos a visitarnos con los doctores. En realidad, salvo yo, todo el mundo había aguardado quince minutos en posición de firmes.

La doctora que me ha visto ha demostrado ser el típico médico de prisiones cuya labor consiste en confirmar que el preso tiene una salud de hierro hasta que deje de respirar. Al menos, parece que ha recomendado que me proporcionen un tablero para usar como somier. Así que conseguiré dormir sobre una superficie plana, en lugar de directamente sobre los muelles.

Después de la inspección han llegado Vadim y Olga y hemos debatido las demandas ante el Tribunal Europeo de Derechos Humanos, pero, cuando he regresado a la celda, me han ordenado:

—No te quites el abrigo. Van a llevarte ante la comisión disciplinaria.

El servicio penal siempre aplica la misma rutina. Se guardan sus bazas para los jueves o los viernes por la tarde. Una vez que se van los abogados, ya pueden dar la murga y, como es fin de semana, no habrá nadie que pueda reprenderlos durante tres días. No se pueden hacer llamadas telefónicas ni hay testigos, y no se permite a nadie ir a ninguna parte.

Me conducen a un gran edificio, visible desde nuestra «localidad». Siempre hay presos entrando y saliendo de él, de manera que yo había dado por sentado que se trataba de una cantina. Ha resultado ser la sede de las oficinas de la dirección. Alberga una cantina, un club, salas de estudio y las oficinas de los altos cargos de la administración.

Antes de partir, el responsable de nuestra unidad me ha prohibido hablar con otros presos. He echado un vistazo a mi alrededor mientras nos dirigíamos a la oficina. Es un edificio grande, destartalado, con las paredes desconchadas, como una escuela de formación profesional. Una escalera, salas pequeñas. Dentro, la gente se movía por él con la chaqueta y el gorro puestos. Me he quedado perplejo. Nuestra unidad de cuarentena parece desvencijada por fuera, pero por dentro está razonablemente limpia y es agradable. Yo me tumbo sin reparos en el suelo de nuestra residencia para hacer ejercicio. Está limpio. La ropa no se te ensucia, ni siquiera se te llena de polvo. En cambio, ese lugar era inhóspito, estaba bastante sucio y parecía incómodo. Era poco acogedor.

El despacho del comandante era todo un iconostasio, con fotografías de Putin, del primer ministro Mijaíl Mishustin (ja, ja, ja), de Aleksandr Kaláshnikov (director del Servicio Penitenciario Federal) y de otros imbéciles (seguramente, mandamases locales). En la pared de madera había tallada una cita de Pedro el Grande en una tipografía antigua: «Dirigir las prisiones es un oficio maldito y quienes se encargan de hacerlo deben ser personas rigurosas, de buen corazón y alegre disposición».

Ya he escuchado esa cita en dos ocasiones desde que estoy aquí. Parece gustarles.

En el despacho están el comandante y otras siete personas. Parece un claustro de profesores. Así lo he comentado al presentarme.

—Me alegro de asistir a una reunión tan importante de personal docente.

La reunión del personal me ha amonestado de manera unánime por negarme a firmar en el gráfico de trabajo obligatorio. Por recomendación del responsable de nuestra unidad.

20 DE MARZO

Esta pasada noche ha sido la peor hasta el momento. Apenas he pegado ojo. El dolor de la zona lumbar se me ha extendido a la pierna y he tenido unos calambres horribles, mucho dolor y temblores. Nunca había sentido nada parecido. Ha sido espantoso, lo he pasado mal de verdad. Antes de acostarme me había puesto tapones en los oídos y un antifaz para no ver ni escuchar a los tipos que hacen sus comprobaciones durante el turno nocturno. No he dormido. Me he levantado seis veces durante la noche, fingiendo que tenía que ir al lavabo, pero, en realidad, lo hacía para mover la espalda un poco.

Esto pinta muy mal. Hoy he decidido hacer ejercicio doce veces. Ya veremos si sirve de algo.

Han vuelto a convocarme a otro de sus claustros de profesores, y esta vez me ha caído una reprimenda monumental de parte del comandante de la penitenciaría por negarme a salir a hacer sus ejercicios para estar en forma. Hacía solo una hora le había dado una explicación a Aleksandr Leonídovich, el oficial que me acompaña a las reuniones con mis abogados. Me han comunicado que es mi «mentor principal» para la disciplina y el seguimiento preventivo. He explicado que no he salido porque me duele la espalda. Después he ido a hacer ejercicio.

—Es una excusa válida —me ha dicho—. Igual te libras con una simple falta.

Cuando una hora más tarde he recibido una «amonestación», ha dicho:

—La situación es ambigua.

Pero al final se ha sumado a la valoración del resto, lo cual es una demostración más de la regla de oro: «No confíes en ellos, no los temas, no les pidas nada».

Al final de nuestro encuentro he preguntado:

—¿Cuándo voy a recibir atención médica?

Me han explicado que ellos no son médicos y que han enviado un fajo de documentos. Al menos ninguno de ellos parecía a favor de negarme deliberadamente tratamiento. Hace doce días que estoy aquí sin recibir ningún tipo de atención. No me permiten visitarme con mi médico ni que me envíen medicación.

21 DE MARZO

Con el ejercicio experimento algún alivio. Repito mi tabla quince veces al día. Por primera vez he logrado dormir (con tapones y antifaz) hasta las 2.30 horas y, cuando me he despertado, me he emocionado al notar lo descansado que sentía el cuerpo. ¿O es que estaba tan hecho polvo que me quedé dormido al instante y la gimnasia no ha tenido nada que ver? Entre las 2.30 y las 6.00 horas ya no he dormido tan bien. El gilipollas de guardia de hoy era un verdadero incordio. Se ha dedicado a caminar por la celda dando pisotones y a dejarme claro cuándo encendía y apagaba su cámara corporal al lado de mi cama. («El programa Patrol* está en marcha. Carga del 50 por ciento. Grabación en curso. Grabación detenida.») Y luego ha proclamado, para que lo oyera toda la sala, «Recluso Navalni presente». Estaba decidido a despertarme, el muy capullo. Tengo que averiguar cómo se llama.

Menuda broma que este diario se haya convertido en divagaciones sobre lo bien o mal que he dormido, cuando toda mi vida me he quedado dormido nada más apoyar la cabeza en la almohada y me he despertado diez minutos antes de que sonara el despertador.

Hoy (domingo) nos tocaba ir a los baños. Mientras me vestía, tras ducharme, he descubierto algo que me ha asustado: he perdido la sensibilidad de la pantorrilla derecha, desde la corva hasta el pie. La sentía igual que la izquierda cuando fui al hospital, aunque me daban más calambres. Todo esto me estresa.

La unidad de cuarentena en la que estamos se encuentra en la planta baja; encima hay una unidad para los afortunados que están recluidos en condiciones poco estrictas. Tienen celdas individuales con ducha y cocina, permiso para recibir muchos paquetes y comprar comida sin límite en el economato. Estábamos de pie en fila en nuestra zona y me llegaba música a través de las ventanas abiertas de su unidad.

* Patrol es el nombre de un programa informático.

Lo que pasa es que no son unos afortunados. El camino que conduce a la inclusión en su unidad obliga a una sumisión servil e incuestionable, y a acatar incluso las órdenes más mezquinas y ridículas.

¡Joder! ¡He intentado saltar a la pata coja con la pierna derecha mientras caminaba y me he caído! La pierna me ha dejado de funcionar, aunque no puedo decir que note un empeoramiento. O no exactamente, pero sí noto algo raro. Noto un hormigueo en toda la pierna. Sensaciones extrañas. Me preocupa de verdad, no veo el momento de que me lleguen las inyecciones que necesito. Espero que autoricen la recepción mañana a la hora de la comida y que me las empiecen a administrar el martes. También espero poder ser capaz de andar para entonces.

22 DE MARZO

Me encanta el momento en el que nos sacan a hacer ejercicios para mantenernos en forma a las 6.05 de la mañana y ponen el himno nacional. Presos con uniforme negro y las manos a la espalda caminando por la nieve en el patio de la cárcel mientras suena: «Gloria a ti, nuestra patria libre...» por los altavoces en toda la penitenciaría.

He tenido que escuchar una charla disciplinaria sobre el tema de «La rutina diaria». El motivo es un informe sobre mi conducta que dice: «Se ha levantado de la cama diez minutos antes de recibir la orden de hacerlo».

Me han llevado a ver al médico. Resulta que ya me habían prescrito un tratamiento: dos pastillas de ibuprofeno al día. ¡No tengo palabras! Han rechazado todo lo demás. Incluso la petición de un somier de madera contrachapada para la cama.

Me han convocado a otra «reunión del personal» para amonestarme de nuevo por recomendación del comandante de la penitenciaría... esta vez por marcharme de una conferencia. Ya llevo tres amonestaciones y veinte informes. Lo tienen todo previsto para clasificarme como un infractor reincidente.

23 DE MARZO

El drama del hervidor. Tenemos un preso de confianza por las noches llamado Zhenia.* Trabaja entre las 22.00 y las 7.00 horas. También tenemos un hervidor. Ya he escrito anteriormente sobre él. Es un electrodoméstico viejo y barato que no funciona bien. Hay algún fallo en el contacto. Solo puedes enchufarlo si dominas la técnica especial para hacerlo. A los presos de confianza y a uno de los responsables de la unidad no les gusta nada que los presos lo usemos. Así que los presos no lo usan. Entienden que es mejor no hacerlo. Pero ¿por qué? Yo acepté la prohibición «fuera de las horas de las comidas», pero durante el desayuno, la comida y la cena me obstino en coger el hervidor, calentar agua y prepararme un té. No pretendo demostrar nada, lo que pasa es que el té que traen de la cantina está edulcorado y no me gusta.

Por la mañana le pido el hervidor al responsable de la unidad, lo lleno de agua, lo dejo sobre su base, bajo la pa-

* Diminutivo de Yevgueni.

lanca y me voy al dormitorio. Cuando el agua hierve, la palanca salta. Lo hace de manera automática. Lo he comprobado.

Entonces Zhenia viene corriendo detrás de mí, muy indignado, porque me he dejado el hervidor puesto sin esperar a que hierva. ¡Hay que apagarlo, porque si no puede incendiarse!

No puede decirse que los internos tengan miedo de los presos de confianza de servicio, pero prefieren no meterse en líos con ellos. Al fin y al cabo, están en contacto con la dirección y no es buena idea tenerlos en contra. Yo tampoco discuto con ellos. He decidido que no pienso discutir con nadie aquí. He tomado la determinación de que esta Cuaresma no me enfadaría ni le alzaría la voz a nadie, y tengo la firme intención de cumplirla por primera vez en mi vida.

Así que empiezo a bromear sobre el hervidor con Zhenia. Le digo que sí, que cómo puedo ser tan osado de no quedarme a vigilarlo. Zhenia alcanza el punto de ebullición, como el hervidor. Está enfadado de verdad. Me dice que el contacto puede prenderse fuego, que el hervidor puede romperse y entonces él también se quedará sin poder usarlo.

Y entonces caigo en mi craso error. Me estoy mofando de Zhenia y su hervidor, mientras él lleva aquí atrapado varios años y aún le faltan dos más. Si este hervidor vulnerable de 1.000 rublos [12 dólares] se prende fuego, ¿qué pasará con él? Las bobinas de ebullición están prohibidas en este lugar. No hay hornillo eléctrico y se pasará toda la noche sentado sin poderse preparar un té o un café. Solo puedes conseguir agua caliente durante el día, cuando Zhenia duerme. Si el hervidor se incendia, estará condenado a pasar sin comida caliente meses. Porque aquí, la cosa más insignificante, como reparar un hervidor roto, tarda meses en resolverse. Ni siquiera puedes plantearte comprar uno nuevo o que te envíen uno del exterior. He demostrado ser una persona insensible con una inteligencia emocional bajo mínimos. Esta noche tengo que tener una charla con Zhenia.

He hablado del tema del hervidor con su propietario y me he disculpado por mi error. Tengo la sensación de haber hecho lo correcto, algo digno de elogio. Sin embargo, al mismo tiempo me pregunto si no será un gesto hipócrita, si no estaré quedando como un dócil cristianito que se pasa la vida disculpándose ante todo el mundo y hablando con un tono de voz amable y bienintencionado. A la gente le inquieta. Zhenia, sin ir más lejos, se ha quedado con la sensación de que me burlaba de él, aunque con más sutileza, cuando le he vuelto a sacar el tema del estúpido hervidor y he reconocido que me había equivocado.

24 DE MARZO

Hoy se suponía que tenían que «subirnos» a nuestras nuevas unidades, pero luego nos han informado de que la comisión de asignaciones no se reunía hasta hoy y nos transferirían mañana. Hace buen tiempo, parece que por fin llega la primavera. Dentro de dos días es el cumpleaños de Zajar. Tengo que escribirle una carta.

Pues ya está: el Sombrero Seleccionador de la Colonia Penal 2 ha hablado. Nos acaban de llevar ante la comisión que asigna a los presos a unidades concretas. Han metido a todo el mundo en Slytherin. Estamos los cinco en la Unidad 2. Han creado una nueva unidad especialmente para mí. Sabemos que las unidades se reorganizaron hace poco. Y no solo eso, sino que el responsable de nuestra unidad será Román Vladimírovich, el mismo hombre que dirigía nuestra unidad durante el periodo de cuarentena (el mismo del drama bíblico por el trozo de pan). En realidad, es buen tipo. Un poco tiquismiquis con la implementación del reglamento, pero, por lo demás, parece un hombre razonable. Me llevo bien con él.

Junto con nosotros, que somos los novatos, también han aterrizado en la Unidad 2 dos «retornados». Se trata de presos que ya habían cumplido condena aquí pero los enviaron a algún otro lado como parte de una investigación y, en consecuencia, ahora vuelven a estar en cuarentena.

Era inviable que los dos se quedaran en la nueva unidad conmigo. Aleksandr Aleksándrovich trabaja en el equipo de reparaciones, que opera en todas las instalaciones de la penitenciaría. Kostya se encontraba ya en un sector con un nivel «moderado» de supervisión y con condiciones indulgentes. Y ahora vuelve a estar en un sector con condiciones «estándar». Está a todas luces disgustado. Es un preso superejemplar que lo hace todo bien, no rompe nada y barre más que nadie. El «amigo» [...]

26 DE MARZO

No recuerdo de qué iba todo eso del «amigo». Me dijeron que tenía que hacer algo, pasaron un montón de cosas y me distraje. Para empezar, nos «trasladaron dentro de la penitenciaría». Es decir, que nos han transferido a una unidad de la cárcel principal. Es un chiste. Durante el periodo de la cuarentena, yo era la persona más «adulta» (es decir, la más vieja) de nuestra unidad. Ahora debo de formar parte de la categoría de «joven delincuente». En la nueva unidad hay unas diecisiete personas y diez de ellas son presos viejos con el pelo cano que se pasan el día sentados en la sala de las instalaciones educativas mirando la televisión con expresión adusta y no se toman nada bien que alguien pase por delante de la pantalla o cambie de canal. Si al tío June de *Los Soprano* le añadimos un par de años vividos en la calle, como un sintecho, es fácil hacerse una idea del personal que hay en esta Unidad 2. Eso sí, todos son divertidos y agradables.

Ahora mismo son las 7.30 horas. Tenemos un nuevo horario diurno, con tiempo libre hasta mediodía. Todo el mundo se ha levantado, se ha lavado, ha hecho la cama, se ha dirigido a la sala de las instalaciones educativas y se ha puesto a ver la televisión. Muz-TV. Yo me he sentado a la mesa y aquí estoy, escribiendo. Ahora mismo sale Billie Eilish en pantalla. Los vejetes empiezan a discutir sobre qué edad tiene.

—Diría que tiene diecisiete años —intervengo yo.

Pero un tipo de cabello gris sin dientes afirma que tiene dieciocho, porque empezó a cantar a los dieciséis y de eso hace ya dos años. Otro tipo que se parece mucho a él nos cuenta en detalle su biografía. Ven la televisión todo el rato, así que saben estas cosas. Es una pena que Dasha no pueda verlos. Se moriría de risa.

Ayer la dirección decidió que tenían que montar un espectáculo: así que nos obligaron a todos a formar una larga fila y a firmar un horario de trabajo, limpieza, etcétera. Firmó todo el mundo, salvo yo, por supuesto. Se armó un revuelo que duró una hora. ¿Te niegas? ¿O no te niegas? Luego me llevaron a rastras ante el «claustro de profesores» y me amonestaron una vez más. Esta vez por llevar una camiseta cuando fui a reunirme con mis abogados. Dicen que eso constituye una violación del reglamento de uso del uniforme de la prisión. Después de eso me trasladaron a ver a mis abogados y cuarenta minutos después se formó un follón con mi «mentor disciplinario», Aleksandr Leonídovich.

Como era previsible, yo no llevaba un bolígrafo encima ni tampoco el cuaderno con mis notas, porque llegaba directamente del «claustro de profesores». Hicieron pasar a mis abogados, al otro lado del vidrio. Tenía un montón de documentos por firmar, pero no tenía bolígrafo. Pregunté educadamente:

—¿Me podéis dejar un bolígrafo?

Aleksandr Leonídovich sonrió con petulancia y cerró la puerta a su espalda.

Y ahí se acabó mi determinación de Cuaresma. Vadim pulsó el botón. Aleksandr Leonídovich regresó. Le grité y salió muy indignado a consultárselo a sus superiores. Le dijeron que no. Yo seguí armando follón. Al final, acordamos que Vadim me prestara su bolígrafo. El inconveniente fue, no obstante, que yo había roto mi determinación. No había conseguido pasar cuarenta días sin alzarle la voz a nadie. Y, además, no me había limitado a alzar la voz: mis bramidos se habían oído en todo Vladímir. Después me disculpé, pero Aleksandr Leonídovich murmuró:

—Ahora sabemos cuál es tu verdadera actitud hacia el personal de la prisión.

De hecho, tengo toda la razón, al cien por cien. Me hacen jugarretas malvadas, porque llevar a alguien a ver a sus abogados sin un bolígrafo constituye una clara vulneración del derecho a la defensa legal. Pero no hice bien en gritar.

En cambio, Olga estaba contenta.

—Muy bien. Ya vuelves a ser el de siempre —me dijo—. No te estabas enfrentando a nadie, ya está bien de tanta mansedumbre. Empezaba a preocuparme.

Era solo porque estaba ayunando por Cuaresma y tenía que amar a todo el mundo.

Ay, el mero hecho de escribir esto me ha recordado por qué me interrumpieron anteayer. Entonces también hubo una buena bronca. Me llevaban de camino a reunirme con mis abogados. Llegamos a la sala de registros y decidieron no cachearme. Tramaban algo, parecían muy complacidos consigo mismos, sonreían con suficiencia. Era la típica patraña inútil, sin sentido y petulante de poli de siempre. Su principal ambición es, de manera invariable, mentir y hacerte la vida imposible.

Llegó una partida de guardias de escolta. Los reconocí, porque son los mismos tipos que me trajeron aquí. ¿Adónde me llevaban? ¿A un hospital? ¿Qué pasaba con mis abogados? Se produjo un silencio. ¿Qué? ¿Les informarían de que se me habían llevado? Guardaron silencio.

No me apetece detenerme a describir lo que pasó, pero fuimos en coche durante dos horas y media y llegamos a un cuchitril para que me hicieran una resonancia magnética. Pregunté varias veces dónde estaba, pero se negaron a responderme. Era un hospital civil. O quizá no un hospital, sino unas instalaciones en un semisótano. Me hicieron la resonancia y recorrimos otras dos horas y media por carretera.

No informaron a mis abogados. Y Olga y Vadim, temiendo que no me verían, lo publicaron todo sobre mi espalda, mi pierna y mi enfermedad. Así que ahora todo el mundo lo sabe.

He comenzado un cuaderno nuevo. Empecemos con una anécdota graciosa.

De acuerdo con el horario diario, soportamos dos horas de basura absoluta cada tarde. Lo llaman «lección patriótica». En la práctica, nos limitamos a ver una película. Hay unas veinte películas en la red local y las vemos por turnos. Muy patriótico. Si te pasas aquí un año, ves cada película diez veces. Y es obligatorio. No se te permite marcharte.

Hoy estamos viendo *Thor: Ragnarok*. Hay una rebelión en un planeta bajo dominio tiránico. El gran maestro afectado pregunta:

—¿Cómo ha ocurrido esto?

—Los esclavos han conseguido armas —le responde el jefe de la guardia.

—No me gusta esa palabra, la que empieza por «e».

—Lo siento. Los presos con empleos han conseguido armas.

Eso somos nosotros: «presos con empleos».

Finalmente nos llevan al economato. Yo iba principalmente con la intención de hacerme con cuadernos, pero he acabado comprando café, col, zanahorias, leche y carne enlatada. No he comprado libretas.

No puedo volver hasta dentro de dos semanas.

28 DE MARZO

He dejado de comer pan otra vez, salvo los domingos, lo cual me transmite la sensación de que el domingo es día de fiesta, como hoy.

Lo de la espalda y la pierna me tiene muy ofuscado.

Me duele un montón la lumbar. Y noto la pantorrilla

derecha dormida y ardiendo al mismo tiempo. No sé cómo es posible, pero es lo que me sucede.

También se me han quedado insensibles dos dedos del pie izquierdo, como si los tuviera congelados.

He ido a los baños. Aquí, los baños son simplemente «las duchas». Pero es maravilloso. No recuerdo la última vez que me había dado una ducha de verdad. Es perfecta, en serio. El cabezal está bastante alto y sale un potente chorro de agua. Fría si es lo que quieres, caliente si lo prefieres. Está todo limpio. En la zona de cuarentena había un cubículo de ducha asqueroso en el que tocar cualquier cosa resultaba repugnante. Lo mismo pasaba en Kolchugino, aunque allí era incluso más nauseabundo: caía un chorrito ridículo de agua y tenías que sostener el cabezal de la ducha con la mano.

En Matrosskaia Tishina, la ducha estaba bien, pero aquí es mucho mejor. Si no fuera por la multitud de tíos desnudos, declararía esta la ablución del año.

Hoy era día de juegos de guerra. Me han sometido a la típica basura de las cárceles, cuando los presos de confianza empiezan a intimidar y agitan a los otros convictos con frases como: «Navalni, tú no estás haciendo la parte que te toca de la limpieza. ¿Por qué tenemos que limpiar nosotros por ti? No vamos a limpiar alrededor de tu cama». Por la tarde, a modo de demostración, incluso ha colocado mi mesita encima de otra, como si pretendieran decirme: «Liosha, vas a tener que subirte aquí para limpiar».

He tenido que hacer acopio de mucha disciplina para no enfadarme y hablarle con educación, incluso en broma, a todo el mundo, pero al final ha saltado todo por los aires.

Aquí la gente se siente muy intimidada y la dirección hace lo que quiere con todo el mundo empleando para ello a los presos de confianza.

También resulta cómico que a los presos de confianza les hayan dado instrucciones de mantenerme vigilado. Hay tres y, vaya donde vaya, hable con quien hable, haga lo que haga, siempre tengo uno pegado como una sombra. Sé perfectamente, porque lo he leído, que en las zonas «rojas» se alienta a los chivatos. Los presos se denuncian entre sí a cambio de comida y una cajetilla de cigarrillos. Pero comprobarlo en directo y hallarme en pleno meollo de ese tipo de chanchullos es una experiencia curiosa.

Pese a todo, estar aquí no está tan mal. Me llevo bien con los presos y es interesante hablar con ellos. Incluso con los de confianza. Por supuesto, les enoja no alcanzar su objetivo de someterme a presión psicológica, pero, salvo por eso, no están tan mal. Simplemente les encanta hacer de esclavos de la dirección a cambio de comida.

29 DE MARZO

Esta mañana, temprano, me han convocado al «claustro de profesores» y han vuelto a amonestarme por «negarme categóricamente a informar de mi presencia como es debido». Es la primera vez que me acusan de eso, pero es importante. Informo de mi presencia al menos ocho veces al día y me fotografían cada dos horas para sus comprobaciones. En la práctica, lo más probable es que haya entre doce y catorce informes diarios y un solo día de incumplimiento bastaría para enviarme a una celda de castigo, catalogarme como infractor reincidente y trasladarme a un «régimen estricto» de las condiciones de detención.

31 DE MARZO

¡Ay! Ahora mismo estoy tumbado en la cama, Selezniov está de pie junto a mí y me ordena que me ponga en pie. Toda la unidad está aterrorizada.

La situación ha llegado a un punto crítico.

Como de costumbre, su política es el puro caos aleatorio. Más tarde quizá alguien vea una trama tras todo esto, una coincidencia de fechas.

En la práctica, sin embargo, esto no es más que el idiota de Selezniov decidiendo jugar a la política y a las conspiraciones y tratando de poner a «las masas populares»* en mi contra. Una espalda fastidiada más un responsable de la unidad imbécil equivale a que yo esté tumbado en la cama, lo que para la Colonia Penal 2 es un método de protesta absolutamente inaudito. Entran los tipos de la brigada de reparaciones. No son de nuestra unidad y en cuanto me ven se alejan.

Los nuestros también intentan mantener la distancia, no hablarme y que no se los vea manteniendo un contacto sospechoso.

Han empezado a cambiar las camas de nuestra área con carácter de urgencia, sustituyendo las camas reglamentarias por otras nuevas. Está claro que va a haber pronto una inspección de las autoridades.

Acabamos de vivir el momento más gracioso de todo el tiempo que llevo aquí. Estoy tumbado en la cama. Los demás tienen un aire abatido e intentan no mirarme. Los llaman para comer. Todo el mundo se va. Oigo cómo se vis-

* Presos corrientes, en la jerga de la cárcel.

ten para salir fuera. Luego los traen de vuelta y los alinean en el pasillo, delante de mí. El tonto de Selezniov viene corriendo, se ha dado cuenta de que ha ido demasiado lejos con sus intrigas y sus jueguecitos. Anuncia, en apariencia para mis oídos, que está organizando algún tipo de «torneo de damas». Los finalistas recibirán premios y el ganador tendrá derecho a recibir un paquete extra, lo que no es poca cosa.

Cree que así se ganará a la gente y además me demostrará que, como detractor que soy, puedo quedarme aquí tumbado si quiero. Ya no estoy en su equipo y todos los demás se lo están pasando bien, y hay un paquete extra en juego.

Pensaba anunciar mi huelga de hambre más tarde a través de Instagram, pero tengo que hacerlo aquí y ahora. De ningún modo van a llevarme a ver a un abogado.

No pensé que tuviera que recurrir a una huelga de hambre el primer mes de estar aquí, pero ¿qué otra opción queda?

¿Por qué los presos hacen huelgas de hambre?

Esa es una cuestión que preocupa solo a las personas que no han estado nunca en la cárcel. Únicamente desde fuera parece complicado. Desde dentro es muy sencillo: es tu única arma, así que la usas. Ja, ja, ja.

En realidad, hay un par más, pero es mejor reservárselas.

¿Quién está tumbado en la cama vestido de uniforme, no tiene pelo, lleva gafas y sostiene una Biblia?

Yo.

Lo de la Biblia es porque en tres semanas no he conseguido que me den otro libro. Y estoy en la cama (una supe-

rescandalosa infracción de las normas) porque me he declarado en huelga de hambre.

¿Qué otra cosa podía hacer?

Tengo derecho a llamar a un médico y recibir medicación. Es algo que ellos (las autoridades de la cárcel), por absurdo que sea, tampoco me han permitido. El dolor de espalda se ha extendido a las piernas. Partes de mi pierna derecha, y ahora también de la izquierda, no me las siento. Bromas aparte, es muy molesto.

En lugar de recibir atención médica, me torturan privándome de sueño. (Me despiertan ocho veces cada noche.) Y la dirección insta a sus presos «activistas» (también conocidos como «las cabras»)* a intimidar a los presos corrientes para que no limpien en torno a mi cama.

—Liosha —dicen—, lo siento, pero estamos muertos de miedo. Esta es la región de Vladímir. La vida de un preso vale menos que un paquete de cigarrillos.

¿Qué podía hacer? Me he puesto en huelga de hambre para exigir que se cumpla la ley y que el médico que pedí pueda verme. Estoy aquí tumbado con hambre, pero de momento con ambas piernas.

¡Espero que vosotros también estéis bien!

---

1 DE ABRIL

El primer día de mi huelga de hambre es un día como cualquier otro.

Ayer esa panda de desgraciados desconectó la fuente de agua, así que ni comí ni bebí nada en todo el día. Esta mañana he bebido agua y me he notado un poco borracho.

* Internos que están a las órdenes de los guardias.

Me llevaron a la unidad médica. Es obligatorio que todas las personas que inician una huelga de hambre pasen un chequeo. Me pesaron, claro. Ochenta y cinco kilos. Pesaba noventa y tres cuando llegué. Lo que está relacionado con el hecho de que no se me permite dormir de forma ininterrumpida. Se está llevando a cabo una inspección muy exhaustiva. Probablemente esté a punto de venir alguien importante.

¡Ja, ja, ja! Qué fuerte, tanto follón, tanto dejarlo todo impoluto, yo pensaba que seguramente quería decir que iba a venir un fiscal de Moscú y no era más que una de esas penosas propagandistas de Russia Today, María Bútina.*

Estaba todo el mundo en fila; yo me quedé en la cama. Ella vino hacia mí con una cámara y un operador de cámara. Su plan era grabar un reportaje sobre lo estupenda que es esta colonia, sobre la atención médica que se nos proporciona y sobre cómo me lo estoy inventando todo.

Me levanté de la cama (probablemente un error) y durante veinte minutos, delante de los presos y de la dirección, le hice saber que es un parásito y una prostituta política. Imagino que esa parte es posible que quede fuera de la versión final.

A todo el mundo en la unidad le sorprendió lo que estaba pasando y toda la pasión que levantaba.

Bútina pasó luego a entrevistar a los «activistas». De nuestra unidad convocaron a Kostia Mijalkin. Es un buen tipo, uno de los pocos que tiene aspecto decente y habla

* Antes de trabajar en Russia Today, María Bútina pasó dieciocho meses en una cárcel de Estados Unidos tras declararse culpable de un cargo de conspiración para actuar como un agente del Gobierno ruso.

bien (un farsante, claro). Es la persona con la que más tengo trato aquí, pero es un superactivista y hace todo lo que le dicen. Su condena es larga —ocho años y medio— y ha encontrado la salvación haciéndose amigo de la dirección. Es una especie de preso robot. A cambio, disfruta de condiciones más laxas, al trabajar en la biblioteca y demás. Siento curiosidad por saber qué va a decir en su nombre.

Han traído una caja llena de cartas. Una tenía una gran cita de Ernst Jünger: «La derrota comienza con la pérdida de la serenidad».

No sé quién es Ernst Jünger. Tengo que pedirle a alguien que imprima su entrada de la Wikipedia.

2 DE ABRIL

En un par de ocasiones no fui a la cantina cuando ese imbécil de Selezniov estaba en la unidad. Ayer y hoy, en cambio, el personal es otro. Todo está en orden, así que, para no parecer maleducado, he ido a la cantina, aunque, por supuesto, no he cogido nada de comida, sino que he ido directo a la mesa. Un sargento tremendamente astuto intentó convencerme ayer para que me pusiera en la cola, me sirviera comida, la llevara a la mesa y se la diera a los demás. ¡Venga ya! Qué buena idea ha sido no entrar nunca en la cocina sin la compañía de un policía. Está claro que su estrategia será intentar socavar la huelga de hambre. Es todo lo que saben hacer.

Dos veces me han metido caramelos en los bolsillos del abrigo. La primera vez no fui yo quien los «descubrió», sino ellos, durante un registro. Empezaron a reírse disimuladamente.

—Vaya, vaya, Alexéi, ¿qué hacen aquí estos caramelos?

Después de aquello, empecé a revisar lo que llevaba en los bolsillos, y por la noche encontré más caramelos.

Es gracioso que lo más importante de una huelga de hambre en la cárcel sea revisarse los bolsillos.

He recibido dos cartas a la vez de Yuliashka. Ha metido dentro varios trocitos de papel adicionales en los que pone «¡Buenos días!» y «¡Buenas noches!». Es adorable. Cree que tengo una mesita de noche y que me despertaré, me desperezaré, cogeré su trocito de papel y lo leeré. Aun así, al menos puedo ponerlo en la cama.

Oh, me olvidé de lo que iba a decir cuando estaba escribiendo sobre la cantina. La primera vez que fui allí pensé que tener que sentarme y ver comer a los demás pondría a prueba mi fuerza de voluntad. Pero en absoluto. Los he mirado con total indiferencia. Acabo de volver de la cena, en la que el tipo sentado delante de mí ha desmenuzado el pescado y lo ha triturado con la patata. Está claro que la bazofia que dan en la cárcel no tiene el mismo impacto en el cerebro. Si hubiera estado devorando pollo frito en un plato en lugar de un cuenco metálico sucio la situación habría sido mucho más difícil de sobrellevar.

Aunque puede que todo esto sea prematuro. No estoy más que al final de mi tercer día de huelga de hambre. El día diez puede que incluso ese cuenco lleno de bazofia me resulte apetitoso.

3 DE ABRIL

He ido a la cantina a la hora del desayuno y de nuevo no he sentido la menor incomodidad al ver a todo el mundo masticando ruidosamente su comida. Por otro lado, empiezo a tener frío a todas horas. He pillado fiebre en algún sitio. Anoche estaba a 37 grados y hoy ya estoy a 37,4.

La tensión la tengo bien: 99/77.

4 DE ABRIL

La situación ha dado hoy un giro a peor. Cojeo. Me duele mucho la cadera. Pierdo peso a razón de un kilo por día. Mantengo la huelga de hambre y bebo solo agua hervida. Es el cumpleaños de mi madre. Le mando una nota y le pido a Iliá que le envíe flores. Espero que sea posible.

Sí, el reportaje de Bútina se emite en todos los canales. Lo veo en NTV, pero aparece también en Zvezda, Vesti-24 y Ren TV.

Este campo es lo mejor de lo mejor, afirma, las condiciones son ideales, Navalni es un hipócrita que finge estar enfermo. No le duele nada.

Bajo el código de buenas prácticas, a los presos se los puede grabar o fotografiar solo con su consentimiento, pero eso aquí lo ignoran olímpicamente. Enseñan imágenes en las que aparezco protestando y otras en las que camino con una taza de café pasillo abajo; un tipo alto y encorvado con una ropa que le queda tres tallas grande.

Tenía un aspecto mucho menos molón de lo que había imaginado.

Todo es cada vez más absurdo. El viernes hablamos con Liptser de los trucos que el Servicio Penitenciario Federal emplea para combatir las huelgas de hambre.

—Trasladaron a un tío a la celda de mi cliente, que estaba en huelga de hambre —me contó—, y luego le dieron a ese tipo un montón de pollo frito para que pudiera ponérselo delante al huelguista.

Me reí.

Hoy voy a la cocina a por un poco de agua y descubro que han instalado un hornillo eléctrico (!!!), y que el preso de confianza está allí de lo más contento friendo pollo, que luego ha compartido con toda la unidad.

Me alegra decir que mi espíritu no ha sucumbido al pollo frito.

Tras el pollo, se pusieron a freír pan, dejando abierta aposta la puerta de la cocina. El pan ya me cuesta más. Es mi debilidad. El olor a centeno frito me atrae mucho. Pero concentro mi atención en ello y luego paso página. ¿Creen que el olor a comida me va a hacer abandonar la huelga de hambre?

En Russia-24 emiten un reportaje de quince minutos sobre lo estupendo que es este campo. También dicen que no tengo «aspecto de estar en huelga de hambre». De hecho, voy «a menudo al economato a por comida» y, «según algunos presos», como galletas a escondidas.

Qué cabrones. Esa última declaración ha escandalizado hasta a los desgraciados de los presos de confianza. No hay absolutamente nadie en esta cárcel que vaya a declarar que mi huelga de hambre no es cien por cien real.

5 DE ABRIL

He caído enfermo, por desgracia. Qué inoportuno. He pasado toda la noche helado de frío y tosiendo. Por la mañana me he puesto el termómetro: 37,8.

Había desde primera hora cuatro informes negativos sobre mí. Por no salir a hacer ejercicio, por no ir al recuento, por presentarme ante la cámara y señalar que estaba siendo detenido ilegalmente, etc., etc.

Aparece otro caramelo en el bolsillo de mi chaqueta.

He ido a la unidad médica. La desafortunada enfermera, Natalia Serguéievna, está claro que piensa que, en toda esta situación, ella podría muy bien ser quien acabe cargando con el muerto. No está contenta. Ve que la huelga de hambre es real (sigo perdiendo invariablemente un kilo al día; mi tensión es de 97/64) y se empeña en convencerme de que la abandone. Ha habido también un momento maravilloso cuando ha dicho:

—Bueno, tómate al menos algún medicamento. Bajemos la fiebre. Puedo darte Arbidol y Kagocel.

Es increíble. Dos engañabobos, de cuestionable valor médico, que la estafadora Tatiana Gólikova* y Anatoli Chubáis (ambos estaban en situación de ganar dinero con ellos) presionaron a todas las administraciones públicas para que compraran.

* Viceprimera ministra de Rusia, responsable de política social, trabajo, salud y pensiones.

En la cocina siguen dándose libertades incalificables. El hornillo continúa allí y todo el mundo está cocinando una sopa aromática. ¿De dónde narices han sacado los ingredientes? Se los habrán facilitado en la cantina, seguramente.

He aquí un dato sobre el mejor campo de prisioneros de Rusia: en tres semanas, solo en mi minúscula unidad, no menos de tres presos han sido trasladados al hospital por tuberculosis.

6 DE ABRIL

Escribí un texto para Instagram sobre el pollo. Mencioné también la tos y que estaba a 38,4 de fiebre. Acabé cuando apenas quedaban unos segundos. A las cuatro de la tarde un miembro del personal nos informó de que «se había hecho sonar la alarma». Acompañaron a la puerta a mi abogado. (Por lo general nos dejan hablar hasta las cinco.)

«Bueno —pensé—, vendrán corriendo esta noche cuando lean ese texto.»

Por la noche la fiebre me había subido a 39 grados. No sé cuál fue el detonante, pero me hicieron ir a la unidad médica y me dijeron que iba a quedarme allí. Me pusieron en un pabellón doble. Bien. Estando solo al menos podría descansar. Pero luego volvió a empezar la farsa.

Llegaron unos tipos de mi unidad y trajeron mi colchón y mis bolsas. Luego trajeron otra bolsa. Que no era mía. «Idiotas —pensé—, han traído la bolsa que no es.» Miré dentro y encontré un segundo colchón.

Estaban hospitalizando conmigo al preso de confianza asignado a mantenerme bajo constante vigilancia y de informar, por tanto, sobre mí. Es difícil no notar su presencia. Aparece siempre que hablo con alguien. Está siempre en la cocina si yo estoy allí. Si salgo de la habitación, treinta segundos después sale él. Pero ojo a esto: aquí estoy con una fiebre de 39 grados y tos, y han puesto a un tipo sano a compartir pabellón conmigo. Para que siga sin perderme de vista.

Esperaba dormir a pierna suelta, pero no he podido. Me he pasado toda la noche levantándome y tosiendo, y teniendo sueños muy locos, en los que Dasha se casaba con un chino y nos enviaba a nuestros nietos, e intentábamos asegurarnos de que aprendían ruso y francés.

El tipo de hospitalización que se da aquí ofrece una respuesta a la cuestión de la altísima tasa de mortalidad de la cárcel. Entre otras cosas, porque aquí también se aplica el régimen de horarios obligatorio. A las seis de la mañana, despiértate, levántate, vístete, haz la cama, ponte el termómetro (38,8 grados).

—¿Me podéis explicar qué lógica tiene seguir aquí esa rutina? —les digo—. Me han ingresado porque tengo fiebre y tos. Para librarme de ellas necesito meterme bajo las mantas y beber mucho líquido. Pero vuestra política consiste en aseguraros de que todo el mundo tenga que bajar la fiebre estando de pie.

Lo que de verdad me ha parecido alucinante ha sido el depósito de agua potable. No tiene grifo. Hace falta sumergir tu taza en el agua para llenarla. ¡En un hospital! Todos los pacientes se traen su propia taza y sacan agua del tanque comunitario.

Han venido a verme los responsables de la Unidad Médica y Sanitaria 33, que ha alcanzado categoría de leyenda para mí. Todas mis quejas del último mes y medio se han enviado allí, sin que jamás haya habido respuesta.

Se trata de un traje en el que han metido con calzador a todos los servicios médicos de los campos de reclusión de Rusia. Por ejemplo, yo ahora mismo no estoy en una unidad médica de la Colonia Penal 2, sino en la Filial 2 de la Unidad Médica y Sanitaria.

La mujer que ha venido supera en rango a nuestro comandante. Es coronel. Con ella iba un hombre calvo con cargo de mayor, el director del hospital penitenciario de la infame Central de Vladímir.

De su visita no ha salido nada constructivo. Su única preocupación era defender su diagnóstico y proteger la profesión médica. Han dicho sin ambages (me ha sorprendido):

—¿Cómo vamos a permitir que un médico de Moscú venga aquí? Si redactara un informe con un diagnóstico, ¿cómo íbamos a discutir con él? ¿Cuál es nuestra postura y cuál es la suya?

Difícil encontrar una mayor muestra de cinismo.

La coronel era de trato agradable y sensato, pero el mayor parecía sacado directamente de un manual de estereotipos en el que apareciera la descripción de «un médico calvo, malvado, tonto y ladrón procedente de un hospital penitenciario en el que todo el mundo muere».

Era un mafioso repugnante y enseguida ha empezado a hablarme con condescendencia: «Usted ha estado diciendo todo tipo de cosas por internet», «Adelante, dígale lo que quiera a la Fundación Anticorrupción. A nadie más va a importarle», etc. No lo ha disuadido que hubiera cámaras grabando.

Me interrumpía constantemente, pero sobre todo era muy zoquete, y sacaba a colación ejemplos muy tontos que no aclaraban lo que quería decir.

Hemos tenido un acalorado intercambio de opiniones. He descubierto que no es fácil discutir con alguien el séptimo día de una huelga de hambre.

¡Maldita sea! ¿Por qué han tenido esa gran idea? Van a tomarme la temperatura también por las noches. Para ello, le han dado a un miembro del personal un dispositivo chino que, como todos esos aparatos baratos, no funciona. Mi termómetro de mercurio marca 38,2, mientras que su pistola marca 35, luego 37 y a continuación 34.

Eso parece querer decir que cuatro veces cada noche vendrá un tipo, me enfocará a los ojos con una luz y hará pitar su inútil dispositivo. Eso me despertará, cuando se suponía que yo estaba aquí para poder dormir mejor. Es lo que más necesita alguien que tiene fiebre. Ni de casualidad voy a dormir bien ahora.

7 DE ABRIL

Parecen haberse dado cuenta de que tanto tomar la temperatura era una estupidez y anoche me dejaron en paz.

Me la han tomado por la mañana, y era de 36,6.

A todo esto, aún no se me marca la tableta de chocolate. Ayer pesaba 80 kilos. Hoy, si todo sigue como hasta ahora, pensaré 79. Es probablemente lo que pesaba con catorce años. En internet siempre se dice que los abdominales se te empiezan a marcar visiblemente cuando tu porcentaje de grasa corporal está por debajo del 10 por ciento. El mío parece ir por el 3 por ciento, pero sigue sin haber ni rastro de ellos.

He leído solo dos libros en un mes. ¡Qué horror! Los he acabado los dos hoy: *Oliver Twist*, de Dickens, y *El héroe de las mil caras*, de Joseph Campbell. Hacía mucho que quería leer el primero; el segundo está ahora de moda y todo el mundo me lo había recomendado. El de Dickens me ha gustado mucho, pero el otro me ha parecido un rollo. Prefiero de todas todas la ficción. Cualquier cosa que lleve «un maestro de la psicología» en la cubierta me parece un aburrimiento. En mi opinión, es una tontería pretenciosa y traída por los pelos. *Oliver Twist* es mil veces mejor. Lo único malo del libro son los penosos esfuerzos de Dickens por reproducir la forma de hablar de los «bajos fondos» de Londres. No se le da nada bien.

9 DE ABRIL

Es el cumpleaños de Oleg. No puedo olvidarme de felicitarlo.

10 DE ABRIL

—Te envían de vuelta a tu unidad.

Y de repente vuelvo. Otra vez el colchón, las bolsas, otras pertenencias. Es toda una mudanza.

La unidad tiene una nueva y mejorada política de espionaje. O más bien una parodia de espionaje. Me han puesto a un par de fisgones para que me vigilen. Uno es un anciano asustado de Pskov (encerrado por aceptar sobornos) y el otro un tipo de Vladímir (por causar lesiones corporales graves estando bajo la influencia del alcohol). Su trabajo es someterme a una vigilancia implacable en una estancia rectangular de 200 metros cuadrados. Se ponen a hablar de pie junto a mi cama. Voy a la ventana del otro lado de la habitación. Se me acercan sigilosamente. Me doy la vuelta y vuelvo a donde estaba. Se lo piensan un poco, pero luego me siguen. Voy al baño. Veinte segundos después entran también a asearse. Decido que iré tres veces al baño a intervalos de un minuto. Me siguen todas las veces. A la tercera, me río y les digo:

—A ver, chicos, no sois muy buenos espías.

—Bueno, no es tan fácil —dice uno de ellos—. Nos piden que lo hagamos, nos obligan a hacerlo.

Él no le ve la gracia. De hecho, los dos están muy estresados y asustados. Alguien les ha metido el miedo en el cuerpo a base de bien.

11 DE ABRIL

Ayer estuve de muy buen humor, y sorprendido todo el día por lo lleno de energía que me notaba. Me encontraba muy bien. La de cosas que es posible hacer sin comida.

Hoy estoy molido. Hemos ido a las duchas. He tolerado a duras penas estar de pie bajo el agua caliente. No me sostenían las piernas. Es casi de noche y no tengo fuerzas. Lo único que quiero es tumbarme, y por primera vez me siento emocional y moralmente hundido.

19 DE ABRIL

Es de noche. Pronto apagarán las luces. No tengo fuerzas para escribir nada, aunque han pasado no pocas cosas. Este es mi segundo día en Vladímir. Hay un hospital aquí, en la Colonia Penal 3, un campo de prisioneros de régimen estricto. Es donde estoy. Los funcionarios del Servicio Penitenciario Federal están claramente preocupados por los resultados de mis pruebas.

Ha sido todo un viaje. Primero tuve que arrastrar mis cosas hasta el punto de encuentro y luego aguantar un insoportable registro de dos horas en las que inspeccionaron cada objeto. Acto seguido me llevaron de un lado para otro en un furgón policial durante dos horas y media. Otras dos horas de registro a continuación, más todo el proceso de admisión. Y llevo diecinueve días sin comer nada. Estaba vivo por tan poco que no me resistí a que me administraran glucosa intravenosa. Eso también fue todo un calvario. Tenía los brazos llenos de pinchazos. Estando tan escuálido, me sobresalen mucho las venas, pero les costó cuatro intentos conectarme al gotero. Eso no fue nada: hoy tres enfermeras distintas han hecho seis intentos y aun así no lo han conseguido.

¡Ah, la atención sanitaria penitenciaria!

Pero al menos me han localizado. Como ya es tradicional en esos cabrones, han estado muchísimo tiempo sin decirles nada a mis abogados, y tuvieron a Liptser esperando varias horas a la entrada. Lo dejaron entrar a las 17.55, y a las 18.00 en punto dijeron:

—Se acabó. Vamos a cerrar; se ha acabado la reunión.

Cachearme antes de la reunión llevó más rato que la propia reunión.

Pero al menos pudo darme unas cuantas noticias. Parece que me están apoyando muchas personas, incluidos nada menos que cinco premios nobel.*

* Alexéi se refiere a una petición con casi ochenta firmas de escritores, actores, artistas, historiadores y otras personalidades que se publicó en todo el mundo.

¡Y J. K. Rowling!

Todo el mundo es tan bueno.

La Fundación Anticorrupción está a punto de ser declarada «organización extremista». Nos tienen miedo.

---

20 DE ABRIL

Si me vierais ahora, os echaríais a reír. Un esqueleto se tambalea por la celda. En sus manos, una resolución judicial enrollada en un tubo de papel. El esqueleto aplasta desesperadamente los mosquitos de las paredes y el techo con ella. Esas criaturas zumbantes y mordedoras son capaces de acabar con una persona a más velocidad que cualquier huelga de hambre.

Ahora mismo creo que podrían utilizarme para asustar a los niños que no quieren comer.

—Mashenka, si no te comes los cereales, te parecerás al hombre de las orejas grandes, la piel tirante sobre el cráneo y los ojos hundidos.

—¡No, mamá, no! Me lo comeré todo y luego repetiré.

Aun así, la vida te da momentos maravillosos en los que es posible reírse y ser feliz.

Durante el fin de semana las cosas se pusieron bastante feas. Me enviaron al hospital penitenciario de otro campo para recibir tratamiento. Para ello fue necesario un registro que duró varias horas. Luego hubo el traslado, que básicamente consistió en que me sacudieran de un lado a otro en una caja de metal. A lo que siguió otro registro. Quítate los zapatos, agáchate, enseña los pies, abre la boca.

Te sientas en tu celda, sin saber dónde estás. Te concentras en la tarea más importante de un preso: ahuyentar

los pensamientos de soledad. Recuerdas lo principal, que es que para los villanos y los sinvergüenzas es muy importante conseguir que te sientas aislado.

Pero anoche mi abogado consiguió que lo dejaran verme, durante literalmente cinco minutos, y me habló de todo vuestro apoyo. Tanto en Rusia como en todo el mundo. Ese fue un momento maravilloso.

Cómo me reí cuando me leyó lo que han dicho varias eminencias médicas de que, con el nivel de potasio que había en mi muestra sanguínea, yo debería estar o en la UCI o en un ataúd. Oh, no, no podrán conmigo tan fácilmente. Tras el novichok, lo del potasio es pan comido.

Miles y miles de gracias. Hay muchas personas que, como yo, solo tienen un tazón de agua, y fe y esperanza en lo que creen, tanto en Rusia como en todo el mundo. En las cárceles y también en el mundo exterior. Para ellos también es importante sentir vuestro apoyo y vuestra solidaridad. Puede no parecer gran cosa o no parecer muy difícil. Pero no hay mejor arma contra la injusticia y la impunidad.

Eso es esencial para que vivamos y sobrevivamos. Por altos que sean nuestros niveles de potasio.

---

23 DE ABRIL

Como le dice la Reina Roja a Alicia en *A través del espejo*: «Aquí has de correr tanto como puedas para permanecer donde estás. ¡Y dos veces más rápido si quieres ir a otro sitio!».

Yo corrí, lo hice lo mejor que pude, me caí, me declaré en huelga de hambre y, aun así, sin vuestra ayuda, no hacía más que darme cabezazos.

Gracias al enorme apoyo de la gente de buena voluntad de toda Rusia y de todo el mundo, hemos hecho grandes progresos. Hace dos meses, cuando solicité tratamiento médico, se limitaron a sonreír, no me dieron ningún fármaco y no permitieron que se me enviara ninguno.

Gracias a vosotros, he sido examinado dos veces por un equipo de médicos civiles. Me hacen un chequeo y toman muestras y me dan los resultados y sus conclusiones.

Los médicos, en los que confío sin reservas, hicieron público ayer un comunicado diciendo que vosotros y yo hemos conseguido suficientes de mis reclamaciones como para poner fin a la huelga de hambre. Creo que lo que dicen de que los resultados demuestran que «en un plazo muy breve de tiempo no quedará nadie a quien tratar» merece también atención.

Otra razón, que quizá es aún más importante para mí, es que, como gesto de solidaridad, varias personas han decidido por su cuenta declararse en huelga de hambre, incluidas varias integrantes de las Madres de Beslan. Se me saltaron las lágrimas cuando lo leí. Ni conozco a esas personas y lo que están haciendo por mí.

Amigos míos, mi corazón está lleno de agradecimiento y de amor por todos vosotros, pero no quiero que nadie tenga que soportar ningún sufrimiento físico por mi culpa. No voy a renunciar a exigir que se me permita visitar al médico que necesito. He perdido la sensibilidad en partes de los brazos y las piernas, y quiero saber qué es lo que lo está provocando y cómo debería tratarse. Pero, teniendo en cuenta lo que se ha conseguido y las circunstancias, voy a poner fin a la huelga de hambre. Según los médicos, es algo que llevará los mismos veinticuatro días que hace que no como y, dicen, es aún más difícil. ¡Deseadme suerte!

Una vez más: todo esto os lo debo a vosotros. A vosotros, personas buenas y solidarias de todo el mundo. Gracias. No os fallaré.

---

24 DE ABRIL

Sigo perdiendo peso. Voy por los 73,4 kilos y tengo la tensión más baja que nunca. El plan para hoy son 120 calorías. Cuatro vasos de 30 gramos de una mezcla de nutrientes al día.

25 DE ABRIL

Estoy en 72,55 kilos. Todo un récord.

1 DE MAYO

En qué estado desastroso está todo aquí. Es difícil decidir qué es peor: si el desastre que es el Servicio Penitenciario Federal, su pobreza o la torpe incompetencia de su personal.

Bueno, por lo que a mí respecta, creo que lo peor es el caos y la incompetencia.

Han pasado nueve días desde el final de mi huelga de hambre. Peso 72,7 kilos. Estoy saliendo de esta a fuerza de comer pequeñas cantidades de gachas de avena cinco veces al día y también, porque me insistieron, tomo una bebida alemana llamada Nutricomp. Es muy nutritiva.

Además, de acuerdo con el plan, debería estar ingiriendo una sopa de verduras sencilla y sesenta gramos de zanahoria al día. Mi familia lleva una semana tratando de hacerme llegar un paquete con la comida que necesito. Pero, claro, esos imbéciles con botas se han negado a dejar entrar ningún tipo de comida o medicamentos. «Ya tenemos todo lo que necesitamos, gracias.» De sobra está decir que hemos descubierto que esos imbéciles mentirosos no tienen nada. En serio, llevo cinco días esperando un trozo de manzana. Y no tienen. Presenté una solicitud por escrito. «No tenemos ni una puta manzana.» ¿Sopa de verduras? «No tenemos verdura.» Hasta me trajeron una nota de la cocina con lo que sí tenían. Varios tipos de cereales, ternera, cerdo y chucrut. Eso es todo. Así que están diciendo que no tienen ni siquiera col fresca o zanahorias para elaborar algo parecido a una sopa de verduras.

De acuerdo, imbéciles, me recuperaré a base de gachas de avena, y las proteínas y las vitaminas las sacaré de ese Nutricomp en el que tanto insisten. De hecho, no está mal. Es muy rico en calorías y lleva mucha proteína.

Y está claro que aquí tienen un suministro ilimitado de Nutricomp. Se conserva veinticuatro horas, y los primeros días tomaba 90 gramos cada día. Tiraban casi la mitad de la botella y abrían una nueva.

Han pasado nueve días y ahora necesito tomar 530 calorías al día. Seis cucharadas de gachas de avena cinco veces al día es una cantidad un poco justa. He añadido alegremente el Nutricomp a mi plan en cantidades cada vez mayores. Pese a que se supone que estas son las personas que están ayudándome a salir de una huelga de hambre, aquí en realidad nadie sabe nada. No han investigado nada. Su idea de cómo se recupera uno de una estricta huelga de hambre de veinticuatro días es: «Aquí tienes un buen plato de caldo de cerdo». Joder, la gente aquí parece que, más que salir de una Facultad de Medicina, recibió el título de una mujer mayor de pueblo cuyo remedio para cualquier enfermedad es el caldo.

Al final me he hecho mi propio plan detallado para recuperarme de la huelga de hambre. Dado que estos tontos, que solo servirían para hacer también con ellos caldo de cerdo, son incapaces de recordarlo, o de anotarlo, o de comunicárselo al siguiente turno, cada noche pongo por escrito un puto horario de comidas, hora a hora, para el día siguiente. Cuántos mililitros de Nutricomp debería beber a las seis de la mañana y a las siete de la tarde. Cuántas cucharadas de gachas de avena (y de qué tipo) debería comer a qué hora.

Hoy, a las ocho de la mañana, han traído gachas de avena (las sobras de ayer) en lugar de Nutricomp. Ya empezaba a enfadarme, pero he dicho educadamente:

—Os hago un horario cada día. No hace falta inventarse nada. Solo hay que hacer lo que pone aquí.

A las diez no me han traído nada. Se les ha olvidado. Le he dicho al policía (porque hay un policía sentado a todas horas al otro lado de la puerta de mi celda):

—Diles que se les ha vuelto a olvidar.

Media hora después han vuelto a traer gachas de avena.

—¿Dónde está el Nutricomp?

—Se nos ha acabado.

—Joder, ¿cómo puede haberse acabado?

—No lo sé.

—¿Quién puede decírmelo?

—El médico, pero hoy es festivo. Volverá dentro de unos días.

No hay manera de saber nada. ¿Son idiotas o no son idiotas?

En este hospital no se trata a los pacientes. No exagero. Hay dos tipos en mi ala. Están enfermos de verdad. Uno de ellos tiene sida y lo está pasando muy mal. Como a mí, les toman la tensión y la temperatura y les dan una pastilla al día. Eso es todo, no reciben más medicación. El personal es incapaz de hacer otra cosa. No me extraña que las personas que reciben atención médica en las cárceles caigan como moscas.

A nadie le importa un bledo. Le toman la temperatura al paciente por la mañana, anotan que está a cero grados y pasan al siguiente.

2 DE MAYO

Pascua. La esperaba con ganas este año. La espero siempre con ganas, por supuesto, porque observo la Cuaresma, pero este año mi ayuno ha sido más especial que nunca (¡ja, ja, ja!) y la religión ha cobrado una importancia considerable en mi vida (¡ja, ja, ja!). En resumidas cuentas, soy muy feliz. Me encuentro especialmente bien desde que me he levantado, y está haciendo muy buen tiempo.

A mí no se me permite ir a la cantina, pero a mi compañero de celda, Román (diez años en la cárcel, y lo que le queda), sí. Nos han dado un pequeño *kulich* (pastel de Pascua) y un huevo duro a cada uno. A mí no me apetecía el pastel de Pascua —al fin y al cabo, he dejado el azúcar—, pero me ha parecido que debía comérmelo, solo por el simbolismo. He partido un trozo y lo he mezclado con agua caliente. ¡Estaba muyyyy dulce! He perdido el hábito de comer cosas tan dulces. El huevo, en cambio, estaba muy rico. He cogido la clara y la he desmenuzado sobre las gachas de mijo. ¡Gloria bendita!

Y ha pasado otra cosa hoy, una historia bíblica del Servicio Penitenciario Federal.

Llevo tiempo tras una manzana, como bien se sabe. Hace una semana que la pido. En realidad, no pido ni siquiera una manzana, sino una simple rodaja. Y resultó que la mujer de Román irrumpió en la cárcel para verlo. Sí, literalmente irrumpió. No sé ni cómo la dejaron pasar un Primero de Mayo, que es festivo para gran parte del personal de aquí. En fin, no solo lo localizó en el hospital, pese a esperar encontrarlo en el área principal de la prisión, sino que incluso consiguió entregarle un paquetito. ¡En el que había dos manzanas! Total, que Román me ha dado una esta mañana. Él ha sido testigo de mi batalla por la rodaja de manzana. La he puesto en mi mesita de noche. Pero esos cabrones imbéciles y malvados calzados con botas militares han visto por el circuito cerrado de televisión cómo me la daba. Le han llamado, le han echado una reprimenda y le han obligado a llevarse toda su comida a la cocina, que es el único lugar en el que podrá comérsela a partir de ahora. Ha tenido que llevarse también mi manzana, porque está prohibido darle tu comida a otro preso. Así que me he quedado sin mi manzana de Pascua (por tonto: tendría que haberme comido una rodaja para desayunar, pero decidí posponer ese placer hasta la comida) y he aprendido un poco más sobre lo repugnante, monstruoso y perverso que es el Servicio Penitenciario Federal.

4 DE MAYO

Empiezo una libreta nueva.

Me han llamado de repente para una reunión con mis abogados, aunque me parece recordar que dijeron que no permitirían entrar a nadie antes del 10 o el 11 de mayo. Por un lado, es fantástico que estén aquí. Por el otro, las reuniones con los abogados llevan casi tres horas, si se incluye el registro antes del encuentro y el registro tras él. Los días en los que no me reúno con los abogados tengo mucho tiempo libre y puedo relajarme.

Va a sonar raro decir esto de la cárcel, pero nunca tienes tiempo de hacerlo todo. O igual es solo cosa mía. Siempre me propongo hacer varias tareas el día siguiente, y muchas veces llega la noche y no he tenido tiempo de hacerlas todas.

Mientras estaba reunido, han trasladado de celda a Román. Es una pena que no tuviéramos ocasión de despedirnos. Era un buen tipo: un yonqui y un preso con diez años de experiencia entre rejas. Siempre es mejor compartir celda con alguien que sabe mucho sobre la cárcel que con novatos. Me contó un montón de cosas sobre el mundo de la drogadicción. Me encantaron. Es una pena que lo hayan trasladado. Entre dos siempre es más divertido.

Aunque lo ocurrido tiene una gran ventaja. ¡Al fin está apagado el televisor! Era insoportable. Mi compañero era un adicto a la televisión. Para mí, es la lacra de la cárcel. Román era un gran compañero de celda, pero miraba la dichosa caja tonta a todas horas. Noticias sobre Ucrania. Sucesos. Series. Hasta miraba series en Ren TV, que es lo peor.

¡Oh! Han traído a alguien interesante. Dmitri Turakov. Cincuenta y cuatro años. Ha sujetado una nota a la cama. La leo: «Artículo 158, punto 3. Robo con agravantes». Lo único que ha dicho hasta ahora es que esta es su quinta condena. (Lo han traído de la Colonia Penal 7, en Pakino, un campo de régimen estricto.) También que siempre lo encarcelan por lo mismo: robar antigüedades en inauguraciones de exposiciones. Es muy interesante. ¡Un auténtico ladrón de antigüedades! Está siempre enfadado. Maldice a todas horas. Le digo que yo estoy aquí por el artículo 159, fraude.

—Joder con los moscovitas. Estás aquí o por el 228, compra y posesión de droga, o por el 159. Es siempre lo mismo.

Ya me ha enseñado sus fotos: en una está con su mujer en el parque Zariadie; en otra en Múrom; en otra en Kazán.

Se lo ve muy respetable en las fotografías. Su mujer parece agradable y simpática. Si lo vieras fuera, jamás pensarías que ha estado cinco veces en prisión.

¡Ja, ja! Se ha puesto las gafas, ha leído mi nombre en el letrero y en el pecho del uniforme y cinco segundos más tarde ha preguntado:

—¿Eres tú de verdad? ¡No me lo creo!

Es un momento que nunca deja de divertirme.

13 DE MAYO

He empezado a ganar peso, como un animal de engorde. Solo que todo me va a parar a la barriga. Literalmente. Sigo teniendo las piernas raquíticas y los brazos como palos. La barriga parece crecer visiblemente día a día.

Cuanto más como, más hambre tengo. Estoy haciendo muchos ejercicios cada día. Voy alternando: día uno, cincuenta dominadas; día dos, sesenta ejercicios en la barra horizontal; día tres, cien sentadillas. Y vuelta a empezar. También hago tabata a diario. Y he empezado a hacer medios burpis. Aun así, no estoy ganando masa muscular ni en los brazos ni en las piernas. Los últimos dos días la situación se ha estabilizado: no he ganado peso, sino que lo he perdido. Pero el día que me suelten tengo previsto no pesar más de 79,5 kilos.

De hecho no, voy a abandonar mi plan de mantenerme por debajo de los 80 kilos. Hace dos días pesaba 79,7 (ahora peso 77,8) y sigue pareciendo que estoy en las últimas y esquelético. Probablemente todo lo que quede por debajo de 83 kilos va a parecer un exceso de delgadez.

16 DE MAYO

Por un lado, llevar a cabo una huelga de hambre y salir de ella es una lección de perseverancia, ascetismo y fuerza de voluntad. Pero, por otro lado, hace que te obsesiones con la comida. Piensas en ella y hablas de ella a todas horas. Planificas lo que vas a comer a continuación. Incluso sueñas con ella. He estado esperando a que llegara este día y he tenido sueños vívidos sobre café y pan blanco y mantequilla. He estado al menos cuarenta y seis días sin tomar café. Pan y mantequilla ni lo sé. Seguro seguro, dos meses. Puede que más.

Por suerte, mi compañero de celda tenía un poco de mantequilla, así que pude ejecutar mi plan. También tenía café de verdad, así que me preparé despacio una taza. Trajeron gachas de avena y pan blanco para acompañarlo. Corté una rebanada de pan de un extremo, le unté mantequilla, le di un bocado y lo bajé con el café. Ocurre a menudo que momentos como ese te decepcionan: al soñar y al planear, todo siempre es mejor y está más rico. No en este caso. Todo estaba tan bueno como lo había imaginado.

He estado pensando sobre la huelga de hambre y creo que lo hice todo como debía. Desde el punto de vista de la visión de conjunto, hice bien en declararme en huelga de hambre. De no haberlo hecho, habría muerto aquí sin tratamiento médico. Los obligué a tratarme. También rompí el molde de lo que supone estar preso aquí. Conseguí imponer mis objetivos.

Desde el punto de vista moral, no fue nada fácil. La presión de «las cabras» fue inesperadamente agresiva. Desde el punto de vista de la determinación, la fuerza de voluntad y la resistencia —que era lo que más me preocupaba—, salió todo muy bien. Un 146 por ciento. Descubrí una reserva de fuerza de voluntad en mí mismo y pude aguantarlo todo sin dificultades. Cuando me hago la pregunta de si podría haber llevado la huelga de hambre hasta la muerte, ahora tengo la respuesta. Sí, podría.

Desde un punto de vista meramente físico, es duro. Muy duro. A partir del día 18 apenas estás vivo. Los días 22 y 23 sientes que es ya una batalla entre la vida y la muerte. Notas un cambio en tu actitud. A quienes se estén matando de hambre de ese modo, todos mis respetos.

Aun así, pude ver enseguida que la mayoría de las huelgas de hambre no son huelgas de verdad. Tampoco lo es ayunar con inyecciones de glucosa. A mí me las dieron aquí, pero el día 22, y solo para mantenerme con vida y que pudiera moverme. Pero que te inyecten glucosa y vitaminas entre los días 5 y 10 no es exactamente un engaño —al fin y al cabo, están absteniéndose de ingerir comida, y eso no es fácil—, pero sí es una estratagema.

Ha sido una experiencia valiosa, y una forma de combate poderosa y peligrosa. No debe utilizarse a menos que sea absolutamente necesario, y a menos que estés seguro de tu propia fortaleza y de que tu causa es justa.

25 DE MAYO

En la cárcel algunos encuentran el camino hacia la rectitud, pero yo parezco estar yendo de mal en peor. Con cada día que pasa me convierto más y más en un criminal reincidente.

Ayer por la mañana vino un guardia y me llevó a una sala en la que había ¡un samovar! No es broma. Y tazas. Había también un investigador de Causas Especialmente Graves del Departamento Principal de Investigación del Comité de Investigación.

Me informó de que se están investigando tres nuevas Causas Especialmente Graves. Se están ocupando de ellas, al más alto nivel, veintiún investigadores. Y el delincuente principal de esas tres causas penales no es otro que yo.

Según los investigadores, me he apropiado de todas las donaciones que habéis enviado a la Fundación Anticorrupción. La instrucción ocupa tres hojas de papel. No hay pruebas. Solo pone «malversación». ¿Qué pruebas hacen falta? ¿No habéis visto quién es? Con eso basta para interponer cualquier demanda contra él.

Se presenta también un cargo contra mí bajo el muy exótico artículo 239: «Creación de una organización no gubernamental que perjudica a una persona y vulnera los derechos de los ciudadanos». Los investigadores me acusan de «incitar a los ciudadanos a no llevar a cabo sus deberes cívicos». Esta instrucción también ocupa tres hojas de papel y las pruebas que la avalan es que saqué a la luz el documental El palacio de Putin *sin autorización. Ja, ja, ja.*

Mi tercer delito, que está siendo investigado por la máxima autoridad investigadora, es haber menospreciado a la juez Akimova. Se refiere a la mujer triste que presidió el caso inventado en el que se me acusó de «insultar a un veterano de guerra» y que tanto desconcertó a los abogados de toda Rusia. No se especifica de qué forma exactamente se sintió ofendida. En este caso también la cuestión es, sencillamente, que Navalni la insultó, y he aquí un nuevo cargo penal al que debe hacer frente.

Así que no os imaginéis ni por un momento que estoy aquí en una celda de la cárcel bebiendo té y holgazaneando.

Mi todopoderoso sindicato del crimen está en plena expansión. Cometo cada vez más delitos. Cada vez hay más investigadores ocupándose de mí, en lugar de lidiar con asuntos tan triviales como asesinatos, atracos y secuestros. ¡Y nosotros que pensábamos que para eso era para lo que necesitábamos un Departamento Principal de Investigación con todos sus investigadores de Causas Especialmente Graves!

Así que esa es la situación: soy el cerebro y el que mueve los hilos del hampa: el profesor Navariarty.

---

9 DE JUNIO

Cuando la corrupción es la base misma de un régimen, quienes la combaten son extremistas.

Esta noche, un tribunal de Moscú ha declarado la Fundación Anticorrupción y mi red de «sedes regionales» organizaciones extremistas.

No me pondré a discutir los aspectos legales de esa entidad absurda conocida en Rusia como «poder judicial». Baste con decir que todos los materiales de este caso han sido declarados «secreto de Estado». El «juicio» se ha celebrado a puerta cerrada y se me ha prohibido participar en él, pese a que lo exigimos. Ni siquiera se me invitó a modo de observador. ¿Por qué involucrar a Navalni? Al fin y al cabo, lo que están investigando no es más que la Fundación Anticorrupción fundada por Navalni. Los cargos mencionan las «sedes regionales de Navalni», de modo que, ¿qué tendrá él que ver con todo eso, y por qué habría que darle voz en este proceso judicial?

Es simbólico que el representante de Putin en el juicio fuera el fiscal de Moscú, Denis Popov. Él fue el responsable de esta iniciativa y quien, como representante del Estado, presentó los cargos por lo que nos proclamaron oficialmente extremistas.

Popov roba, acepta sobornos, atraca a los ciudadanos rusos. Invierte dinero en casas y hoteles en España y Montenegro, país este último al que ha trasladado a su familia. Y va por ahí con su uniforme azul y protege el derecho de Putin y de sus dirigentes de vivir como lo hacen. Robando a Rusia y a sus ciudadanos para que ellos puedan vivir una vida de lujo.

¿A quién le importa cómo nos llamemos? Seamos la Fundación Anticorrupción u otra cosa, tengamos sedes regionales u otra cosa, no somos un nombre, no somos un trozo de papel y no somos una oficina.

Somos un grupo de personas que aglutinamos y organizamos a esos ciudadanos que están en contra de la corrupción, que están a favor de la justicia en los tribunales y la igualdad de todos ante la ley. Hay millones de personas así. Vosotros sois ese tipo de personas. Mientras vosotros estéis ahí, nosotros no iremos a ninguna parte.

Lo replantearemos todo. Veremos qué pasa. Cambiaremos, evolucionaremos, nos adaptaremos. Pero no renunciaremos a nuestras aspiraciones e ideas. Este es nuestro país, y no tenemos otro.

Quedaos, por favor, con nosotros. Seguidnos y apoyadnos. Vamos a necesitar vuestro apoyo.

Y, ya que estamos, registraos para votar y participad en el «voto inteligente» en las elecciones a la Duma estatal de este otoño. Estoy seguro de que todas estas prisas tienen que ver con el hecho de que las autoridades le tienen miedo al voto inteligente.

---

24 DE JULIO

Odio el cristal.

Porque durante seis meses solo te he visto a través del cristal. En el tribunal, a través del cristal. Durante las visitas, a través del cristal. A veces te vislumbro en la televisión, también tras un cristal.

Y, por supuesto, durante las visitas hacemos eso tan clásico que todo el mundo ha visto hacer en las películas (y ojalá que para vosotros siga siendo siempre algo que solo veáis en las películas), en que las dos personas apoyan la mano en su lado del cristal y se dicen algo tierno por teléfono. Es bonito, pero sigue siendo solo cristal lo que tocamos.

Y otro hecho asombroso: las comedias ahora son menos divertidas. ¿Te pasa a ti también que te ríes con algo divertido y durante un segundo cruzas la mirada con la persona a la que quieres, riéndose junto a ti? Esa fracción de segundo contiene todo un diálogo:

—¿A que es divertido?

—Sí, mucho.

—Me encanta mirarte cuando te ríes.

—Lo sé.

Reírse juntos hace los momentos divertidos un 25 por ciento más divertidos. A veces, incluso un 30 por ciento.

Yulia, cariño, ¡feliz cumpleaños! Te adoro, te echo de

menos. Cuídate y no te desanimes (aunque eso no hace falta que te lo diga).

En cuanto al cristal, más pronto o más tarde lo derretiremos con el calor de nuestras manos. Y las comedias volverán a ser divertidas. Te quiero.

---

5 DE AGOSTO

Una adivinanza: se enciende un altavoz y por todo el campo se oye: «¡Atención! Se ha dado la orden de levantarse. Todas las unidades deben apagar la iluminación nocturna y dar inicio a los preparativos para las actividades en grupo de esta mañana». Suena el himno nacional y empiezan los ejercicios deportivos. Entretanto, dos personas se despiertan, se miran la una a la otra y dicen: «Ni hablar». Vuelven a dormirse. ¿Qué está pasando?

La respuesta: Yulia ha estado aquí para la visita larga.

Han sido tres días maravillosos. Disfrutad de los pequeños momentos de la vida, amigos míos. Son muy muy buenos, como os daréis cuenta cuando los perdáis. Por ejemplo, es probable que tus padres lleven meses pidiéndote que vayas a verlos, pero a ti no te apetece. Sabes que te harán comer hasta reventar y te harán todo tipo de preguntas sobre tu vida. Y, además, no te sobra el tiempo. Aun así, hazlo.

Le pedí absolutamente a todo el mundo que viniera a la visita. Vinieron, y durante unas cuantas horas recreamos la hora de la comida en la dacha. Pero solo Yulia se ha quedado los tres días enteros. Ayer me quedé mirando, feliz a más no poder, una olla de sopa de acedera (que en nuestra familia tiene categoría de sacramento) y una sartén llena de patatas.

O cuando, de improviso, a las dos de la madrugada, os decís el uno al otro las palabras más románticas que existen: «¿Quieres comer algo?». Y vais a la cocina y coméis y habláis. Es tan fantásticamente maravilloso.

O beber café, ver vídeos en televisión y hablar perezosamente de los últimos cotilleos de los famosos. Podría no parecer una actividad demasiado interesante, pero lo es cuando el resto de días, a esa misma hora, te ves sometido a una sesión de «educación patriótica» obligatoria. Por no mencionar el hecho de que por primera vez en muchos meses puedes hablar con tu familia sin barrotes ni cristales que os separen. Puedes abrazar a tu mujer, a tus hijos, a tus padres y a tu hermano. Cuando puedes hacer todo lo que quieres, eso no parece nada especial. Pero trata de llevar a cabo un experimento mental: imagina que eso es algo que te arrebatan, y sentirás la necesidad de abrazar a todo el mundo.

De verdad que no pensaba escribir una publicación banal y estúpida animando a todo el mundo a llamar por teléfono a sus padres. Pero, bueno, sí, hazlo. Y preséntate en esa comida familiar. Y levántate y picotea algo con tu mujer o tu marido a las dos de la madrugada. Y abraza a todo el mundo siempre que puedas.

---

30 DE SEPTIEMBRE

A veces tus abogados vienen y tú les preguntas:

—¿Qué tal todo fuera?

—Oh, todo bien —dicen—. Sin novedades.

Pero luego, tras una pausa, añaden:

—Bueno, sí, se ha abierto una nueva causa contra ti. Por formación de una comunidad extremista. Podrían caerte hasta diez años.

Al parecer, durante los últimos siete años he estado «desestabilizando la situación en las regiones y fomentando la actividad terrorista».

Vale. Eso hace que ahora sean cuatro los casos abiertos contra mí. En dos de ellos me enfrento a diez años. En el tercero, a hasta tres años. En el cuarto, a hasta seis meses de detención.

Si lo suman todo y ninguna de las sentencias es de cumplimiento simultáneo, nos enfrentamos a veintitrés años. Es posible que salgan con alguna otra cosa, claro, pero el máximo total permitido para todas las sentencias contra un solo individuo es de treinta años.

Así que no os preocupéis, que me soltarán no más tarde de la primavera de 2051.

---

11 DE OCTUBRE

Mi franja roja ha pasado a ser verde.

—Se requiere tu presencia en una reunión de la comisión.

La comisión era la más grande que yo había visto nunca. Parecía más bien un banquete de bodas. Una mesa en forma de T y montones de personas. Solo que, en el lugar donde deberían haber estado el novio y la novia, se sentaba el director de la cárcel, bajo los retratos de los líderes. Qué raro, pensé. ¿Para qué tanta ceremonia? Hay demasiados participantes para que esto sea la clásica reprimenda. ¿Van a condenarme a muerte por fusilamiento?

Funcionario:

—El interno Navalni llegó aquí el 11 de marzo y se lo incluyó en el registro de vigilancia intensiva por riesgo de

fuga. El detective Fulanito ha presentado un informe y propone que deje de estar en ese registro.

¡Oh! No daba crédito a lo que oía.

La comisión votó unánimemente a favor.

Mi alegría era tan palpable que el director tuvo que pedirme que me calmara y hablara solo cuando se me diera permiso para hacerlo.

—Espere. No hemos acabado aún —añadió.

«Vale...»

Funcionario:

—El detective Fulanito ha presentado un informe en el que afirma que el interno Navalni profesa una ideología extremista y terrorista. Se propone que se lo incluya en el registro de vigilancia intensiva por extremista y terrorista.

La comisión votó unánimemente a favor.

Así que descosí las etiquetas con la franja roja de la parte frontal de toda mi ropa y cosí etiquetas nuevas con una franja verde. Y me uní a la infinidad de musulmanes (la franja «extremista» se inventó para ellos; el 70 por ciento de los «extremistas» de la cárcel son musulmanes), nacionalistas y aficionados al fútbol.

Es una buena noticia, en realidad. «Extremista» y «terrorista» son registros menos onerosos que los de «riesgo de fuga». Conté que había repetido la frase «Alexéi Anatólievich Navalni, nacido en 1976, está detenido ilegalmente en la Colonia Penal 2, unidad número 2» a una cámara corporal un total de 1.669 veces. (Comprueban cada dos horas, durante las horas diurnas, que no te has escapado. Estoy harto y cansado de todo eso.)

Pero el extremismo es una maravilla. Nadie te controla. Me preocupaba que fueran a insistir en que besara retratos de Putin y aprendiera a citar a Medvédev de memoria, pero eso tampoco tengo que hacerlo.

Lo único que ha cambiado es que ahora hay un letrero sobre mi litera que dice que soy un terrorista.

---

21 DE OCTUBRE

Ayer tuvimos la primera nevada del año, y decidí que era una señal de que debía empezar a escribir de nuevo. Hace tiempo que estamos preparados a conciencia para la nieve: nos dieron las chaquetas acolchadas reglamentarias, los gorros de piel y las botas de invierno hace ya unas cuantas semanas. Desde entonces hemos estado chapoteando en los charcos con nuestras botas, y los gorros de piel, mojados por la lluvia, producen una sensación desagradable. Así que cuando nos pusimos en fila para salir de la cantina después de la cena, una serie de personas comentaron «Oh, es la primera nevada» e intentaron atrapar con las manos el fino polvo blanco, casi invisible, que flotaba.

Eso me hizo pensar en el libro. Pienso mucho en él, en realidad, y busco señales y razones adicionales para ponerme de nuevo a escribirlo. También busco excusas para posponerlo una semana más, y luego otra, cuando de hecho es algo que de verdad debería hacer.

Hay buenas razones para ello.

En primer lugar, porque me apetece mucho escribirlo. Fue idea mía, y siento que tengo algo que decir.

En segundo lugar, mis agentes, de la forma más amable y considerada, solidarizándose sinceramente con mi situación, conscientes de mis circunstancias, me lo recuerdan cada vez con más frecuencia.

Mis agentes, Kathy y Susanna, son las mejores. Yo siempre había querido escribir un buen libro y esperaba tener agentes como ellas, personas a las que poder pedir consejo y con las que tener una relación de amistad y hablar. Y decirle a todo el mundo: «Bueno, mi agente literaria...».

También recuerdo (con total claridad) que mis agentes me pusieron en contacto con editores que también son los mejores, tal y como imaginaba que serían los más maravillosos editores, pero todos ellos decían cosas como: «Alexéi, has anunciado que volverás a Rusia. Admiramos tu valentía, claro, pero puede pasar cualquier cosa en ese país tuyo, y entonces, ¿qué pasará con el libro? ¿Cómo podrás escribirlo?».

«Entiendo —contestaba yo, en tono de broma— que decís "valentía" por educación, pero que estáis pensando "estupidez". Aunque, en realidad, si me meten en la cárcel eso será bueno para vosotros, porque entonces tendré tiempo a mansalva para escribir.» Y nos reíamos.

Yo estaba equivocado, terriblemente, catastróficamente equivocado. En una colonia roja como la mía te mantienen ocupado a todas horas. No hay tiempo para leer, y menos para escribir. Aquí no eres en absoluto el sabio cautivo sentado junto a una pila de libros; eres el zoquete con un gorro de pelo mojado al que siempre están llevando de un lado a otro.

Aunque, sean cuales sean las circunstancias, un acuerdo es un acuerdo y este libro es algo que yo mismo necesito.

Las razones tres y cuatro para escribir este libro quizá suenen exageradamente dramáticas, y si todo acaba mal aquí es donde mis lectores más sensibles quizá derramen alguna lágrima. (Oh, Dios mío, lo vio venir; ¡cómo debió sentirse!) Por otro lado, si todo sale bien, esta podría ser la parte más penosa. Podríamos arreglarlo un poco al revisar el texto o sencillamente omitirlo, pero me he prometido a mí mismo que este será un libro muy sincero.

La tercera razón, por lo tanto, es que, si finalmente se deshacen de mí, este libro será una forma de recordarme.

La cuarta razón es que si, reitero, se deshacen de mí, mi familia recibirá el anticipo y las regalías que espero que haya. Digámoslo a las claras: si un turbio intento de asesinato con un arma química, seguido de una trágica muerte en la cárcel no hace que un libro se venda, cuesta imaginar qué lo hará. Un malvado presidente ha asesinado al autor: ¿qué más puede pedir el departamento de marketing?

La cuestión es que no estoy llegando a ninguna parte por los siguientes motivos:

a) No tengo tiempo. Es un problema real, aunque tengo que admitir que también es una excusa. No hay razón por la que cualquier persona no pueda escribir media página al día.
b) Todo lo que escribo y guardo, o llevo conmigo cuando me reúno con mi abogado, o me traigo de vuelta después, mis captores lo leen y lo fotografían cuidadosamente.
c) Es estúpido, pero todo lo que escribo lo confiscan. Escribí un capítulo en Matrosskaia Tishina sobre la montaña rusa de emociones que supuso volar de vuelta a Rusia, el juicio y el encarcelamiento. Tuve que organizar toda una operación clandestina para embaucar a los guardias en la que hubo que sustituir cuadernos idénticos traídos especialmente para ello. Tras aquello tuve comparecencias ante el tribunal en las que pude entregar físicamente objetos, aunque aun así tuvieron que pasar por las manos de los guardias. Pero desde marzo no he podido ver a nadie del mundo exterior más que a través del cristal y no tengo ningún tipo de derecho a la propiedad. Me

> arrebataron un segundo capítulo, escrito en el hospital de la cárcel, con la explicación: «Esto habrá que inspeccionarlo». Nunca me lo devolvieron. Durante tres meses me engatusaron diciendo «La semana que viene. El lugar en el que lo guardan no está abierto ahora mismo». Cuando al final me enfadé de verdad y les dije que los llevaría a juicio, admitieron abiertamente: «No podemos devolvértelo porque no sabemos dónde está». Estaba claro que el FSB lo había incautado.

Sobra decir que todo eso ha hecho mella en mi motivación. En otra época me habría encogido de hombros y habría pensado: «O sea que me lo han birlado. ¿Y qué? Te sientas y vuelves a escribirlo». Pero escribir, para mí —no puedo hablar por los demás—, no funciona así. Aprovechas un momento de inspiración, de impulso, de emoción, y el trabajo despega. Escribes rápido porque las palabras salen solas, y salen muy bien. Si lo reescribes luego, el resultado no es el mismo.

La principal causa de mi bloqueo de escritor, de todas formas, es que no sé qué tipo de libro me va a salir. Empecé con el envenenamiento para tener un principio interesante, y luego pasé a mi autobiografía. Hay un batiburrillo de elementos, una narrativa tradicional seguida de un diario de prisión. Me gustaría de verdad que mi libro no fuera otro diario de prisión. A mí me gusta leerlos, pero como género creo que ya está lo bastante explotado.

Por no decir nada del hecho de que la identificación que llevo en el pecho, con mi nombre, mi foto y una rotunda línea oblicua que me identifica como «extremista», socava a todas luces el enfoque de: «Y ahora, lectores, voy a contaros cómo he llegado a ser el hombre que soy ahora».

Pero ayer, con esa primera nevada, mientras caminaba trabajosamente sobre el asfalto con mis botas de invierno, pensé: «Qué narices. Escribiré sobre cómo son las cosas aquí, como yo quiera y en el orden en que salga». Al fin y al cabo, hay muchos libros en los que el argumento va del final al principio, o de la mitad hacia delante, o que avanza en zigzag de aquí para allá sin razón aparente.

Veamos todo esto como un ejercicio de periodismo gonzo. Aunque me atrevo a afirmar que he superado a Hunter S. Thompson en ese ámbito, incluso con su descapotable, sus «setenta y cinco pastillas de mescalina [...], un salero medio lleno de cocaína» y quién sabe qué más (no lo recuerdo con exactitud). Pero me encantan ese libro y la película.

¿Y qué, entonces? Tengo un gorro de pelo, una chaqueta gruesa para salir fuera, botas, una cárcel, guardias y sus «activistas», pastores alemanes que ladran y todo lo demás. Y frente a Thompson, que a veces está claro que adorna la realidad, todo lo que yo escriba será cien por cien auténtico y real.

Y me acaban de conceder el premio Sájarov, el galardón de derechos humanos más importante que existe. (Me llamó la atención que en muchas fotografías Sájarov llevara exactamente el mismo tipo de gorro que tengo yo ahora. Tiene que ser otra señal.)

Y si he sido capaz de ver la nieve en octubre como una señal (cuando está claro que la nieve en octubre solo demuestra que esto es Rusia, corazón; aquí hace frío), entonces la fecha de hoy es una señal indiscutible.

Recuerdo con total claridad la fecha en la que empecé mi diario de prisión en Matrosskaia Tishina, poco más que unas notas para mí mismo: 21.01.21. Lo empecé entonces porque me pareció una lástima desaprovechar una fecha así.

Y hoy es 21.10.21. Muy simbólico, ¿no?

Que quede claro: no estoy obsesionado con las señales y los símbolos; ni siquiera soy especialmente supersticioso. De acuerdo, no me gusta entregarle algo a alguien a través de una puerta, y no me gusta que Yulia y yo pasemos junto a un poste por lados distintos cuando salimos de paseo. Me santiguo cuando paso por delante de una iglesia, lo que para los «verdaderos cristianos» es una superstición evidente. En realidad, lo hago más bien para reafirmar en mí una sensación de fortaleza cristiana, porque a todo el mundo le divierte que lo haga. He decidido que se trata de mi propia versión simplificada de sufrir por la fe, de un instante de sufrimiento por ser creyente. Por suerte no implica ser desmembrado, apedreado hasta la muerte ni arrojado a los leones.

Racionalizo mi reciente propensión a buscar señales a que llevo muchos meses por mi cuenta en un entorno hostil. Nadie tiene permiso para hablar conmigo, más allá de aquellos a los que se ha ordenado husmear en mi estado anímico y en mis planes. No tengo a nadie a quien dirigirme para pedir consejo o con quien tener sin más una charla agradable. En todo este tiempo ha habido solo una ocasión, cuando Yulia vino para la visita larga y pudimos salir al pasillo y hablar susurrándonos al oído sin que nos oyeran los micrófonos de las cámaras instaladas a intervalos de tres metros. De manera que así es como la mente busca que algo apoye sus decisiones e intenta corroborarlas buscando coincidencias o algo fuera de lo habitual que pueda considerar una señal. Es, en cualquier caso, muy alentador recibir una señal, y esa es también evidentemente una reacción psicológica natural al estrés de vivir en un entorno hostil.

Como estoy escribiendo tanto sobre esto, deja que mencione las dos señales que hasta ahora más me han impactado.

La primera es que aquí estoy estudiando el Sermón de la montaña, porque durante más de un mes, lo creas o no, el único libro al que tuve acceso fue a la Biblia. El Sermón de la montaña es una maravilla, y decidí que, si iba a verme a todas horas del día de pie en una fila de cara a una pared o una valla, bien podía aprendérmelo de memoria. Mientras estaba allí plantado podría ir repitiéndomelo para mis adentros. Son solo 111 versículos, pero el lenguaje es arcaico y supone un considerable esfuerzo memorizarlo con precisión, decir todos esos «bienaventurados» y «pero yo os digo» en el orden correcto. Para complicar más las cosas, decidí que me tomaría mi tiempo y lo memorizaría gradualmente en ruso, inglés, francés y latín. Tras una elaborada operación encubierta que se prolongó a lo largo de dos meses, conseguí (en la jerga de la cárcel, «me agencié») 111 tarjetas que mi secretaria de prensa, Kira, me hizo a petición mía. Cada una tiene a un lado el número de versículo y al otro el texto en cuatro idiomas. Por ejemplo, 7:20 y «Así que por sus frutos los conoceréis», etc.

Hoy, por ejemplo, tengo las últimas cinco tarjetas en el bolsillo y con el tiempo seré capaz, solo a partir del número de un versículo, de recitar al momento el texto en ruso y en inglés. Es un aprendizaje lento, y ya me han confiscado las tarjetas «para su inspección» durante más de un mes, seguramente en busca de indicios de contenido extremista. Durante esa interrupción lo olvidé todo y tuve que empezar de nuevo desde el principio.

Así estábamos. Era abril, los primeros días de mi huelga de hambre. Yo no estaba físicamente en buena forma, y por si fuera poco se dio la orden de intimidarme para que abandonara la huelga. Los presos de mi unidad tenían prohibido hablar conmigo y la única conversación disponible era la que me proporcionaban los «activistas» de guardia. Nuestra conversación consistía en que ellos me gritaban insultos y amenazas, y yo les contestaba también a gritos. Aquí los muchos discursos que había pronunciado en las concentraciones me fueron de mucha ayuda: podía chillar sin dificultades durante cuarenta minutos seguidos.

Leer la Biblia era el único pasatiempo disponible, y memorizar el Sermón de la montaña mi único entretenimiento. Era bastante deprimente. Se invitó a los miembros de nuestra unidad que quisieran asistir a misa a que levantaran la mano. Yo lo hice. Los «activistas» que me seguían de cerca, literalmente a un palmo de distancia (hablaré de eso luego; es una forma muy eficaz de ejercer presión psicológica), se apresuraron a levantar también la mano, poseídos de repente de la urgente necesidad de ir a la iglesia. En la iglesia uno está muy cerca de los demás, en cualquier caso, así que me da lo mismo.

Dos presos celebraban el servicio y también mantenían el lugar ordenado y estaban, de hecho, contratados por la iglesia. El mayor de los dos era tan engreído que resultaba hasta arrogante, lo que no es inusual en los servidores eclesiásticos. El segundo era joven y agradable, pero tenía algo en la cara que te llevaba a pensar que debía de haber asesinado a alguien y ahora buscaba la absolución del pecado. Les hice unas cuantas preguntas, por pura educación, y me contestaron de forma muy escueta. Estaba claro que a ellos también les habían informado de la prohibición de hablar conmigo. En fin, así es la vida.

El servicio empezó con la congregación carcelaria de pie en calcetines, mientras que los presos-sacerdotes llevaban zapatillas y sobrepellices. Junto a ellos había un policía con una cámara corporal que lo grababa todo. No conseguí conectar con el servicio, y menos aún fui capaz de rezar para mis adentros, distraído como estaba por pensamientos sombríos acerca de cómo solucionar las cosas y por lo cómico de la situación ante mí: los presos en calcetines, la cámara corporal y, para rematarlo, mis sombras, que a cada «Señor, ten piedad de nosotros» (y hubo unos cuantos) se santiguaban y se inclinaban con tanto celo que cualquiera habría dicho que el recuento de la mañana del día siguiente iba a ser sustituido por el Juicio Final.

Pero entonces llegó un momento en el que el preso-sacerdote más mayor dijo:

—Hermanos, leamos las Sagradas Escrituras.

El más joven cogió el tomo que descansaba a su lado, con multitud de páginas señaladas, lo abrió por una de ellas y empezó, con la monotonía habitual en las iglesias, a recitar:

—Capítulo 5: «Viendo la multitud, subió al monte, y sentándose, vinieron a él sus discípulos».

¡Dios mío! Casi me desmayo, y solo con muchas dificultades conseguí que mis lágrimas no se convirtieran en un torrente. Abandoné la iglesia mareado y levitando. Y ya no tenía hambre.

Desde luego, para ser sensatos, no fue tan milagroso. Guau, jamás lo creerías, han leído el Sermón de la montaña en una iglesia cristiana. ¡Eso no pasa cada día! Y aun así... ¿no es sorprendente? El momento oportuno y el lugar oportuno. Vale, es verdad que tal vez mi cerebro estuviera buscando frenéticamente algo que me animara, imaginando una señal. ¡Pero funcionó!

La segunda señal milagrosa también está relacionada con la religión, y siento que llegados a este punto probablemente deba subrayar de nuevo lo que he dicho de que no soy supersticioso y añadir que tampoco he sido víctima de una manía religiosa.

Yo estaba ya en el día 18 o 19 de mi huelga de hambre. Caminaba, o tal vez sería mejor decir que arrastraba los pies, por el pasillo, un tramo recto y largo de los barracones —un dormitorio penitenciario para cuarenta internos— forrado de literas metálicas. No tenía ningunas ganas de dar un paseo, pero un médico que conocía, uno de nuestros simpatizantes, que había contactado conmigo por Instagram y se había ofrecido a enseñarme a hacer *wakeboard*, tenía, por una afortunada coincidencia, su propia clínica de ayuno terapéutico. Escribió para decir que debería obligarme a moverme. Así que, mañana y tarde, yo llevaba a cabo algo parecido a ejercicios de entrenamiento, sin prestar atención a los «activistas», que ejercían solo su particular tipo de humor. Seguíamos gritándonos e insultándonos unos a otros como parte de la rutina diaria, pero yo ya no tenía tantas fuerzas como antes e intentaba ahorrar energías.

Pasé junto a las literas con sus taburetes de metal adyacentes. Debe de ser el tipo de mobiliario más incómodo del mundo, pero no hay alternativa. Si quieres leer, o simplemente sentarte, debes hacerlo en un taburete. Está terminantemente prohibido sentarse en la cama.

Sentado en su taburete estaba Valeri Nikitin, el preso que más curiosidad despierta en mí. O despertaba. Ahora no soy capaz de centrar en él mi atención de la manera en que lo hacía antes, con todo lo que está pasando, pero el hombre es sin duda enigmático. Tiene cincuenta y cuatro años. Aquí todo el mundo sabe exactamente la edad que tiene cada uno, porque en tu litera se exhibe una notificación del artículo legal por el cual te han condenado, durante cuánto tiempo y el año de tu nacimiento. Si eres objeto de vigilancia preventiva, como yo, la notificación lleva además una franja de color inclinada.

Nikitin sufre de manía religiosa. A veces reza durante días, y es muy obediente. No significa que vaya hacer todo lo que le ordenen sin quejarse: esta es, como he dicho, una colonia penal roja, pero incluso aquí hay unos límites claros sobre lo que se le puede exigir a un interno y lo que no. La cuestión es que Nikitin no solo no se indigna —nadie aquí lo hace—, sino que tolera con total calma y ecuanimidad todas las instrucciones, por estúpidas o absurdas que sean. ¿Que te están obligando a ver por quinta vez la misma película, pese a que esta es la única hora del día en la que se te permite ir a la «habitación para el consumo de comida» a disfrutar de una taza de té? Otra persona quizá suspire o murmure algo o simplemente pueda leerse en su cara: «Joder, qué putada». Pero en la cara de Nikitin no podrá leerse nada. Hace lo que le dicen. Mira lo que le dicen que mire. Saldrá, se pondrá en fila y se cuadrará en la zanja tantas veces como la dirección quiera que lo haga. Aquí, en la cárcel de Pokrov, donde estoy ahora, no hay nada particularmente raro en ello, salvo por un detalle.

Nikitin lleva estrellas tatuadas en las rodillas. Eso, en el idioma de la cárcel, indica que él «no dobló la rodilla». En el breve periodo anterior a que prohibieran a todo el mundo hablar conmigo, intercambié unas cuantas palabras con él. Supe que le habían condenado en un primer momento solo a una detención en una cárcel de mínima seguridad (por un accidente de coche grave), el tipo de encarcelamiento más permisivo. Te obligan a pasar la noche en una residencia, pero durante el día eres libre de ir a trabajar al exterior, puedes tener dinero, etc.

Pero a Nikitin lo «recategorizaron» y lo trasladaron de allí a nuestra cárcel. Para que eso ocurra tienen que haberte clasificado como infractor reincidente del reglamento de la prisión, haberte enviado varias veces a la celda de aislamiento de castigo.

—Debes de haber puesto muy nervioso a alguien —insinué.

—Los policías querían que trabajara para ellos —explicó Nikitin de mala gana—, y yo no tenía ninguna intención de hacerlo.

En otras palabras, había un hombre «en negación», como lo llaman aquí, y ahora estaba en esta cárcel, no hablaba con nadie y rezaba. Yo sentía muchísima curiosidad, pero una de las principales reglas de aquí es no meter las narices en los asuntos de los demás.

Cuando se impuso la prohibición de hablar conmigo, Nikitin lo aceptó con la misma abnegación. Es algo a lo que se han prestado todos sin agresividad. Si le pido que se aparte, lo hace. Si en la cocina le digo que me deje un poco de agua caliente, me responde con gesto de asentimiento con la cabeza. Si no tiene más opción que contestar con un sí o un no, lo hace. En general, casi todos optan por fingir no darse cuenta de mi presencia.

Yo sentía que Nikitin, además, me veía con un cierto grado de comprensible irritación. Mi presencia había hecho que en la unidad se triplicara la vigilancia, que hubiera más cámaras, que el reglamento se cumpliese al pie de la letra. Difícilmente podía esperar gratitud por eso.

Así que allí estaba yo, pasando una y otra vez junto a Nikitin. Él estaba sentado con las piernas cruzadas, mirando hacia delante. A cada vuelta pasaba junto a él dos veces. Si alguna vez yo establecía contacto visual, él inmediatamente desviaba la mirada con una expresión de enfado, que yo leía que quería decir: «Ojalá no haberte puesto la vista encima nunca, Navalni. ¿Por qué tenemos que aguantarte?».

Solo que de repente, cuando de nuevo pasé a su lado arrastrando los pies, Nikitin levantó la vista resueltamente y quedó claro que quería decir algo.

—Alexéi, ten, coge esto y llévalo siempre.

Sostenía un pequeño rectángulo de papel laminado. Era un icono en miniatura, como los que llevan los taxistas en el salpicadero fijados con un imán. Lo cogí y lo miré de cerca. A un lado había «Una oración al arcángel», escrita en una letra seudoeslava, como siempre lo están estas cosas. Pasa lo mismo en todas las religiones: parece haber un consenso en que los ángeles y arcángeles descienden con más rapidez cuando se utiliza una tipografía gótica, una fuente rusa prerrevolucionaria. Si, además, el orden de las palabras en la oración da a entender que aquello lo ha compuesto el maestro Yoda, entonces Dios va sentirse enormemente complacido y va a estar mucho más dispuesto a extender su gracia sin límites.

Por el otro lado había algo con alas y una aureola. Claramente el arcángel.

—Gracias —respondí, desconcertado.

—Quédatelo, póntelo en el bolsillo y llévalo siempre contigo —dijo Nikitin, y tras eso, se dio la vuelta con esa familiar expresión de indiferencia y leve irritación.

Viendo que no iba a decir nada más y que claramente no quería que lo vieran hablando conmigo, murmuré de nuevo «Muchas gracias, Valera»* y me alejé arrastrando los pies. Aunque quizá mi paso era más firme de repente, y no tan arrastrado. Es muy difícil describir lo que sentí en ese momento, pero la estampita (que me puse en el bolsillo del pecho y que llevo siempre conmigo; está conmigo ahora) me alegró el corazón. Me dieron ganas de ir hacia la cámara, plantar el icono delante del objetivo y gritar: «¡Mirad, cabrones, no estoy solo!». Pero eso no habría sido muy cristiano y habría decepcionado al arcángel que llevaba en el bolsillo, y probablemente le habría causado un montón de problemas a Nikitin.

* Diminutivo de Valeri.

Ese gesto suyo, tan simple, me pareció haber llegado tan en el lugar oportuno y en el momento oportuno que lo viví también como una señal indiscutible.

Desde luego, todo habría continuado exactamente igual incluso de no haber habido ningún sorprendente Nikitin y ningún arcángel en mi bolsillo. Pero los dos hicieron que me sintiera anímica y físicamente mejor. Durante los dos días siguientes, a los chillidos histéricos de los «activistas» en lugar de responder gritándoles lo hice con una sonrisa cómplice. Su principal tarea es hacer que sientas que estás solo y que la sociedad está en tu contra, que las masas están en tu contra. Así las llaman aquí en la cárcel: «las masas». Si todo el mundo está en tu contra, debes de estar equivocado, y estás sin duda alguna en peligro. En cualquier momento ellos pueden hacer lo que quieran contigo y las masas lo aprobarán tácitamente.

Pero ahora sé un secreto: la desaprobación de las masas es una invención y es una mentira, igual que los programas de televisión, los resultados de las elecciones y todo lo demás en la Rusia de Putin. La prueba agita sus alitas en el bolsillo de mi pecho. O más bien bate sus poderosas alas.

Nikitin no cambió su actitud exterior hacia mí en ningún sentido a partir de ese día. No intercambiábamos miradas conspiradoras ni guiños ni nada parecido. Aun así, antes de que lo soltaran (lo que ocurrió hace un par de semanas, y por eso puedo escribir esto, sabiendo que todo lo que escribo lo graban cámaras de alta definición instaladas en el techo) hizo su aparición en otro maravilloso episodio.

A todos los que están a punto de salir los acribillan a preguntas sobre el mundo exterior y les hacen infinidad de bromas. La cantidad de bromas es inversamente proporcional al número de días que les quedan en la cárcel, así que en la cocina la pregunta clásica de cada día era:

—Oye, Valera, ¿cuántos días te quedan?

Aquel día a Valera se le escapó una amplia sonrisa, que fue incapaz de reprimir. (Creo que esa fue la única vez que lo vi sonreír.)

—Sesenta y cuatro horas.

Todo el mundo se rio y bromeó con que al día siguiente Valera llevaría la cuenta atrás en minutos, y luego en segundos. Pero luego alguien dijo:

—No, creo que te equivocas. Te sueltan el jueves, así que quedan cuatro días. No pueden ser menos de noventa horas.

Nikitin pareció sorprendido de verdad por nuestra incapacidad para comprenderlo y, hablándonos con el tono de un profesor de guardería dirigiéndose a unos niños muy pequeños, explicó:

—Bueno, no cuento las horas nocturnas, claro. Mientras duermes no estás en la cárcel.

¡Guau! Me encanta la idea. No sé hasta qué punto es original, pero es muy buena. Pensé de inmediato: «Sí, tiene razón». Mi pensamiento principal cada noche (y sé que a los demás les pasa lo mismo) mientras me hago la cama es: «Qué harto estoy de todo esto, no veo la hora de dormir». En pocos momentos cerrarás los ojos y, hasta que los abras de nuevo, lo dejarás todo atrás.

La idea me dejó tan impresionado que desde ese día a menudo pienso para mí mientras me duermo: «Bueno, Alexéi, ahora tenemos unas cuantas horas de libertad».

El día de la liberación de Nikitin, yo quería darle una despedida apropiada. Por algún motivo, sentí que debía ser como en una película. Ya no habría nada que temer, se le caería la máscara de la cara, nos abrazaríamos y él diría unas palabras de despedida, sencillas, pero profundas. Yo le guiñaría el ojo y sacaría la estampa del arcángel del bolsillo, mostrándole solo la punta, porque estaría todo clarísimo. Pero me reclamaron en algún sitio y, cuando volví, el «caracol», el colchón enrollado para su transporte, ya no estaba en la litera de Nikitin. No tuvimos ocasión de despedirnos.

Justo por eso lamento que mi libro, originalmente una autobiografía con un *thriller* fascinante sobre el descubrimiento de un intento de asesinato usando armas químicas, se haya convertido en un diario de prisión. Es un género tan saturado de clichés que es imposible no recurrir a ellos. Si me dieran un dólar por cada «No tuvimos ocasión de despedirnos» que aparece en ese tipo de obras, sería como Elon Musk.

En mi unidad hay un uzbeco llamado Ilyar, un nombre que no se presta a las distorsiones cómicas típicas de las cárceles. Pero, por alguna razón, soy la única persona que lo llama Ilyar. Los demás lo llaman Edgar (quiero imaginar que en honor a Edgar Allan Poe, pero está claro que soy la única persona aquí que conoce ese nombre) o (atención) Balthazar.

«¿Cómo?», dije la primera vez que lo oí. De qué forma se pasa de Ilya a Balthazar es algo que se me escapa. Por razones personales, ahora no puedo evitar reírme cada vez que oigo el apodo, consciente de lo irónico de la situación.

Yulia y yo no somos en absoluto personas bohemias, pero hemos adquirido de algún modo una decadente costumbre bohemia. Tenemos un restaurante preferido en Nueva York, Balthazar. Como puede imaginarse, no somos las únicas personas a las que les encanta, y suele ser difícil encontrar sitio. Así que, si estamos en Nueva York un fin de semana, nos aseguramos de pedirle al conserje de nuestro hotel que nos reserve una mesa. Nos gusta tomar el *brunch* en Balthazar un sábado o domingo y llamarlo nuestra juerga decadente (si bien de perfil bajo), porque por lo general solo comemos ostras y bebemos bloody marys.

El pobre uzbeco ha pasado a formar parte, además, de la casta de los intocables de la cárcel y lo obligan a hacer las tareas más desagradables. «¡Eh, Balthazar!» es un grito que suele ir acompañado de algo del estilo de «Coge esos trapos y fregonas» o «¿Por qué cojones has montado tanto lío limpiando el fregadero?», lo que hace la comparación entre los dos Balthazar tan vívida e irónica que es imposible no reírse.

También me descubro pensando en una situación que seguro que se repetirá si alguna vez vuelvo al Balthazar de Nueva York. Será imposible que, mientras bajamos las ostras con nuestros bloody marys, pueda desterrar al pobre uzbeco de mis pensamientos.

En realidad, ahora es improbable, incluso si alguna vez volvemos allí, que Yulia y yo nos permitamos de nuevo nuestro decadente *brunch*. Ahora es más probable que me reconozcan, y también a ella, y Nueva York está llena de rusos. No sería bueno oír a alguien en una mesa cercana decir: «Oh, mira, ahí están sentados los Navalni. Él es político y ganó una vez un premio del Parlamento Europeo a la libertad de conciencia. Serían una pareja encantadora si no estuvieran bebiendo vodka a las nueve de la mañana».

---

18 DE NOVIEMBRE

En la cárcel estás siempre esperando.

Cualquiera que haya estado en la cárcel te dirá que la condena se divide en periodos de espera largos y cortos.

En tu interminable día de la marmota hay algunos acontecimientos regulares (y si son agradables eso es bueno), así que vives esperando el siguiente.

Como era de esperar, el periodo total de la condena también puede verse bajo ese prisma. La mayoría de los presos puede contestar sin vacilar exactamente cuántos días les «quedan». Las perspectivas del final de mi condena son, por decirlo con suavidad, inciertas, así que para mí no tiene sentido contar los días.

El paso del tiempo se percibe en intervalos. El más corto es el de huevo a huevo. Los lunes y los viernes te dan un huevo duro con el desayuno. Ese no es solo un acontecimiento culinario importante (y agradable), sino también de calendario.

Si te has comido un huevo para desayunar, la semana laboral ha terminado. Te dan otro huevo, y la semana siguiente empieza.

Un periodo más largo tiene que ver con el economato de la cárcel. Te llevan allí cada quince días. Aquí no se trata solo de esperar: tú planificas activamente y tratas de determinar si estarás a tiempo de comprar leche o te llevarás un chasco y se habrá acabado antes de que llegues. Incluso puedes entregarte a fantasías atrevidas e imaginar que aún quedará queso o col. Aunque debes tener cuidado con esos castillos en el aire, porque la decepción puede ser amarga.

Los paquetes implican un periodo de tiempo más largo y establecido con precisión. Seis veces al año. Uno cada dos meses. Todo el mundo sabe cuándo se abre su ventana para la llegada de paquetes. Si recibiste uno, digamos, el 15 de septiembre, eso significa que el 15 de noviembre podrías recibir otros 20 kilos de comida y objetos de primera necesidad de tu familia.

Lo más importante de todo es la visita larga, que tiene lugar cuatro veces al año para los presos de régimen común. Tu familia puede venir a visitarte una vez cada tres meses, y tú puedes verlos no detrás del cristal y por teléfono, sino —¡oh, maravilla!— en carne y hueso.

Tres días antes de la visita, me sorprendí a mí mismo sentado en la cocina (también conocida como la «habitación para el consumo de comida») del pabellón con una taza de té, mirando el taburete vacío junto a mí e imaginándome a Yulia sentada allí. Estaba hablando con ella en mi cabeza. En plan: le diré tal cosa y ella me dirá tal otra y luego diré algo gracioso al respecto y ella se reirá.

Es una forma tan fácil y agradable de volverse loco. Cuanto más se acerca la fecha de la visita, más inquieto estás. Escribes una lista en un pedazo de papel de las cosas de las que quieres hablar y las preguntas que quieres hacer, para no olvidar nada importante.

El día de la visita, el tiempo se detiene y luego se arrastra un ritmo intolerablemente lento. Los dioses se están burlando de ti y se ríen. Y entonces —finalmente—, «recluso Navalni, prepárese para una visita».

Ahora mismo estoy escribiendo esto sentado en una cocina de verdad (¡con un hornillo!) en las habitaciones para visitas. Yulia sigue dormida en nuestra habitación, y yo he venido a por café y para freírnos unos huevos y panceta. ¿No es maravilloso? Lo es. Aunque dentro de cinco horas oiré de nuevo «Recluso Navalni, recoja sus pertenencias» y empezaré una nueva cuenta atrás.

2022

17 DE ENERO

Hoy hace justo un año que volví a casa, a Rusia.

No pude dar un solo paso en la tierra de mi país como hombre libre: me detuvieron incluso antes de pasar el control de fronteras.

El protagonista de uno de mis libros favoritos, Resurrección*, de Lev Tolstói, dice: «Sí, el único sitio decente para una persona honrada en Rusia en estos tiempos ¡es la cárcel!».*

Suena bien, pero se equivocaba entonces y se equivoca todavía más ahora.

Hay muchas personas honradas en Rusia, decenas de millones. Hay muchas más de lo que cree todo el mundo.

Sin embargo, los dirigentes, que eran repugnantes entonces y lo son aún más ahora, tienen miedo no de las personas honradas, sino de quienes no les tienen miedo a ellos. O permíteme que sea más concreto: de quienes quizá tengan miedo, pero lo vencen.

También hay muchas personas así. Las vemos constantemente, a esas personas que siguen siendo independientes, en todo tipo de lugares, desde las concentraciones a los medios de comunicación. Incluso aquí, en Instagram.

Leí hace poco que el Ministerio del Interior estaba despidiendo a trabajadores que le habían dado «me gusta» a mis publicaciones. Así que, en Rusia, en 2022, incluso un «me gusta» puede requerir coraje.

En todas las épocas, la esencia de la política ha sido que un zar de pacotilla que quiere arrogarse el derecho a un poder personal sobre el que no rendir nunca cuentas necesita intimidar a las personas honradas que no le tienen miedo. Y ellas, a su vez, necesitan convencer a todo el mundo a su alrededor de que no deberían tener miedo, de que hay significativamente más personas honradas que guardias de seguridad del pequeño y malvado zar. ¿Por qué vivir toda tu vida con miedo, e incluso soportar que te roben en el proceso, si todo puede organizarse de un modo diferente y más justo?

El péndulo va de un lado a otro sin cesar. O el juego de la cuerda. Hoy eres valiente. Mañana parece que te han asustado un poco. Y pasado mañana te han asustado tanto que te desesperas y vuelves a ser valiente.

No tengo la menor idea de cuándo acabará mi viaje al espacio, si es que alguna vez acaba, pero el viernes me informaron de que se ha abierto una nueva causa contra mí y va a ir a juicio. Y hay otra de camino, en la que teóricamente soy un extremista y un terrorista. Así que soy uno de esos cosmonautas que no cuenta los días hasta el final de su condena. ¿Qué hay que contar? Hay personas a las que han tenido en la cárcel hasta veintisiete años.

Pero me encuentro en esta compañía de cosmonautas precisamente porque he intentado con todas mis fuerzas tirar de mi lado de la cuerda. Atraje a este lado a aquellos, de entre quienes eran honrados, que no querían o no podían seguir teniendo miedo.

Eso es lo que hice. Y no me arrepiento ni por un segundo. Y seguiré haciéndolo.

Tras haber pasado mi primer año en la cárcel, quiero decirle a todo el mundo exactamente lo mismo que les grité a quienes se concentraron fuera del tribunal cuando los guardias me llevaban al furgón policial. No tengáis miedo a nada. Este es nuestro país y es el único que tenemos.

Lo único que debemos temer es que entregaremos nuestra patria para que la saqueen una panda de mentirosos, ladrones e hipócritas. Que entregaremos sin luchar, voluntariamente, nuestro propio futuro y el futuro de nuestros hijos.

Muchas gracias a todos por vuestro apoyo. Me llega.

Solo quiero añadir que este año ha pasado tremendamente rápido. Parece que fue ayer cuando embarqué en el avión a Moscú, y ya he completado un año en la cárcel. Es verdad lo que dicen en los libros de divulgación científica: el tiempo en la Tierra y en el espacio transcurre a una velocidad diferente.

Os quiero. Abrazos a todo el mundo.

---

9 DE FEBRERO

La verdad tiene un poder tremendo. Y tengo el ejemplo perfecto para vosotros.

Ahora soy un preso más. No tengo ningún poder. No tengo partido. No puedo presentarme a unas elecciones. Y se ha considerado apropiado adjuntar el prefijo «extremista» a mi apellido.

Con toda probabilidad, el Kremlin cree que, de ese modo, me han vencido a mí y nos han vencido a todos. Se estarán felicitando.

Pero fijaos en dónde planea juzgarme por su última causa inventada: justo aquí, en esta cárcel. Algo así no tie-

ne precedentes. Me he convertido en un coleccionista de los Juicios Más Asombrosos de Putin.

El tribunal es un tribunal de Moscú, el del distrito de Lefortovo.

Todo el mundo —el juez, el secretario judicial, los fiscales, los abogados, los investigadores, los testigos— está en Moscú. Y van a tener que venir todos a donde estoy yo, a esta cárcel.

El motivo está claro: es la verdad. La panda de ladrones y mentirosos que encabeza Putin huyen de ella como los vampiros huyen de la luz del día. Saben que ahora lo único que tengo es la verdad, y no tengo miedo de utilizarla, incluso si me endosan una docena de condenas más.

Por eso quieren juzgarme en un sitio donde tengo que desnudarme dos veces antes siquiera de poder hablar con mis abogados a través de un cristal. Es decir, aquí, en esta colonia penal.

Como diciendo: habla todo lo que quieras, pero solo el perro policía va a oírte.

Vale la pena leer detenidamente la resolución judicial sobre la celebración de la sesión. No hay ni un atisbo de explicación sobre por qué está previsto celebrar el juicio en esta prisión, pero se afirma dos veces que será una «sesión pública del tribunal». Es un ejemplo icónico de lo que solo podemos calificar de la hipocresía característica de Putin. Como diciendo: «¿Qué problema hay? El juicio a Navalni se celebra en una sesión pública. Bueno, sí, dentro de una cárcel, pero eso es un matiz sin importancia. Y garantizamos que todo el mundo que pueda entrar en la sala, teletransportándose, por ejemplo, o dejándose caer en paracaídas (si no le disparan durante el descenso), es libre de atender».

No lo negaré: me enfurece lo que está pasando. ¿Cómo puede alguien escupir tan abierta y ostensiblemente sobre la ley? Pero también, si soy sincero, me produce una gran satisfacción ver el miedo que tiene el viejo de los palacios-búnker acaparador de sobornos a lo que digo en esos juicios. No parece fuera de lo normal, y aun así en el Kremlin les pone de los nervios. Y él grita en sus reuniones: «¡No quiero que nadie oiga ni una palabra!».

No creo que las cosas vayan a salir de la forma que ellos quieren. Su estrategia es impedir que nadie me oiga. Pero estáis vosotros. No todos los rusos se han dejado intimidar y se han escondido bajo un tronco podrido, temblando, resignados a la pobreza y la degradación. Hay muchas personas honradas, armadas, como yo, con la verdad. Millones de ellas.

Apoyadnos. Haced que cada día de este «juicio público» metido en una cárcel sea un día en el que compartáis lo que está sacando a ese viejo de quicio, lo que insiste en que se prohíba. Desde información sobre el propio juicio a las investigaciones de la Fundación Anticorrupción (y todo lo demás). Aseguraos de que en estos pocos días haya más gente que haya oído hablar de los palacios y los yates que tienen esas personas de pocos medios. Sobre las amantes y las segundas familias de esos cristianos ortodoxos conservadores. Sobre las propiedades en el extranjero de esos patriotas de Rusia Unida.

No podrán silenciar o intimidar a todo el mundo. En Rusia, además de mí, hay muchos que seguirán diciendo la verdad.

---

22 DE FEBRERO

Ayer vi, en una reunión del Consejo de Seguridad de Rusia, a una colección de viejos seniles y ladrones (creo que nues-

tra Fundación Anticorrupción ha investigado por corrupción a todos ellos) y me acordé de una colección similar de viejos seniles muy bien situados en el politburó del Comité Central del Partido Comunista que, del mismo modo, por un impulso, creyendo que tenían un papel estratégico en el «gran tablero de ajedrez» de la geopolítica, decidieron enviar tropas soviéticas a Afganistán.

Aquello acabó con cientos de miles de víctimas, países traumatizados, consecuencias que ni nosotros ni Afganistán hemos podido dejar atrás y el surgimiento de uno de los principales motivos de la caída de la URSS.

Aquellos idiotas geriátricos del politburó se escondieron detrás de la hoja de parra de una ideología engañosa. Los idiotas geriátricos de Putin no tienen ideología, solo mentiras, incesantes y descaradas. Ni siquiera se molestan en pensar en un *casus belli* remotamente plausible.

Tanto unos como otros necesitaban una sola cosa: distraer la atención de la población rusa de los verdaderos problemas del país —la falta de desarrollo económico, los precios al alza, la galopante anarquía— y redirigirla hacia la histeria imperial.

¿Habéis visto las noticias de los canales estatales últimamente? A mí no se me permite ver otra cosa, y puedo aseguraros que no aparecen nunca noticias sobre Rusia. Todas las noticias hablan de Ucrania, la Unión Europea, Europa.

La propaganda descarada ya no es suficiente para los viejos seniles y los ladrones. Están sedientos de sangre. Quieren mover tanques de un lado a otro por un mapa en un teatro de operaciones militares.

Y luego el líder del politburó del siglo XXI vino con un discurso de locos. Donde mejor lo describieron fue en Twitter: «Es exactamente igual que cuando mi abuelo se emborracha en las comidas familiares y avergüenza a todo *el mundo con su versión de cómo funciona la política mundial».*

Tendría gracia si el abuelo borracho no fuera un hombre de sesenta y nueve años que se aferra al poder en un país con armas nucleares.

Sustituyamos en su discurso «Ucrania» por «Kazajistán», «Bielorrusia», «las repúblicas bálticas», «Azerbaiyán», «Uzbekistán» o incluso «Finlandia». Imaginaos a dónde lo llevarán las ideas políticas de ese abuelo senil a continuación. La decisión que se tomó en 1979 acabó muy mal para todas las partes implicadas. Y esta decisión acabará igual de mal. Afganistán quedó destruido, pero la URSS también recibió un golpe mortal.

Por culpa de Putin, cientos de ciudadanos ucranianos y rusos ahora, y decenas de miles en el futuro, morirán. Sí, Putin impedirá que Ucrania se desarrolle, arrastrará al país de nuevo a la ciénaga, pero Rusia también pagará un precio muy alto.

Lo tenemos todo para desarrollarnos con fuerza en el siglo XXI, pero desperdiciaremos de nuevo la oportunidad histórica de llevar una vida próspera y saludable como nación a cambio de guerra, suciedad, mentiras y un palacio con ocho águilas doradas en Gelendzhik.

Putin y sus ladrones seniles del Consejo de Seguridad y el partido Rusia Unida son los enemigos de Rusia y su principal amenaza. No Ucrania. No Occidente. Putin es un asesino y quiere más muertes. Es el Kremlin quien os hace más pobres, no Washington. No es en Londres, sino en Moscú, donde la política económica se lleva a cabo de manera que la cesta de la compra de un pensionista ha duplicado su precio.

Luchar por Rusia, salvar a Rusia, es luchar por la destitución de Putin y de sus cleptócratas. Pero ahora también significa luchar por la paz.

24 DE FEBRERO

Bueno, ¿qué clase de plataforma tengo ahora? Esta no es una plataforma, estoy en el banquillo.

Pero eso tiene sus ventajas. ¿Sabes cuando la gente a veces dice, en medio de una discusión, «solo quiero decir, para que conste...», aunque no esté quedando constancia de aquello en ninguna parte?

Pues en mi caso sí que queda constancia.

Todo lo que digo consta en acta. Así que la aparición ante el tribunal de hoy la he iniciado con una petición:

—Señoría, deseo declarar oficialmente, y para que conste, que estoy en contra de esta guerra [en Ucrania]. La considero inmoral, fratricida y criminal. La ha puesto en marcha la panda del Kremlin para que les sea más fácil robar. Están matando para poder robar.

Era importante para mí que aquello constara en acta. Para que fuera permanente. Para que yo mismo pudiera recordar siempre que había dicho estas palabras en el momento en que había que decirlas: estoy en contra de la guerra.

Vosotros también deberíais decirlo.

26 DE MARZO

Los peores días en la cárcel son los cumpleaños de tus familiares más cercanos, sobre todo de los niños.

¿Qué clase de penosa felicitación es enviarle una carta a tu hijo por su catorce cumpleaños? ¿Qué tipo de recuerdo será ese de estar cerca de su padre?

«Por mi cumpleaños mi padre me llevó de excursión.»

«Bueno, por mi cumpleaños me padre me enseñó a conducir un coche.»

«Por mi cumpleaños mi padre me envió una carta desde la cárcel en un trozo de papel. Me prometió que cuando salga me enseñará a hervir agua en una bolsa de plástico.»

Lo cierto es que uno no escoge a tus padres. A algunos niños les tocan presos.

Pero es en los cumpleaños de mis hijos cuando soy particularmente consciente de por qué estoy en la cárcel. Tenemos que construir la Bella Rusia del futuro para ellos.

¡Zajar, feliz cumpleaños!

¡Te echo de menos y te quiero mucho!

---

3 DE ABRIL

Es un verdadero día primaveral ruso. Vamos, que los bancos de nieve me llegan a la cintura y lleva todo el fin de semana nevando. La nieve es algo que los presos odian, porque ¿qué hacen cuando nieva y después de que nieve? Exacto, quitar nieve. Argumentar que, al fin y al cabo, estamos en abril y como mucho dentro de diez días se habrá fundido toda no solo no sirve de nada, sino que provoca la indignación de la dirección de la cárcel. Si hay algo tirado por ahí que infringe las normas y que impide que las cosas se hagan de la manera habitual, hay que sacarlo a paladas, rascarlo y eliminarlo. Dicho esto, quitar nieve es una de las actividades con más sentido de la vida en la cárcel, porque la mayoría de las demás son una respuesta inane a la necesidad de generar trabajo a toda costa. Los presos tienen un dicho: «Dónde se tira lo que se tire da igual: lo importante es que el preso se sienta como un subnormal».

Describe lo que siento cada fin de semana, porque, aunque es posible verle al menos un atisbo de sentido a palear nieve en abril, resulta una tarea agotadora. Como estoy clasificado como un preso en el que no se puede confiar, no me dejan quitar nieve como todo el mundo y romper el hielo en la «vía principal», la calle más ancha del campo por la que se pasea el comandante. Tengo que palear nieve en mi zona y con mi propio escuadrón.

Presentamos todos ese aspecto clásico de campo de trabajo propio de una película sobre el gulag. Las chaquetas gruesas, los gorros de pie, los mitones y las enormes palas de madera, tan pesadas que creerías que están hechas de hierro fundido, sobre todo cuando se empapan de agua y el agua se congela. Son las mismísimas palas utilizadas por los soldados que despejaron las calles de mi ciudad militar cuando yo era pequeño. Cualquiera habría dicho que en los treinta años que han pasado desde entonces la tecnología habría progresado y habría permitido fabricar palas más ligeras, pero en Rusia, eso, como tantas otras cosas, no lo tenemos resuelto. Nos trajeron un par de palas más ligeras que se rompieron al instante. La respuesta fue la habitual: «Oh, bueno, qué narices, que usen las palas de madera. Las hemos utilizado para quitar nieve toda la vida. Funcionan bien». Como diciendo: «Nuestros abuelos inventaron estas palas y cómo podríamos dudar de su sabiduría tratando de mejorar algo que ya es perfecto».

Así que allí estaba yo, enfurruñado, con una gruesa chaqueta de invierno y blandiendo una pala de madera con hielo adherido a ella. Lo único que me divertía y que al menos en parte me permitía aceptar esta realidad, es que en esas ocasiones yo me sentía como el protagonista de mi broma favorita de todos los tiempos. Es una broma soviética, pero tiene cierta relevancia hoy en día.

Un chico sale a pasear por el patio de su bloque de pisos. Unos chicos que están jugando el fútbol lo invitan a unirse a ellos. Él no es muy deportista, pero la idea despierta su interés y se acerca corriendo a jugar con ellos. En un momento dado consigue darle al balón con mucha fuerza, pero por desgracia atraviesa el cristal de la ventana del sótano donde vive el conserje. Como era de esperar, sale el conserje. Va sin afeitar, lleva un gorro de pelo y una chaqueta acolchada y está claro que tiene resaca. Furioso, el conserje se queda mirando al chico antes de dirigirse hacia él.

El chico corre lo más rápido que puede y piensa: «¿Para qué quiero esto? Al fin y al cabo, yo soy un chico tranquilo, casero. Me gusta leer. ¿Para qué jugar al fútbol con los demás chicos? ¿Por qué estoy huyendo ahora mismo de un conserje siniestro cuando podría estar tumbado en casa en el sofá leyendo un libro de mi escritor estadounidense preferido, Hemingway?».

Entretanto, Hemingway está recostado en una *chaise longue*, en Cuba, con un vaso de ron en la mano y piensa: «Dios, qué cansado estoy del ron y de Cuba. Tanto baile, tanto grito, tanto mar. Joder, yo soy un tío listo. ¿Por qué estoy aquí en lugar de en París hablando del existencialismo con mi amigo Jean-Paul Sartre y bebiendo calvados?».

Entretanto, Jean-Paul Sartre le da un sorbo a su calvados, mira la escena que tiene delante y piensa: «Cómo odio París. No soporto ver los bulevares. Estoy harto y cansado de todos esos estudiantes tan intensos y de sus revoluciones. ¿Por qué tengo que estar aquí cuando lo que me apetece es estar en Moscú, enfrascado en un diálogo fascinante con mi amigo Andréi Platónov, el gran autor ruso?».

Entretanto en Moscú, Platónov corre a través de un patio cubierto de nieve y piensa: «Joder, si atrapo a ese cabroncete lo mato».

Aunque para nada soy Platónov, sí tengo la chaqueta acolchada y el gorro de pelo y también estoy escribiendo un libro. Lo siguiente que haré es acabar el capítulo sobre cómo conocí a Yulia.

---

5 DE ABRIL

Así es cómo lo han visto los telespectadores rusos. Y yo soy uno de ellos.

Me enteré ayer por la mañana de los monstruosos acontecimientos en Bucha por la noticia de que Rusia ha pedido una reunión del Consejo de Seguridad de la ONU en relación a la masacre llevada a cabo allí por los nazis ucranianos.

Por la tarde, el presentador del Canal Uno lo explicó todo:

«La OTAN lleva mucho tiempo preparando la provocación de Bucha al más alto nivel. Lo confirma el hecho de que el presidente Biden hace poco llamó a Putin "carnicero". Fíjense en lo parecidos que suenan "carnicero" en inglés, "butcher", y "Bucha". Así es como se preparó subconscientemente al público occidental para esta provocación».

No podéis imaginar lo monstruoso del engaño en los canales nacionales. Y lo persuasivo que resulta, por desgracia, para quienes no tienen acceso a fuentes alternativas de información.

Digo todo esto para dejar claro que los propagandistas de Putin hace tiempo que dejaron de ser solo una herramienta. Son belicistas convencidos y han pasado a tener un partido propio.

Exigen que la guerra siga hasta llegar a una conclusión victoriosa. La amenaza de un conflicto nuclear no los disua-

de. Difaman y destruyen en directo a los demás peones de Putin si dejan entrever que las negociaciones de paz son algo bueno.

Su política es una serpiente propagandística que se muerde la cola. Los propagandistas crean una opinión pública que no solo le permite a Putin cometer crímenes de guerra, sino que se los exige.

A quienes instigan la guerra habría que tratarlos como a criminales. Toda esta especie de Radio de las Mil Colinas ruandesa debería ser objeto de sanciones y llevada a la justicia algún día.

Quiero recordaros que el Grupo Nacional de Medios, dueño mayoritario de este dispositivo de engaños, es propiedad personal del propio Putin y por eso lo dirige su amante, Alina Kabaeva.

Es fundamental que se tomen medidas concluyentes para impedir el trabajo de esos herederos de Goebbels que vayan desde prohibirles el suministro y mantenimiento de los equipos a investigar sus activos en Occidente e incluirlos en una lista negra de visados.

Las atrocidades monstruosas en Bucha, Irpín y otras ciudades ucranianas las cometieron no solo quienes les ataron las manos a la espalda a los civiles, no solo quienes les dispararon en la nuca, sino también quienes estuvieron a su lado susurrando: «Dispárales, dispárales. Esto lo vamos a falsear a base de bien en el programa de esta noche».

---

15 DE JUNIO

Mi viaje por el espacio continúa. Me han trasladado de una nave a otra.

En otras palabras, hola a todo el mundo desde un campo de régimen estricto.

Ayer me trajeron a la Colonia Penal Melejovo 6.

Estoy en cuarentena, así que no hay mucho que contar. Solo un par de impresiones recientes sobre la vida cultural y los ultrajes.

En el frente cultural: casi me vuelvo loco transportando los libros que tenía guardados en el almacén de la cárcel hasta el furgón policial y luego sacándolos. Los carceleros casi se vuelven locos elaborando una lista de los títulos. Todo ello pese al hecho de que, preocupado precisamente porque algo así pudiera pasar, hace un mes conseguí, con muchas dificultades, convencer a la dirección del campo de que me dejara donar cincuenta libros a la biblioteca de la cárcel. Ayer, por primera vez en mi vida, mientras cargaba con esos sacos, me pregunté si la quema de libros es necesariamente algo malo.

En cuanto a los ultrajes: en la zona de cuarentena hay un cartel en el que se enumeran los trabajos para los que puedes formarte aquí y se especifica cuánto duran los cursos. En solo tres meses puedes convertirte, como yo, en trabajador textil —lo que sería un modisto—, esa élite de la clase trabajadora que puede distinguir al instante una costura estándar de una costura doblada simple. Pero, atención, quienes eligen la profesión de «deshuesador avícola» ¡también hacen un curso de tres meses! En otras palabras, los equiparan en ese sentido a nosotros, los modistos. Es decir, venga ya, ¿qué misterio tiene deshuesar pollos que haya que estar formándose tres meses? ¿Enrollan las carcasas en estrás o qué ocurre?

Estoy indignado.

Por lo demás, de momento todo va bien.

Hola a todo el mundo, abrazos para todos.

1 DE JULIO

Mi vida es como la de Putin y Medvédev.

O al menos eso pienso cuando miro la valla que rodea mi barracón. Todo el mundo tiene una valla estándar, y por la parte de dentro hay unas varillas para tender la ropa. Pero yo tengo una valla de seis metros de alto, del tipo de las que solo he visto en nuestras investigaciones sobre los palacios de Putin y Medvédev.

Putin vive y trabaja en un lugar así, en Novo-Ogaryovo o Sochi. Y yo vivo en un sitio similar. Putin hace esperar seis horas a sus ministros y mis abogados tienen que esperar seis horas para verme. Hay un altavoz en mi barracón que retransmite canciones como «Alabado sea el FSB» y creo que Putin también tiene uno.

Pero hasta aquí el parecido.

Putin, como sabéis, duerme hasta las diez, luego nada en la piscina y desayuna requesón con miel.

Para mí, las diez es la hora de la comida, porque el trabajo empieza a las 6.40.

6.00: Todos arriba. Diez minutos para hacer la cama, lavarse, afeitarse, etc.

6:10: Ejercicio.

6.20: Nos llevan a desayunar.

6.40: Nos registran y nos llevan a trabajar.

El trabajo son siete horas frente a la máquina de coser sentados en un taburete que queda por debajo de la altura de la rodilla.

10.20: Pausa de quince minutos para comer.

Después de trabajar seguimos sentados durante unas cuantas horas más en un banco de madera bajo un retrato de Putin. A esto lo llaman «actividad disciplinaria».

Los sábados trabajamos cinco horas y nos sentamos de nuevo en el banco bajo el retrato.

Los domingos en teoría tenemos el día libre. Pero en la administración de Putin, o donde sea que se decidiera mi particular rutina, son especialistas en relajación. Los domingos nos sentamos en un banco de madera durante diez horas.

No sé quién puede ser «disciplinado» por esas actividades, salvo un lisiado con problemas de espalda. Aunque quizá ese sea su objetivo.

Pero vosotros me conocéis, soy un optimista y le veo el lado bueno incluso a mi oscura existencia. Me divierto tanto como puedo. Mientras coso, he memorizado el soliloquio de Hamlet en inglés.

Sin embargo, los presos de mi turno dicen que, cuando cierro los ojos y murmuro algo como «en tus plegarias acuérdate de mis pecados» en el inglés de Shakespeare, parece que estoy invocando al diablo.

Pero ni se me ocurriría: invocar al diablo iría en contra del reglamento de la cárcel.

---

15 DE AGOSTO

Una cama que se sujeta a la pared, entregar el colchón a primera hora de la mañana, materiales de escritura una hora al día y un huevo para desayunar los sábados. Cualquiera con la suficiente experiencia carcelaria habrá deducido dónde me encuentro ahora mismo: en una celda de castigo, más conocida por su siniestra abreviatura, SHIZO. Es el lugar que se utiliza para atormentar, torturar y asesinar a presos. La SHIZO es el principal método legal de castigo a un preso y se considera extremadamente severo.

Tan severo, de hecho, que el periodo legal máximo que se puede permanecer en ella son quince días. Si estás aquí es que la dirección está muy descontenta contigo. Si la dirección está muy muy descontenta contigo, sortea la regla de los quince días utilizando un procedimiento conocido como el «tratamiento de un colchón». Te recluyen durante quince días, te sueltan, te entregan un colchón para que pases una noche en unos barracones o una celda normales y corrientes y a la mañana siguiente te envían de vuelta a la SHIZO durante otros quince días. Es un procedimiento que puede repetirse muchas veces.

La celda aquí es un agujero negro de hormigón de dos por cinco metros, con espacio para tres presos. Hace tanto calor en mi celda que apenas se puede respirar. Uno se siente como un pez arrojado a la orilla, desesperado por una bocanada de aire fresco. Pero lo más frecuente es que sea como un sótano frío y oscuro. Muchas veces hay un charco de agua en el suelo. Es una tortura estar aquí mucho tiempo. En la SHIZO, para evitar que consigas entrar un poco en calor dentro del uniforme que has ido forrando a escondidas con trozos de tela, se llevan casi todas tus prendas. Te dejan solo tu ropa interior (y hasta hace poco esa también se la llevaban) y sustituyen cualquier prenda personalizada por un conjunto estándar con una característica distintiva, y de lo más familiar para los presos de toda Rusia: lleva estampado en letras blancas en la espalda de la chaqueta y en la pierna derecha la palabra SHIZO. Te han puesto la marca del enemigo. Al desplazarte, debes llevar las manos a la espalda.

Más importante que el hecho de que la celda de castigo es una perrera de hormigón en la que tu única posesión es una taza es que la SHIZO es un lugar para la tortura. Está invariablemente aislada, con música a todo volumen a todas horas. En teoría es para evitar que los presos que están en las distintas celdas puedan hablar entre ellos; en la práctica, es para ahogar los gritos de quienes están siendo torturados.

En algunos casos, quienes llevan a cabo las torturas son los funcionarios de prisiones; en otros, son presos, los «activistas» que trabajan a instancias de sus carceleros a cambio de cigarrillos, comida y posiblemente una liberación anticipada.

En los últimos tiempos, ha habido un gran escándalo. La dirección de las cárceles de varias regiones no solo organizó un sistema de tortura y violación de presos, sino que lo grabó todo en vídeo. Posteriormente se subió a un servidor central, para que ellos mismos o los funcionarios del FSB pudieran acceder a las grabaciones y poder amedrentar a cualquiera enseñándole lo que podía pasarle. Alternativamente (y, tal como lo veo yo, ese era su propósito principal), tras violar a un interno, podían reclutarlo para su causa a través del chantaje, amenazándolo con hacer pública la grabación. Eso haría que los demás presos lo relegaran a la casta de «los degradados».

Los violadores eran sobre todo «activistas» que lo grababan todo en cámaras de vídeo facilitadas por el personal de la cárcel. Pero luego alguna mente pensante del Servicio Penitenciario Federal le ordenó a un preso, que antes de entrar en la cárcel se dedicaba a la tecnología de la información, que subiera las grabaciones. A este pobre desgraciado también lo habían reclutado tras sufrir una tortura similar. Como era de esperar, a la primera oportunidad descargó el archivo entero, varios terabytes de grabaciones de torturas. Solo una pequeña parte de ellas se hizo pública antes de que las negociaciones empezaran y, deduzco, el sistema llegara a un acuerdo con el hábil experto informático para retirar determinados cargos contra él, o quizá simplemente lo sobornaron. Sea como sea, las varias docenas de vídeos que vieron la luz bastaron para provocar la dimisión del director del Servicio Penitenciario Federal y que se presentaran cargos penales. Todo eso sucedió pese a ser evidente que Putin personalmente quería tapar el escándalo. Cuando se le preguntó por el asunto en un par de ruedas de prensa, replicó de mala gana que se estaba investigando. No es de extrañar, porque resultó que el FSB era el principal instigador de las torturas. No eran «excesos en el servicio penitenciario», sino torturas sistemáticas organizadas desde lo más alto.

Es interesante que los primeros tráileres sobre las grabaciones filtradas declaraban la región de Vladímir, en la que me encuentro, la peor provincia de Rusia para la tortura. Y eso incluía sin duda mi propia cárcel, proclamada en los foros de internet «uno de los principales centros de tortura de Rusia».

Casi todos los vídeos incluían una escena de un hombre al que violaban con el palo de una fregona. No sé por qué. Quizá solo sea la «marca de la casa». O quizá algún enfermo pervertido del Servicio Penitenciario Federal o el FSB fantasea en secreto con ese tipo de cosas, así que decidió dar órdenes de que había que torturar a todo el mundo de ese modo.

Esta mañana, cuando me han traído los utensilios para limpiar la celda —una escoba rústica, un recogedor y un trapo, pero no una fregona—, he tenido que contenerme para no decir: «¿Dónde está la fregona? No podéis decirme que no tenéis fregona».

Soy un icono del consumo consciente.

Solo hay una taza y un libro en mi celda. Hasta se han llevado mi uniforme carcelario y me han dado otro tempo-

ral. Ahora llevo unas grandes letras blancas con la palabra SHIZO en la espalda.

Hola a todo el mundo desde una celda de castigo.

La lucha por sindicarse nunca es fácil, y menos en la cárcel. El trayecto entre el documento de sindicación y la SHIZO ha sido aún más corto de lo que imaginaba.*

El Kremlin quiere que en su gulag solo haya esclavos silenciosos. Pero aquí estoy, movilizando a la gente y exigiendo que se obedezcan algunas leyes, en lugar de suplicar que me concedan un indulto.

Así que me citaron ante la comisión de la cárcel, donde me anunciaron que en las imágenes de las cámaras se me veía desabrochándome a menudo el botón superior del uniforme mientras estaba en la zona de trabajo de los presos (el uniforme me va pequeño).

Eso, por supuesto, pone de manifiesto que soy un malhechor contumaz e incorregible. De ahí que se tomara la decisión de trasladarme a la SHIZO.

Debo reconocer que es bastante irónico. Oh, ¿quieres sillas con respaldo para los presos en lugar de viejos taburetes de madera? Bueno, ahora tú mismo vas a sentarte en un banco de hierro, ja, ja, ja.

Han pasado solo tres días, pero a mediados de septiembre tengo programada una visita de mi familia, la que me toca cada cuatro meses. A quienes están en una celda de castigo no se les permiten visitas, así que dicen que, a menos que «reconsidere mi actitud», esta celda se convertirá en mi residencia permanente, sin visitas.

No está claro qué actitud necesito reconsiderar. ¿Hacia el esclavismo? ¿O hacia Putin?

* Alexéi puso en marcha un sindicato de presos (todos los internos estaban obligados a trabajar) y exigió mejores condiciones laborales.

El banco de hierro está fijado a la pared, como en un tren, pero la palanca que lo hace descender está fuera. A las 5.00 de la mañana se llevan tu colchón y tu almohada y levantan el banco. A las 9.00 de la noche se baja el banco de nuevo y vuelven a traer el colchón. Hay una mesa metálica, un banco metálico, un lavamanos, un agujero en el suelo y dos cámaras en el techo.

Ni visitas, ni cartas, ni paquetes. Este es el único lugar de la cárcel en el que fumar está prohibido. Me dan papel y bolígrafo solo una hora y media al día.

El «ejercicio» diario es únicamente una hora en una celda similar, pero con un pedazo de cielo arriba. Hay registros constantes; debo llevar siempre las manos detrás de la espalda. En general es divertido, como en las películas. No pasa nada, podría ser peor.

Voy a acabar esta publicación y a escribir un manual para presos sobre derechos laborales antes de que se lleven el papel. La comisión tiene razón: es verdad que parezco incorregible.

El libro que estoy leyendo es 21 lecciones para el siglo XXI, *de Yuval Noah Harari. Una fusión perfecta de contenido y entorno.*

---

24 DE AGOSTO

Vuelvo a estar en la celda de castigo. En programación a esto se lo llama «bucle infinito». Me enviaron tres días a la SHIZO por un botón desabrochado. De camino hacia allí me gritaron:

—¡Las manos a la espada!

—Ajá —contesté, y puse las manos detrás de la espalda.

Pero durante tres segundos había caminado con normalidad, no con las manos en la espalda. ¡Cometí un delito!

Así que me citaron ante la comisión.

—Recluso Navalni, ha infringido las normas para ser conducido a una SHIZO. Las imágenes muestran que fueron tres segundos, pero puesto que su comportamiento es poco satisfactorio y ya ha ido a parar a la SHIZO con anterioridad, hemos decidido enviarlo allí de nuevo.

Cinco días.

Tiene gracia. A este ritmo, la SHIZO acabará siendo mi lugar de residencia permanente.

Está claro que ha llegado una directiva de Moscú. Incluso para los estándares de una cárcel rusa, enviarte a la celda de castigo solo por no llevar las manos a la espalda durante tres segundos es excesivo.

Así que aquí estoy, otra vez en mi infernal armario con una taza y un libro. Es un poco aburrido. Creo que necesito aprender a meditar.

Hasta el momento no lo he conseguido; al parecer, no pensar en nada es de lo más difícil. En lugar de fijarme en mi respiración, pienso en el hecho de que mi celda es básicamente *vipassana*. Es una práctica espiritual para personas ricas que pasan por la crisis de la mediana edad.

Esas personas pagan para que las encierren en una habitación en la que permanecen en silencio durante dos semanas, apenas comen y no tienen ningún contacto con el mundo exterior. Se dedican solo a meditar y reflexionar. Y a mí todo eso me lo dan gratis.

¿Cuánta envidia te doy?

---

2 DE SEPTIEMBRE

Parece que mis carceleros empiezan a pensar que estoy loco. Eso es lo que leo en la expresión preocupada y amable de su rostro.

Vuelvo a estar en una celda de castigo, y el libro, solo uno, al que tengo derecho según las reglas de la cárcel es ahora mismo *Breve historia de Inglaterra.* Es una buena lectura, pero absolutamente indescifrable hasta casi el final, cuando los dirigentes europeos dejaron de apuñalarse y de casarse, de casarse y de apuñalarse, y de llamar siempre a sus hijos Enrique o Eduardo. Las relaciones de familia empezaron a no importar tanto y todo el mundo pudo sentar cabeza, de un modo civilizado, para masacrar a cientos de miles y millones de personas.

Antes de eso, sin embargo, en épocas oscuras y sangrientas, hay unos enredos dinásticos entre personas con nombres muy parecidos durante toda la historia de Inglaterra. Para colmo, los nombres cambian sin parar. Primero alguien es Gloucester y luego Ricardo. Pero dispongo de dieciséis horas libres al día, y las paso sentado en mi mesa de metal, cuya mullida superficie me recuerda al fondo de un barco volcado oxidado. Así que recojo el guante de la historia inglesa.

Por desgracia, mis principales armas para luchar contra los Enriques —papel y bolígrafo— están a mi disposición solo dos veces al día, durante un total de una hora y media, cuando el horario de la jornada prevé «la escritura de correspondencia, quejas y solicitudes». Así que sobre todo releo, por segunda o tercera vez, lo que ya he leído y, cuando me dan un bolígrafo, me siento y, página por página, me hago un esquema de quién es hijo de quién, amante de quién y asesino de quién.

Cuanto más interesante es el episodio histórico descrito, más loco es el esquema. Aunque más interesante, claro, para quienes estamos en el presente es que quienes vivían en la época de Ana Bolena estaban muy asustados por lo que estaba pasando.

Todas mis notas son invariablemente fotografiadas, aunque no sean más que garabatos en una hoja de papel o los cuadraditos y triángulos que dibujo mientras hablo con mi abogado. Esa ha sido la norma durante los casi dos años que llevo preso, y la vigilancia nunca ha aflojado. Al contrario, noto que el proceso de fotografiado es cada vez más meticuloso. Se lo leen todo o, en el caso de mis folios, lo descifran todo.

Estoy seguro de que la persona del FSB que me sigue de tapadillo y los funcionarios de prisiones competentes se habrán quedado atónitos al revisar las hojas que ayer sacaron de mi celda. Porque había decidido enfrentarme a la guerra de las Rosas. ¡Menudo lío! Hace palidecer a *Juego de tronos*. De hecho, estoy bastante seguro de que *Juego de tronos* está muy inspirado en ella. Solo se añadieron dragones.

Aunque el verdadero problema es que lo analicé todo. Hice columnas separadas para cada casa, describí todos los lazos de familia y establecí de forma concluyente que el bando ganador era el de la Rosa Roja. Estaba claro que el autor no escribía para personas tan ignorantes como yo, así que no dice directamente en el libro qué rosa ganó. Ese es un hecho bien conocido para cualquiera que haya ido a la escuela. Recuerdo que figuraba en nuestros libros de historia, pero yo lo olvidaba todo en cuanto acababa el curso.

En cualquier caso, el capítulo acaba explicando que el ganador, Enrique VII (la Rosa Roja) se casó con Isabel de York, la sobrina de Ricardo III (la Rosa Blanca) para acabar con la guerra civil, y desde entonces hay dos rosas en el escudo de armas que incluso a día de hoy se ve colgando por todo el país en hoteles y bares. Pero un misterio me tenía intrigado: en el escudo de armas real del libro, la Rosa Blanca se representa encima de la Rosa Roja. ¿Qué significa eso? ¿Quién podría haber pintado algo así?

O quizá ganó la Rosa Blanca.

Lo repaso todo detenidamente: no, ganó la Rosa Roja.

Miro la foto del escudo de armas en el pliegue de fotos de mitad del libro. Es imposible decidir cuál está encima. Esas absurdas rosas están dibujadas con flores que alternan el rojo y el blanco. En la vida fuera de la cárcel no tendría ningún problema: podría preguntarle a Google quién ganó.

Aparto todos mis gráficos y vuelvo a hacer un esquema de todo. La Rosa Roja ganó.

No es cosa fácil seguir los entresijos del conflicto, pero lo que está claro es quién acabó siendo rey. Así que, ¿por qué está la Rosa Blanca encima? ¡Oh, esos ingleses!

En fin. Ya lo resolveré en otro momento. Espero que mi investigación al menos dé pie a que los funcionarios del FSB elaboren un detallado análisis para el Kremlin en el que los avise de que conspiro para participar en actividades antigubernamentales junto a ciudadanos de Lancaster, Percy, York y otros lugares. Para definir las funciones de mi organización criminal, hago una anotación sobre el ciudadano Warwick, apuntando su tendencia a la perfidia.

Entre los aproximadamente 150 libros guardados en mi «almacén de efectos personales» sigue estando *Breve historia de Francia* y también otras similares de Estados Unidos, Alemania y Europa. La historia de Francia es bastante alarmante. Hacer esquemas de todo esto podría ser la gota que colmara el vaso. Pero si me van a meter constantemente en la SHIZO, no habrá alternativa. Tendré que enfrentarme a Francia.

Pruebo también con la medicación, pese al escepticismo que me inspiran ese tipo de prácticas espirituales. Pero ¿qué otra cosa queda cuando te cansas de leer y te duelen los ojos de intentar hacerlo a la luz de la lámpara de plástico opaco del techo de esta jaula de metal? Algo bueno de la meditación es que en teoría debería matar un par de las dieciséis horas que tengo disponibles al día, y sobre todo que lo único que necesitas es a ti mismo. Para practicar deporte tampoco hace falta nada, pero es imposible cuando la temperatura es de 32 grados en el exterior y 35 en la celda.

Esto tuvo gracia: le escribí a mi mujer «Busca, por favor, un tutorial sencillo en internet sobre cómo meditar, porque quiero empezar pero no sé cómo». Ella contestó: «¿En serio? Cuando hace unos años te ponías a gemir cada mañana sentado en la posición del loto y yo bebía té, preocupada, en la cocina sin saber qué pensar... ¿aquello no era meditación?». Le dije que no se enteraba de nada y que aquello era *pranayama*, ejercicios de respiración de yoga. Pero tuve que reírme. Es verdad que en 2008 decidí probar el yoga. No sabía nada de esta práctica. Acababa de apuntarme a un gimnasio, en realidad para nadar, y había pedido un entrenador. Me asignaron uno que practicaba yoga kundalini. Disfrutaba tanto de los ejercicios que dejé la natación y empecé a ir a yoga varias veces por semana. Avisé al entrenador de que, aunque sentía el mayor de los respetos por toda la parte espiritual que acompañaba a la práctica, yo era escéptico, y que por lo tanto agradecería que me lo ahorrara. Lo hizo. Yo solo empezaba y acababa el entrenamiento de yoga con el cántico que conoce todo el mundo en un círculo esotérico: «Onnnng nnnamoooooo guru dev nnnamooooo», etc. Al principio, mi principal preocupación era no reírme mientras lo decía. Luego mi entrenador me lo hizo más fácil diciéndome que me olvidara del significado y lo viera como un mero ejercicio de respiración. Yo poco a poco fui uniéndome a su «onnnnng»... Lo hacía también en casa, lo que desconcertaba a toda la familia, sobre todo a Yulia. Ella sabe que yo me dejo llevar enseguida, pero a dónde exactamente podía dejarse llevar alguien sentado en casa en la posición del loto y entonando un «onnnng» con los ojos cerrados es algo que solo Buda sabe.

El problema con la gente que se entusiasma enseguida es que también pierde el interés enseguida. A mi entrenador le cambiaron el horario, así que no podía ayudarme a primera hora de la mañana, y a mí por las tardes no me iba bien. Dejé el yoga sin haber llegado a la iluminación. Bueno, quizá haya llegado el momento de recuperar el tiempo perdido.

Me he animado a meditar por Yuval Noah Harari. Su libro *Sapiens* me parece muy bueno y lo recomiendo. Leí sus *21 lecciones para el siglo XXI* la última vez que estuve en la SHIZO. Al final del libro, Harari recomienda la meditación como una manera práctica de explorarte a ti mismo y de explorar tu cerebro y el proceso de cognición. Habla de ello de forma sucinta y racional, sin «cuerpos etéricos» ni «flujos de energía por la columna vertebral», y se ganó mi confianza.

La meditación no es más que una forma de aprender a controlar tus pensamientos. No tiene nada de simple, como verás si intentas no pensar en nada durante cinco segundos.

Lo estoy probando varias veces al día. Me siento en el suelo en la postura del medio loto (la del loto ya no soy capaz de hacerla. ¿Por qué dejaría el yoga?) y trato de concentrarme totalmente en la respiración. Inspiro, espiro, inspiro, espiro. No se me da muy bien. A los pocos segundos me doy cuenta de que estoy pensando en algo. Pero Harari dice que todo llega. Lo importante es la práctica y la autodisciplina. Muy bien. Para eso está una SHIZO: para disciplinar presos. Seguiré practicando.

La meditación también ha dado pie a las siguientes ideas, lo que me convence aún más de que puede ser algo bueno.

Si tuviera un ordenador con juegos en mi celda, con estrategias y juegos de rol, con lo que a mí me gustan, no querría ni salir de aquí. Todo cambiaría al instante si en esta celda estrecha, calurosa y horrible apareciera un espacio al que pudiera mirar, enfocando mi atención. Habría píxeles de luz, y mi cerebro estaría extático por el hecho de que yo los mirara, distinguiendo patrones en cómo se comportan y controlándolos. El banco de metal sería de repente mucho menos irritantemente incómodo. No tendría hambre. Me olvidaría del calor. Así que, en teoría, si estoy al mando de mi cerebro y de mis procesos mentales, debería ser capaz de aprender a conectarme al vacío, a la respiración o a un punto imaginario de la misma manera que lo hago a una pantalla de ordenador. Eso, por supuesto, es llevarlo al extremo, y a un extremo alarmante, en realidad. Si fuera así, querría decir que las personas son capaces de aprender a hacer nada y a no querer nada, más allá de permanecer en un estado de animación suspendida en la meditación. La verdad seguramente esté en un punto intermedio, y la meditación sea un pasatiempo útil que te permite a la vez trabajar en tu capacidad de concentración y ayudar a que pase una hora más hasta que te saquen de la SHIZO.

---

7 DE SEPTIEMBRE

Uau, me acaba de tocar el premio gordo. Nada más salir de la SHIZO, me han enviado otra vez de vuelta durante otros quince días y me han declarado «infractor reincidente».

Eso significa que ahora me tendrán en condiciones muy estrictas dentro de una colonia penal de régimen estricto. Me pregunto si esas condiciones serán más como las de Hannibal Lecter o como las de Magneto de los **X-Men*****...***

En pocas palabras, la reacción del Kremlin al hecho de que yo no me «calme», que siga pidiendo sanciones contra la élite de Putin (la «lista de los 6.000»)* y que promueva el «voto inteligente» que tanto odian ha sido la previsible.

Espero que nuestro zar esté gritando: «¡Dejad que se pudra! ¡Dejad que se pudra!» y lanzándoles objetos a sus cortesanos.

No se puede menos que admirar la mezquindad de esos delincuentes. Mi mujer y mis padres llevan meses esperando para visitarme y ahora que se acerca la fecha me pasan a un régimen más estricto, en el que solo se permiten visitas cada seis meses. Eso sí que es mala suerte.

Bueno, supongo que mi nave espacial ha sido atacada por unos monstruos repugnantes. Sufrió daños y, para sobrevivir, ahora tengo que trasladarme a un diminuto compartimento de supervivencia, donde habrá menos comida

* Un proyecto de Fundación Anticorrupción que solicita sanciones para quienes aceptan sobornos e incitan a la guerra.

y hará más frío, pero también tendré más tiempo para pensar. Tal vez se me ocurra algo interesante.

Esto es lo que me ha ocurrido: parece que solo dos de los presos políticos de la Rusia de Putin han sido declarados «infractores recurrentes» hasta ahora. El segundo soy yo. Y el primero fue mi hermano, Oleg. Menuda familia tenemos.

---

8 DE SEPTIEMBRE

Me han sacado de mi celda para llevarme ante la comisión, donde la dirección ha anunciado solemnemente: «Se ha demostrado que prosigue con su actividad criminal; está cometiendo delitos directamente desde el centro penitenciario. Y se comunica con sus cómplices a través de sus abogados. Por lo tanto, se le suspende el derecho al secreto profesional abogado-cliente. Todos los documentos que le entregue a su abogado y este a usted serán sometidos a partir de ahora a una inspección de tres días».

A mi pregunta de «¿Puedo preguntar qué terribles delitos extremistas he cometido?» han contestado: «Eso es información secreta, no está autorizado a saberlo y no le proporcionaremos los materiales de la indagación. Lo único que necesita saber es que ya no se aplica el secreto profesional abogado-cliente».

No solo eso, sino que también han fijado con clavos la pequeña abertura en la sala de los abogados para el traspaso de documentos. Así que los abogados y yo nos comunicamos ahora a través de un doble cristal de plástico con barrotes dentro. Lo hacemos más bien por medio de mímica, a decir verdad. Qué bien. Ahora si mi abogado *quiere hacerme una consulta sobre el borrador de una queja contra el campo de prisioneros, tiene que dársela al propio campo, que me la dará tres días después, y luego el documento tardará otros tres días más en volver a él con mis revisiones. Muy práctico. Aunque eso deja en nada mi derecho a la defensa, que ya era de lo más ilusorio.*

No sé qué es lo que ha enfurecido al régimen, si la lista de los 6.000, el voto inteligente o el sindicato de presos. A mí las tres cosas me parecen muy bien.

---

20 DE OCTUBRE

Soy un genio del hampa. El profesor Moriarty no es rival para mí. Todos creéis que llevo dos años aislado en la cárcel, pero resulta que no solo he estado infringiendo el reglamento de la cárcel, sino también cometiendo actos delictivos de forma activa.

Por suerte, el Comité de Investigación estaba atento y no se le escapó nada.

Recibí una notificación oficial con el anuncio de la apertura de una nueva causa penal contra mí debida al hecho de que yo, estando en la cárcel:

- *he promovido y alentado el terrorismo*
- *he hecho un llamamiento público al extremismo*
- *he financiado actividades extremistas*
- *he rehabilitado el nazismo*

Impresionante, ¿no? Pocas veces un criminal ha hecho tanto en el exterior como yo estando entre rejas. Lo único que ensombrece mi vanidosa satisfacción es el hecho de que esos logros no son solo míos sino también obra de mis cómplices: Leonid Vólkov, Ivan Zhdanov, Lilia Chánysheva. Soy el líder de un grupo criminal y todos están a mis órdenes.

Por ejemplo, según entendí de la resolución, soy responsable de promover el nazismo por el hecho de que Leonid dijo en *Política popular*, uno de los canales de YouTube de la Fundación Anticorrupción, que «el coronel Stauffenberg hizo bien en tratar de matar a Hitler; había que matarlo». Para el Comité de Investigación y para Putin, Hitler era la autoridad legítima, y ponerle una bomba fue un acto de extremismo.

Todo lo demás está en la misma línea. Todos los vídeos de *Política popular* son actos de terrorismo y actividades extremistas llevadas a cabo a instancias mías.

Mis abogados calculan que, teniendo en cuenta las penas asociadas a cada uno de esos artículos, mi sentencia acumulada debe de andar ahora por los treinta años.

¿Qué puedo decir? Suscribíos a *Política popular*.

---

17 DE NOVIEMBRE

Me felicito a mí mismo, he subido otro nivel en la jerarquía de los delincuentes en prisión.

Navalni, prepara tus cosas, vamos a tu consejo de mentores.

Así es cómo descubrí que tenía un consejo de mentores. Eran cinco policías malhumorados y una rubia con unas uñas afiladas de un rojo brillante de unos siete centímetros de largo. Intenté no acercarme a ella, por si acaso.

Llegados a este punto, yo esperaba que anunciaran algo como: «Se ha decidido que, por su mal comportamiento, uno de los educadores va a arrancarle el corazón». Pero no fue tan grave:

—Recluso Navalni, es usted un infractor flagrante. La unidad de régimen estricto no ha bastado para reformarle. El consejo de mentores recomienda trasladarlo a aislamiento punitivo.

Me llevaron de inmediato a la comisión, en la oficina del comandante, donde se decidió aplicar la recomendación de los mentores. Así que ahora estoy en aislamiento punitivo.

Un recluso en un campo de prisioneros ruso duerme en barracones. Un preso que ha hecho enfadar a la dirección de la cárcel está recluido en una SHIZO, donde no hay absolutamente nada y todo está prohibido, pero donde solo puede pasar un máximo de quince días seguidos. Por eso es por lo que existen las condiciones de detención estrictas para los presos: barracones especiales con todas las puertas cerradas de donde no te dejan salir y donde pueden imponerse todo tipo de restricciones.

Y para los reincidentes está el aislamiento punitivo. Te tienen en una celda estrecha, como la celda de castigo, solo que puedes tener no uno sino dos libros contigo y utilizar el economato de la cárcel, aunque con un presupuesto muy limitado.

La verdadera canallada —muy propia del Kremlin, que controla de primera mano todos los aspectos de mi encarcelamiento— es lo que ha pasado con mis horarios de visita.

Yo debería haber tenido una visita larga de mi familia en cuanto llegué a la colonia, pero no la autorizaron con la excusa de que tenía que esperar cuatro meses. Así que esperé. Tres días antes de la visita me dijeron que me pasarían al régimen estricto, donde solo se permiten visitas cada seis meses. Tuve que esperar de nuevo. Así que esperé.

Mi madre y mi padre ya habían hecho las maletas; se suponía que iban a venir los niños, y también Yulia. Pero *cuatro días antes me dijeron que me pondrían en aislamiento punitivo, donde no se permiten las visitas largas.*

Así que no tendré más visitas, para regocijo de la dirección, complacida con sus esfuerzos para satisfacer a sus superiores. Oh, bueno, me lo tomaré con filosofía. Lo hacen para callarme. ¿Cuál es mi primer deber, por lo tanto? Exacto, no dejarme intimidar y no callarme.

Es lo que animo a hacer también a todo el mundo. A la menor oportunidad, haced campaña contra la guerra, Putin y Rusia Unida. Abrazos a todos.

---

21 DE NOVIEMBRE

Estar en la cárcel te envía a lo más bajo de la pirámide de Maslow. Ya sabéis, la que aparece en los libros de texto, esa en la que en el primer nivel quieres sobrevivir y comer y en los niveles más altos quieres ir al teatro o llegar a ser una estrella de rock o un monje.

Ahora mismo, mientras los miembros progresistas del público tratan de debatir la situación internacional en Twitter o hacer creer a sus amigos que han leído Ulises, *yo estoy poniéndole una demanda a mi cárcel para que me entreguen botas de invierno. No me las han entregado y las necesito de verdad. La colonia entera hace semanas que ha cambiado la ropa de otoño por la de invierno, y mis malvados carceleros no están dándome mis botas de invierno con el mayor de los descaros.*

Mi patio de «ejercicio» es un hueco de hormigón más pequeño que mi celda. A ver quién es capaz de caminar por él con calzado corriente. Pero hay que caminar. Es la única hora y media de aire fresco que te dan.

¿Qué necesidad tienen los funcionarios de prisión de

hacer esas cosas? En fin, es un perfecto ejemplo del ingenio y la atención por el detalle del sistema de presión penitenciario.

No te dan botas de invierno. Lo que significa que o no sales fuera (y sufres) o sí sales y te pones enfermo (lo que ya me ha pasado). Pillar un resfriado es una nadería si estás en casa con una manta, té y miel. Pero en una celda en la que el agua caliente llega solo en tres tazas —para desayunar, para comer y para cenar— ponerse enfermo está muy desaconsejado, aunque no sea más que un resfriado. Si caes enfermo, tendrás que pedirle a la dirección cosas como pastillas, atención médica o permiso para llevar calcetines de lana. La dirección, viendo que cuenta con una ventaja adicional, empezará a exigir que dejes de lado algunas de tus posturas. La lucha carcelaria es una búsqueda incesante de vulnerabilidades mutuas. Y las estúpidas botas de invierno me hacen vulnerable.

No es mi intención quejarme. Pero últimamente he estado recibiendo muchas cartas desde fuera de la cárcel que me hablan de depresión, de pesimismo, de apatía. ¿De verdad? Venga ya, arriba esos ánimos. Si estás vivo y bien y ahí fuera, ya es mucho. Acábate tu pumpkin latte *y ve a hacer algo para acercar a Rusia a la libertad.*

Hola a todo el mundo desde lo más bajo de la pirámide de Maslow.

2023

12 DE ENERO

En los dos años que llevo entre rejas, mi única anécdota de verdad original es la del psicópata. Todo lo demás se ha contado y descrito en numerosas ocasiones. Si abres cualquier libro de un disidente soviético, hay infinidad de historias sobre celdas de castigo, huelgas de hambre, violencia, provocaciones y falta de atención médica. Nada nuevo. Pero mi historia del psicópata es de verdad novedosa; al menos yo nunca he visto ni oído nada igual.

Voy a intentar que os hagáis una idea de cómo es la SHIZO, el lugar en el que estoy siempre. Es un pasillo estrecho con celdas a cada lado. Las puertas metálicas no aíslan apenas del ruido y además hay agujeros de ventilación por encima de las puertas, así que dos personas encerradas en celdas enfrentadas pueden tener una conversación sin ni siquiera levantar la voz. Esa es la principal razón por la que nunca había habido nadie en la celda que hay delante de la mía, ni en ninguna de las otras ocho celdas de la sección. Yo soy el único preso allí, y no he visto nunca a ningún otro interno castigado.

Y entonces, hace como un mes, pusieron a un psicópata en la celda de enfrente de la mía. Al principio pensé que fingía. No paraba quieto. Si le dijeras a un niño que imitara a un loco, así es como actuaría. Gritos, gruñidos, golpes, ladridos, discusiones consigo mismo en tres voces diferentes. En el caso de mi psicópata, el 70 por ciento de las palabras son obscenas. Hay muchos vídeos en internet de personas que creen que han sido poseídas por el demonio. Esto es muy similar. El gemido gruñón (mi preferida de sus tres personalidades) aparece de vez en cuando y se prolonga durante horas. Por eso dejé de pensar que era un farsante; ninguna persona normal puede gritar durante catorce horas al día durante las horas diurnas y tres horas por las noches durante un mes. Y cuando digo «gritar» me refiero al tipo de grito que hace que se te hinchen las venas del cuello.

Este último mes he estado volviéndome loco y he empezado cada recuento exigiendo que trasladaran a ese loco a otro lugar. Es imposible dormir por la noche o leer durante el día. No lo trasladan, y hacen hincapié en que es un recluso igual que yo.

Y luego descubrí un detalle maravilloso: a este chiflado lo encarcelaron (le cayeron 24 años por matar a alguien) en otro lugar, y hace un mes lo trasladaron aquí, y ahora lo tienen en una celda de castigo para que pueda, por decirlo de algún modo, tenerme entretenido.

Tengo que reconocer que este plan está funcionando: ni me aburro nunca ni consigo dormir una noche entera. Estar enfermo es toda una experiencia: durante el día aguantas la fiebre en la celda deseando que llegue la noche y bajen tu litera y te den un colchón, pero por la noche escuchas el alegre ladrar de tu vecino. Como sabéis, la privación de sueño es una de las torturas más eficaces, pero no puedo poner una queja formal: él es un interno como yo, lo han puesto también en una celda de castigo y es la dirección quien decide a quién pone en cada celda.

Pero como siempre en estas situaciones lo que me sorprende es otra cosa.

Todo esto estaba planeado. Alguien pensó en ello y lo implementó a nivel regional o federal. No puedes trasladar a un preso sin motivo; hay una norma que dice que debes cumplir toda tu pena en un mismo campo. Así que la orden vino desde arriba. «Presionadlo.» Y los generales y coroneles en los niveles inferiores convocaron una reunión:

—¿Cómo lo presionamos?

Y alguien, queriendo hacerse notar, dijo:

—Tenemos a un loco en tal y tal cárcel; grita día y noche. Pongámoslo con Navalni.

—Qué buena idea, compañeros. Camarada coronel, proceda e informe al respecto.

Tampoco me sorprendería que hubieran sacado a un loco de atar de un hospital penitenciario y lo hubieran declarado cuerdo solo para poder encerrarlo en la celda que está delante de la mía.

La moraleja de esta historia es muy sencilla: el sistema carcelario de este país, el Servicio Penitenciario Federal, lo dirige una pandilla de enfermos. Todo en su sistema tiene un giro enfermizo: las tristemente célebres violaciones con fregonas, meter cosas por el ano a la gente, etc. No se le ocurriría algo así a una persona mala pero en sus cabales. Todo lo que leéis sobre los horrores y los delitos fascistas de nuestro sistema penitenciario es cierto. Con solo una salvedad: la realidad es aún peor.

---

17 DE ENERO

Han pasado exactamente dos años desde que volví a Rusia. He pasado esos dos años en la cárcel. Cuando escribes una publicación como esta, debes preguntarte a ti mismo: ¿cuántas más publicaciones conmemorativas tendré que escribir?

La vida y los acontecimientos que nos rodean apuntan la respuesta: tantas como haga falta. Nuestra infeliz y agotada madre patria necesita que la salven. La han saqueado, herido, arrastrado a una guerra virulenta y convertido en una cárcel dirigida por canallas mentirosos y sin escrúpulos. Cualquier oposición a esa panda de maleantes —aunque solo sea simbólica por las limitaciones de mi situación actual— es importante.

Lo dije hace dos años y lo diré de nuevo: Rusia es mi país. Nací y crecí aquí, mis padres están aquí, y yo formé una familia aquí: encontré a la persona que quería y tuve hijos con ella. Soy un ciudadano de pleno derecho, y tengo derecho a reunirme con personas que piensan como yo y a ser políticamente activo. Somos muchos, desde luego más que jueces corruptos, propagandistas mentirosos y criminales del Kremlin.

No voy a entregarles mi país, y creo que la oscuridad acabará por ceder. Pero mientras siga estando aquí, haré todo lo que pueda, intentaré hacer lo correcto y animaré a todo el mundo a no perder la esperanza.

¡Rusia será feliz!

---

20 DE FEBRERO

En vísperas del aniversario de la invasión a gran escala y sin provocación previa de Ucrania por parte de las tropas rusas, he resumido mi posición política y espero que la de muchas otras personas decentes:

Quince tesis de un ciudadano ruso que desea lo mejor para su país.

¿A qué ha venido todo esto y a qué nos enfrentamos ahora?

1. *El presidente Putin ha desencadenado una guerra de invasión injusta contra Ucrania con pretextos ridículos. Intenta desesperadamente que esta sea una «guerra popular» y que todos los ciudadanos rusos sean sus cómplices. Pero no lo está consiguiendo. No hay casi voluntarios para esta guerra, así que el Ejército de Putin tiene que recurrir a presidiarios y a movilizaciones forzosas.*
2. *Los verdaderos motivos de esta guerra son los problemas políticos y económicos que hay en Rusia, el deseo de Putin de aferrarse al poder a toda costa y su obsesión con su propio legado histórico. Quiere pasar a la historia como «el zar conquistador» y «el coleccionista de tierras rusas».*
3. *Decenas de miles de ucranianos inocentes han sido asesinados, y millones han padecido dolor y sufrimiento. Se han cometido crímenes de guerra. Ciudades e infraestructuras ucranianas han sido destruidas.*
4. *Rusia está sufriendo una derrota militar. Es la constatación de ese hecho lo que ha cambiado la retórica del régimen, de las declaraciones de «Kiev caerá en tres días» a las amenazas histéricas de utilizar armas nucleares en caso de que pierda Rusia. Las vidas de decenas de miles de soldados rusos han quedado innecesariamente arruinadas. La derrota militar definitiva podría retrasarse a costa de las vidas de los miles y miles de soldados movilizados, pero es inevitable. La combinación de una guerra de invasión, la corrupción, unos generales ineptos, nuestra débil economía y el heroísmo y la fuerte motivación de las*

fuerzas defensoras solo pueden tener como resultado la derrota.

Los llamamientos engañosos e hipócritas del Kremlin a entablar negociaciones y a declarar el alto el fuego no son más que una valoración realista de las perspectivas de las nuevas acciones militares.

¿Qué hacer?

5. ¿Cuáles son las fronteras de Ucrania con Rusia? Las mismas que las de Rusia con Ucrania, que reconocimos y definimos internacionalmente en 1991. Rusia reconoció también esas fronteras entonces y debe reconocerlas ahora. No hay nada que discutir aquí. Casi todas las fronteras del mundo son más o menos accidentales y son motivo de disgusto para alguien. Pero en el siglo XXI no podemos empezar guerras solo para redibujarlas. El mundo se sumiría en el caos.
6. Rusia debe dejar en paz a Ucrania y permitir que el país se desarrolle de la manera que quiera su ciudadanía. Tiene que detener la invasión, acabar con la guerra y retirar todas sus tropas de Ucrania. Continuar con este conflicto es una histeria fruto de la impotencia, y ponerle fin sería un gran avance.
7. Junto con Ucrania, Estados Unidos, la Unión Europea y Reino Unido, debemos buscar formas aceptables de compensar el daño causado en Ucrania. Una forma de conseguirlo sería levantar las restricciones impuestas a nuestro petróleo y gas, y destinar parte de los ingresos que Rusia recibe de las exportaciones de hidrocarburos a reparaciones de guerra. Eso solo debe hacerse tras un cambio de poder en Rusia y el fin de la guerra.

8. *Los crímenes de guerra cometidos durante este conflicto deben ser investigados en cooperación con las instituciones internacionales.*

¿En qué beneficiaría a Rusia detener la invasión de Putin?

9. *¿Son los rusos imperialistas por naturaleza?*
   Eso es absurdo. Bielorrusia, por ejemplo, está también implicada en la guerra contra Ucrania. ¿Significa eso que los bielorrusos tienen una mentalidad imperialista? No, lo que pasa es que tienen a un dictador en el poder. Siempre habrá personas con una visión imperialista en Rusia, como en cualquier otro país con prerrequisitos históricos para ello, pero no son ni mucho menos la mayoría. No hay por qué llorar ni lamentarse por ello. A esas personas habría que derrotarlas en las elecciones, igual que se derrota a radicales de extrema derecha y extrema izquierda en las elecciones en los países desarrollados.
10. *¿Necesita Rusia nuevos territorios?*
   Rusia es un país enorme con una población en declive y con zonas rurales en plena extinción. El imperialismo y el ansia de apoderarse de territorios es un camino dañino y destructivo. El Gobierno ruso, una vez más, está destruyendo nuestro futuro con sus propias manos solo para hacer que nuestro país parezca más grande en el mapa. Pero Rusia ya es lo bastante grande. Nuestro objetivo debería ser conservar nuestra población y desarrollar lo que tenemos en abundancia.
11. *Para Rusia, el legado de esta guerra será toda una maraña de problemas complicados y, a simple vista, casi irresolubles. Es importante decidir por nuestra*

cuenta que queremos resolverlos y luego empezar a hacerlo de forma honrada y abierta. La clave del éxito reside en entender que poner fin a la guerra lo antes posible no solo será bueno para Rusia y para su población, sino también muy rentable: hacerlo es la única forma de empezar a avanzar hacia la supresión de las sanciones, la vuelta de los que se fueron, la restitución de la confianza empresarial y el crecimiento económico.

12. *Tras la guerra, habrá que compensar a Ucrania por todo el daño provocado por la invasión de Putin. Sin embargo, el restablecimiento de la normalidad en las relaciones económicas con el mundo civilizado y el regreso del crecimiento empresarial nos permitirán hacerlo sin que interfiera con el desarrollo de nuestro país.*

    Hemos tocado fondo, y para volver a la superficie, debemos impulsarnos desde él. Sería moralmente correcto, racional y rentable.

13. *Debemos desmantelar el régimen de Putin y su dictadura, idealmente con la celebración de elecciones generales libres y la convocatoria de una Asamblea Constitucional.*
14. *Necesitamos establecer una república parlamentaria basada en la alternancia de poder a través de elecciones justas, tribunales independientes, y del federalismo, el autogobierno local, la absoluta libertad económica y la justicia social.*
15. *Sin dejar de reconocer nuestra historia y tradiciones, necesitamos ser parte de Europa y seguir el camino del desarrollo europeo. No tenemos otra opción, ni la necesitamos.*

8 DE MARZO

Hablemos de mujeres. Tomemos una de ejemplo. Mi cómplice. «Cómplice» es una palabra muy tonta, ¿verdad? En el mundo exterior apenas se oye, pero en la cárcel es muy habitual, sobre todo en el contexto de «Estoy en la cárcel porque mi cómplice me delató».

Mi cómplice asusta tanto al régimen de Putin que, aunque también está acusada en mi caso, van a celebrar un juicio aparte para ella en Ufá. Han anunciado incluso que el juicio se celebrará a puerta cerrada. No permitirán el acceso de periodistas ni de público general.

Hace unos pocos años me trajeron un currículum. «Mira qué buen perfil el de esta chica que quiere dirigir nuestra sede en Ufá.» Lilia Chánysheva. Auditora en una de las cuatro principales empresas de auditoría, una formación excelente, una carrera triunfal, grandes perspectivas. Su salario estaba varias veces por encima de lo que podíamos pagar.

Siempre hemos tenido un montón de voluntarios buenísimos, pero aquello era otra categoría. No se ofrecía para trabajar tres meses de forma voluntaria, sino que dejaba su trabajo para dirigir nuestra sede local en una de las regiones más complicadas. La política en Basjortostán es anarquía, corrupción, falsificación total de todo lo moral y supresión violenta de cualquier oposición. Cuando le pregunté a Lilia por todo ello se mostró indignada.

—Tú consideras que luchar por la libertad es la principal prioridad. ¿Por qué crees que es diferente para mí? Me encanta mi región, me encanta Ufá. Quiero vivir allí y llevar una vida normal.

Chánysheva nos dio a todos una clase magistral. En una región donde se había suprimido todo rastro de vida política, organizó concentraciones y marchas. No tenía miedo de que la detuvieran por ello, cosa que ocurría con frecuencia. En las sesiones públicas sobre el presupuesto de Basjortostán, tomaba la palabra de un modo que dejaba en evidencia que estaba muy por encima de los funcionarios. Luchó contra la mafia local para conservar el monte Kushtáu. Desbarató contratos corruptos y llevó a cabo e hizo públicas investigaciones. Se ha convertido en una política federal y líder de la oposición de la región, y tiene una agenda positiva, valor y la capacidad de hablar con la gente que supera al gobernador y sus lacayos.

Llegaron a odiarla. Radi Jabirov, el gobernador de la región, se aseguró personalmente no solo de que se abriera una causa contra ella, como se ha hecho con muchos de los líderes de nuestras sedes regionales, sino de que la detuvieran, la trasladaran a Moscú y se inventaran un cargo demencial contra ella que le garantizara una condena larga. El juicio a puerta cerrada en Ufá ha comenzado.

Pero Lilia sigue impartiendo una clase magistral. Ahora ya no escribe sobre el proceso presupuestario, sino sobre guardias armados, sobre los registros y sobre las alegrías de ser una presa política: le dieron un minuto entero para hablar con su marido a través de un cristal.

En esos textos queda también claro que es una mujer extraordinaria y una fuerza de la naturaleza. Una mujer valiente con principios políticos. Así que, cuando me preguntan por mis cómplices, contesto que, de hecho, sí tengo una cómplice, y una que sé seguro que no me delatará.

Algún día alguien escribirá la historia del movimiento opositor de principios del siglo XXI y todo el mundo verá que sus mejores y más arrojados miembros, los que trabajaban más duro y los más ejemplares, fueron mujeres. Y siguen siéndolo.

¡Feliz Día Internacional de la Mujer a todo el mundo! ¡Libertad para Lilia Chánysheva! Y ojalá Rusia tenga pronto una presidenta, una primera ministra y una ministra de Defensa. Al país le conviene.

---

15 DE MARZO

Unas pocas palabras sobre los Óscar de parte del tipo que siempre es el último en enterarse.

Como de costumbre, la radio de la celda se puso en marcha a las 5.00 de la mañana. A las 6.00 emitieron el primer boletín de noticias del día: hablaron con detalle de todas las películas premiadas en los Óscar, salvo del mejor documental. Lo vi como una buena señal.

Cerca ya de la hora de la comida, me llevaron a una vista judicial. Yo entraba por videoconferencia, y mi abogado puso un trozo de papel delante de la cámara.

—No veo nada —dije.

Tras manipular el papel durante un rato, mi abogado no pudo aguantarse más y dijo:

*—¡Tu documental ha ganado un Óscar!**

Tuve una sensación muy extraña en ese momento. Fue como si esas palabras no pertenecieran a este mundo, pero, por otro lado, todo aquí es tan raro y tan demencial que este mundo es el único al que pertenecen.

Estoy, por supuesto, muy contento, pero en mi alegría intento no olvidar que no es a mí a quien han dado el Óscar. Hubo momentos emocionantes y en ocasiones dramá-

* El documental *Navalny*, estrenado en 2022, relata el envenenamiento de Alexéi y demás acontecimientos relacionados. Recibió el premio al mejor documental en la 95.ª edición de los Premios Óscar.

ticos, pero hace falta un equipo de genios para mostrarlos de forma que merecieran un Óscar: Daniel Roher, Odessa Rae, Diane Becker, Melanie Miller, Shane Boris y las muchas otras personas que trabajaron en el documental. Chicos, os felicito de todo corazón.

Jristo Grozev (un abrazo fuerte, tío, eres la verdadera estrella de este documental) y Masha Pévchij: sin vosotros no existiría ni siquiera una versión preliminar de todo esto.*

Yulia, gracias por participar en el documental, por apoyarme y, en un par de ocasiones, por evitar que matara al equipo.

Amigos y compañeros de la Fundación Anticorrupción: hicisteis, como de costumbre, todo el trabajo, y yo solo puse la cara para la carátula.

Por último, reitero que esta no es mi película, yo no he ganado el Óscar y no estoy en posición de dedicarle este premio a nadie. Aun así, le dedico toda mi contribución a este documental a las personas honradas y valientes de todo el mundo que día tras día hallan fuerzas para enfrentarse al monstruo de la dictadura y su fiel acompañante, la guerra.

---

4 DE JUNIO

Hoy es mi cumpleaños. Al despertarme, me he dicho a mí mismo, para quitarle hierro, que ahora puedo añadir la SHIZO a la lista de lugares en los que lo he celebrado a lo largo de los años. Y luego, como muchas otras personas de una cierta edad (hoy cumplo cuarenta y siete años, uau), he

* Uno de los investigadores.

pensado en mis logros en este último año y cuáles son mis planes para el que viene.

No he logrado gran cosa, como resumió muy bien el otro día el psicólogo de nuestra colonia penal. El reglamento exige que, antes de que te envíen a la SHIZO, te examine un funcionario médico (para comprobar si serás capaz de resistirlo) y un psicólogo (para asegurarse de que no vas a ahorcarte).

Pues bien, tras nuestra reunión, el psicólogo dijo:

—Esta es la decimosexta vez que te metemos en la SHIZO, pero sigues haciendo bromas y estás de mucho mejor humor que los miembros del comité.

Eso es verdad, pero la mañana de tu cumpleaños tienes que ser sincero contigo mismo, así que me pregunto: ¿estoy de verdad de buen humor o me obligo a mí mismo a sentirme así?

Mi respuesta es que lo estoy de verdad. A ver, seamos sinceros, claro que me gustaría desayunar hoy con mi familia, que mis hijos me dieran un beso en la mejilla, desenvolver regalos y decir: «¡Oh, es justo lo que quería!», en lugar de despertarme en este agujero infecto. Pero, tal y como funciona la vida, el progreso social y un futuro mejor solo pueden conseguirse si un cierto número de personas están dispuestas a pagar un precio por el derecho a tener sus propias convicciones. Cuanta más gente así haya, menos tendrá que pagar todo el mundo. Y llegará el día en que decir la verdad y abogar por la justicia será de lo más normal en Rusia y no tendrá nada de peligroso.

Pero hasta que llegue ese día, no veo mi situación como una carga pesada ni como un yugo, sino como un trabajo que debe hacerse. Todos los trabajos tienen aspectos desagradables, ¿verdad? Así que ahora mismo me toca la parte desagradable de mi trabajo favorito.

Mi plan para este último año era no embrutecerme, no volverme despiadado ni perder mi actitud relajada; eso supondría el principio de mi derrota. Y si lo he conseguido solo ha sido posible gracias a vuestro apoyo.

Como siempre, quiero dar las gracias en mi cumpleaños a todas las personas a las que he conocido en mi vida. A las buenas por haberme ayudado y seguir ayudándome. A las malas por el hecho de que mis vivencias con ellas me han enseñado algo. ¡Gracias a mi familia por estar siempre ahí!

Pero el agradecimiento más grande y el mayor homenaje quiero dárselo hoy a todos los presos políticos de Rusia, Bielorrusia y otros países. Muchos de ellos lo tienen mucho más difícil que yo. Pienso en ellos a todas horas. Su resiliencia me inspira todos los días.

---

19 DE JUNIO

Algunas personas coleccionan sellos. Otras, monedas. Y yo tengo una colección cada vez mayor de procesos judiciales increíbles. Me han juzgado en la comisaría de Jimki, sentado bajo un retrato de Guénrij Yagoda. Me han juzgado en una colonia penal de régimen general y lo han llamado «juicio abierto al público».

Y ahora me están juzgando a puerta cerrada en una colonia penal de máxima seguridad.

En cierto sentido, esta es la nueva sinceridad. Ahora dicen abiertamente: «Te tenemos miedo. Tenemos miedo de lo que dirás. Tenemos miedo de la verdad».

Es una confesión importante. Y tiene sentido, desde el punto de vista práctico, para todos nosotros. Debemos hacer lo que temen: decir la verdad, difundir la verdad. Es el *arma más poderosa contra este régimen de mentirosos, ladrones e hipócritas. Todo el mundo tiene esa arma. Utilicémosla.*

---

*4 DE AGOSTO**

Diecinueve años en una colonia penal de máxima seguridad. El número de años no importa. Sé muy bien que, como les ocurre a muchos presos políticos, me han encarcelado de por vida. Tanto si vida se refiere a la duración de mi vida o a la duración de la vida de este régimen.

La cifra de la condena no es para mí. Es para vosotros. Es a vosotros, no a mí, a quienes están asustando y privando de la voluntad de resistir. Os están obligando a entregar a vuestro país sin luchar contra la panda de traidores, ladrones y canallas que han tomado el poder. Putin no debe lograr ese objetivo. No perdáis la voluntad de resistir.

---

27 DE SEPTIEMBRE

Sigo coleccionando acrónimos de la sección de «Castigos» del reglamento de la cárcel. Ya he pasado por una SUON (cumplimiento de condena bajo condiciones estrictas), por la SHIZO (celda de castigo) y por una PKT (aislamiento punitivo).

Ayer, justo después de mi apelación, me llevaron ante la comisión y anunciaron que, debido a mi incorregibilidad, me trasladarían a la EPKT (aislamiento punitivo en celda individual) durante doce meses.

* Fecha de la última sentencia de Alexéi en aquel momento.

Así que ahora tengo una nueva celda y una nueva inscripción en la espalda.

Un año de EPKT es el castigo más estricto que existe en cualquier cárcel.

Me siento como una estrella del rock exhausta, al borde de la depresión. He llegado a lo más alto de las listas y no hay nada más a lo que aspirar.

Salvo que no soy el que ha llegado a la cima, sino el que se ha hundido hasta el fondo. Y allí, como sabemos, es posible oír a alguien llamando desde abajo.

---

19 DE OCTUBRE

Las rodillas temblorosas del sistema en ruinas de Putin están a la vista. Es un sistema que intenta proyectar una imagen de fortaleza y estabilidad, pero carece de una base sólida: el necesario apoyo de la gente. Por eso están llevando a cabo estas detenciones histéricas.

El viernes supe por los periodistas que cubrían el juicio que mis abogados estaban siendo objeto de una redada. Luego, el lunes, los periodistas del juicio me contaron que mi abogado Vadim Kóbzev, junto con otros abogados con los que hace más de un año que no trabajo —Alekséi Liptser e Ígor Sergunin— han sido detenidos. El tribunal me informó también de que mis abogados Olga Mijáilova y Aleksandr Fedúlov habían «apagado sus teléfonos».

Quiero manifestar lo orgulloso que estoy de mi equipo defensor. Siento el mayor aprecio por todas las personas que han formado parte de él, tanto en el pasado como en el presente. Son profesionales excepcionales que han representado mis intereses de manera diligente dentro de los confines de la ley y han cumplido con los estándares más elevados de conducta ética. Han rebatido de forma eficaz todas las acusaciones sin fundamento que se han dirigido contra mí; sus extraordinarios esfuerzos por cuestionar las condiciones de mi encarcelamiento han derivado en aproximadamente trescientas vistas judiciales en solo un año.

Es de lo más absurdo acusarlos de difundir «mensajes extremistas». Cualquier correspondencia entre ellos y yo pasa una pormenorizada censura de tres días. Y la habitación en la que hablo con mis abogados está bajo constante vigilancia de audio y vídeo.

El acoso a mis abogados va claramente en contra de la ley y solo tiene dos objetivos: 1) vengarse de ellos por su excelente trabajo y 2) amenazar a la sociedad y, sobre todo, a los abogados que se atreven a defender a presos políticos.

Quiero expresar mi gratitud y mi apoyo a Vadim, Alekséi, Ígor, Olga y Aleksander. También quiero extender mi apoyo y desear resiliencia a sus familias. Vuestros seres queridos son verdaderos héroes y son el orgullo de su profesión.

Como exmiembro de la comunidad legal, animo a mis colegas abogados a no permanecer callados. Tenemos que unirnos y alzar la voz en apoyo a nuestros compañeros que están siendo perseguidos por cumplir con el deber de ayudar a sus clientes. Al hacerlo, trabajaremos por preservar el derecho fundamental a una defensa justa.

En cuanto a la llamada actividad extremista que las autoridades me atribuyen, no necesito secretos, códigos o mensajeros para ello.

Mi actividad se apoya en mis derechos constitucionales como ciudadano ruso. En nuestro país, ninguna ideología particular puede imponerse como la ideología del Esta-

do. Todos los individuos tienen la libertad de expresar abiertamente sus convicciones políticas.

Yo expreso la mía. Estoy en contra de Vladímir Putin. Creo que se ha hecho ilegalmente con el poder. Creo que es un dirigente ilegítimo y un promotor de la corrupción. Considero a todos sus cómplices criminales. Son delincuentes y ladrones.

Siempre he alentado a los ciudadanos y voy a volver a hacerlo: cuando surge la oportunidad, es crucial pasar a la acción, expresar disconformidad y votar contra Putin y su partido Rusia Unida.

Eso no es extremismo, sino una lucha legítima contra un Gobierno ilegítimo.

---

13 DE NOVIEMBRE

Cuando busques pareja, asegúrate de comprobar si tu potencial esposa ha sido una delincuente juvenil. Yo no lo hice y aquí estoy.

La dirección de la cárcel me informa a diario de que no ha podido entregar otra carta de Naválnaya, Y. B. La correspondencia la ha incautado el censor porque contenía indicios de la preparación de un delito. Se aplica a todas las cartas recientes.

Escribí a mi mujer diciéndole: «¡Yulia, deja de preparar delitos! Mejor hazles un poco de borscht *a los niños».*

Pero no puede parar. Sigue ideando nuevos delitos y hablándome de ellos en sus cartas.

En una ocasión, hace como cien años, me contó que, cuando iba al colegio, sus amigas y ella se confabularon para robarle una cartera a una compañera y estudiar la trayectoria de un objeto volando desde la ventana de un se-

gundo piso. Para que quede claro, el objeto volador fue la cartera, no la compañera. Aunque, en realidad, no estoy seguro del todo.

Ya entonces sus tendencias criminales eran evidentes. No es una esposa, sino más bien una especie de forajida.

---

1 DE DICIEMBRE

No tengo ni idea de qué palabra utilizar para describir las últimas noticias que me han llegado. ¿Son tristes? ¿Divertidas? ¿Absurdas?

Me traen el correo y la conversación empieza.

—¿Hay cartas de mi mujer?

—Censuradas.

—¿Documentos de mi abogado?

—Censurados.

—¿Y qué tenéis?

—Hay una carta del Comité de Investigación.

Abro la carta: «Le informamos de que se ha abierto una causa penal contra usted por un delito bajo la cláusula 2 del artículo 214 del código criminal de la Federación Rusa. Dos incidentes».

Abren una causa penal contra mí cada tres meses. Pocas veces un preso en aislamiento punitivo durante más un año ha tenido una vida social y política tan animada.

No tengo ni idea de a qué corresponde el artículo 214 ni dónde buscarlo. Lo sabréis vosotros antes que yo.

Aun así, parece ser un caso de retorno positivo, como dirían los científicos. Si a esta panda de corruptos, traidores e invasores del Kremlin no les gusta lo que yo he hecho (lo que hemos hecho), es que debemos de ir por el buen camino.

6 DE DICIEMBRE

La cárcel es el mejor lugar para mejorar tu capacidad de aguante. Aquí siempre intentan tocarte las narices de formas que son a la vez sofisticadas y tan estúpidas que a veces cuesta no enfadarse.

Llevo año y medio intentando ir al dentista. En el nuevo juicio, les dije tanto al juez como a los funcionarios de la cárcel:

—Resolvamos este asunto como personas, no me tengan esperando más, solo necesito ver a un dentista.

Los representantes del campo me sorprendieron diciendo:

—Ha reunido usted tantos permisos y tantos documentos que solo hace falta que rellene una solicitud más y todo irá rodado.

Bueno, vale. Les dije a mis abogados:

—Por favor, preparadme un informe y se lo daré a ellos.

(El informe es largo, con muchos adjuntos, no puedes escribirlo tú mismo.)

Luego esperé durante un tiempo y... nada. Pregunté a los guardias de la cárcel dónde estaba mi solicitud de visita médica.

—Ha sido retenida por los censores por contener indicios de delito.

Te miran con unos ojos atentos y brillantes, como un suricata en esos documentales de televisión sobre la vida salvaje. Observemos su reacción. ¿Gritará? ¿Se desesperará? ¿Se quejará? ¿Lo aceptará y empezará a mostrarse dócil?

Cada día vienen con una idiotez de ese estilo, para tocarle las narices al preso rebelde y poner a prueba su fortaleza.

Ahora los censores retienen el cien por cien de las cartas de mis abogados por indicios de «delito», así que no recibo ningún documento legal.

Llevo tres años trabajando en mi zen interior para ser capaz de encogerme de hombros en respuesta a todo esto. En términos generales, puedo decir que he avanzado bastante en el camino del zen, pero aún estoy lejos de la perfección. De otro modo, no me llevarían periódicamente a rastras por la cárcel con las manos dobladas a la espalda.

Pero al fin y al cabo todo el mundo necesita una válvula de alivio psicológico.

---

26 DE DICIEMBRE

Soy vuestro nuevo Santa Claus.

Bueno, ahora tengo un abrigo de piel de oveja y un gorro *ushánka* de pelo, y pronto me darán botas de fieltro. Me he dejado crecer la barba durante los veinte días que ha durado mi viaje escoltado. Por desgracia, no hay renos, pero sí unos enormes, peludos y preciosos pastores alemanes.

Y lo más importante: ahora vivo por encima del círculo polar ártico, en la ciudad de Jarp, en la península de Yamal. La ciudad más próxima tiene el bonito nombre de Labytnangui.

No digo «Jou, jou, jou», pero sí «Oh, oh, oh» cuando miro por la ventana, desde donde puedo ver la noche, luego la tarde y luego otra vez la noche.

Los veinte días de trayecto han sido agotadores, pero estoy de bastante buen humor, como corresponde a Santa Claus.

Me trajeron aquí el sábado por la noche. Me trasladaron con tantas precauciones y a través de una ruta tan extraña(Vladímir-Moscú-Cheliábinsk-Ekaterimburgo-Kírov-

Vorkutá-Jarp) que no esperaba que nadie me localizara aquí hasta mediados de enero.

Así que me sorprendió que la puerta de la celda se abriera ayer y alguien dijera las palabras: «Ha venido un abogado a verte». El abogado me contó que me habíais perdido la pista, y que algunos de vosotros incluso estabais un poco preocupados. ¡Muchas gracias por vuestro apoyo!

Aún no puedo entreteneros con anécdotas sobre el exotismo de los polos porque solo puedo ver la valla, que está muy cerca.

También he ido a dar un paseo. El patio del «ejercicio» es una celda vecina un poco más grande, con nieve en el suelo. Y he visto guardias, no como en el centro de Rusia, sino como en las películas, con metralletas, manoplas de abrigo y botas de fieltro. Y con los mismos preciosos y peludos pastores alemanes.

En fin, no os preocupéis por mí. Estoy bien. Muy aliviado de haber llegado aquí por fin.

¡Gracias de nuevo a todos por vuestro apoyo! ¡Y felices fiestas!

Puesto que soy Santa Claus, seguramente os estaréis preguntando por los regalos, pero es que soy un Santa Claus de régimen especial, así que solo tendrán regalos los que se han portado muy mal.

---

31 DE DICIEMBRE

Este es el tercer año que he hecho la tradicional foto de Año Nuevo utilizando Photoshop. Intento estar al día, y en esta ocasión he pedido que me incluyan en la imagen por medio de inteligencia artificial. Espero que haya quedado muy bien; yo no la veré hasta que la carta llegue a Yamal.

«Te echo espantosamente de menos» es una frase que no acaba de ser correcta desde el punto de vista de la sintaxis rusa. Es preferible decir «Te echo mucho de menos» o «Te echo tanto de menos».

Pero, para mí, no hay una construcción más correcta y certera. Echo espantosamente de menos a mi familia. A Yulia, a mis hijos, a mis padres, a mi hermano. Echo de menos a mis amigos, a mis compañeros de trabajo, nuestras oficinas y mi trabajo. Os echo espantosamente de menos a todos.

No tengo sentimientos de soledad, de abandono o de aislamiento. Estoy de buen humor, de un humor bastante navideño, de hecho. Pero no hay nada que pueda sustituir a la normal comunicación humana en todas sus formas: desde las bromas en el banquete de Año Nuevo a los mensajes de Telegram y los comentarios en Instagram y Twitter.

Echo de menos discutir con la gente que envía felicitaciones e imágenes tontas e idénticas a través de WhatsApp en Nochevieja. Solía molestarme, pero ahora creo que es adorable. Imaginaos a alguien sentado y enviando a todo el mundo a dos gatitos con sombrero bajo un árbol de Navidad.

Feliz Año Nuevo a todo el mundo.

No echéis de menos a nadie. Ni espantosamente ni mucho ni muchísimo. No echéis de menos a vuestros seres queridos y no dejéis que vuestros seres queridos os echen de menos. Seguid siendo personas buenas y honradas, e intentad ser un poco mejores y más honradas el año que viene. Es lo que quiero para mí mismo. No os pongáis enfermos y cuidaos mucho.

Abrazos árticos y felicitaciones polares.

Os quiero.

2024

9 DE ENERO

Esa idea que tuve de que Putin se contentaría con tenerme en una celda en el extremo norte y no haría falta una SHIZO no solo era demasiado optimista sino también ingenua.

Acababa de salir de la cuarentena cuando se informó de que «el recluso Navalni se negó a presentarse según la normativa, no respondió al trabajo educativo y no sacó conclusiones adecuadas para él mismo». Me metieron siete días en una SHIZO.

Un bonito detalle: en una celda de castigo, la rutina diaria es un poco diferente. En una celda normal, haces «ejercicio» por la tarde. Incluso durante la noche polar, la temperatura sube unos grados por la tarde. En la SHIZO, no obstante, el «ejercicio» empieza a las 6.30 de la mañana. Pero ya me he prometido a mí mismo que intentaré salir a caminar sin importar el tiempo que haga.

El patio al que me sacan a hacer «ejercicio» mide once pasos por un lado y tres por el otro; no es un gran paseo, pero algo es algo, y al menos estoy fuera.

La temperatura aún no ha bajado de los 32 grados bajo cero. Incluso a esa temperatura es posible caminar durante más de media hora, pero solo si estás seguro de que po-

drás hacer que te salgan una nueva nariz, unas nuevas orejas y unos nuevos dedos.

Pocas cosas hay tan refrescantes como un paseo en Yamal a las 6.30 de la mañana. Y qué brisa tan tonificante sopla en el patio pese a la valla de hormigón. ¡Uau!

Hoy he salido a dar un paseo, me he quedado helado y he pensado en Leonardo DiCaprio y en lo que hizo con un caballo muerto su personaje de *El renacido*. No creo que hubiera funcionado aquí. Un caballo muerto se habría congelado en unos quince minutos.

Aquí necesitas un elefante. Un elefante calentito o incluso asado. Si le abres las tripas a un elefante recién asado y te metes dentro, puedes conservar el calor durante un rato. Pero ¿dónde voy a conseguir un elefante asado en Yamal, sobre todo a las 6.30 de la mañana? Así que seguiré congelándome.

---

17 DE ENERO

Hoy hace exactamente tres años que volví a Rusia tras recuperarme de mi envenenamiento. Me detuvieron en el aeropuerto. Y llevo tres años en la cárcel.

Y llevo tres años respondiendo a la misma pregunta.

Los presos lo preguntan de la forma más sencilla y directa.

Los funcionarios de prisiones indagan sobre ello con cautela, con los dispositivos de grabación apagados.

«¿Por qué volviste?»

Al responder a esta pregunta, me siento frustrado de dos formas. Está en primer lugar lo insatisfecho que estoy conmigo mismo por no ser capaz de encontrar las palabras adecuadas que hagan que todo el mundo entienda lo que quiero decir y poner fin así a este interrogatorio incesante. En segundo lugar, está la frustración hacia el panorama político de las últimas décadas en Rusia. Este panorama ha inculcado el cinismo y las teorías de la conspiración tan profundamente en la sociedad que la gente desconfía por naturaleza de los motivos más simples. Parecen creer que si volví es porque hice un trato con alguien. Y salió mal. O todavía no ha funcionado. Hay un plan oculto relacionado con las torres del Kremlin. Tiene que haber un secreto acechando bajo la superficie. Porque, en política, nada es tan simple como parece.

Pero no hay secretos ni sentidos retorcidos. Todo es de verdad así de simple.

Tengo mi país y mis convicciones. No quiero renunciar a mi país ni traicionarlo. Si tus convicciones significan algo para ti, debes estar dispuesto a defenderlas y hacer sacrificios en caso necesario.

Y, si no estás preparado para hacer eso, entonces es que no tienes convicciones. Solo crees tenerlas. Pero eso no son convicciones y principios; son pensamientos en tu cabeza.

Desde luego eso no significa que todos los que no están en la cárcel no tengan convicciones. Hay muchas formas de pagar un precio. Para muchas personas, el precio es elevado aun no estando entre rejas.

Yo tomé parte en unas elecciones y competí por puestos de liderazgo. Lo que se me exige mí es diferente. Viajé a lo largo y a lo ancho del país diciendo desde todos los escenarios: «Prometo que no os defraudaré, que no os engañaré y que no os abandonaré». Volviendo a Rusia cumplí esa promesa que les hice a los votantes. Es necesario que haya alguien en Rusia que no les mienta, al fin y al cabo.

Resultó que, en Rusia, el precio por defender el derecho a tener y a no esconder tus convicciones es una celda de aislamiento. No me gusta estar aquí, está claro. Pero no renunciaré ni a mis ideas ni a mi patria.

Mis convicciones no son ni exóticas ni sectarias ni radicales. Al contrario: todo en lo que creo se basa en la ciencia y en la experiencia histórica.

Quienes están en el poder deben cambiar. La mejor manera de elegir líderes es por medio de elecciones libres y limpias. Todo el mundo necesita un sistema legal imparcial. La corrupción destruye al Estado. No debe haber censura.

El futuro reside en esos principios.

Pero, por el momento, los sectarios y los marginales están en el poder. No tienen ideas. Su único objetivo es aferrarse al poder. La hipocresía les permite ponerse cualquier chaqueta. Así, los polígamos se han vuelto conservadores. Los miembros del Partido Comunista de la Unión Soviética se han vuelto ortodoxos. Los propietarios de «pasaportes dorados» y de cuentas en paraísos fiscales son fervientes patriotas.

Mentiras, y nada más que mentiras.

Se desmoronará y se hundirá. El Estado de Putin no es sostenible.

Un día dirigiremos la vista hacia él y no estará allí.

La victoria es inevitable.

Pero, por ahora, no debemos rendirnos, y tenemos que defender nuestras convicciones.

Epílogo

Nueve años en régimen estricto. Hoy, 22 de marzo,* se ha anunciado un nuevo veredicto. Antes de que se hiciera público, he hecho una porra con mis abogados. Los perdedores invitarían a una copa al ganador. Olga ha calculado que de once a quince años. Vadim ha sorprendido a todo el mundo pronosticando exactamente doce años y seis meses. Yo he vaticinado que de siete a ocho años, y he ganado.

He decidido poner lo que sentía por escrito de inmediato, porque llevo todo el año preparándome para situaciones como la de hoy, desarrollando lo que yo llamo mi «zen carcelario».

Lo mires por donde lo mires, nueve años, sobre todo en condiciones «estrictas», es una sentencia extremadamente larga. En Rusia, la pena media por asesinato es de siete años.

Un preso condenado a una pena suplementaria de nueve años va a llevarse un disgusto, por no decir otra cosa. De vuelta a la cárcel, todos —ya al corriente, por supuesto, de la sentencia— me dirigían un tipo peculiar de mirada furtiva. ¿Cómo lo estaría llevando? ¿Qué expresión tenía en la cara? Al fin y al cao, es interesante ver la reacción de al-

* De 2022.

guien a quien acaban de decirle que cumplirá una pena más larga que la de cualquier otra persona del complejo penitenciario, y que van a enviarlo a un lugar especialmente lúgubre y reservado, por lo general, a asesinos. Nadie va a venir a preguntarme cómo me siento, pero todo el mundo siente curiosidad por saber cómo acabará esto. Es una situación en la que una persona podría ahorcarse o abrirse las venas.

Pero yo estoy muy bien. Hasta «mi» guardia, durante un cacheo integral de lo más modesto, me ha dicho que no le parecía que estuviera muy disgustado. Y es verdad que no lo estoy. Escribo esto no para convencerme de mantener una fachada de despreocupación e indiferencia, sino porque mi zen carcelario se ha activado.

Sabía desde el principio que me tendrían entre rejas de por vida, ya sea el final de mi vida o del final de la vida de este régimen.

Los regímenes como este son resilientes, y lo peor que puedo hacer es prestar oídos a la gente que dice: «Claro, Liosha, el régimen durará al menos un año más, pero al año siguiente, o al otro como mucho, caerá y serás un hombre libre» o cualquier otra cosa que se le parezca. Es algo que me dicen a menudo por carta.

La URSS duró setenta años. Los regímenes autoritarios de Corea del Norte y Cuba sobreviven a día de hoy. El de China, con una cifra considerable de presos políticos, hace tanto que dura que esos presos envejecen y mueren en la cárcel. El régimen chino no afloja. No libera a nadie, pese a la presión internacional.

Lo cierto es que subestimamos lo resilientes que son las autocracias en el mundo moderno. Con muy, muy pocas excepciones, están protegidas de las invasiones externas por la ONU, las leyes internacionales y los derechos de soberanía. Rusia, que ahora mismo está metida en una guerra de agresión clásica contra Ucrania (lo que ha multiplicado por diez las previsiones del desmoronamiento inminente del régimen), está protegida, además, por su pertenencia al Consejo de Seguridad de la ONU y por sus armas nucleares.

El colapso económico y el empobrecimiento nos esperan, casi con total seguridad. Pero dista mucho de ser evidente que el régimen vaya a desplomarse de forma que los escombros abran de golpe las puertas de las cárceles.

No encaro la situación con pasividad contemplativa. Intento hacer todo lo posible desde aquí para poner fin al autoritarismo (o, más modestamente, para contribuir a ello). Reflexiono todos los días sobre cómo actuar de forma más eficaz, qué consejos constructivos dar a mis compañeros que siguen en libertad, cuáles son las principales vulnerabilidades del régimen.

Como he dicho, dejarme llevar por las fantasías (sobre cuándo se desintegrará el régimen y saldré libre) sería lo peor que podría hacer. ¿Y si no salgo libre en un año, o en tres años? ¿Caeré en una depresión? ¿Culparé a todo el mundo por no esforzarse lo suficiente por conseguir que me liberen? ¿Maldeciré a los líderes mundiales y a la opinión pública por haberse olvidado de mí?

Confiar en que me liberen en cualquier momento, esperar que ocurra, no es más que una forma de torturarme.

Decidí desde el principio que, si iban a soltarme por la presión de la opinión pública o por una coyuntura política, eso sería algo que ocurriría durante los primeros seis meses de mi detención, mientras fuera un tema candente. Si no, iba a estar a la sombra durante un tiempo. Debía ajustar mi forma de pensar para que, cuando prolongaran mi sentencia, yo me sintiera aún más seguro de que hice lo correcto al embarcar en ese avión de vuelta a Moscú.

He aquí las técnicas que he empleado. Puede que a otros les resulten útiles en el futuro (aunque esperemos que no las necesiten).

La primera aparece a menudo en los libros de autoayuda: imagina lo peor que pueda pasar y acéptalo. Funciona, pese a ser un ejercicio masoquista. Imagino que no es adecuado para personas que padezcan una depresión clínica. Podrían hacerlo tan bien que acabaran ahorcándose.

Es un ejercicio bastante fácil porque entraña echar mano de una habilidad que todo el mundo desarrolla en la infancia. Quizá recuerdes hartarte de llorar en la cama y recrearte en la fantasía de que ibas a morirte en ese mismo instante solo para fastidiar a todo el mundo. ¡Imagínate la expresión en el rostro de tus padres! ¡Cómo llorarán cuando se den cuenta finalmente de lo que han perdido! Ahogados por las lágrimas, te suplicarán, contigo allí tendido, silencioso y quieto en tu pequeño ataúd, que te levantes y vayas a ver la tele, no solo hasta las diez sino hasta las once de la noche, pero que sigas vivo. Sin embargo, ya es demasiado tarde, estás muerto, lo que significa que eres implacable y sordo a sus súplicas.

Bueno, pues lo mío es un poco la misma idea.

Te metes en tu litera carcelaria y esperas a oír «Luces fuera». Se apagan las luces. Te lanzas a imaginar, de la forma más realista posible, lo peor que podría pasar. Y entonces, como he dicho, lo aceptas (saltándote las fases de negación, ira y negociación).

Pasaré el resto de mi vida en la cárcel y moriré aquí. No habrá nadie de quien pueda despedirme. O mientras estoy en la cárcel las personas que conozco morirán y no podré despedirme de ellas. Me perderé las ceremonias de graduación del instituto y la universidad. Se lanzarán birretes con borlas al aire en mi ausencia. Todos los cumpleaños se celebrarán sin mí. No veré nunca a mis nietos. No protagonizaré ninguna anécdota familiar. Estaré ausente en todas las fotos.

Debes pensar en ello de verdad, y tu cruel imaginación te llevará por todos tus miedos a tal velocidad que llegarás a la fase de los «ojos llenos de lágrimas» en un santiamén. Lo importante es no atormentarse a uno mismo con rabia, odio o fantasías de venganza, sino pasar inmediatamente a la aceptación. No siempre es fácil.

Recuerdo tener que interrumpir una de mis primeras sesiones ante la idea de que moriría aquí, olvidado por todo el mundo y que me enterrarían en una tumba sin nombre. A mi familia le dirían que «de acuerdo con la ley, no puede revelarse dónde ha sido enterrado». No me fue fácil contener el impulso de empezar a destrozarlo todo, a volcar literas y mesitas y gritar: «¡Cabrones! ¡No tenéis derecho a enterrarme en una tumba sin nombre! ¡Va contra la ley! ¡No es justo!». De verdad que quería gritar todo eso.

En lugar de gritar, debes reflexionar con calma sobre la situación. ¿Y qué si eso acaba pasando? Cosas peores ocurren.

He cumplido cuarenta y cinco años. Tengo familia e hijos. He tenido una vida plena, he trabajado en unas cuantas cosas interesantes, he hecho unas cuantas cosas útiles. Pero hay una guerra en marcha ahora mismo. Imaginemos a un chico de diecinueve años que conduce un vehículo blindado, recibe un trozo de metralla en la cabeza y adiós. No ha tenido familia, ni hijos, ni vida. Hay civiles muertos en las calles de Mariúpol en este mismo instante, sus cuerpos roídos por los perros, y muchos de ellos tendrán suerte si acaban en una fosa común. Y no han hecho nada para merecerlo. Yo he tomado mis decisiones, pero esas personas no hacían más que vivir su vida. Tenían un trabajo. Eran el sostén de su familia. Y luego una tarde cualquiera un renacuajo vengativo, el presidente de un país vecino, dice en televisión que sois todos unos «nazis» y que tenéis que morir porque Ucrania la inventó Lenin. Al día siguiente un proyectil entra volando por la ventana y dejas de tener una mujer, un marido o unos hijos, y tal vez tú tampoco sigas con vida.

¡Y la cantidad de presos inocentes que hay! Mientras que tú estás sentado con tu saco de cartas, otros presos no han recibido nunca ni una carta ni un paquete de nadie. Algunos de ellos caerán enfermos y morirán en el hospital de la cárcel. Solos.

¿Los disidentes soviéticos? Anatoli Márchenko murió de una huelga de hambre en 1986, y un par de años después la satánica Unión Soviética se rompió en pedazos. Así que incluso el peor escenario no es para tanto. Me resigné y lo acepté.

Yulia ha sido de gran ayuda en todo esto. Yo no quería que la atormentaran con todas esas especulaciones de «puede que lo suelten en un mes». Más importante aún: quería que ella supiera que yo aquí no estaba sufriendo. En su primera visita larga caminamos por un pasillo y hablamos en un lugar lo más alejado posible de las cámaras con micrófonos que hay por todas partes.

—Oye, no quiero que suene dramático —le susurré al oído—, pero creo que hay muchas posibilidades de que no salga nunca de aquí. Incluso si todo empieza a desmoronarse, se desharán de mí al primer indicio de que el régimen se está viniendo abajo. Me envenenarán.

—Lo sé —dijo asintiendo, con voz tranquila y firme—. Yo también lo he pensado.

En ese momento quise cogerla en brazos y abrazarla jubiloso con todas mis fuerzas. ¡Qué maravilla! ¡Ni una lágrima! Fue uno de esos momentos en los que uno se da cuenta de que ha encontrado a la persona adecuada. O quizá ella te ha encontrado a ti.

—Decidamos que eso es lo más probable que ocurra. Aceptémoslo como escenario base y organicemos nuestras vidas sobre ese supuesto. Si las cosas salen mejor de lo esperado, será maravilloso, pero no contaremos con ello ni tendremos esperanzas infundadas.

—Sí. Hagámoslo.

Su voz sonaba, como de costumbre, como la de un personaje de dibujos animados, pero estaba muy seria. Me miró y parpadeó con esas largas pestañas suyas, y en ese momento la tomé en mis brazos y la abracé feliz. ¿En qué otro sitio podría haber encontrado a alguien capaz de discutir de las cuestiones más difíciles sin dramas ni aspavientos? Lo entendió todo perfectamente y, como yo, esperaría lo mejor, pero se prepararía para lo peor.

Yulia se rio y se soltó. La besé en la nariz y me sentí mucho mejor.

Hay, claro, una pincelada de autoengaño en todo esto. Has aceptado el peor escenario, pero hay una voz interior que no puedes ahogar: «Venga ya, lo peor no va a ocurrir nunca». Incluso mientras te estás diciendo a ti mismo que el peor de los destinos es inevitable, esperas, contra toda esperanza, que alguien te haga cambiar de opinión.

El proceso que tiene lugar en tu cabeza no es de ninguna de las maneras sencillo, pero, si alguna vez os veis en una situación difícil, deberíais probarlo. Funciona, siempre y cuando lo hagas de verdad.

La segunda técnica es tan antigua que quizá pongáis los ojos en blanco al oírla. Es la religión. Sirve solo para creyentes, pero no exige rezos fervorosos y fervientes junto a la ventana del barracón de la cárcel tres veces al día (un fenómeno muy habitual en las prisiones).

Siempre he pensado, y lo digo abiertamente, que ser creyente te hace más fácil la vida y aún más ser un disidente político. La fe hace la vida más sencilla.

La posición inicial para este ejercicio es la misma que en el caso anterior. Te tumbas en la cama, mirando hacia la litera de arriba, y te preguntas a ti mismo si eres un cristiano de corazón. No es fundamental que creas que hubo unos ancianos del desierto que llegaron a los ochocientos años, o que las aguas del mar se separaron frente a alguien. Pero ¿eres un discípulo de la religión cuyo fundador se sacrificó a sí mismo por los demás y pagó por sus pecados? ¿Crees en la inmortalidad del alma y en todo lo demás? Si puedes contestar honradamente que sí, ¿de qué más tienes que preocuparte? ¿Para qué murmurarías cien veces en voz baja algo que has leído de un tomo voluminoso que guardas en tu mesita de noche? «No os angustiéis por el día de mañana, porque el día de mañana traerá su propia preocupación.»

Mi trabajo es buscar el Reino de Dios y su justicia, y dejar que el bueno de Jesús y el resto de su familia se ocupen de lo demás. No me defraudarán y solucionarán todos mis quebraderos de cabeza. Como dicen aquí en la cárcel, se llevarán los golpes por mí.